国防科技大学管理科学与工程双一流建设学科
国家自然科学基金重点项目（72431011）
国家自然科学基金面上项目（71671186、72471238） 等 资助
国家自然科学基金青年项目（72301286、62303474）

风险分析理论与方法

主 编 姜 江 欧朝敏
副主编 葛冰峰 于海跃 常雷雷

科学出版社

北 京

内 容 简 介

本书坚持系统观念、系统思维，全面整理了风险分析与管理的相关概念、过程、理论、技术、方法和工具。全书包括三篇共 17 章，第一篇是风险分析理论与过程，包括基本概念、管理过程以及风险过滤、排序与管理方法；第二篇是风险分析技术与方法，按照风险识别、风险分析、风险评估、风险决策的思路，汇总了 9 章核心技术方法；第三篇是风险分析技术创新与发展，引入数据与智能时代的新技术，开展创新研究，不断拓展风险分析与管理的手段。

本书为管理科学与工程、控制科学与工程、公共管理、工程管理等学科的本科生、研究生，以及从事相关学科和实际风险管理工作的教学人员、科研人员、工程师、管理者等，提供风险分析基本理论和关键技术，以及解决风险分析与管理实践问题的应用方法。

图书在版编目（CIP）数据

风险分析理论与方法 / 姜江，欧朝敏主编. -- 北京：科学出版社，2025.6. -- ISBN 978-7-03-082488-2

Ⅰ. C934

中国国家版本馆 CIP 数据核字第 2025A57P85 号

责任编辑：方小丽 / 责任校对：贾娜娜
责任印制：吴兆东 / 封面设计：有道设计

科学出版社 出版
北京东黄城根北街 16 号
邮政编码：100717
http://www.sciencep.com

北京富资园科技发展有限公司印刷
科学出版社发行　各地新华书店经销

*

2025 年 6 月第 一 版　开本：787×1092　1/16
2026 年 1 月第二次印刷　印张：19 1/2
字数：462 000
定价：78.00 元
（如有印装质量问题，我社负责调换）

序　言

当前，世界之变、时代之变、历史之变正以前所未有的方式展开。世界百年未有之大变局全方位、深层次加速演进，国际形势中不稳定、不确定、不安全因素日益突出，逆全球化思潮抬头，单边主义、保护主义明显升温，世界经济复苏乏力，大国博弈和地缘政治冲突加剧，世界进入新的动荡变革期；国内发展改革任务更加艰巨繁重，经济发展面临需求收缩、供给冲击、预期转弱三重压力，影响社会稳定的风险隐患依然存在，各种"黑天鹅""灰犀牛"事件随时可能发生。习近平总书记深刻指出："当前和今后一个时期是我国各类矛盾和风险易发期，各种可以预见和难以预见的风险因素明显增多"。[1]在此背景下，我们需要坚持底线思维、问题导向，增强忧患意识、风险意识，把防范化解风险挑战摆在突出位置，把困难估计得更充分一些，把风险思考得更深入一些，下好先手棋，打好主动仗，坚持主动防范应对各种风险挑战。因此，必须准确识变、科学应变、主动求变，这迫切需要政治、经济、科技、文化等不同领域及不同层级都要加强风险分析与管理，识别可能产生负面影响的不确定性，并积极制定和管理应对明显增多的各种风险挑战。

风险分析是风险管理的重要手段，对于组织和个人的可持续发展和成功至关重要。通过风险分析，能够深入了解风险的性质和潜在影响，更好地应对不确定性，并在不确定的环境中做出明智的决策。居安思危，有备无患，人类社会早就意识到风险分析的重要性，并在生产生活实践中形成了一系列风险分析的理论与方法。近年来，科学技术不断蓬勃发展，特别是人工智能、大数据等领域的科技创新及应用受到广泛关注。这些发展在带来风险挑战的同时，也为更好地开展风险分析与管理提供了新的机遇和可能。

该教材坚持系统观念和系统思维，全面整理了风险分析与管理的相关概念，以及风险识别、分析、评估、管理等过程的理论、方法、技术和工具。全书不仅涵盖了风险分析的核心技术方法，而且梳理了智能化信息化时代的风险分析新技术，拓展了风险分析与管理的新手段。

总之，该教材围绕风险分析理论与方法做出了重要且有益的总结与探索。希望该教材能帮助读者在面对复杂多变的环境时，增强底线思维和风险意识，更好地洞察世事无常，把握应变时机，积极应对风险挑战，提升主动识变、应变、求变，以及防范化解风险的能力。

陈晓红
中国工程院院士
2025 年 2 月 21 日

---

[1] 习近平总书记论底线思维，http://www.qstheory.cn/2023-08/23/c_1129816259.htm[2025-02-21]。

前　言

坐在湖南长沙浏阳河畔，得知《风险分析理论与方法》教材即将付梓，回忆编写教材的过往，真切觉得一切皆为序章。

当前，世界百年未有之大变局加速演进，风险如影随形地存在于社会各个角落，深刻影响着每个人。2025年2月，习近平总书记在主持中共中央政治局第十九次集体学习时强调，"防范化解各类风险是平安中国建设的一项重要任务。要把捍卫国家政治安全摆在首位""要完善公共安全体系""要着力防范重点领域风险"。[①]作为长期从事风险管理教学及科研工作的高校老师，对风险管理的时代之变、理论之变和方法之变有着自己的感悟，并将这份感悟融入了教材的编写中。

这本教材分为三篇共17章，第一篇风险分析理论与过程，包括风险的基本概念、风险分析与管理过程，以及风险过滤、排序与管理方法3章；第二篇风险分析技术与方法，涵盖风险识别技术与方法、风险矩阵方法、风险的故障分析技术与方法、概率风险判定法、贝叶斯网络、模糊综合评价法、基于证据推理的风险分析技术、决策树法、风险决策技术与方法共9个关键技术方法；第三篇风险分析技术创新与发展，延拓数据驱动的风险预测与评估方法、智能驱动的风险预测与评估方法、风险相关性的识别与量化分析方法、基于非结构化数据的风险识别方法、竞争型风险决策博弈与冲突分析方法等最新前沿方法。

首先感谢的是亲爱的同学们，我们在内容的选取和组织上充分考虑了他们的需求。他们对知识的好奇和探索驱动着我们，也在教材使用方面给予了无私的反馈和建议。很多同学为教材提供了素材，积极参与教材的校对和核稿等辅助性工作：黄宇铭、马玉凤、赵蕊蕊、胡崇爽、杜玉坤、张志华、刘润普、邓仁龙、谢冰馨、李辉明、钱博、徐子悦、陈治宇、余晨浩、刘好、朱俊屹、张云硕、邓江涛、曾兴伍、尚晨曦……挂一漏万，在此一并表示感谢。

此外，特别感谢科学出版社的郝静、方小丽和邵筱三位编辑，她们特别专业、特别投入、特别细心。

期待这本书能够对读者有所帮助，也期待给我们的任何反馈。

编者
2025年6月1日

[①] 习近平在中共中央政治局第十九次集体学习时强调 坚定不移贯彻总体国家安全观 把平安中国建设推向更高水平，https://news.cnr.cn/native/gd/sz/20250301/t20250301_527085322.shtml[2025-06-01]。

目 录

第一篇：风险分析理论与过程

第1章 风险的基本概念 ··· 3
1.1 风险的定义 ··· 3
1.2 风险的形成 ··· 5
1.3 风险的分类 ··· 6
1.4 风险的来源 ··· 11
1.5 风险与不确定性 ··· 14
1.6 风险分析与风险管理 ··· 17
本章小结 ··· 18
思考题 ··· 19
参考文献 ··· 19

第2章 风险分析与管理过程 ··· 20
2.1 风险分析系统工程 ··· 20
2.2 风险分析与管理相关标准 ··· 22
2.3 风险分析过程理论 ··· 25
2.4 风险分析一般过程 ··· 31
本章小结 ··· 37
思考题 ··· 38
参考文献 ··· 38

第3章 风险过滤、排序与管理方法 ··· 39
3.1 RFRM基本思路 ··· 39
3.2 层次全息建模 ··· 39
3.3 RFRM基本步骤 ··· 40
3.4 案例：边防部队危险品运输风险过滤、排序与管理 ··· 40
本章小结 ··· 55
思考题 ··· 55
参考文献 ··· 55

第二篇：风险分析技术与方法

第4章 风险识别技术与方法 ... 59
4.1 风险识别的概念和原则 ... 59
4.2 风险识别步骤 ... 60
4.3 风险识别技术与方法运用思路 ... 61
4.4 德尔菲法 ... 63
4.5 头脑风暴法 ... 70
4.6 核对表法 ... 71
4.7 HHM 方法 ... 72
本章小结 ... 76
思考题 ... 77
参考文献 ... 77

第5章 风险矩阵方法 ... 78
5.1 风险矩阵方法概述 ... 78
5.2 风险矩阵方法的基本原理 ... 83
5.3 风险矩阵方法的局限性和改进优化 ... 85
5.4 风险矩阵方法在风险管理中的应用示例 ... 91
本章小结 ... 95
思考题 ... 95
参考文献 ... 96

第6章 风险的故障分析技术与方法 ... 97
6.1 故障分析技术与方法概述 ... 97
6.2 FMECA ... 99
6.3 FTA ... 105
本章小结 ... 130
思考题 ... 130
参考文献 ... 131

第7章 概率风险判定法 ... 132
7.1 概率风险判定法概述 ... 132
7.2 概率风险判定法原理 ... 133
7.3 概率风险判定法步骤 ... 134
7.4 概率风险判定法应用 ... 138

7.5 事件树分析法 142
本章小结 145
思考题 145
参考文献 145

第8章 贝叶斯网络 146
8.1 贝叶斯网络概述 146
8.2 贝叶斯网络基本原理 152
8.3 贝叶斯网络推理 155
8.4 贝叶斯网络在风险分析中的应用示例 159
本章小结 161
思考题 161
参考文献 161

第9章 模糊综合评价法 162
9.1 模糊综合评价法概述 162
9.2 模糊综合评价法基本原理 165
9.3 模糊综合评价法步骤 169
9.4 模糊综合评价法在风险管理中的应用示例 171
本章小结 173
思考题 174
参考文献 174

第10章 基于证据推理的风险分析技术 175
10.1 证据理论概述 175
10.2 证据推理方法发展历程 178
10.3 基于证据推理算法的风险分析与评估步骤 180
10.4 证据推理方法在风险评估与分析中的应用示例 183
本章小结 186
思考题 187
参考文献 187

第11章 决策树法 189
11.1 决策树法概述 189
11.2 决策树法的基本原理 189
11.3 决策树法的步骤和方法 190

11.4 决策树法的局限性与改进优化 192
11.5 决策树法在风险管理中的应用示例 193
本章小结 197
思考题 197
参考文献 197

第 12 章 风险决策技术与方法 198
12.1 风险决策概述 198
12.2 不确定型决策方法 203
12.3 风险型决策方法 207
12.4 灵敏度分析 215
本章小结 216
思考题 216
参考文献 218

第三篇：风险分析技术创新与发展

第 13 章 数据驱动的风险预测与评估方法 221
13.1 Logistic 回归模型 221
13.2 GM(1,1)模型 223
13.3 随机森林 225
13.4 XGBoost 模型 229
本章小结 232
参考文献 232

第 14 章 智能驱动的风险预测与评估方法 233
14.1 强化学习 233
14.2 卷积神经网络 236
14.3 阶梯网络 239
14.4 对抗机器学习 248
本章小结 252
参考文献 252

第 15 章 风险相关性的识别与量化分析方法 253
15.1 多元数据风险关联性分析方法类别划分 253
15.2 关联规则挖掘方法 254

15.3 分形理论与方法 ………………………………………………………………… 255
15.4 动态时间规整算法 ……………………………………………………………… 256
15.5 基于互信息的关联分析方法 …………………………………………………… 259
本章小结 ……………………………………………………………………………… 263
参考文献 ……………………………………………………………………………… 263

第16章 基于非结构化数据的风险识别方法 …………………………………………… 264
16.1 非结构化数据的文本挖掘 ……………………………………………………… 264
16.2 基于观点抽取的风险因素识别 ………………………………………………… 269
16.3 基于知识图谱的风险因素分析 ………………………………………………… 279
本章小结 ……………………………………………………………………………… 284
参考文献 ……………………………………………………………………………… 285

第17章 竞争型风险决策博弈与冲突分析方法 ………………………………………… 286
17.1 多方博弈的风险决策问题 ……………………………………………………… 286
17.2 冲突分析方法原理 ……………………………………………………………… 287
17.3 冲突分析相关步骤 ……………………………………………………………… 289
17.4 冲突分析系统工具 ……………………………………………………………… 292
17.5 应用示例 ………………………………………………………………………… 295
本章小结 ……………………………………………………………………………… 297
思考题 ………………………………………………………………………………… 297
参考文献 ……………………………………………………………………………… 297

第一篇：风险分析理论与过程

　　风险是指在特定行动或决策中可能发生的潜在损失或不利结果。风险无处不在，给诸多领域都带来了挑战和威胁。在经济方面，市场波动、金融风险和商业决策都带来了潜在的风险。市场波动可能导致股票市场的崩溃、商品价格的波动以及货币价值下降。金融风险涉及利率变动、信用风险、债务危机和金融市场的不稳定性，对经济体系的稳定性和金融机构的可靠性造成威胁。在国防领域，军事冲突、恐怖主义和网络安全等威胁给国家安全带来风险。军事冲突和恐怖主义活动可能导致人员伤亡、基础设施破坏和社会混乱。网络安全威胁涉及网络攻击、数据泄露和信息战争等，对国家的政治、经济和军事系统造成潜在的破坏和干扰。在工程方面，项目实施、技术创新和基础设施建设中的风险可能导致项目失败、安全问题或成本超支。工程项目面临着技术复杂性、供应链风险、施工安全和环境影响等挑战。技术创新涉及新技术的开发和应用，其中包含了技术可行性、市场需求和知识产权等方面的风险。基础设施建设的风险涉及设计缺陷、施工质量、自然灾害和运营风险，对人们的生活和社会发展产生了重要影响。

　　由于风险广泛存在于各个方面，应对失当极易造成重大损失，风险分析成为帮助我们识别、评估和应对潜在风险的重要手段。通过风险分析，组织能够采取适当的措施来降低风险的概率和影响力。通过深入了解风险的性质和潜在影响，组织能够更好地制定风险应对策略和决策。风险分析对于组织的可持续发展和成功至关重要，它们帮助组织在不确定的环境中预测和应对潜在的风险，从而增强决策的准确性和可靠性。

　　通过有效的风险分析，能够更好地应对不确定性，并在不确定的环境中做出明智的决策。本部分主要介绍风险的基本概念、风险分析与风险管理的发展历程、风险分析与管理过程，以及风险过滤、排序与管理方法等内容。

第 1 章　风险的基本概念

随着社会的不断发展和变迁，风险分析已经成为各个领域不可或缺的一部分。因此，理解和掌握风险的基本概念至关重要。本章将从风险的定义、风险的形成、风险的分类、风险的来源，以及风险与不确定性、风险分析与风险管理等六个方面深入介绍风险的概念。只有深入了解风险的基本概念，并且有效地应对风险挑战，个人和组织才能在不确定的环境中取得成功。

1.1　风险的定义

"风险"一词有不同来源，但从古至今中西共有。

1. 在汉语语境中的来源

顾名思义，"风险"与"风"直接相关。在古代文献中，"风险"一词已有使用，远古时期的渔民在出海之前常祈祷风平浪静，保佑自己平安归来、满载而归。对于渔民来说，"风"直接意味着"险"，因此形成了"风险"的概念。

2. 作为舶来语的外文来源

有研究指出风险（risk）一词源自意大利语"risque"。该词指的是航海遇到礁石、风暴等事件，这与中文"风险"意义十分接近。到了 19 世纪，英文中的"风险"一词通常用法文拼写，主要与保险有关。

3. 词典与专著中的定义

《现代汉语词典》（第 7 版）将风险定义为"可能发生的危险"。亚洲风险与危机管理协会对风险的定义是：在特定条件下，给定期间内可能发生结果与期望结果之间的负差异。在其他学术专著中，风险也被称为损害发生的可能性或意外事故发生的可能性等。

4. 国家标准定义

我国国家标准《机械电气安全　机械电气设备　第 1 部分：通用技术条件》（GB/T 5226.1—2019）中将风险定义为：在危险状态下，可能损害或危害健康的概率和程度的综合。

5. 学术定义

来自不同领域的决策学家、统计学家甚至保险学者等结合自身学科的特点分别给出了风险的定义。

1）损失的不确定性

决策学家把风险定义为损失的不确定性，这种不确定性又可分为客观不确定性和主观不确定性。客观不确定性是实际结果与预期结果的离差，可以使用统计学工具加以度量。主观不确定性是个人对客观风险的评估，它同个人的知识、经验、精神和心理状态有关，不同的人面临相同的客观风险时会有不同的主观不确定性。

2）实际与预期结果的离差

长期以来，统计学家把风险定义为实际结果与预期结果的离差。例如，假设一家汽车保险公司承保了 20 万辆汽车，根据历史数据和统计分析，估计每辆汽车在一年内发生交通事故的概率是 2%。那么，按照这个估计，这 20 万辆汽车中在一年内预计会有 4000 辆发生交通事故。但实际情况可能并不会完全符合预期。保险公司需要考虑实际发生事故的汽车数量可能会有所波动。假设保险公司根据历史数据和统计分析，估计实际发生事故的汽车数量可能会在预期值的±5%之间波动，即在 3800 辆到 4200 辆之间。

3）实际结果偏离预期结果的概率

有的保险学者把风险定义为一个事件的实际结果偏离预期结果的概率。此时风险不是损失概率。例如，假设一个国家的健康统计部门对 30 岁的女性进行了死亡率的统计分析。根据最新的健康数据和历史记录，30 岁女性的统计预期死亡率是 2.5‰。这意味着在统计学上，每 1000 名 30 岁女性中，预计会有大约 2.5 人因各种原因在一年内去世。然而，实际的死亡率可能会与这个预期值有所偏差。这种偏差是客观存在的，并且可以通过统计学方法来计算。例如，如果实际死亡率是 3.0‰，那么这表示实际死亡率比预期值高出了 0.05 个百分点。

以上有关风险的定义都是相对定性的，从中可以总结出以下共同点：

（1）风险是某些不确定性及其可能引起的偏离预定目标的不良后果的综合。它是不确定事件发生的概率及其后果的函数，用 R 表示风险，P 表示不确定事件发生的概率，E 表示不确定事件发生的后果，则风险可用数学公式表示为

$$R = f(P, E) \tag{1.1}$$

（2）风险是损失或事故发生的可能性，这种可能性通常用概率来描述。

（3）风险指的是将来发生且可能导致不良后果的事件。

上述各种关于风险的不同描述，都反映出风险是一种消极的不良后果，或者说风险是会导致不良后果的事件发生的潜在可能性。

风险的定义应与目标相联系。这种联系让我们认识到风险是生活中不可避免的一部分。无论是个人追求幸福和健康，还是项目管理需要按时在预算内完成，抑或是企业追求增加利润和扩大市场份额，我们所做的每一件事都是为了实现特定的目标。在追求这些目标的过程中，不可避免地会面临各种风险。

通过明确目标，我们能够更清晰地识别和评估与之相关的不同层次的风险。例如，战略风险涉及那些可能对企业长远目标产生影响的不确定性因素。技术风险则与技术目标的实现密切相关，可能会影响技术项目的进展和成果。声誉风险则关乎企业形象和公众信任，对企业的声誉和品牌价值有着直接的影响。通过这种层次化的风险识别，组织可以更有效地管理和应对各种风险，确保目标的顺利实现。

1.2 风险的形成

风险是由风险因素、风险隐患/事故和风险结果三者构成的统一体，三者存在因果关系，如图 1.1 所示。

图 1.1 风险成因

首先，风险因素是构成风险的基础，也是导致风险事件发生的原因或条件。这些因素可能来自内部或外部环境，涵盖了各种可能性，如自然灾害、技术故障、市场波动等。风险因素的存在直接影响着风险事件的发生概率，因此对其进行准确的识别和评估至关重要。风险因素可以分为内部因素和外部因素。内部因素通常指的是组织内部的特定条件或因素，如管理体系、人力资源、技术水平等。外部因素则是指来自外部环境的各种潜在威胁或不确定性因素，如市场竞争、政治环境、自然灾害等。此外，风险因素还具有多样性、复杂性、不确定性、动态性等特征。以多样性为例，风险因素的种类和形式多种多样，涵盖了经济、技术、环境、社会等各个方面。例如，在经济领域，市场波动、货币政策变化等因素都可能导致风险的出现。

其次，风险隐患/事故是风险因素作用下所导致的不良事件或不利情况。风险事故的严重程度和影响范围各不相同，可能包括但不限于财产损失、人员伤亡、环境污染、声誉受损等。例如，工业生产中的事故导致工厂停产和环境污染，金融市场的风险事件引发经济危机，自然灾害造成人员伤亡和财产损失等。风险事故的发生往往给相关方带来不可预测的后果，给组织和社会带来严重的挑战和影响。因此，对风险事故的预防和管理至关重要。组织和个人应建立完善的风险分析体系，加强风险识别和评估，采取有效的控制措施，最大限度地减少风险事故的发生，并及时应对已发生的事故，以保护自身的利益和安全。

最后，风险结果是风险事件发生后所导致的实际损害或影响。以经济损失为例，风险事件可能导致资产贬值、生产中断、市场失信等，从而直接影响到个人、组织或整个经济体的财务状况。此外，自然灾害会导致农作物损失、工厂损毁；金融风险会引发股市崩盘等。这些都会带来巨大的经济损失，影响相关方的生活和经济活动。对于受影响方而言，风险结果往往带来严重的后果，可能导致长期的财务困境、社会不稳定甚至是生存威胁。因此，预防和减少风险结果的发生至关重要。政府和社会也应加强监管和支持，提供必要的保障和援助，共同应对风险事件带来的挑战和危机。

在风险形成过程中，这三个要素相互交织、相互作用。风险因素的存在增加了风险隐患/事故发生的可能性，而风险隐患/事故的发生则可能导致风险结果的产生。因此，对于个人、组织以及整个社会而言，了解和应对这些要素至关重要。通过科学的风险评估、有效的控制措施以及灵活的应对策略，可以更好地应对各种风险，并最大限度地保护自身利益与安全。

1.3 风险的分类

1.3.1 按照产生风险的原因进行分类

1. 静态风险

静态风险是在特定时间点或固定条件下存在的风险,其特点是相对稳定和不易改变。这类风险通常与固定的环境、条件或因素相关联,如自然灾害、市场波动、技术故障等。静态风险的特征是其发生概率和影响程度相对固定,随着时间的推移和环境的变化,其风险水平也可能会有所变化,但变化相对缓慢且是可预见的。

2. 动态风险

动态风险是在不断变化和发展的环境中产生的风险,其特点是变化性和不确定性。这类风险通常受到多种因素的影响,包括市场变化、技术进步、政策调整等。动态风险的发生概率和影响程度可能随时变化,并且受到外部环境和内部因素的相互影响。因此,对动态风险的识别、评估和管理需要更加灵活与及时的应对策略,以应对快速变化的环境和市场条件。

1.3.2 按照是否有获利机会进行分类

1. 纯粹风险

纯粹风险是仅具有不利结果或损失可能性的风险。这种风险通常被视为负面风险,可能导致经济损失、人身伤害、财产损害等不利后果。纯粹风险的特点是其发生的结果只有损失,没有任何可能的获利机会。例如,自然灾害、意外事故、疾病等都属于纯粹风险的范畴。

2. 投机风险

投机风险是指追求潜在收益时伴随着高损失的风险。投机风险通常与金融市场或投资活动相关联,涉及投资者为获取更高回报而进行的高风险操作。投机风险的特点是其可能带来巨大的收益,但也可能导致严重的损失。与纯粹风险不同,投机风险具有双重性质,既存在机会,也存在风险。投机者往往在风险和回报之间做出权衡,根据市场条件和个人偏好来决定投资策略。然而,投机风险的高度不确定性和波动性意味着投资者可能面临较大的资金损失,因此在进行投机活动时需要谨慎考虑和有效管理风险。

1.3.3 按照风险的来源与影响进行分类

1. 基本风险

基本风险指普遍存在于某一行业、领域或活动中的通用风险,其影响范围广泛且普遍适用。这类风险通常不受特定条件或因素的限制，而是与特定活动或环境相关的普遍性风险。基本风险的特点是普适性和不可避免性，几乎所有从事相应活动的个人或组织都可能受到其影响。例如，市场波动、自然灾害、经济衰退等都属于基本风险的范畴。对于基本风险的管理主要集中在识别和评估风险，并采取相应的预防和控制措施来降低其可能带来的不利影响方面，以保护个人、组织或社会的利益和安全。

2. 特定风险

特定风险指与特定活动、项目或环境相关联的独特风险，其特点是与特定条件或因素密切相关，只在特定情况下才会出现或加剧。这类风险通常是由特定的行为、决策或条件引起的，而不同于基本风险的普适性。特定风险的管理需要针对性地识别和评估潜在的风险因素，并采取专门的控制措施来应对其可能带来的影响。例如，在项目管理中，特定风险可能涉及技术问题、供应链中断、人员变动等特定条件下可能出现的问题。因此，对特定风险的管理需要有针对性地制定应对策略，以最大限度地降低其可能带来的不利影响，并确保项目或活动的顺利进行。

1.3.4 按照人的影响因素进行分类

1. 主观风险

主观风险指个体或组织在面临决策时，因个人主观因素、态度、偏好或不确定性而引发的风险。这种风险是基于个人或组织的主观判断和感受产生的，与个体的主观意识和心理因素密切相关。主观风险的特点是因人而异，不同个体对同一风险可能有不同的看法和反应。例如，对于同一项投资机会，不同投资者可能因个人的风险承受能力、投资目标和预期收益率而产生不同的主观风险评估。管理主观风险需要注意个人的态度和心理因素，并通过加强沟通、提供信息和培训等方式来降低主观偏见对决策的影响。

2. 客观风险

客观风险指独立于个体主观因素的客观存在的风险，其存在和程度取决于外部环境、客观条件或特定事件的发生。这种风险是客观事实的结果，与个体的主观意识和偏好无关。客观风险通常是通过客观数据、统计分析和科学方法进行评估与量化的。例如，自然灾害、市场变化、经济衰退等都是客观风险的例子，其存在和影响不受个体意愿的影响。管理客观风险需要依靠科学的分析和决策工具，采取适当的风险应对措施来降低其可能带来的不利影响。

1.3.5 按照损失对象进行分类

1. 财产风险

财产风险指个人或组织所拥有的财产或资产面临损失的风险。这种风险涉及财产被盗、损坏、毁坏或贬值等可能发生的不利情况。财产风险的特点是其影响范围主要集中在财务方面，可能导致经济损失和资产减值。对于个人来说，财产风险可能包括房屋、车辆等财产；对于组织而言，财产风险可能涉及企业资产、设备、库存等方面的损失。管理财产风险需要采取有效的防范措施和保险措施，以最大限度地降低财产损失的可能性，并确保财产安全和保值增值。

2. 人身风险

人身风险指个人生命、健康和安全面临的潜在危险或威胁。这种风险涉及人身受伤、疾病、残疾甚至死亡等可能发生的不利情况。人身风险的特点是其直接关系到个人的生存和身体健康，可能导致生命危险和长期的身体或心理损伤。管理人身风险需要重视安全意识和防范措施，包括制定健康安全政策、提供培训、建立应急预案等，以最大限度地保护个体的生命和健康。

3. 责任风险

责任风险指个人或组织可能因为自身行为或疏忽而对他人或社会造成损害或影响，从而承担法律责任或社会责任的风险。这种风险涉及违反法律、规章或道德准则而引发的潜在诉讼、赔偿或社会谴责等后果。责任风险的特点是其具有法律和社会约束力，个人或组织可能面临财务损失、声誉受损等后果。管理责任风险需要建立健全的法律合规体系和风险应对机制，社会成员需要严格遵守法律法规，以最大限度地降低责任风险的发生概率。

1.3.6 按照损失产生的原因进行分类

1. 自然风险

自然风险指由自然因素引发的各种不利事件或灾害所带来的风险，如地震、洪水、飓风等。这些事件通常超出人类控制范围，其发生与否和影响程度取决于自然环境的变化及力量。自然风险具有突发性、不可预测性和广泛性的特点，可能给人类社会和生态环境带来严重的影响与损失。管理自然风险需要采取预防措施、建立应急预案以及提高社会抗灾能力，以最大限度地减少自然灾害造成的损失和影响，保护人类生命和财产安全。

2. 人为风险

人为风险指由人类行为、活动或决策导致的各种不利事件或事故所带来的风险，如事故、犯罪、污染等。这些事件通常与人类的行为或活动直接相关，其发生与否和影响程度受到人类行为的影响。人为风险具有可预测性、可控性和可预防性的特点，但也可能由于人类疏忽、失误或故意行为而造成严重后果。管理人为风险需要加强监管、提高安全意识和责任心，并采取有效的控制措施和应急预案，以最大限度地减少人为事故和灾害的发生，保障社会的稳定和安全。

1.3.7 按照是否可预测和可控进行分类

1. 可管理风险

可管理风险指通过有效的风险应对措施和应对策略，可以对其发生的概率和影响程度进行一定程度的控制和管理的风险。这种风险通常具有一定的可预见性和可控性，可以通过采取适当的预防、监测和控制措施来降低其可能带来的不利影响。对可管理风险进行管理需要充分的风险识别和评估，制定相应的风险应对计划，并及时采取行动以应对可能的风险事件，以保护个人、组织或社会的利益和安全。

2. 不可管理风险

不可管理风险指由于其特殊性或不可预测性而难以或无法通过常规的风险应对措施和应对策略进行有效控制的风险。这种风险通常具有突发性、不可预测性和无法控制的特点，可能对个人、组织或社会造成严重的损失和影响。管理不可管理风险可能需要更为创新和灵活的策略，包括建立应急预案、增强适应能力等措施，以最大限度地减少不可管理风险带来的不利后果。

1.3.8 按照是否带来经济损失进行分类

1. 经济风险

经济风险涉及商业、投资和金融领域的各种不利因素或不确定性，可能导致经济损失或财务困境。这类风险与市场波动、货币政策变化、通货膨胀、利率波动等经济因素密切相关，可能给个人、企业或整个经济体带来不利影响。其特点在于与经济活动和金融市场密切相关，可能导致资产贬值、投资亏损、企业破产等问题。管理经济风险需要加强对经济形势和市场变化的监测与分析，制定相应的风险应对策略，以最大限度地降低其带来的不利影响，并保护个人和组织的财务利益。

2. 非经济风险

非经济风险指除经济因素外，其他领域可能带来的各种不利因素或不确定性，并可能对个人、组织或社会产生不利影响的风险。这类风险涉及社会、环境、政治、法律、健康等非经济领域的因素，可能导致个人权益受损、声誉受损、环境污染、社会不稳定等问题。其特点在于多样性和复杂性，可能由多种因素相互作用而产生，其影响可能超出经济范畴。管理非经济风险需要综合考虑各种因素的影响，采取多层次、多角度的风险应对措施，以最大限度地减少其带来的不利影响。

1.3.9 按照影响范围进行分类

1. 局部风险

局部风险指存在于特定区域、范围或领域内的风险，其影响范围局限于特定地区或方面。这种风险通常具有局部性和特定性，可能对局部地区或特定方面产生不利影响，但不会对整体产生显著影响。其特点在于与特定条件或区域密切相关，可能受到特定因素的影响而发生或加剧。管理局部风险需要重点关注其发生的地点和范围，采取相应的预防和控制措施，以最大限度地降低其可能带来的不利影响，并保护受影响地区或方面的利益和安全。

2. 总体风险

总体风险指存在于整体范围或全局范围内的风险，其影响范围覆盖整个系统、组织或社会。这种风险通常具有全面性和整体性，可能对整体产生重大影响，包括整体的稳定性和可持续性。其特点在于超越了局部范围，可能受到多种因素和多个方面的影响，且其影响可能跨越多个领域和多个层面。管理总体风险需要综合考虑各种因素和影响，制定全面的风险应对措施，以最大限度地降低整体风险水平，并保护整体系统或社会的稳定和安全。

1.3.10 按照风险事件主体承受能力进行分类

1. 可接受风险

可接受风险指经过风险评估后认为其潜在影响是可以接受的或可容忍的风险。这类风险通常对组织或个人的利益和目标影响较小，或发生概率较低，可以在不引起严重损失的情况下接受或承受。一般不需要采取特别的控制措施或应对策略，可以继续进行相关活动。

2. 不可接受风险

不可接受风险指在风险评估后认为其潜在影响是无法接受的或不可容忍的风险。这种风险可能会对组织或个人的利益和目标产生严重影响，可能导致重大损失、安全隐患或声誉受损等不利后果。对于不可接受风险，需要采取积极的控制措施和应对策略，以最大限度地降低其可能带来的不利影响，并尽量避免或减少其发生的可能性。

1.3.11 按照是否受技术因素影响进行分类

1. 技术风险

技术风险指在技术开发、实施或应用过程中可能出现的各种不确定性和挑战，并且可能导致技术项目失败或技术目标无法实现的风险。这种风险通常涉及技术创新、技术缺陷、技术障碍、技术竞争等问题，可能导致项目进度延迟、成本超支或技术成果未达到预期目标。管理技术风险需要加强对技术问题的识别和评估，制定相应的风险应对计划和技术解决方案，以最大限度地降低其对项目或组织的影响，并确保技术目标的顺利实现。

2. 非技术风险

非技术风险指除了技术因素外，其他各种不确定性和挑战，并且可能对项目、组织或个人产生不利影响的风险。这类风险可能涉及市场变化、政策调整、人力资源、财务管理、法律法规等方面的问题，可能导致项目无法顺利实施或组织运营受到影响。管理非技术风险需要综合考虑各种因素的影响，制定综合性的风险应对措施，以最大限度地降低非技术风险带来的不利影响，并保护项目或组织的利益和安全。

1.4 风险的来源

在当今社会，风险的来源异常丰富，其中包括技术、计划、费用、进度等多个方面。技术风险源涉及技术开发过程中的不确定性和挑战；计划风险源涉及项目执行过程中计划变化和执行偏差带来的风险；费用风险源涉及资金不足、成本超支等经济方面的挑战；进度风险源涉及项目进度推迟、资源调配不足等时间管理方面的困境。尤其是在武器装备研制领域，风险源更为多样，可能涉及技术创新、成本控制、安全保障等诸多方面的挑战。因此，深入了解并有效应对各类风险源，对于确保项目的顺利实施和组织的可持续发展至关重要。

1.4.1 技术风险源

技术风险源可以划分为以下 14 个方面。

（1）技术发展与计划偏差。技术进步可能超出预期，导致原计划偏离，涉及技术复杂性、经验不足、工作环境适应性以及技术成熟度。

（2）技术发展的速度问题。技术发展可能过快或过慢，超出原定水平或低于预期速度，影响项目进度。

（3）技术发展支持不足。缺乏预期的技术发展支持可能导致计划受阻。

（4）系统与工艺复杂性。高度复杂的系统设计和不成熟的工艺可能导致管理难度增加与设计迭代频繁。

（5）物理与材料特性不符。动力、应力、热力等物理特性或材料特性与预期不符，可能妨碍目标实现。

（6）环境与特殊要求适应性。在恶劣工作环境中运行的系统或特殊设计要求可能导致需要调整计划。

（7）技术风险与试验问题。技术风险评估、试验结果不一致或试验设施不兼容可能导致计划延误和成本增加。

（8）外推与预测准确性。依赖外场试验结果进行外推可能影响对实际部署条件下的准确评估。

（9）设计与接口兼容性。新设计或特殊设计在适应性、兼容性、接口标准、互用性方面可能与原计划不兼容。

（10）生存能力与防护要求。核防护、化学生存能力等新要求可能导致需要修改设计划以满足安全标准。

（11）软件设计与语言问题。独特的软件测试要求、不满意的测试结果或新/不熟悉的计算机语言可能影响软件计划。

（12）可靠性与维修性问题。无法达到预期的系统可靠性或维修性可能导致计划调整。

（13）不切实际的指标要求。提出不切实际的可靠性和维修性要求可能导致设计反复，增加成本和延误进度。

（14）故障检测与性能问题。故障检测技术可能揭示出设计的性能不足，要求进行更改。

1.4.2 计划风险源

计划风险源可以划分为以下10个方面。

（1）优先级和决策影响。优先次序的变化和决策延误可能导致资金、设施和材料供应不及时，进而影响项目的费用和进度。优先级提升或决策延迟都可能引发技术和费用问题。

（2）授权和计划管理。授权不充分和管理不善可能导致计划延误，影响费用和进度。这包括缺乏及时决策的授权和计划的无预见性变动。

（3）资源和进度约束。资金和进度约束可能导致项目延误和增加关键资源需求，进而导致技术状态频繁更改。

（4）人员和能力问题。管理、决策和技术人员的变动或缺乏必要的管理、技术技能，可能导致计划拖延或中断、费用增加或者减少。

（5）沟通和协调障碍。管理部门与承包单位之间的沟通不畅，可能导致问题发现不及时，影响项目进展。

（6）投标和分合同管理。投标价过低或总承包者对分合同管理不善，可能导致项目目标难以达成，影响项目的整体质量和进度。

（7）通用设备和物价影响。通用保障设备不适用或物价指数超出预期，可能导致费用和进度问题。

（8）资料和信息管理。资料搜集和使用计划不完善，或数据、资料遗失，可能导致技术、费用和进度方面的问题。

（9）环境和气候影响。天气变化和自然灾害可能严重影响项目的进度与费用。

（10）外部因素和风险。论证不充分、技术发展、试验安排不及时、部门壁垒、供货单位稳定性、合同形式不当、财政实力不足、国防资源和支付能力变化、协调不充分、条例更改等外部因素，都可能带来项目风险和不利影响。

1.4.3 费用风险源

费用风险源可以划分为以下6个方面。

（1）技术风险敏感性：由技术风险带来的费用风险。

（2）计划风险敏感性：由计划风险带来的费用风险。

(3)进度风险敏感性:由进度风险带来的费用风险。
(4)并行研发。
(5)估算错误。
(6)人为压低费用。

1.4.4 进度风险源

进度风险源可以划分为以下 6 个方面。
(1)技术风险敏感性。
(2)计划风险敏感性。
(3)费用风险敏感性。
(4)多任务同时发生的概率大。
(5)关键路径数量多。
(6)估算错误。

1.4.5 武器装备研制中的风险源

在武器装备研制过程中,其需要面对的风险因素和可能发生的风险事故多种多样,表 1.1 列出了部分风险因素以及可能造成的风险隐患或引发的风险事故。无论是风险隐患还是风险事故,即使其发生的概率十分小,但随着大规模武器装备研制的开展,其也有可能发生,进而造成严重后果,导致不可挽回的损失。因此,风险事故的发生有一个从量变到质变的过程,风险事故的发生是风险因素聚集、增加的结果。

表 1.1 武器装备研制中的部分风险因素和风险隐患/事故

序号	风险因素	风险隐患/事故
1	战术技术指标要求过高	导致采用过多新技术,而新技术往往成熟度较低。新技术采用比例过大,继承性相应较弱,风险概率增大;设计余量小,研制项目不稳定,失败概率增大,风险后果的严重性较高
2	缺乏技术储备	预研不充分情况下项目仓促上马,结果造成预研攻关和型号研制绑定在一起,很难达到预定技术指标
3	技术未吃透	设计人员没有透彻掌握有关理论,易导致设计不合理或设计错误;"移植"已有型号的定型产品,未搞清楚使用环境,易造成"水土不服"而导致项目失败;试验环节中技术问题未吃透,会降低验证结论的可信度
4	设计失误和考虑不周	影响项目整体的可靠性、安全性、维修性和保障性;易缺少参数设计和优化;易更改设计和接口规范,难以全面把关
5	技术协调不充分	易造成软硬件不协调,影响大型试验
6	技术状态控制不严格	技术状态不达标轻则造成返工,影响研制周期,增加研制费用;重则造成设备损坏,甚至导致失败
7	试验策划不完整	易造成成本超支
8	试验验证不充分	不能全面暴露问题,可能造成研制试验出现重大损失
9	工艺不成熟	易导致生产过程质量得不到有效控制,降低良品率,增加生产成本,降低产品性能;甚至可能导致整体可靠性低、故障率高
10	设计与工艺协调不充分	设计与工艺要求过高可能导致生产难度大幅增加,浪费原材料,影响进度和增加成本

续表

序号	风险因素	风险隐患/事故
11	软件产品管理不到位	轻则影响进度,重则造成整个研制项目的失败。软件程序的错误是导致任务失败的主要因素之一
12	原材料和元器件质量性能达不到要求	只注重原材料和元器件的功能和技术指标,而忽视质量等级和可靠性是人们经常犯的错误之一,尤其在面对进口元器件时,误用停产、淘汰的产品时有发生。原材料和元器件质量性能不达标极易造成分系统、系统甚至整机出现故障和事故

1.5 风险与不确定性

风险在很大程度上来源于各领域中广泛存在的不确定性,尤其是概率模型中的参数不确定性:在传统的统计方法中,不确定性可以用置信区间或贝叶斯方法表示,这种类型的不确定性是风险的一个组成部分。但同时,不确定性也独立于风险。客观世界广泛存在不确定性,许多现象都无法完全预测或准确判定。风险分析的核心在于认识和理解不确定性,通过全面评估潜在风险,制定相应的管理策略和措施。在面对不确定性的挑战中,有效的风险分析和管理能够帮助人们做出更明智的决策,降低潜在风险并保障持续的发展和进步。

通过引入模型 $g(X)$ 来进行不确定性分析,$g(X)$ 取决于输入量 X 和函数 g,Z 通过模型 $g(X)$ 来计算。关于 Z 的不确定性分析需要评估 X 的不确定性及其通过模型 g 的传播,以生成关于 Z 的不确定性的评估结果,如图 1.2 所示。与模型结构 g 有关的不确定性,即关于误差 $Z-g(X)$ 的不确定性通常会被单独处理。

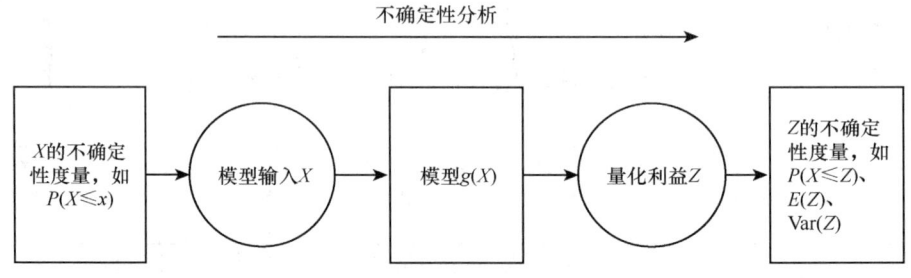

图 1.2 风险分析与不确定性度量

1.5.1 不确定性分类

Kiureghian(基里吉安)指出不确定性有七个来源:基本随机变量内在的不确定性,选择错误的概率模型导致的不确定性,建模错误导致的不确定性,在概率模型参数估计中的统计不确定性,在物理模型参数估计中的统计不确定性,数据观察中的错误导致的不确定性,变量描述、近似表示中的建模不确定性。李德毅院士把不确定性分为随机性、模糊性、不完全性、不稳定性和不一致性五个方面,其中,随机性和模糊性是最基本的。Oberkampf(奥伯坎普夫)和 Paté-Cornell(帕泰-康奈尔)等在研究风险及复杂系统不确定性分析与建模当中,通过多年的总结,在概念和计算结构上把不确定性划分为两类——随机不确定性(aleatory uncertainty)和认知不确定性(epistemic uncertainty),以下将这两种不确定性分别称为 A 类和 E 类不确定性。"aleatory"源于拉丁语 alea，代表掷骰子的行为，而"epistemic"源自希腊语 episteme，表示知识。A 类不确定性是事物固有的属性，它可以通过科学手段进行理解和表述，但本质上无法被消除；E 类不确定性则是由于人们对现实世界认知有限、信息不足或知识欠缺而产生的，随着信息的积累和认识水平的提升，这种不确定性可以逐步降低。以掷硬币为例，如果面对一枚特殊的硬币，起初我们不了解其正反面出现的概率，这是由于我们对该硬币的认识不足。但通过多次实验，我们收集到足够的数据，从而能够估计出正反面出现的概率，这消除了 E 类不确定性。然而，即便我们对硬币有了充分的了解，下一次投掷的结果仍然无法预知，这代表了 A 类不确定性的不可消除性。

表 1.2 对 A 类不确定性和 E 类不确定性进行了深入的对比分析。

表 1.2 A 类与 E 类不确定性的比较

提出学者	A 类	E 类
Paté-Cornell 等	来源于已知或可观察事物的可变性、样本的随机性等	来源于对基本现象的知识缺乏
Oberkampf	由物理系统或外部环境的变化引起，系统可以在确定的范围内随机变化，适合用概率分布来描述	由对系统行为的无知引起，建模过程中缺乏足够的知识或信息，难以用数学表示
Soundappan（尚达潘）	由物理现象内在的可变性引起	可以通过收集更多信息来降低或消除
Kiureghian	源于现象本质的随机性，建模人员无法预知如何降低这种不确定性	由知识或数据的缺乏导致，可以通过收集更多数据和改进模型来降低
Samson（萨姆森）	来自系统内在的可变性，系统可能有许多不同的潜在行为，可以用概率论进行数学建模	源于知识的缺乏、不完全信息或实验数据不足，难以量化建模
Limbourg（林堡）	由系统真实特征的变化引起的，无法通过获取更多数据或知识来消除	可以通过获取更多数据来降低，因为它是由知识的缺乏或信息不明确引起的

1.5.2 不确定性处理

处理不确定性的过程涉及采用精确的数学技术来量化、评估和解决不确定性问题，这包括建立不确定性模型、进行不确定性推理和执行敏感性分析等关键环节。简单来说，这个过程旨在对 A 类和 E 类不确定性进行综合建模与逻辑推理。历史上，使用概率论来量化这两种不确定性的方法始于 17 世纪，而本章则专注于对 A 类不确定性进行深入分析和处理。能够用于处理 A 类不确定性的理论和方法包括概率论、区间估计、概率区间框架、模糊集合论、粗糙集理论、证据理论、可信度转移模型、不精确概率学、信息差距决策理论以及机器学习技术等。接下来，介绍几种最广为使用的不确定性分析理论。

1. 概率论

概率论作为一种历史悠久的工具，被广泛用于捕捉不确定性的本质。它通过概率来量化事件的不确定性，并以贝叶斯方法作为推理不确定性的基础。由于其数学上的严谨性，概率论被认为是处理不确定性问题的理论基础。在对概率的理解上，存在两种主要的观点：一种是基于事件频率的客观视角，认为概率是事件在无限次重复中出现的比率，完全独立于主观判断；另一种是基于个人信念的主观视角，将概率视为个人对不确定性事件的信念程度。理论上，随着数据量的增加，主观概率应趋向于客观概率的估计。概率论凭借其坚实的数学基础和完整的理论框架，在科学研究的多个领域中扮演了关键角色。它能够有效地描述 A 类不确定性，但对于随着信息增多而减少的 E 类不确定性，概率论的模型则难以完全捕捉。

然而，概率论在实际应用中也面临挑战。Steven Pender（史蒂文·彭德）曾提出概率论在项目管理中有五个主要局限：①概率论基于随机性的假设，而项目的独特性限制了统计分析的有效性；②概率论假设未来可预测，但项目固有的不确定性和未知性，特别是人的行为的不可预测性，使得这一点难以实现；③人类处理信息以做出最优决策的能力是有限的；④知识随时间变化的特性对项目计划至关重要，而概率论的模型往往忽略了这种连续性；⑤项目参数和结果需要及时与利益相关者沟通，但人的意见有时难以用概率语言表达。这些局限指出了概率论在处理不确定性时的一些固有缺陷。

2. 模糊集合论

在 1965 年，L. A. Zadeh（L. A. 扎德）这位杰出的控制理论专家发表了一篇具有里程碑意义的文章——《模糊集合》（Fuzzy Sets），从而奠定了模糊数学的基础。模糊数学的目的不是使数学变得不清晰，而是利用数学工具来捕捉现实世界中的模糊现象。模糊现象与随机现象有本质的不同：随机现象关注随机事件，其结果通常是二元的；而模糊现象关注的是模糊事件，其结果可以是多元的。模糊集合论的创新之处在于引入了元素对集合的"隶属度"概念，将传统集合论中的二元特征函数扩展到[0, 1]区间，从而将二值逻辑扩展到多值逻辑，使得模糊性可以用一个连续的度量来表示。

3. 粗糙集理论

1982 年，波兰数学家 Pawlak（帕夫拉克）提出了粗糙集理论。他将那些难以明确分类的个体归入边界区域，并通过上近似集和下近似集之间的差异来定义这些区域。粗糙集理论是一种用于描述和处理不完整、不一致及不精确信息的数学工具，它能够从这些不完全信息中提取隐含的知识，并揭示潜在的规律。

4. 证据理论

证据理论是在 Arthur Dempster（阿瑟·登普斯特）于 20 世纪 60 年代提出的上下概率及其合成规则的基础上，由 Glenn Shafer（格伦·谢弗）于 1976 年在其著作《证据理论的数学基础》中正式提出的。该理论使用信度函数和似然函数这两个数值来表示决策者在特定证据下对某个假设或命题的置信度，并通过 Dempster 合成规则对不同证据的置信度进行整合。证据理论是对概率方法的一种扩展，主要体现在以下几个方面：首先，它对不确定性的表示更为明确；其次，它提供了一种机制来整合不同来源的置信度；再次，它将信念视为基于证据形成的认识，而不是先验的；最后，它特别适合处理信息不完全的情况，即由于缺乏明确性而产生的不确定性。

5. 机器学习技术

目前，处理和分析大数据集的主要方法之一是利用机器学习技术，特别是通过计算机强大的计算能力来处理大量数据。神经网络是其中一种广泛应用的方法，基于这种网络结构，专家发展出了卷积神经网络（convolutional neural networks，CNN）、图神经网络（graph neural networks，GNN）以及深度学习和随机森林等技术。这些技术都建立在神经网络的理论之上。

神经网络模仿人脑神经元的连接和信息处理机制，并借助计算机的处理能力，在多个领域得到广泛应用。其中，AlphaGo——由谷歌 DeepMind（深度思考）团队开发的基于神经网络的程序，就是一个著名的例子，它在 2016 年首次战胜了人类围棋选手。现在，AlphaGo 已经进化为 AlphaZero，其分析和模拟复杂系统中的不确定性的能力已经超越了人类。然而，传统的机器学习方法，包括神经网络，通常被视为黑箱操作，其模型构建和推理过程不透明，专家难以参与，结果也缺乏可解释性，这限制了它们在需要高度透明度和专家参与的问题上的适用性。

表 1.3 对比了上述介绍的各类不确定性处理理论。

表 1.3 概率论、模糊集合论、粗糙集理论、证据理论和机器学习技术的比较

对比的方面	概率论	模糊集合论	粗糙集理论	证据理论	机器学习技术
对象间关系的基础	数据的随机性	概念边界的不分明性	对象间的不可分辨关系	部分信息已知，部分信息未知	不需要已知对象间关系
对不确定性的刻画方法	概率	隶属度	粗糙度	信度函数	机器学习模型
研究方法	概率分布函数	隶属函数	对象分类	概率质量函数	机器学习
对知识的近似描述	概率	隶属度	上下近似集	信度函数	将知识视为数据
先验知识	需要	需要	不需要	需要	需要（大量历史数据）
与普通集合的联系	概率	截集	上下近似	信度函数	无关
计算方法	数学期望和方差	连续特征函数	粗糙度函数与上下近似	信度和似然函数	机器学习

1.6 风险分析与风险管理

风险分析的目的是回答"风险有多大"，具体来说，风险分析的目标包括识别风险、评估风险和理解风险。风险分析的作用包括制定风险应对策略、改善决策、提高决策透明度和提升沟通效率。

风险管理通过使用多种方法、技术和手段，对风险进行有效控制，采取主动行动，尽量扩大风险事件的有利结果，妥善处理风险事件的不利后果，以最小的成本保证安全，并可靠地达成最终目标。从本质上讲，风险管理是以最低/合理的成本尽可能防范风险事件的发生，并减少其对组织的损害和不利影响。维基百科对风险管理的定义是：风险管理是指识别、评估和优先考虑风险 [《风险管理》（ISO 31000: 2008）中将风险定义为"不确定性对目标的影响"]，然后协调和经济地应用资源，以减少、监控和控制不幸事件发生的概率或影响，或最大化机会的实现。

ISO（International Standards Organization，国际标准化组织）31000 国际风险管理体系中有关风险的说明如下：

（1）风险管理创造并保护价值。
（2）风险管理是组织流程不可分割的一个组成部分。
（3）风险管理是决策的组成部分。
（4）风险管理明确地解决不确定性问题。
（5）风险管理是系统的、结构化的和及时的。
（6）风险管理建立在最好的可利用信息的基础之上。
（7）风险管理是因具体情况而异的。
（8）风险管理将人的因素和文化因素考虑在内。
（9）风险管理是透明的和包容的。
（10）风险管理是动态的、重复的并对变化有所响应的。
（11）风险管理促进系统的安全性水平持续提升。

对于风险分析与风险管理的关系，当前的主流观点一般认为风险管理包括风险分析，此外还包括风险识别、风险评价、风险处理等内容。换言之，风险管理是全过程，而风险分析是其中的一个环节。这也是较易理解和接受的观点。

但也有一种观点认为，风险分析为风险管理提供了必要的信息基础，而风险管理则是在风险分析的基础上采取相应的措施，包括规避、减轻、转移或接受风险，以确保组织能够在不确定性环境下实现其目标。因此，风险分析是风险管理的前提和基础，二者共同构建了组织对风险的全面认知和有效应对策略。

不管何种观点，风险分析与风险管理二者密不可分，它们之间相辅相成。由于本书重点阐述风险分析，因此不再赘述有关风险管理的内容。特别地，本书将在 3.4 节"风险分析一般过程"中详细阐述有关风险识别、风险评估、风险应对、风险监控和风险跟踪相关内容。

本 章 小 结

本章系统地介绍了风险的基本概念，旨在协助读者深入理解和认识这一重要概念，并为后续风险管理提供基础知识。重点介绍了风险的定义、风险的形成、风险的分类、风险的来源、风险与不确定性，以及风险分析与风险管理等六个方面的内容。在日常生活和各种决策中，对风险的认知和管理至关重要。只有深入理解风险的基本概念，并采取相应的措施进行有效管理，才能更好地应对不确定的环境，并取得成功。

在面对复杂多变的社会环境和全球化的挑战下，深入理解风险的定义、形成、分类和来源等基本概念，有助于我们更准确地把握形势，更科学地制定应对策略。只有做到心中有数、未雨绸缪，才能更好地应对未来的挑战和风险，确保国家和人民的长期利益。

思 考 题

1. 你还了解哪些针对不确定性的建模和推理方法与技术？这些方法和技术的理论基础是什么？彼此有何异同和适用条件？
2. 能否结合你的学习和工作实际提出相应的风险分类标准，并给出相关定义、举出相关实例？

参 考 文 献

[1] Denœux T, Masson M H. Evidential reasoning in large partially ordered sets[J]. Annals of Operations Research, 2012, 195(1): 135-161.
[2] Paté-Cornell M E. Uncertainties in risk analysis: six levels of treatment[J]. Reliability Engineering and System Safety, 1996, 54(2/3): 95-111.
[3] Helton J C, Oberkampf W L. Alternative representations of epistemic uncertainty[J]. Reliability Engineering & System Safety, 2004, 85(1/2/3): 1-10.
[4] 吕建伟, 陈霖, 郭庆华. 武器装备研制的风险分析与风险管理[M]. 北京: 国防工业出版社, 2005.
[5] 张健壮, 承文, 史克禄. 武器装备研制项目风险管理[M]. 北京: 中国宇航出版社, 2010.
[6] 姜江. 证据网络建模、推理及学习方法研究[D]. 长沙: 国防科学技术大学, 2011.

第 2 章 风险分析与管理过程

在第 1 章介绍风险的基本概念的基础上，本章将深入探讨风险分析与管理过程相关理论，主要包括四部分内容。2.1 节介绍风险分析系统工程，从系统工程视角探讨风险分析的内涵与外延。2.2 节介绍风险分析与管理相关标准，主要包括与风险分析及管理有关的国内法律法规、国标、国家军用标准（以下简称国军标）及国际标准等。2.3 节介绍风险分析过程理论，主要包括持续风险管理（continuous risk management，CRM）、欧洲空间局（European Space Agency，ESA）风险管理过程等主流风险分析过程理论。2.4 节介绍风险分析一般过程，主要包括风险识别、风险评估、风险应对、风险监控和风险跟踪等内容。

2.1 风险分析系统工程

风险分析与管理是一项系统工程，应具备系统思维，采用系统工程方法论和工具进行相关研究及工作。

系统是由相互作用和相互依赖的若干组成部分结合而成、具有特定功能的有机整体。风险分析与管理的对象就是各种典型的系统，不管是武器装备系统、软硬件系统，还是人机系统、组织系统等，风险分析与管理都需要针对其相互作用和相互依赖的若干组成部分开展分析、计算和评价。系统具有整体性、层次性、相关性、目的性和适应性等典型特征，而风险分析与管理同样具备对系统风险认知的整体性、风险识别与分析的层次性、风险评估和查因的相关性、风险管理决策的目的性和风险改进与监控的适应性。

著名科学家钱学森教授指出"系统工程是组织管理系统的规划、研究、设计、制造、试验和使用的科学方法""系统工程是一门组织管理的技术"。系统工程专注于研究和分析庞大且复杂的人造系统以及由多个部分组成的复合体系。其核心工作是管理和整合系统内部的各个组成部分，确保它们协同工作以有效达成共同的目标。系统工程的终极目标是通过优化各组成部分，实现整个系统的最优性能和效果。系统工程是一门现代化的组织管理技术，它既是一个技术过程，又是一个管理过程。风险分析与管理工作同样是针对对象系统开展风险规划、风险识别、风险分析、风险评估、风险决策、风险应对、风险管控等的技术过程和管理过程。

系统工程经典的方法论包括霍尔三维结构、并行工程方法学、综合集成方法论、"物理-事理-人理"系统方法论、系统工程 V 模型等。国际系统工程协会（International Council on Systems Engineering，INCOSE）在明确系统工程概念内涵的基础上，给出了经典的系统工程 V 模型。其基本架构包含了两个基本过程：一个是分解分析和决策过程，它是一个从系统到所有级别的子系统，再到部件、最低配置项的需求、概念、架构、设计、构建、验证和确认计划不断演进与分解的过程，也是一个选择系统、子系统、部件、最低配置项的需求满足最优方案或计划的决定过程；另一个是验证分析和确定过程，它是一个自底向上进行最低配置项→部件→所有级别的子系统→系统的集成、验证和确认的过程，所有的零件、组件、部件都要通过验证，并具备集成条件，否则要重新设计和测试，再通过验证，直到最终得到完整的系统。系统工程 V 模型对开展风险分析与管理提供了很好的方法论指导，比如在开展系统风险分析前，首先要确定风险分析的需求，明确风险分析与管理的目标；其次，基于需求和目标，开展系统的分解分析，梳理系统的子系统、各种风险隐患和潜在的风险源，进一步详细分析风险源的特点、影响、危害性，以及风险发生的可能性和严重性等，明确最底层的风险配置项；再次，基于风险因素的详细分析，不断综合集成、评估验证、确认系统风险的综合程度；最后，开展风险管理措施、应对方案的制定等，形成闭环，回答前面明确的风险分析与管理需求和目标。该过程充分体现了风险分析与管理的系统观，将系统风险的分解与分析、风险评估和集成决策管理有机结合在一起，实现了辩证统一，为风险分析与管理的科学过程提供了重要的方法论指导。

系统工程的模型方法主要包括系统分析、系统评价、系统预测、系统优化、系统仿真等基本模型方法，这些基本的模型方法对风险分析与管理工作的研究和技术运用具有重要的指导及借鉴意义。比如，系统分析的起点是对系统目标的清晰定义。在这一基础上，通过开发和研究，探索并形成多种能够达成这些目标的潜在方案。接下来，构建相应的模型，利用这些模型进行成本效益分析。通过一系列标准对这些方案进行全面评估，从而确定它们的优先级。最终，将系统分析的结果（包括报告、建议或意见）提交给决策者，帮助他们做出基于数据和分析的明智决策。这对风险识别和分析具有很好的指导价值。在开展风险识别时，应在风险管理的目标前提下，开发研究各种可能的风险场景和查找各种可能的风险隐患，建立模型，确定风险源头和隐患的重要程度及顺序，为后续的风险应对提供科学的支撑。再如，系统评价是一个应用系统工程理念的过程，它依据既定的系统目标，对不同的系统选项或方案进行科学评估。这一过程涉及采用系统化的方法，从技术、经济、社会、生态、政治、军事等多个维度对方案进行细致的审查和对比。通过全面考虑各个方案的优势和劣势，系统评价旨在为决策者提供一个综合的判断基础，帮助其从众多方案中挑选出最具优势的选项，确保决策的科学性和合理性。系统评价对风险评估具有重要的指导价值。风险评估即根据风险管理目标，对各种风险隐患进行定性与定量相结合的评价，对可行的应对方案进行科学的分析评判，权衡各种利弊得失，最后为风险管理应对提供决策参考。此外，系统预测模型对风险隐患的预测提供技术支撑，系统优化模型对风险应对方案的优化及资源配置提供技术手段，系统仿真模型为风险演化提供仿真分析工具等。

总之，风险分析与管理是一项系统工程。一方面，风险分析与管理的过程符合系统工程过程和典型特征，应当把风险分析与管理工作当作一项系统工程去完成。另一方面，系统工程的方法论及模型为风险分析与管理提供了强大的理论和技术支持。系统论提供了风险分析与管理工作的总思路，将分解还原和整体集成辩证统一的系统论为风险分析与管理提供了系统视角及系统框架。大量经过实践检验的技术方法为风险分析与管理提供了可用且好用的工具。风险分析与管理是一项系统工程，是一项面向实际问题、体现技术发展，并结合领域认知的综合性交叉研究工作。

2.2 风险分析与管理相关标准

2.2.1 国内法律法规

1.《中华人民共和国标准化法》

《中华人民共和国标准化法》于 1988 年 12 月 29 日在第七届全国人民代表大会常务委员会第五次会议通过，2017 年 11 月 4 日在第十二届全国人民代表大会常务委员会第三十次会议修订。该法是中国现行有效的经济法之一，是为了加强标准化工作，提升产品和服务质量，促进科学技术进步，保障人身健康和生命财产安全，维护国家安全、生态环境安全，提高经济社会发展水平制定的法律。

2.《国家标准化管理委员会规范性文件管理规定》

《国家标准化管理委员会规范性文件管理规定》根据有关法律法规和《国家质量监督检验检疫总局规范性文件管理办法》制定。该规定于 2017 年 11 月 8 日颁布，共包括七章三十五条。

3.《标准化工作导则 第 1 部分：标准化文件的结构和起草规则》(GB/T 1.1—2020)

2020 年 3 月 31 日国家标准化管理委员会发布《标准化工作导则 第 1 部分：标准化文件的结构和起草规则》（GB/T 1.1—2020），于 2020 年 10 月 1 日开始实施。该标准确立了标准化文件的结构及其起草的总体原则和要求，并规定了文件名称、层次、要素的编写和表述规则及文件的编排格式。该标准适用于国家、行业和地方标准化文件的起草，其他标准化文件的起草参照使用。

4.《军用标准文件编制工作导则》

《军用标准文件编制工作导则》经中国人民解放军总装备部批准，于 2001 年 5 月 31 日发布，于 2001 年 10 月 1 日实施。该导则分为三个部分。第 1 部分是军用标准和指导性技术文件编写规定（GJB 0.1—2001）；第 2 部分是军用规范编写规定（GJB 0.2—2001）；第 3 部分是出版印刷规定（GJB 0.3—2001）。该导则规定了军用标准和指导性技术文件的结构和编写规则，适用于军用标准和指导性技术文件的编写。

2.2.2 风险分析与管理相关国标

1.《风险管理 风险评估技术》（GB/T 27921—2023/IEC 31010: 2019）

《风险管理 风险评估技术》（GB/T 27921—2023/IEC 31010: 2019）于 2023 年 8 月 6 日发布，并于当日实施。该标准由全国风险管理标准化技术委员会提出并归口，起草单位包括广东坚美铝型材厂（集团）有限公司、中国标准化研究院等。该标准是在 2011

年发布的《GB/T 27921—2011》基础上的第一次修订。

2.《金融信息系统网络安全风险评估规范》（GB/T 42926—2023）

《金融信息系统网络安全风险评估规范》（GB/T 42926—2023）于 2023 年 8 月 6 日发布，并于 2023 年 12 月 1 日实施。该标准由全国金融标准化技术委员会归口上报及执行，主管部门为中国人民银行，起草单位包括中国金融电子化集团有限公司、北京国家金融科技认证中心有限公司等。

3.《信息安全技术 信息安全风险评估方法》（GB/T 20984—2022）

《信息安全技术 信息安全风险评估方法》（GB/T 20984—2022）于 2022 年 4 月 15 日发布，并于 2022 年 11 月 1 日实施。该标准由全国信息安全标准化技术委员会提出并归口，起草单位包括国家信息中心、北京安信天行科技有限公司等。该标准是在 2007 年发布的《GB/T 20984—2007》基础上的第一次修订。

4.《信息安全技术 工业控制系统风险评估实施指南》（GB/T 36466—2018）

《信息安全技术 工业控制系统风险评估实施指南》（GB/T 36466—2018）于 2018 年 6 月 7 日发布，并于 2019 年 1 月 1 日实施。该标准由全国信息安全标准化技术委员会提出并归口，起草单位包括国家信息技术安全研究中心、中国电子技术标准化研究院等。

5.《信息安全技术 信息安全风险评估实施指南》（GB/T 31509—2015）

《信息安全技术 信息安全风险评估实施指南》（GB/T 31509—2015）于 2015 年 5 月 15 日发布，并于 2016 年 1 月 1 日实施。该标准由全国信息安全标准化技术委员会提出并归口，起草单位包括国家信息中心、国家保密技术研究所等。

6.《故障树名词术语和符号》（GB/T 4888—2009）

《故障树名词术语和符号》（GB/T 4888—2009）于 2009 年 10 月 15 日发布，并于 2009 年 12 月 1 日实施。该标准由全国统计方法应用标准化技术委员会提出并归口，起草单位包括中国科学院数学与系统科学研究院、中国航天科工集团公司等。

7.《故障树分析程序》（GB 7829—87）

《故障树分析程序》（GB 7829—87）于 1987 年 6 月 3 日批准，并于 1988 年 1 月 1 日实施。该标准的引证标准包括《可靠性基本名词术语及定义》（GB 3187—82）和《故障树的名词术语和符号》（GB 4888—85）。

8.《信息安全技术 数据安全风险评估方法（征求意见稿）》

《信息安全技术 数据安全风险评估方法（征求意见稿）》于 2023 年 8 月 21 日发布。《信息安全技术 数据安全风险评估方法（征求意见稿）》全文一共有 10 章，前 5 章介绍了数据安全风险评估的原理、流程、评估内容、评估手段；后 5 章介绍了具体流程中每一个步骤的详细方法、实践操作要点等。

9.《风险管理 指南》(GB/T 24353—2022/ISO 31000: 2018)

《风险管理 指南》(GB/T 24353—2022/ISO 31000: 2018)于 2022 年 10 月 12 日发布,并于 2022 年 10 月 12 日实施。该标准由全国风险管理标准化技术委员会提出并归口,起草单位包括中国标准化研究院、蒙娜丽莎集团股份有限公司、三门核电有限公司等。

10.《风险管理 术语》(GB/T 23694—2013)

《风险管理 术语》(GB/T 23694—2013)于 2013 年 12 月 31 日发布,并于 2014 年 7 月 1 日实施。该标准由全国风险管理标准化技术委员会提出并归口,起草单位包括中国标准化研究院、第一会达风险管理科技有限公司、北京理工大学等。

11.《项目风险管理 应用指南》(GB/T 20032—2005/IEC 62198: 2001)

《项目风险管理 应用指南》(GB/T 20032—2005/IEC 62198: 2001)于 2005 年 9 月 5 日发布,并于 2006 年 1 月 1 日实施。该标准的起草单位包括中国标准化研究院、中国合格评定国家认可中心等。

12.《信息安全技术 信息安全风险管理实施指南》(GB/T 24364—2023)

《信息安全技术 信息安全风险管理实施指南》(GB/T 24364—2023)于 2023 年 5 月 23 日发布,并于 2023 年 12 月 1 日实施。该标准由全国信息安全标准化技术委员会提出并归口,起草单位包括国家信息中心、中国电子科技集团公司第十五研究所等。

13.《信息技术 软件生存周期过程 风险管理》(GB/T 20918—2007)

《信息技术 软件生存周期过程 风险管理》(GB/T 20918—2007)于 2007 年 4 月 30 日发布,并于 2007 年 7 月 1 日实施。该标准由全国信息技术标准化技术委员会归口,起草单位是中国电子技术标准化研究所。

2.2.3 风险分析与管理相关国军标

(1)《军用软件测试与评估通用要求》(GJB 2434—95)。
(2)《军用软件能力成熟度模型》(GJB 5000—2003)。
(3)《军用软件质量度量》(GJB 5236—2004)。
(4)《军用软件验收》(GJB 1268A—2004)。
(5)《军用软件安全性分析指南》(GJB/Z 142—2004)。
(6)《软件可靠性和安全性设计准则》(GJB/Z 102—97)。
(7)《装备可靠性工作通用要求》(GJB 450A—2004)。
(8)《标准编写规定》(GJB 6000—2001)。
(9)《军用软件验收要求》(GJB 1268A—2004)。
(10)《军用软件评审》(GJB 6389—2008)。
(11)《军用软件维护》(GJB 1267—91)。

2.2.4 风险分析与管理相关国际标准

ISO/IEC（International Electrotechnical Commission，国际电工委员会）也颁布了与风险分析与管理相关的标准，可通过 https://www.iso.org/standard/78176.html 搜索和查阅 ISO 发布的国际标准，可通过 https://webstore.iec.ch/publication/4311 搜索和查阅 IEC 发布的国际标准。这里列举部分标准，具体如下。

（1）Fault tree analysis (FTA)（IEC 61025: 2006，《故障树分析》）。
（2）Risk management—Guidelines（ISO 31000: 2018，《风险管理 指南》）。
（3）Risk management—Risk assessment techniques（IEC 31010: 2019，《风险管理 风险评估技术》）。
（4）Risk management—Guidelines on using ISO 31000 in management systems（IWA 31: 2020，《风险管理 在管理系统中使用 ISO 31000 的指南》）。
（5）Risk management—Vocabulary（ISO 31073: 2022，《风险管理 术语》）。
（6）Risk management—Guidelines for managing emerging risk to enhance resilience（ISO/TS 31050: 2023，《风险管理 管理新兴风险以增强抵御能力的指南》）。
（7）《ISO 风险管理标准全解》（书）。

2.2.5 美军风险管理规范性文件

美军风险管理规范性文件如下：
（1）Risk Management for Brigades and Battalions（旅营级风险管理）。
（2）Risk Management Training Support Package for Leaders（针对领导者的风险管理培训支持建议）。

2.3 风险分析过程理论

2.3.1 CRM

CRM 最早由卡内基梅隆大学软件工程研究院（Software Engineering Institute, Carnegie Mellon University）于 1996 年提出。《持续风险管理指南》（*Continuous Risk Management Guidebook*）作为 CRM 的官方指南，描述了风险管理的基本原则、概念和功能，并提供了关于如何将其作为持续实践在项目和组织中实施的指导。风险管理可用于持续评估项目中可能出现的问题，确定最重要的风险，并实施相应的应对策略。该指南基于成熟实践，通过研究、现场测试和与客户的合作确认而形成。

CRM 包含五个基本活动（风险识别、风险分析、风险规划、风险跟踪、风险控制）和一个核心活动（风险文档记录），合计六个模块，它们相互关联构成了风险管理的基本内容，如图 2.1 所示。这一动态管理思想也是对风险进行全生命周期分析与管理的思想。CRM 模型提出了项目生命周期中管理风险和机会的七大原则，分为核心组（建立开放沟通的环境）、支持组（整体管理原则、团队协同工作原则、持续过程跟踪原则）和定义组（未来视角原则、全局视角原则、产品视角原则），分别制定项目风险管理、实施过程的相关原则。

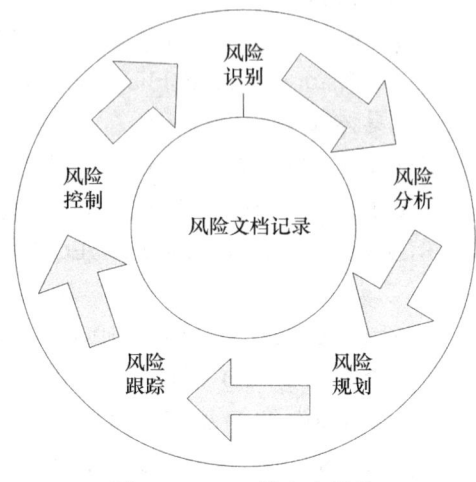

图 2.1　CRM 的六个模块

CRM 的优势如下：

（1）在问题出现之前预防问题，识别潜在问题，并在更容易处理和处理成本更低的时候处理它们，这是一种在问题和危机出现之前采取的措施。

（2）更好地利用资源，允许早期识别潜在问题（是一种主动的方法），以更好地支撑管理资源分配。

（3）促进团队合作，CRM 涉及项目各个层面的人员，将他们的注意力集中在共享的产品愿景上，并提供实现该愿景的机制。

CRM 的成本如下：

（1）基础设施成本指在组织内实施和支持风险管理所需的相关成本，如建立培训计划、购买通用工具等。

（2）风险管理成本指在项目内进行风险管理活动所涉及的成本，如记录新风险或编写风险状态报告所需的时间。

（3）降低风险成本指与降低项目中特定风险直接相关的成本，如执行缓解计划的费用。

CRM 的具体执行可以参照《持续风险管理指南》，其中详细规定了 CRM 的内容、项目实例及操作步骤等。

2.3.2　ESA 风险管理过程

ESA 于 2000 年 4 月发布了《空间项目管理》（Space project management）。这一标准是欧洲航天标准化合作组织（European Cooperation for Space Standardization，ECSS）系列标准的一部分，符合 ISO 9000 系列文件。该标准的制定考虑了现有的实践。它由 ECSS 风险管理工作组编制，经 ECSS 技术小组审查，并由 ECSS 指导委员会批准。

图 2.2 给出了该标准采用的迭代式四步风险管理流程，其中列出了每个步骤需要执行的任务（工作项目）。步骤 1 涉及制定风险管理政策（工作项目 1）和制订风险管理计划（工作项目 2），并在项目启动时执行。风险管理流程的实施包括在整个项目期间多次进行"风险管理循环"，即步骤 2 至步骤 4，涉及工作项目 3 至工作项目 9。

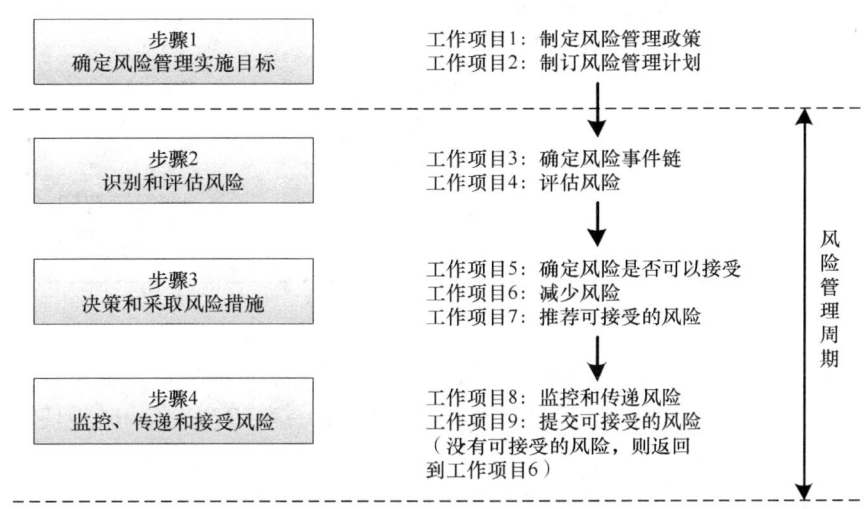

图 2.2 迭代式四步风险管理流程

2.3.3 美国国防部风险管理框架

《国防采购指南》（*Defence Acquisition Guidance*）中提到，美国国防部认识到风险管理对于采购项目的成功至关重要。处理项目风险的目的是确保在生命周期的每个阶段都能实现项目的成本、进度和绩效目标，同时向所有利益相关者清晰地传达如何发现、评估和管理项目中的不确定性。《国防采购指南》的编写目的在于协助美国国防部、承包商项目经理、项目办公室和综合产品团队在整个采购过程中有效管理项目风险。该指南旨在提供一个良好结构的风险管理程序基线信息，而不是指定具体的方法或工具。风险管理过程模型（图 2.3）包括以下五项循环迭代进行的活动：风险识别、风险分析、风险缓解规划、风险缓解规划执行和风险跟踪。

1. 风险识别

风险管理过程中的首要活动是风险识别。风险识别旨在回答以下问题：可能出现什么问题？具体如下：

（1）检查当前和拟议的人员配置、流程、设计、供应商、操作部署、资源、依赖关系等方面。

（2）监测测试结果，特别是测试失败情况。

（3）回顾潜在的不足之处与预期之间的差距。

（4）分析负面趋势。

风险识别应尽早开始，并在成功的项目中持续进行，通过定期审查和分析技术绩效

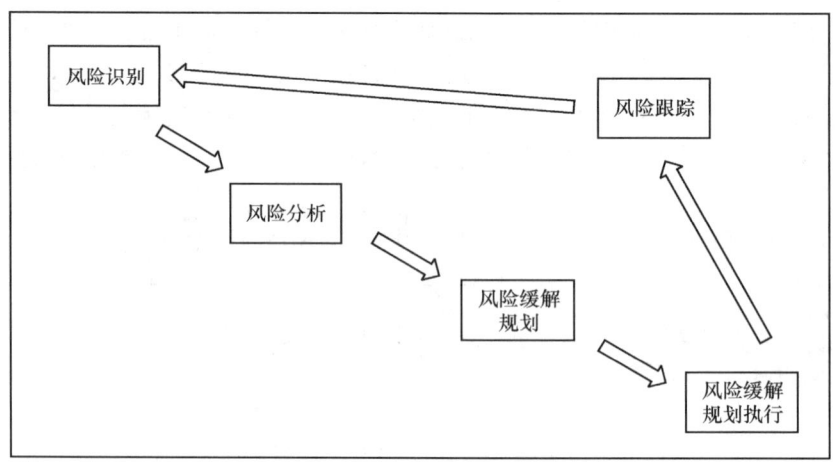

图 2.3　风险管理过程模型

测量、进度、资源数据、生命周期成本信息、净值管理数据/趋势、关键路径进展、技术基线成熟度、安全性、操作准备情况以及其他可供项目综合产品团队成员使用的项目信息来进行。

2. 风险分析

风险分析旨在回答以下问题：风险有多大？具体如下：

（1）考虑风险发生的可能性。

（2）确定可能的后果，包括性能、进度和成本方面。

（3）采用风险报告矩阵确定风险水平。

在项目进行过程中，必须对可能影响项目成功的每一个不良事件的发生可能性和后果进行识别与评估。采用标准格式对程序风险评估结果进行评估和报告有助于在管理层面建立对程序风险的共同理解。通常使用如图 2.4 所示的风险报告矩阵来确定项目的风险水平。其中，无色表示风险水平为低等、浅色表示风险水平为中等、深色表示风险水平为高等，如图 2.4 所示。

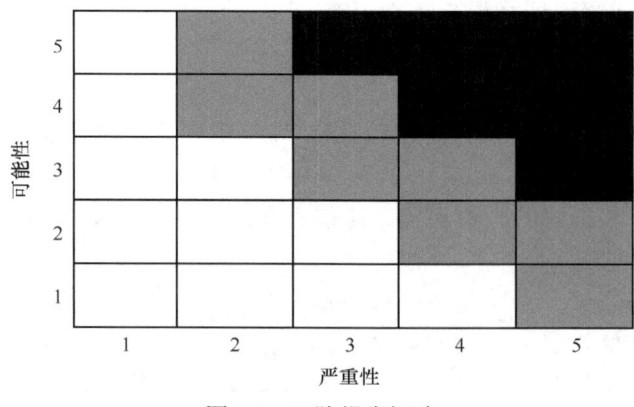

图 2.4　风险报告矩阵

3. 风险缓解规划

风险缓解规划旨在回答：项目如何应对潜在的不利后果？可以采用以下一项或多项缓解选项：

（1）通过消除根本原因和/或后果来避免风险。
（2）控制原因或后果。
（3）转移风险。
（4）承担风险水平，并按照当前的项目计划继续进行。

风险缓解规划包括识别、评估和选择等内容，以确保在项目的各项约束和目标下将风险水平控制在可接受的范围内。风险缓解规划的目标是推动项目的成功进行。其中包括明确规定的任务、完成时间、责任人员以及实施风险缓解规划所需的资金。根据项目的不同生命周期阶段和需求的性质，规划的详细程度会有所不同。但必须确保提供足够的细节，以便根据系统的复杂性对工作量和技术能力进行适当估算。

4. 风险缓解规划执行

风险缓解规划执行的目的是确保成功地实施风险缓解规划。它旨在回答：规划的风险缓解如何实施？具体包括以下内容：

（1）确定规划、预算、需求和合同变更事项。
（2）为管理者和其他利益相关者提供协调手段。
（3）指导团队执行已批准的风险缓解规划方案。
（4）概述持续监测的风险报告要求。
（5）记录变更历史。

5. 风险跟踪

风险跟踪的目的是确保风险成功得到缓解。它旨在回答：当前情况如何？具体方法包括：

（1）向所有受影响的利益相关者传达风险信息。
（2）监控风险缓解规划。
（3）定期审查状态更新情况。
（4）通过跟踪风险状态在风险报告矩阵内的动态来显示风险管理的情况。
（5）在需要实施或调整风险缓解规划时向管理层发出警告。

风险跟踪活动是良好项目管理的重要组成部分。在顶层水平上，定期的项目管理审查和技术审查提供了大部分用于识别满足项目目标的性能、进度、准备情况及成本障碍的信息。

风险跟踪文件可能包括：项目度量、技术报告、净值报告、监控清单、进度表现报告、技术审查会议纪要/报告和关键风险流程报告。

随着采购过程的进行和更新信息的出现，某事件的发生可能性和后果可能会发生变化。因此，在整个项目过程中，项目办公室应定期重新评估已知的风险，并检查项目是否存在新的风险源。成功的风险管理程序包括与项目团队之间的有效沟通相关联的及时、具体的报告程序。

2.3.4 美军试验鉴定风险管理

美军在风险管理意识方面转变经历了多个阶段，包括从二战后的不计风险到逐步重视并全面使用风险管理手段。在 20 世纪 50 年代，美国国防部的各个军种独立行动，过于关注装备的性能提升和项目的进展速度，而忽视了风险管理的重要性。进入 60 年代，"阿波罗计划"的成功实施促进了美国国家航空航天局（National Aeronautics and Space Administration，NASA）在风险管理方面的规范化发展。到了 70 年代至 90 年代，随着精密制导武器和卫星技术等高端装备的兴起，战争形态从单一武器对抗演变为系统间的较量，系统变得更加复杂，这使得风险管理变得更加关键。美军也发展出了众多的风险管理策略和规范。进入 21 世纪，美军加大了对试验鉴定阶段风险管理的关注度，实施了成本控制和定期报告等措施，有效减少了资金管理的风险，并增强了通过模拟和实验来降低技术风险的能力。风险管理已经从单纯的技术工具转变为项目管理中不可或缺的一部分。美军已经构建了一个全面的风险管理体系，这个体系覆盖了试验鉴定项目的整个生命周期。国防采购流程涵盖三个主要阶段：系统获取前、系统获取和系统维护，每个阶段都有严格的技术审查和测试评估，以减少技术与系统集成的风险。美军的风险管理模式覆盖了美国国防部及其下属各军种的风险管理机构。

美军的风险管理架构与其试验鉴定阶段的监管体系紧密交织，共同构成了一个多层次的监管结构，包括美国国防部、军种和项目办公室三个层级，确保了试验与鉴定工作的全面覆盖和有效执行。在面对庞大且复杂的装备项目时，美军会成立专门的项目办公室，并实施风险管理策略，这些措施的目的是减少研发和制造过程中的风险，加速生产流程，提升装备的性能，并减少整个使用周期内的管理开支。具体做法如下。

第一，结合定性与定量的分析手段进行风险管理。20 世纪 60 年代末，美国"阿波罗计划"的工程团队首次有效地将定性风险管理技术应用于该项目，运用了故障模式与影响分析（failure mode and effect analysis，FMEA）和关键项目列表等技术。直到 20 世纪 80 年代末期，"挑战者"号航天飞机灾难发生后，概率风险判定（probabilistic risk assessment，PRA）才开始被广泛采纳并受到重视。美军通过定性分析来识别风险种类并概括可能的情况，然后利用定量分析来具体化风险发生的概率等要素，为风险管理决策提供数据支持。

第二，创建专门的独立机构来负责风险管理工作。美军在试验鉴定中采取了集中与分散相结合的管理模式。美国国防部成立了作战试验鉴定局，以统筹和监督全军的试验鉴定活动。各军种也建立了自己的试验鉴定部门，负责具体的试验鉴定任务。这些部门中还特别设立了风险管理机构，确保职责明确。例如，在由 NASA、航天中心和承包商构成的美国航天项目管理链中，每个环节都设有风险管理办公室，负责风险和质量管理，并在项目的各个阶段进行可行性分析，为决策提供参考。军用航天项目也采取了类似的管理结构，并定期对其他环节的风险管理进行审查。

第三，强调风险教育和培训，培育科学的风险意识。近年来，美军不断加强对风险管理的重视，包括军事航天和装备鉴定在内的多个部门都开展了内部风险管理培训，并定期组织经验交流活动，以提高风险管理的专业水平。NASA 要求项目经理参加统一的风险培训，并在项目负责人的指导下进行学习，以增强风险意识和提升风险管理技能。认识到风险教育培训的重要性，并建立科学的风险意识，已经成为美军及全球军事大国的共识。

2.4 风险分析一般过程

风险分析过程识别框架包括五个步骤，具体如图 2.5 所示。

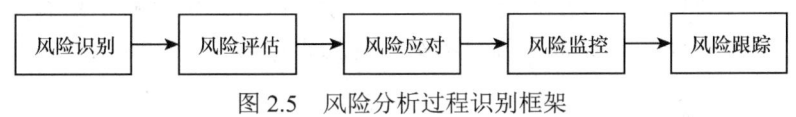

图 2.5 风险分析过程识别框架

（1）风险识别。风险识别是风险分析过程的第一个步骤，风险识别通过检查相关文档来确定风险源，换言之，风险识别的目的是回答"什么会出现问题"，且风险识别是贯穿全生命周期的。

（2）风险评估。风险评估技术用于识别和分析全生命周期中各个过程的风险。风险评估的基础是应用特定的风险区模块，在具体实施中主要包括过程风险评估和外来威胁与性能要求风险评估。

（3）风险应对。风险应对措施，亦称风险决策、风险预防或风险控制，是一个持续的过程，它依据风险评估的发现，以最小的成本实现对系统风险最大限度的减少。常见的风险应对策略涵盖了风险回避、风险转嫁、风险自担、风险分散或风险共担等方法。

（4）风险监控。风险管理通过不断收集和更新数据，持续追踪风险因素的变化，实时监控风险事件，并适时调整应对策略，确保风险管理的全面性和时效性。这一过程不仅涉及对风险的持续观察，也包括对风险控制措施的及时修正。

（5）风险跟踪。风险跟踪具体回答"风险缓解活动进展情况怎么样？""总体风险是增加了还是减小了？""如果总体风险减小了，是否已减小到不能再小的程度？"等问题。

2.4.1 风险识别

风险识别从全生命周期中各阶段的文件开始检查来确定相关风险源。

1. 目的

风险识别的目的是回答以下两个问题：

（1）哪里可能会出现问题？

（2）如果出现了问题，对产品的性能、项目的进度和费用会带来哪些影响？

风险识别需检查工作分解结构的每一个单元，识别相关联的风险事件，形成报告。

风险识别应尽早开始,并贯穿于生命周期的全过程。

风险识别可通过下列方法实施:

(1) 分析当前和拟议的人员编制、工艺、设计、供应商、资源、依赖关系等。

(2) 监控测试结果,特别是针对维持阶段的失败测试。

(3) 针对预期可能出现的不足进行检查。

(4) 分析消极趋势。

2. 任务

风险识别涉及所有利益相关者和参与人员,而不仅是管理办公室的职责。一般可以通过单元或区域分解的形式开展风险识别。为能使风险分析活动顺利进行,应尽早地编制工作分解结构。工作分解结构应分解到有效的识别层级。

3. 风险识别的输入

风险识别的输入包括:

(1) 总体要求。

(2) 论证工作报告。

(3) 任务书。

(4) 合同。

(5) 人员。

(6) 历史数据。

(7) 系统安全性分析和可靠性分析结果。

(8) 外部评审结果。

(9) 风险数据的外延。

(10) 试验数据、模型及仿真结果。

(11) 任务目标、成功准则、假设、余量(项目剩余未完成的内容)比较结果。

(12) 资源分析结果、进度评审分析结果、可用资源分析结果等。

(13) 外协外购分析结果。

(14) 对已提出变更的分析结果。

(15) 试验结果。

(16) 不合格报告。

(17) 其他风险分析的结果。

(18) 对以前工程的风险理解。

(19) 工程样机或其他样机的数据。

(20) 对各类有关计划和相关文件的分析结果。

4. 风险识别的输出

风险识别的主要输出是对每个个体风险的说明。这些风险说明汇总在风险清单中。建立和维护风险清单的目的是反映对当前风险的理解。

2.4.2 风险评估

风险评估的基础是风险区模板，这些模板描述各种技术过程（如设计过程、试验过程、生产过程等）中的风险区，并规定降低各风险区风险的方法。使用风险区模板技术能否成功降低风险，取决于承制方是否有能力并是否愿意用最佳工业惯例取代任何有缺陷的工程惯例与程序。

风险区模板技术是美国国防科学委员会从研制阶段过渡到生产特别工作组阶段的一项研究成果。该研究成果侧重于分析和定义具体技术过程，针对技术、费用和进度风险所造成的不利影响建议寻求技术上的解决方式，并确认设计、试验和生产在工程过程中的中心地位。风险区模板技术主要用于识别技术风险、发现潜在的风险源并判别管理决策是否处在一个有效的、低风险的限制条件以内。风险区模板技术以实际经验为基础，因此具有通用性。此外，风险区模板技术通过利用基本的工程原理和经过验证的程序来降低技术风险。

外来威胁和性能要求的风险评估方法旨在识别和评估外部威胁及技术性能要求带来的风险因素。外来威胁、作战需求和环境要求在很大程度上决定了系统的性能要求，因而成为左右系统设计的重大因素，但同时也能将风险带入系统。

一个大型复杂系统性能的高低，体现了国家在有关方面的科学技术及工艺水平。实践表明，对大多数系统而言，并不是单项性能指标越高越好，而是要使总体性能最优。性能的好坏与指标要求的高低，一方面受全生命周期内经费限制，另一方面也受技术及工艺水平限制，比如可靠性与维修性指标。可靠性高、维修性好当然是追求的目标，但是如果可靠性要求过高，技术上就有可能达不到，或技术上能够达到，但周期和经费又可能满足不了，所以，必须结合国情，立足于现有技术水平，才能提出经过努力能够实现的指标要求，否则就可能造成大量人力、物力和财力上的浪费，而且达不到预期的目的。

对性能要求进行风险评估的焦点是：确定全生命周期内各个阶段的使用要求规定恰当，表述清楚；保证技术要求稳定，使用环境描述充分；解决保障性和适应性方面的问题；判断技术要求是否过严，并提出相应的解决方案。对外来威胁进行风险评估可以解决威胁的准确性与稳定性、设计与技术对威胁的敏感性，以及武器系统在对抗外来威胁和防范间谍渗透中的易损性等问题。

2.4.3 风险应对

风险应对是一个动态过程，它的目标是以最小的成本尽可能降低系统风险。常见的策略有避免风险、将风险转移给他方、自行承担风险以及通过分散风险来减轻影响。实施风险应对的目的是做出明智的决策。这包括基于风险评估的发现，识别需要应对的风险，确定应对的优先级，选择合适的应对策略，并执行这些策略。这样的做法确保了风险应对的有序性和有效性。风险应对一般可归纳为下述几类。

1. 风险避免

风险避免可用于对工程风险进行权衡与决策的过程中。风险避免的具体形式如下。

（1）针对技术风险源，首先，应减少对系统和设备性能提升的期望，避免过度追求高标准；其次，研发时应选择设计更为简洁的系统设备，以减少复杂性带来的不确定性；再次，应优先考虑使用已经成熟和验证过的系统与设备，利用现有资源降低开发难度；最后，尽量减少新技术、新材料、新工艺和新体制的应用，避免因创新带来的额外风险。通过这些方法，不仅可以降低技术风险，还能间接减少因技术问题引发的进度延误和成本超支，从而实现项目的整体风险管理。

（2）针对其他风险源，首先，应避免计划风险。确保上级机关对项目给予足够的重视，避免因行政流程导致的延误。同时，及时掌握上级和同级单位的相关动态，对技术方案的调整、项目进度和资金状况等要有预见性。此外，应尽量减少与项目直接相关的人员的更迭，保持团队的稳定性。项目负责人需要对工程进行深入研究，以便及时发现并隔离潜在的风险点。例如，定期对工程的各类计划进行全面审查，有助于识别和预防因计划不周全引发的风险。其次，避免纯粹的费用和进度风险。避免估算错误，确保成本和时间的预测尽可能准确；识别并分析可能存在的人为因素，如故意压低成本或时间预估，这些行为可能会在后期引发更大的问题。通过这些措施，可以减少因估算不准确或人为因素导致的费用超支或进度延误。最后，风险避免与权衡。在风险管理中，单纯追求低风险并不是最佳策略。风险与收益是相辅相成的，没有一定的技术风险，技术进步也就无从谈起。因此，关键在于找到一个平衡点，将风险控制在一个可接受的范围内。这不仅涉及风险的识别和评估，还需要在风险和收益之间做出合理的权衡。理想的决策是在确保项目目标实现的同时，将风险降到最低，但不至于因过度保守而错失技术进步的机会。

2. 风险控制

风险控制方式有反馈控制和前馈控制两类。

反馈控制是一种持续的监督方法，它涉及对项目从启动到结束的各个阶段进行定期或不断的检查和监控，以便在问题出现时迅速实施纠正措施。这种控制的实施可以通过多种方式，包括但不限于审查流程、进度报告、质量检查和项目阶段的回顾总结。美国国防部为了提高采购流程的管理效率和效果，制定了一系列标准操作模式，其中包括成本和进度控制的标准规程以及性能度量报告，这些都是为了确保项目按计划进行并及时调整以应对任何偏差。

前馈控制与反馈控制相对，其核心理念是通过预先的积极措施来减轻或消除工程中的技术风险，而不是仅在问题显现后才开始应对。这种方法要求基于对潜在风险的深入分析，提前制定并实施风险缓解策略，同时持续监控这些策略的执行效果，并在可能出错的环节提前准备预防性措施。

3. 风险承担

风险承担是有意识地决定接受不利事件发生的后果。即便我们尽力规避和合理管理风险，仍有一些风险是不可避免的。因此，风险承担在某种程度上是风险管理策略中的最后手段，是当其他措施无法完全消除风险时的备选方案。管理者需要根据具体情况确定一个合理的、安全的风险承受阈值，这可能包括性能下降、成本增加或时间延误等。例如，为了应对成本超支的风险，可以设立风险准备金。

4. 风险转移

风险转移是在风险避免、风险控制和风险承担的基础上发展起来的一类做法，它的指导思想是风险共担，即委托方和研制方共同承担风险，也可视为委托方和研制单位向对方转移风险。一般来说，这种转移对双方都有利。它包括以下几种形式：

（1）合同。
（2）信用评级制度。
（3）保险。

2.4.4 风险监控

1. 风险监控的目的

风险监控是对风险管理流程的强化，它通过实时更新数据和动态跟踪风险因素，对风险事件和应对措施进行持续的监督与调整，确保风险管理的全面性和时效性。这种监控基于风险的可控性和阶段性，贯穿项目的整个生命周期。

风险控制是一个动态过程，随着对风险认识的深入和外部环境的变化，需要不断地调整风险管理策略。它包括周期性的风险识别和评估，监控风险的发展趋势，采取预防措施降低风险发生的概率，有效应对和处理风险事件，以及管理不可预见的费用，确保项目按计划进行。通过这些措施，风险控制能够提高对风险的响应速度和处理能力。

风险监控的适用情形如下：

（1）风险的应对措施已经按计划执行。
（2）风险处理达到预期效果，或者采取了新的应对措施。
（3）根据趋势分析，风险状态已经发生变化。
（4）出现了导致新风险的因素。
（5）已制定了恰当的应对意外情况的方案。
（6）风险已经出现，但此前却没有意识到。

此外，风险监控还包括制定应急计划，以应对未预见风险的出现。风险监控依据预定计划和实际风险事件，结合实时风险结果进行。监控手段不仅应包括预先设定的规避措施，还应包括根据当前情况制定的应变策略。当遇到未预料到的风险事件或原有规避措施不足以应对时，必须迅速重新制定风险管理措施，以确保风险处于可控状态。

2. 风险监控的依据

风险监控的依据包括如下方面：

(1）风险管理规划。
(2）风险应对计划。
(3）沟通。
(4）附加风险识别和分析。
(5）评审。

3. 风险监控的成果

风险监控的成果包括如下方面：
(1）随机应变措施。
(2）纠偏措施。
(3）变更请求。
(4）风险应对计划。
(5）风险数据库。
(6）更新风险判别核查表。

2.4.5 风险跟踪

1. 风险跟踪的目标

风险跟踪通过测量风险缓解进展情况来确保风险缓解活动取得成功。它要回答的问题是：
(1）风险缓解活动进展情况怎样？
(2）风险缓解行动是否有效地缓解了风险？
(3）风险缓解行动是否在预算和进度约束条件内进行？
(4）总体风险是增加了还是减小了？
(5）如果总体风险减小了，是否已减小到不能再小的程度？

要做的工作包括：
(1）将风险信息报告给所有受影响的职能部门。
(2）监测风险缓解规划执行情况。
(3）审查风险状态定期更新情况。
(4）在风险报告矩阵中显示风险管理动态。
(5）提醒管理部门风险缓解规划应实施和调整的时间。

风险跟踪涉及收集、更新、编制、组织和分析风险数据，报告风险趋势，确定某些风险随着时间的推移是减小、维持现状，还是增加。须建立一套畅通的专题报告程序，并及时提供跟踪结果。

用于风险跟踪的文件有：技术指标文件、技术报告、监测清单、进度进展报告、技术评审报告和备忘录、关键风险过程报告等。

2. 风险跟踪的任务

风险跟踪是在全生命周期中依据确定的指标,系统地跟踪和评估风险缓解行动的绩效,并把跟踪结果反馈给风险识别、风险分析、风险缓解规划和风险缓解规划执行等活动的负责人。

跟踪活动的关键是建立一套管理指标体系,并依据指标体系评估各个阶段的状态。指标体系的设计要能够提供早期预警,当风险出现的可能性/概率或后果/影响的严重性超过或接近预定的临界值或极限时,能够及时地采取管理行动缓解出现的风险。

随着系统设计越来越成熟,会有更多的信息可用来评估风险的等级。如果风险变化幅度很大,就应相应地调整风险缓解措施。如果风险的等级低于先前评定的等级,就可以减少或取消特定的风险缓解行动,将节省的资金转为他用。如果风险等级升高,或发现新的风险事件,就应实施新的合适的风险缓解行动。

除了重新评估(识别和分析)风险,还应不断地寻找新的风险缓解方案。备选的技术可能已经变得成熟,在市场上可能买到新的产品,或者在意想不到的地方找到新的信息,所有这些都可被用来缓解风险。

风险跟踪日常开展的活动有:

(1)周期性地评估和审查全部已识别风险,更新每次迭代的结果。
(2)根据现有风险的变化实时调整风险等级以降低不确定性。
(3)验证风险缓解活动的成效。
(4)确定全生命周期内风险等级的变化情况。
(5)把风险提交给合适级别的行政指挥系统和设计师系统,以决定是否接受风险。
(6)如果风险未被接受,返回风险缓解环节。

3. 风险跟踪的输入

风险跟踪的输入如下:
(1)风险排序表。
(2)风险缓解规划。
(3)风险跟踪要求。
(4)用于缓解风险的资源。
(5)相关数据,包括费用和进度偏差、关键路径变化、产品性能指标等。

4. 风险跟踪的输出

风险跟踪的输出为风险状态报告。

本 章 小 结

风险分析与管理是现代社会中不可或缺的重要环节,无论是企业经营、工程建设还是个人生活,都离不开对潜在风险的认知和应对。通过系统性的风险分析,我们能够识别出可能影响目标实现的各种不确定因素,并采取相应的措施进行管理和控制,以最大限度地降低负面影响。从制定风险分析与管理策略到实施风险控制措施，再到不断监测和评估风险的变化，都需要科学的方法和有效的工具支持。因此，深入理解风险分析与管理的原理和方法，培养风险意识，建立完善的风险分析与管理体系，对于确保组织和个人的安全、稳定和可持续发展具有重要意义。本章主要介绍了风险分析与管理的相关内容，包括风险分析系统工程、风险分析与管理相关标准、风险分析过程理论、风险分析一般过程等。

思 考 题

1. 试比较国内外风险分析与管理的理论与方法的异同。
2. 结合你的学习和工作实际，从风险分析一般过程中的风险识别、风险评估、风险应对、风险监控和风险跟踪中选择一个进行对照分析。

参 考 文 献

[1] 许谨良. 风险管理[M]. 5版. 北京：中国金融出版社，2022.
[2] 张英华，赵焕娟. 风险理论与实践[M]. 北京：冶金工业出版社，2023.
[3] 朱军. 风险评估[M]. 北京：经济管理出版社，2020.
[4] Vose D. 风险分析[M]. 2版. 郑增忍，李明，陈茂盛，译. 北京：中国农业出版社，2008.

第 3 章　风险过滤、排序与管理方法

在大规模系统中，基础设施的运作和保护加大了对风险过滤、排序与管理（risk filtering, ranking, and management，RFRM）的挑战，从根本上讲，这些系统具有大量的组织和子系统，子系统之间存在着连接，这使得对它们的管理进一步复杂化。本节介绍 RFRM 方法，从多角度识别、排序、评估和管理大型系统的风险情景，描述其基本思路以及基本步骤，并通过某边防部队危险品运输风险的分析与应对示例对 RFRM 方法进行验证。

3.1　RFRM 基本思路

RFRM 方法旨在帮助监管机构更有效地管理复杂的风险环境。通过识别、排序和管理风险，更好地应对不断变化的市场条件和风险挑战。RFRM 方法主要包括三部分内容，具体如下。

（1）风险过滤（risk filtering）。这一步骤涉及识别和过滤出潜在的风险。在金融监管中，监管机构可能会收集大量的数据和信息，其中许多可能与风险相关。通过风险过滤，可以对这些信息进行筛选，识别出与监管目标和优先事项相关的重要风险。

（2）风险排序（risk ranking）。一旦潜在的风险被识别出来，接下来就是对它们进行排序。这意味着将风险按照其严重性、发生的可能性或其他相关因素进行排序。这种排序可以帮助监管机构或金融机构确定哪些风险是最紧迫和最需要处理的。

（3）风险管理（risk management）。一旦风险被识别和排序，接下来就是制定和实施相应的风险管理措施。这可能包括采取监管政策、制定风险管理流程、加强监控和建立报告机制等。风险管理旨在减轻、转移或避免潜在的风险，以确保金融市场的稳定和机构的健康。

3.2　层次全息建模

层次全息建模（hierarchical holographic modeling，HHM）方法，由 Haimes（海姆斯）在 1981 年提出，是一种综合性的思想框架和方法论，专门用来捕捉和展示系统在多个层面、视角和维度上的复杂特征与本质。HHM 方法基于这样一个理念：现实世界的系统过于复杂，无法仅用单一模型全面描述，就像单一照片无法展现三维空间一样。因此，HHM 通过构建三维结构，将大型系统分解为多个子系统，每个子系统可以独立使用适合其特点的模型，并可进一步细化。这种方法特别适合于对具有大规模、复杂性和等级化结构的工程系统进行建模。HHM 的多视角分析能力不仅使得风险评估变得更加容易执行，还便于深入理解各个子系统的风险及其对整体系统性风险的潜在影响。

将 HHM 应用于项目风险辨识在本质上是将项目分解为多个子系统，这些子系统不

仅是构成元素，更是需要深入分析的问题或阶段。每个子系统可以独立采用不同的模型和方法，并可进一步细化，分解的深度和层次依据实际需求和分析的可行性而定。HHM 作为一种集成的风险识别模型，能够细致地模拟不同子系统间错综复杂的相互作用，并纳入风险和不确定性的相关因素，使得建模和风险评估过程更为全面和具有代表性。

HHM 框架在风险评估和管理中的一个显著优势是能够识别来自系统多个重叠层的真实风险情景，并追踪它们在不同层级中的传播。这种方法允许在项目规划、设计或操作阶段对每个子系统内的风险进行详细建模和量化，从而深入理解和评估整个系统的风险。特别是，HHM 能够模拟子系统间的复杂关系，并清晰表达所有与风险和不确定性相关的关键要素，这使得建模过程更加易于操作，风险评估也更具广泛性和准确性。对于大规模系统（这些系统通常具有难以量化的等级目标、多位目标不一致的决策者以及与风险相关的不确定性因素），HHM 提供了一种有效的风险管理工具。

3.3 RFRM 基本步骤

为有效使用 RFRM 方法，我们必须考虑硬件、软件、组织结构和人为失误等多样化的风险源。RFRM 方法主要包括八个步骤，具体如下。

（1）基于 HHM 的风险情景识别。用 HHM 来描述系统的"计划"情景。

（2）风险情景初步过滤。根据当前系统使用者的职责与利益，对步骤（1）中识别的风险情景进行初步过滤。

（3）双准则过滤与排序。对于剩余的风险情景，借助定性化的可能性与结果分析进一步过滤。

（4）多准则评价。这些准则包括不可察觉性、不可控性、多种故障方式、不可逆转性、影响持续时间、级联影响、运作环境、损耗、复杂性/紧急性行为、设计不成熟等。

（5）定量化评级。基于定量化的风险发生概率和对应的定性化的后果严重程度，继续对场景进行过滤和排序。

（6）风险的应对。识别已过滤情景的风险管理方案，并评估其费用、性能效益及风险减轻效果。

（7）检查遗漏。重新分析和研究步骤（2）到步骤（5）中过滤掉的风险情景，评估其可能产生的影响；然后识别出变得重要的风险情景，并评价步骤（6）中所作选择的绩效。

（8）运作反馈。利用在应用中获得的经验和信息来精炼在前述步骤中的情景过滤和决策过程。

3.4 案例：边防部队危险品运输风险过滤、排序与管理

3.4.1 边防部队危险品运输风险层次全息模型

构建包括人员、装备、危险品、环境、管理、计划组织和社会等七个类别要素的边防部队危险品运输风险层次全息模型，如图 3.1 所示。

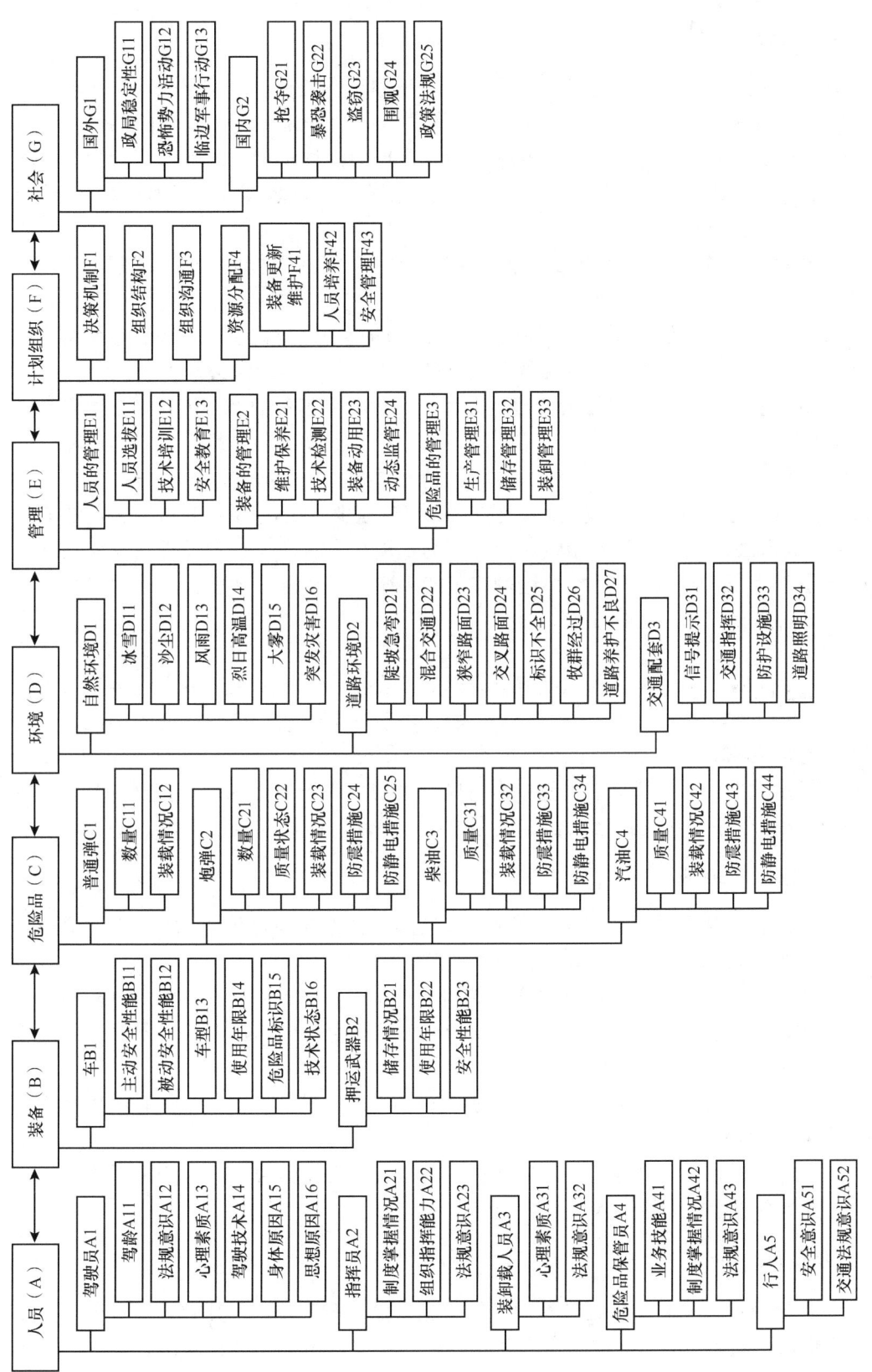

图 3.1 边防部队危险品运输风险层次全息模型

1. 类别 A：人员

（1）驾驶员。就整个危险品运输环节来说，道路运输耗费的时间最长，在运输的过程中各种不可预测风险因素最多，发生事故风险的可能性也最大。而在危险品道路运输的过程中，驾驶员是车辆的操作者，驾驶员稳妥合理地操作车辆，才能保证危险品运输环节的安全。驾驶员的风险情景包括：驾龄、法规意识、心理素质、驾驶技术、身体原因、思想原因共 6 个方面。

（2）指挥员。指挥员对危险品运输任务全面负责，危险品运输计划、组织、领导、控制等环节均需要指挥员科学理性决策。

（3）装卸载人员。危险品装卸是危险品运输中的重要环节，边防部队危险品运输任务中装卸人员主要由驾驶员、修理人员、保管员等兼任，无专门的装卸人员。

（4）危险品保管员。危险品保管员是具体负责危险品工作的经办人员，在边防部队危险品运输过程中，保管员负责危险品出库，全程指导危险品装卸载、危险品运输。危险品保管员的风险情景主要包括：业务技能、制度掌握情况、法规意识。

（5）行人。行人可能出现闯红灯、逆行等情况。危险品运输车自身载重大，加减速较慢，不容易掌控速度，且其死角较大，不容易发现行人，在运行的过程中，如果行人不遵守交通法规，随意穿插，危险品运输有可能因避让不及时撞到行人，导致伤亡。

2. 类别 B：装备

（1）车。车是危险品运输的重要媒介，车的不安全状况是发生车辆交通事故的重要原因之一。车的风险情景包括：主动安全性能、被动安全性能、车型、使用年限、危险品标识、技术状态等。

（2）押运武器。危险品运输过程中自身防卫主要依赖于携带的押运武器的性能。押运武器的风险情景主要包括押运武器的储存情况、使用年限、安全性能等。

3. 类别 C：危险品

（1）普通弹。普通弹就是普通的子弹，普通的子弹性能相对稳定，较少出现爆炸等情况。普通弹的风险情景包括数量、装载情况等。

（2）炮弹。不同于普通弹，炮弹通常有引信等部件，在受到震动、撞击等影响的情况下就可能发生爆炸，造成重大事故。炮弹的风险情景主要包括数量、质量状态、装载情况、防震措施、防静电措施等。

（3）柴油。柴油是一种高能燃料，遇明火极易燃烧，且具有毒性，能通过呼吸或皮肤接触对人体造成伤害。

（4）汽油。汽油极易燃烧，且具有较强的蒸发性，容易与空气结合形成易爆炸的气体；汽油也具有毒性，大量吸入可导致中毒。

4. 类别 D：环境

（1）自然环境。车辆在行进过程中必然受到自然环境影响，不良的天气对车辆正常行进影响较大。自然环境风险情景主要包括冰雪、沙尘、风雨、烈日高温、大雾、突发灾害等。

（2）道路环境。依据道路的不同情况，道路环境的风险情景包括：陡坡急弯、混合交通、狭窄路面、交叉路面、标识不全、牧群经过、道路养护不良等。

（3）交通配套。交通配套设施能够辅助道路交通管理，防范交通隐患，交通配套的风险情景主要包括：信号提示、交通指挥、防护设施、道路照明等。

5. 类别 E：管理

（1）人员的管理。人员的管理是重点，危险品运输的全过程和各个环节都离不开人的操作。指挥员是从全局层面对危险品运输任务进行把握；危险品保管员专门负责危险品的保管和出入库，对于危险品的性能和运输过程中的注意事项最为了解；驾驶员是车辆的直接操控者，是车辆交通事故发生的直接原因。

（2）装备的管理。危险品运输装备包括车辆、押运危险品需要用到的武器装备。装备的管理涉及的风险情景包括维护保养、技术检测、装备动用、动态监管等。

（3）危险品的管理。危险品管理是指通过规范生产、储存、装卸和运输等环节的操作，并采取相应措施确保其保持安全可靠的性能状态。危险品的管理涉及的风险情景包括生产管理、储存管理、装卸管理。

6. 类别 F：计划组织

部队是一个组织计划严明的系统，危险品的计划组织的各方面都有可能对危险品运输造成影响，包括决策机制、组织结构、组织沟通、资源分配等风险情景。其中资源分配风险情景又包括装备更新维护、人员培养、安全管理等。

7. 类别 G：社会

（1）国外。国外风险情景包括主要包括政局稳定性、恐怖势力活动、临边军事行动等方面。

（2）国内。国内风险情景包括抢夺、暴恐袭击、盗窃、围观、政策法规等方面。

3.4.2 边防部队危险品运输风险过滤、排序

1. 基于 HHM 的风险情景识别（阶段 I）

从 3.4.1 节中建立的危险品运输风险层次全息模型可以看出，各风险情景之间并不完全独立，相互联系又相互补充。边防部队危险品运输风险层次全息模型是一个动态连续的过程，其中的风险情景可以根据任务的进行、外在环境条件的变化进行增减。

2. 基于关心范围、时间范围及决策层次的风险情景初步过滤（阶段 II）

危险品运输风险层次全息模型中的风险情景还可以继续细分。但是可以预先知道的是，并不是所有的风险情景都对决策制定有较大影响。比如，在对"人员"这个类别进行研究时，行人是决策者无法决定和影响的，但是在行车过程中，却是必须考虑的风险源。又如，在危险品运输过程中，道路环境对运输任务有一定的影响，但是道路的管理

却是边防部队决策者无法决定的。该阶段的风险过滤主要解决三个方面的问题。一是从关心范围来看，哪些风险情景是管理者所关心的？二是从时间范围来看，管理者关注的时间段内，哪些风险情景值得被关注？三是从决策层次来看，所关心的决策层级是战略层、计划层还是操作层？本章研究的主要目的是为边防旅团提供危险品运输风险管理的对策，为了对已经识别出来的众多风险情景进行过滤，这里采用问卷调查的方法。表3.1给出了参与问卷调查的专家情况的统计结果。

表3.1 参与问卷调查的专家情况的统计结果

分类	级别	构成人数	比例
年龄结构	25~30岁	4	40%
	31~35岁	3	30%
	36~40岁	3	30%
学历结构	高中	2	20%
	大专	6	60%
	本科	2	20%
岗位类别	机关人员	2	20%
	营级以下指挥员	1	10%
	驾驶员	3	30%
	危险品保管员	2	20%
	其他人员（装卸人员、维修保养人员）	2	20%
工作年限	3~6（不含）年	1	10%
	6~11（不含）年	6	60%
	11~15年	3	30%
参与任务情况	1~2次	3	30%
	3~5次	3	30%
	5次以上	4	40%

3. 基于风险矩阵的双准则过滤与排序（阶段Ⅲ）

在阶段Ⅱ的问卷调查中，通过风险初步过滤，我们移除了37个不重要的风险情景。对剩余的风险情景，由专家进行评分，最终识别出的高风险情景包括C23、C44共2个风险情景。较高风险情景包括A12、A14、A16、A41、A42、A51、B11、C24、C32、C42、C43、D13、D14、D15、D16、D21、D22、D27、E11、E12、E13、E21、E22、E33、F41、F42、F43、G24共28个风险情景（图3.2中灰色图框部分）。通过此步骤，低风险和一般风险共14个风险情景被过滤，剩下的30个风险情景位于风险矩阵的右上角，对于系统影响较为严重，下一步需要继续进行分析。

4. 多准则评价（阶段Ⅳ）

通过阶段Ⅲ的分析，利用风险矩阵过滤掉了低风险和一般风险的情景，对于较高风险和高风险的情景予以保留，得到了30个风险情景。这30个风险情景位于风险矩阵右上角，需要引起重点关注。但是目前风险情景仍然比较多，为进一步过滤风险，考虑风

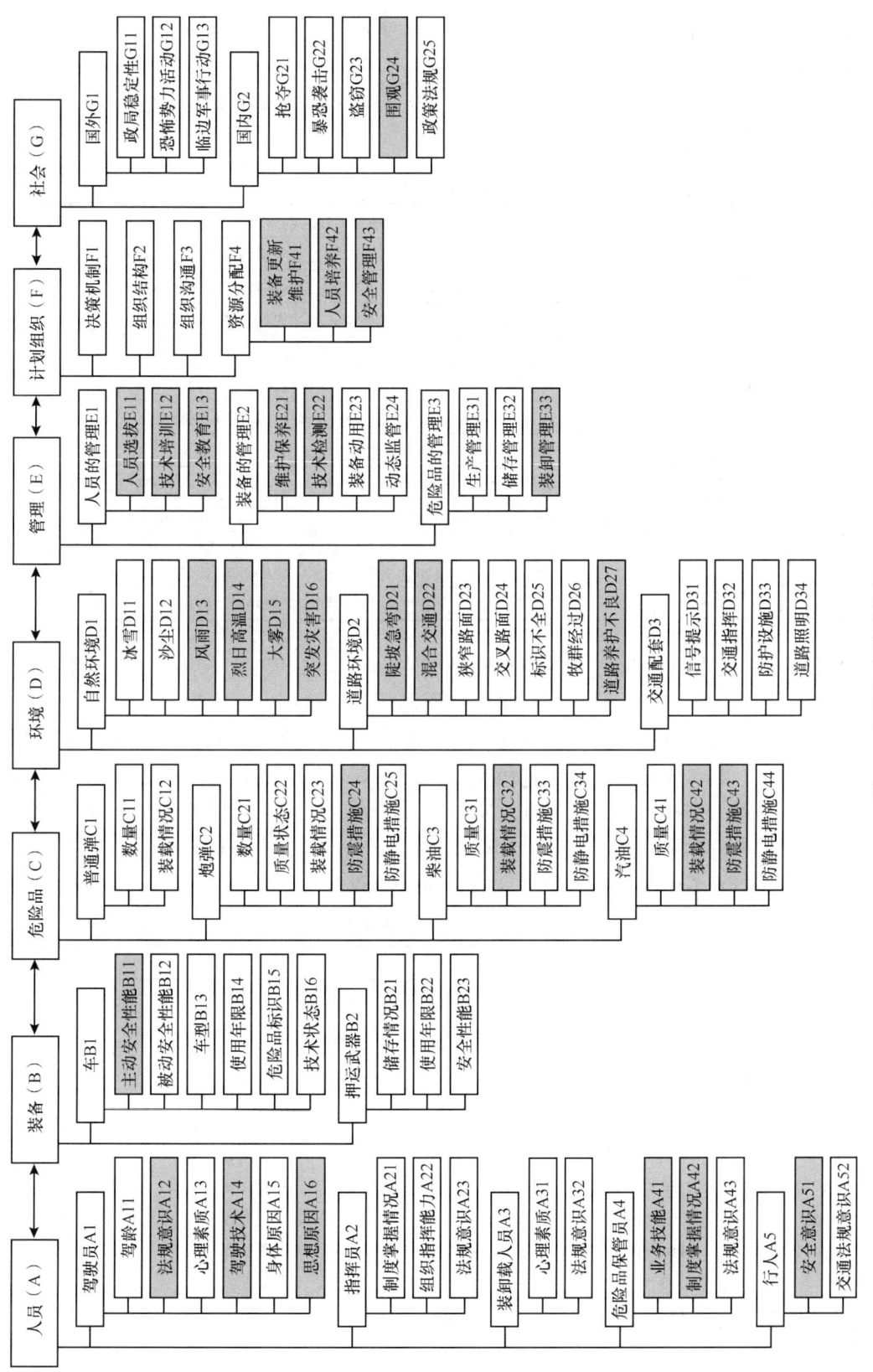

图 3.2 风险初步过滤结果

险情景击溃系统防御特性的能力的强弱,击溃系统防御特性能力强的风险,对系统的影响更大,应该予以保留。

具体而言,系统对风险的发生具有三个方面的防御属性,即冗余性、复原性、强健性,如表 3.2 所示。

表 3.2　系统防御属性

属性	评价标准	系统防御属性的含义
冗余性	不可察觉性	指损害发生前无法或者难以被发现的风险情景,该风险很难被察觉到
	不可控性	指无法通过采取行动或者做出调整来有效阻止损害的发生
	多种故障方式	表示有很多,甚至可能是未知的方式对系统产生危害的情景
复原性	不可逆转性	表示发生这个风险情景后,系统不能转回到原始的、可使用的状态
	影响持续时间	指风险情景产生的不利结果持续时间较长,对系统有较长影响持续时间
	级联影响	表示发生这个情景,不利影响很容易传播到其他系统或子系统
强健性	运作环境	表示受外部环境压力影响而产生的情景
	损耗	表示该风险情景的发生会导致系统整体稳定性能降低,对系统造成损耗
	人、物、环境的交界性	表示这样的情景:在这个情景里,不利后果通过系统内部之间的交界得到放大
	复杂性/紧急性行为	表示这样的情景:在这个情景里,存在系统水平的行为潜能,对这些行为,即使了解其构件和相互作用的规律,它们也仍然是不可预见的
	设计不成熟度	表示不利后果的产生是与系统设计的新颖或缺乏其他已证明的概念有关

其中,冗余性是指系统额外的应对风险隐患的水平强弱,包括不可察觉性、不可控性、多种故障方式三个方面。复原性是系统在遭遇风险情景影响后,有效恢复正常的能力,复原性包括不可逆转性、影响持续时间、级联影响三个方面。强健性是系统对外部压力的敏感程度,敏感性越强,强健性越差;敏感性越弱,强健性越好。强健性包含运作环境,损耗,人、物、环境的交界性,复杂性/紧急性行为,设计不成熟度五个方面。

为了便于对风险情景进行评价分析和比较,假设对于系统防御属性均采用"高""中""低"三级标准来衡量,则系统多准则评价指标内容如表 3.3 所示。

表 3.3　系统多准则评价指标内容

评价标准	高	中	低	不可应用
不可察觉性	不可察觉	不易察觉	易察觉	不可应用
不可控性	不可控制	不容易被控制	容易被控制	不可应用
多种故障方式	更多途径导致故障	很少途径导致故障	单一途径导致故障	不可应用
不可逆转性	不可逆转	部分可逆转	可以逆转	不可应用
影响持续时间	长持续时间	中等持续时间	短持续时间	不可应用
级联影响	级联影响很多	级联影响很少	没有级联影响	不可应用
运作环境	对运作环境高度敏感	对运作环境有些敏感	对运作环境不敏感	不可应用
损耗	损耗较多	损耗较少	没有损耗	不可应用
人、物、环境的交界性	对系统交界高度敏感	对系统交界一般敏感	对系统交界不敏感	不可应用
复杂性/紧急性行为	高度复杂/紧急	中度复杂/紧急	低度复杂/紧急	不可应用
设计不成熟度	高度不成熟的设计	不成熟的设计	成熟的设计	不可应用

采用专家访谈法，可以得到 30 个风险情景基于各属性的评价结果，如表 3.4 所示。根据表 3.4 可以得到不同的风险情景在不同的评价准则下的防御属性强弱程度，但是，各风险情景在这些准则下的综合排序目前尚无法得出。

表 3.4 危险品运输风险多准则评价结果

序号	风险情景	不可察觉性	不可控性	多种故障方式	不可逆转性	影响持续时间	级联影响	运作环境	损耗	人、物、环境的交界性	复杂性/紧急性行为	设计不成熟度
1	A12	低	中	中	中	中	中	中	中	中	低	低
2	A14	中	高	高	中	高	高	中	中	中	中	中
3	A16	高	高	高	中	高	高	中	高	高	中	中
4	A41	中	中	高	高	高	中	中	中	高	高	低
5	A42	中	中	中	中	中	中	中	中	中	高	低
6	A51	中	中	中	低	低	中	低	低	中	低	低
7	B11	低	低	高	中	高	高	中	高	中	中	中
8	C23	低	低	中	中	高	高	低	高	高	低	低
9	C24	低	中	高	中	中	中	高	中	低	中	低
10	C32	低	中	中	中	高	高	低	中	中	低	低
11	C42	低	中	中	中	中	中	中	中	高	低	低
12	C43	低	中	高	中	中	中	高	中	低	低	低
13	C44	中	中	高	中	高	高	高	中	低	低	低
14	D13	中	高	高	中	中	高	低	中	高	中	中
15	D14	低	高	低	中	高	中	低	低	低	低	低
16	D15	中	高	高	中	高	高	中	中	低	低	低
17	D16	高	高	高	中	高	中	中	中	低	中	低
18	D21	高	高	高	中	低	中	高	中	高	中	中
19	D22	高	高	高	低	中	低	中	中	中	高	高
20	D27	中	中	中	低	低	低	低	低	低	低	低
21	E11	低	低	中	中	中	高	中	中	高	中	中
22	E12	低	低	中	中	中	中	中	中	中	中	中
23	E13	中	中	高	高	中	中	中	中	中	中	高
24	E21	中	中	高	中	高	高	中	高	高	高	中
25	E22	低	中	高	中	高	中	低	中	低	中	中
26	E33	中	低	高	低	中	中	低	低	中	高	中
27	F41	低	中	低	低	高	中	低	中	中	中	中
28	F42	中	低	低	低	中	中	中	中	中	中	中
29	F43	高	中	高	中	高	高	中	高	中	中	中
30	G24	高	高	高	高	高	高	中	中	高	中	中

为了确定边防部队危险品运输系统防御属性的重要程度，通过层次分析法（analytic hierarchy process，AHP）进行判断。具体步骤如下。

步骤一：构造基于系统防御属性的层次结构模型，如图 3.3 所示，该模型包括目标层、准则层、方案层三个层次。然后依此结构模型构造不同层次的判断矩阵，邀请有关专家对属性的相对重要性进行打分。准则层判断矩阵如表 3.5 所示，其中冗余性判断矩阵如表 3.6 所示，复原性判断矩阵如表 3.7 所示，强健性判断矩阵如表 3.8 所示。

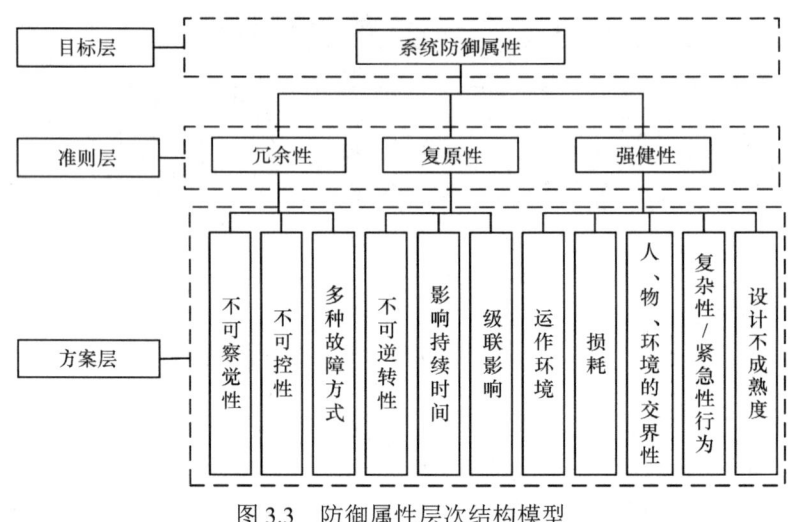

图 3.3 防御属性层次结构模型

表 3.5 准则层判断矩阵（评分）

属性	冗余性	强健性	复原性
冗余性	1	3	1/3
强健性	—	1	1/5
复原性	—	—	1

表 3.6 冗余性判断矩阵（评分）

评价标准	不可察觉性	不可控性	多种故障方式
不可察觉性	1	5	3
不可控性	—	1	1/3
多种故障方式	—	—	1

表 3.7 复原性判断矩阵（评分）

评价标准	不可逆转性	影响持续时间	级联影响
不可逆转性	1	1/3	1/2
影响持续时间	—	1	2
级联影响	—	—	1

表 3.8 强健性判断矩阵（评分）

评价标准	运作环境	损耗	人、物、环境的交界性	复杂性/紧急性行为	设计不成熟度
运作环境	1	2	1/2	3	4
损耗	—	1	1/3	2	3
人、物、环境的交界性	—	—	1	4	5
复杂性/紧急性行为	—	—	—	1	2
设计不成熟度	—	—	—	—	1

步骤二：计算防御属性权重值。通过 Excel 软件，使用 AHP 进行计算，在此对于 AHP 计算的过程不进行具体阐述。最终计算得到的系统各个防御属性的权重值如表 3.9 所示。

表 3.9　防御属性的权重

评价标准	不可察觉性	不可控性	多种故障方式	不可逆转性	影响持续时间	级联影响	运作环境	损耗	人、物、环境的交界性	复杂性/紧急性行为	设计不成熟度
权重	0.1459	0.1274	0.1113	0.0914	0.0503	0.1660	0.0505	0.0803	0.1011	0.0505	0.0253

步骤三：计算各个风险情景的多准则评价得分。为了便于直观地对各风险情景进行比较和排序，将各准则评价结果换算成分值进行计算。其中，系统防御属性评价为"高"的换算成 1 分、系统防御属性评价为"中"的换算成 0 分、系统防御属性评价为"低"的换算成-1 分。结合系统防御属性权重，可以得出剩余 30 个风险情景的综合评价得分（综合评价得分是各风险情景在各评价标准下的得分与对应权重相乘并求和的结果），如表 3.10 所示。其中，风险情景的综合评价得分大于 0 分，则表示该风险情景击溃系统防御属性的能力比较强，是相对重要的风险情景，予以保留；对于综合评价得分低于 0 分的，则可予以排除。

表 3.10　危险品运输风险多准则评价得分

序号	风险情景	不可察觉性	不可控性	多种故障方式	不可逆转性	影响持续时间	级联影响	运作环境	损耗	人、物、环境的交界性	复杂性/紧急性行为	设计不成熟度	综合评价得分
1	A12	-1	0	0	0	0	0	0	0	0	-1	-1	-0.222
2	A14	0	1	1	0	1	1	0	0	0	0	0	0.455
3	A16	1	1	1	0	1	1	0	1	1	0	0	0.782
4	A41	0	0	1	1	1	1	0	1	1	0	-1	0.575
5	A42	0	0	0	1	0	0	0	1	0	0	-1	0.167
6	A51	0	0	0	-1	-1	0	-1	0	-1	0	0	-0.348
7	B11	-1	-1	1	1	0	1	0	1	0	0	0	0.135
8	C23	-1	-1	0	0	1	1	-1	1	1	-1	-1	0.049
9	C24	-1	0	1	0	0	0	1	0	0	-1	0	0.076
10	C32	-1	-1	0	0	1	1	-1	0	0	0	0	-0.183
11	C42	-1	-1	0	0	1	0	0	0	0	0	0	-0.052
12	C43	-1	0	1	0	0	1	0	1	1	-1	0	-0.161
13	C44	0	0	0	0	0	1	1	1	-1	0	0	0.231
14	D13	0	1	1	0	0	1	-1	0	1	0	0	0.455
15	D14	-1	1	-1	0	1	0	-1	-1	-1	-1	-1	-0.387
16	D15	0	1	1	0	1	1	0	1	1	0	0	0.395
17	D16	1	1	1	0	0	1	1	-1	1	-1	0	0.546
18	D21	1	1	1	0	-1	1	0	1	1	0	0	0.486
19	D22	1	1	1	-1	0	-1	0	1	1	1	1	0.304

续表

序号	风险情景	不可察觉性	不可控性	多种故障方式	不可逆转性	影响持续时间	级联影响	运作环境	损耗	人、物、环境的交界性	复杂性/紧急性行为	设计不成熟度	综合评价得分
20	D27	0	0	0	−1	−1	−1	−1	−1	1	−1	−1	−0.413
21	E11	−1	−1	0	0	0	1	0	0	1	0	0	−0.006
22	E12	−1	−1	0	0	0	1	0	0	1	0	0	−0.006
23	E13	0	0	1	1	1	1	0	0	1	0	1	0.545
24	E21	0	0	1	0	1	1	0	1	1	0	0	0.509
25	E22	−1	0	1	1	1	1	−1	1	1	0	0	0.404
26	E33	0	−1	1	−1	0	0	−1	−1	0	1	0	−0.188
27	F41	−1	0	−1	−1	1	0	−1	−1	0	0	0	−0.429
28	F42	0	−1	0	1	1	0	0	0	0	0	0	0.014
29	F43	1	0	1	0	1	1	0	1	0	0	0	0.554
30	G24	1	1	1	1	1	1	0	0	0	1	0	0.743

综合评价得分大于0分的风险情景，综合而言对于系统影响较大，需要保留。根据表 3.10，这些风险情景包括：驾驶员的驾驶技术（A14）、驾驶员的思想原因（A16）、危险品保管员的业务技能（A41）、危险品保管员的制度掌握情况（A42）、车的主动安全性能（B11）、炮弹的装载情况（C23）、炮弹的防震措施（C24）、汽油的防静电措施（C44）、风雨（D13）、大雾（D15）、突发灾害（D16）、陡坡急弯（D21）、混合交通（D22）、安全教育（E13）、装备的维护保养（E21）、装备的技术检测（E22）、人员培养（F42）、安全管理（F43）、围观（G24）共 19 个风险情景。

评分小于 0 的风险情景包括：驾驶员的法规意识（A12）、行人的安全意识（A51）、柴油的装载情况（C32）、汽油的装载情况（C42）、汽油的防震措施（C43）、烈日高温（D14）、道路养护不良（D27）、人员选拔（E11）、技术培训（E12）、危险品的装卸管理（E33）、装备更新维护（F41），予以过滤。

5. 定量化评级（阶段V）

接下来，我们将以定量分析方式对剩余的 19 个情景进行处理。在之前的几个阶段，风险的评价主要依靠专家的主观判断，此阶段我们结合历史数据，能够在一定程度上排除主观因素的作用。在这里，我们使用相关的数据统计资料，为了确定发生事故的概率，搜集某边防部队运输过程中发生的各类事故情况（包括每次运输过程中出现的安全隐患），具体的历史数据结果如表 3.11 所示。

表 3.11 某边防部队危险品运输风险情景对应的历史数据结果

序号	风险情景	后果严重程度	风险发生概率
1	驾驶员的驾驶技术	严重	0.087
2	驾驶员的思想原因	严重	0.565
3	危险品保管员的业务技能	严重	0.010

续表

序号	风险情景	后果严重程度	风险发生概率
4	危险品保管员的制度掌握情况	严重	0.005
5	车的主动安全性能	严重	0.087
6	炮弹的装载情况	灾难性	0.002
7	炮弹的防震措施	严重	0.005
8	汽油的防静电措施	灾难性	0.005
9	风雨	中等	0.043
10	大雾	中等	0.043
11	突发灾害	严重	0.005
12	陡坡急弯	严重	0.043
13	混合交通	严重	0.130
14	安全教育	严重	0.304
15	装备的维护保养	严重	0.130
16	装备的技术检测	严重	0.043
17	人员培养	严重	0.304
18	安全管理	严重	0.130
19	围观	严重	0.043

风险发生的概率使用表 3.11 中的数据，风险发生的后果严重程度沿用问卷调查中专家给出的结果，将这 19 个风险情景填入表 3.12 中的定量风险评级矩阵。如表 3.12 所示，高风险情景有 1 个：驾驶员的思想原因 A16。较高风险情景有 10 个：驾驶员的驾驶技术（A14）、车的主动安全性能（B11）、炮弹的装载情况（C23）、汽油的防静电措施（C44）、混合交通（D22）、安全教育（E13）、装备的维护保养（E21）、人员培养（F42）、安全管理（F43）、围观（G24）。

表 3.12 定量风险评级

后果	概率				
	$0.001 < P < 0.01$	$0.01 < P < 0.05$	$0.05 < P < 0.1$	$0.1 < P < 0.5$	$0.5 < P < 1$
灾难性	C23、C44				
严重	C24、D16、A42	A41、D21、E22	A14、B11、G24	D22、E13、E21、F42、F43	A16
中等			D13、D15		
轻微					
可忽略					

注：颜色由浅至深分别表示低风险、中风险、较高风险、高风险

在进行风险处理时，我们是基于子情景进行考虑的，对于有的风险情景而言，单独的子情景可能不太重要，但是包含几个子情景的上一级风险情景需要得到重视。从表 3.12 可以看出，危险品保管员（A4）、自然环境（D1）的子情景也具有风险等级，因此也应该予以保留。因此，经过定量化风险评级，共剩下 13 个风险情景，包括 1 个高风险情景、10 个中高风险情景以及 A4 和 D1。

3.4.3 结果与原因分析

1. 结果分析

从阶段Ⅴ过滤后的风险情景来看，边防部队危险品运输风险主要涉及人员、装备、危险品、环境、管理、计划组织、社会七个方面。人员的风险情景包括驾驶员的驾驶技术、驾驶员的思想原因和危险品保管员；装备的风险情景主要是车的主动安全性能；危险品的风险情景包括炮弹的装载情况和汽油的防静电措施；环境的风险情景主要是恶劣自然环境和混合交通；管理的风险情景主要是安全教育和装备的维护保养；组织的风险情景是人员培养和安全管理；社会的风险情景主要来自人员围观。

但是风险情景之间并不是完全独立的，从风险情景的相互联系的角度来看，可对风险情景进行如下分析（表3.13）：与人员有关的风险情景有驾驶员的驾驶技术、驾驶员的思想原因、危险品保管员、安全教育、人员培养和安全管理共 6 个风险情景。可见，人员是边防部队危险品运输风险管理的重点，在 13 个风险情景中占据了接近一半。驾驶员是危险品运输的主体，危险品运输的大部分过程需要驾驶员完成，解决了驾驶员这个风险因素，也就消除了危险品运输的大部分风险；危险品保管员是危险品管理方面的专家，危险品运输的全过程都需要危险品保管员做好技术指导。

表 3.13 风险情景关联分析表

风险分类	相关联风险情景	风险情景数量/个
人员	驾驶员的驾驶技术、驾驶员的思想原因、危险品保管员、安全教育、人员培养、安全管理	6
装备	车的主动安全性能、装备的维护保养、安全管理	3
危险品	炮弹的装载情况、汽油的防静电措施、安全管理	3
环境	自然环境、混合交通、围观	3
管理	安全教育、装备的维护保养	2
计划组织	人员培养、安全管理	2
社会	围观	1

与装备有关的风险情景主要有车的主动安全性能、装备的维护保养、安全管理共 3 个风险情景。车辆的主动安全性能正常，能够保持车辆正常行进，防止交通事故的发生。

与危险品有关的风险情景有炮弹的装载情况、汽油的防静电措施、安全管理共 3 个风险情景。对于炮弹而言，主要存在的风险是运输过程中炮弹引信因剧烈碰撞引发爆炸；对于汽油而言，在运输过程中则需要重点防止静电的发生，从而避免汽油燃烧爆炸事故。

与环境有关的风险情景主要有自然环境、混合交通、围观共 3 个风险情景。

与管理有关的风险情景主要有安全教育、装备的维护保养，因此在管理措施方面要突出人员安全教育和装备的维护保养两个方面。

与计划组织有关的风险情景主要有人员培养和安全管理，这表明在危险品运输风险管理方面要投入更多的资源在人员方面。从目前部队的实际情况来看，对于人员存在重使用、轻管理的倾向，有的管理者对于人员教育、装备的日常维护等基础性工作还不够重视，在此方面投入的资源相对较少。

与社会有关的风险情景，主要是人员围观风险。主要需要防范人员围观拍照，制造舆论引发泄密。

2. 原因分析

从上述分析可以看出，各个风险情景并不独立，人员、装备、危险品、环境四个方面就可涵盖全部的关键风险情景。下面就存在这些风险情景的原因进行分析。

（1）人员方面。一是危险品从业人员自身专业性不够，大部分没有经过专业的培训，对相关规定掌握不够清楚，在进行危险品运输过程中不能严格按照标准来执行；二是边防部队缺乏完善的人员培养机制，尤其在驾驶员方面，没有与普通驾驶员区分，驾驶员缺乏危险品相关的理论和法规素养，对危险品特性和运输过程的注意事项等不够了解；三是部分驾驶员对交通法规的认识不足，缺乏遵守交通规则的意识。

（2）装备方面。一是不了解车辆保养方法，部分驾驶员在保养思路上不正确，重视表面的干净整洁，对车辆内部性能掌握不够，把保养车当成擦车。二是部分驾驶员对保养工作不够重视，虽然车辆等装备按照规定已经定位到每一名驾驶员，但是因编制、出差、休假等原因，一名驾驶员通常都被定位多辆车，且驾驶员还要担负执勤、车辆保障等任务，工作繁重，车辆维护保养的压力相对较大，在实际保养过程中容易出现操作不规范、程序不正规、标准不高等问题。三是驾驶员凭经验检查车辆不够科学。边防部队在组织危险品运输前对车辆的检测主要依托驾驶员进行自检，缺乏完善的车辆检查标准，针对这种情况，可以制定车辆状况的检查标准，以便驾驶员自查并帮助业务部门掌握情况，从而加强装备的日常管理。

（3）危险品方面。一是操作不规范。装卸人员多为临时人员，专业人员相对较少，在装载过程中，存在人员操作不规范的问题；二是风险应对机制没有建立起来，当前仍然主要为经验式做法，缺乏科学性、系统性操作流程。

（4）环境方面。一是边境地区环境复杂恶劣，尤其是边境的山区，天气变化无常，容易发生冰雹、雷雨等天气。二是边防部队地处边境地区，经济相对较为落后，交通设施条件也相对落后，有很多混合交通的路段，道路上人员、非机动车、摩托车等不稳定车辆较多，道路上各类突发情况和不安全因素多。三是群众的国防安全意识不够，一些不明真相的群众可能为了吸引关注随意围观拍摄，并将拍摄的照片、录像发布到网上，从而引发泄密问题。

3.4.4 边防部队危险品运输风险的应对

1. 风险的应对（阶段Ⅵ）

经过前面的分析，我们确定了哪些风险是关键风险情景。在处理这些风险情景时，我们首先要明确可选方案，然后从成本、效益和风险的角度权衡各个方案。在风险处理方面，如表 3.14 所示，针对不同情况下的风险有不同的处理原则，包括避免、控制、接受、转移。避免是指想办法消除产生该风险的条件，避免该风险发生；控制是指采取有效措施，将风险降低到可接受的水平；接受是指接受该风险并做好持续跟踪工作；转移是指将风险因素进行转移，降低可能造成的损失。

表 3.14 风险处理原则

损失可能性	损失严重性	
	较高	较低
较大	避免	控制
较小	转移	接受

根据表 3.14 中列举的原则，我们可以将风险处理方法分为人员、装备、危险品和环境四个类别，以下是对每个类别的讨论。

（1）人员方面：人员引发的风险较高，损失可能性较大，损失严重性也较高，因此应采取"避免"措施。首先，需要严格把关人员的选拔，确保其思想和能力素质达到要求。其次，需要加强人员的培训，提升其安全素养和基本技能。最后，管理人员的专业素质也需要加强，只有具备相关专业知识的管理人员才能有效地指导和监管危险品运输。

（2）装备方面：装备引发的风险主要体现在车辆的主动安全性能上，由装备带来的风险损失可能性较大且严重，因此应采取"避免"措施。可以通过定期维护保养车辆和技术检测等手段来提高车辆的主动安全性能，从而降低风险。

（3）危险品方面：危险品可能导致严重后果，损失可能性较大，应采取"避免"措施。在危险品运输过程中，需要严格遵循危险品运输的规定，对于炮弹等危险品，要按照要求摆放并采取必要的捆绑加固措施，以减少其在车内的移动碰撞。此外，在运输过程中需要保持车辆的平稳，避免急加减速，同时需要消除人体静电和汽油与罐体摩擦产生的静电。

（4）环境方面：自然环境带来的损失严重性较低，但带来损失的可能性较大，应采取"控制"措施。首先，可以通过关注天气预报等方式预测天气情况，选择天气条件好、灾害发生可能性低的时间完成危险品运输任务。其次，在路线选择方面，应尽量选择混合交通较少的路段，如无法避免，必须通过混合交通路段时，应通过降低车速、增加安全距离等方式降低风险。最后，在执行任务时应尽可能避开街道和居民区，若不得不进入人员较多的区域，应设置好警戒，加强观察，防止不法分子趁机制造事端。

2. 检查遗漏（阶段Ⅶ）

在阶段Ⅱ至阶段Ⅴ的风险过滤与排序过程中，经过对风险情景的处理，原先的 81 个风险情景被减少到了仅有 13 个。尽管我们可能因各种原因过滤掉一些偶然性风险情景，但这些情景在某些具体单位或任务中可能变得重要。例如，在雨水充沛或地质灾害频繁的地区执行任务时，自然环境因素就显得尤为重要，但在干旱少雨的地区则不具备同等重要性。因此，明确了具体任务、时间、地点等要素后，我们需要重新审视在阶段Ⅴ之前被过滤掉的风险情景，评估其对边防部队危险品运输可能产生的影响。

因此，一旦了解了任务的具体情况，在对阶段Ⅱ至阶段Ⅴ过滤后保留的风险情景制定对策时，还需遵循以下两个重要原则：首先，根据当前任务的时间、环境、危险品种类、数量等因素，重新分析和研究经过过滤掉的风险情景，评估其对边防部队危险品运输任务可能产生的影响。其次，识别出一些变得重要的风险情景，并审查阶段VI制定的措施是否有遗漏之处，然后进一步完善阶段VI的措施。

3. 运作反馈（阶段VIII）

该阶段的核心理念是通过实施监控，不断改进风险管理方案。各管理主体定期监督检查风险和风险管理情况，或针对具体任务进行监控。当发现新问题时，将这些最新信息反馈回阶段 I，以修改对风险识别得到的层次全息模型。如此循环往复，从阶段I到阶段VIII的方法能够通过收集资料和运作反馈，不断完善和优化风险管理方案，实现风险管理效果的渐进式提升。

本 章 小 结

本章综述了 RFRM 方法，并以边防部队危险品运输风险分析作为案例对 RFRM 方法进行了验证。对筛选得到的结果进行了梳理，并分析了存在这些问题的原因，阐述了风险应对方法。在风险分析过程中采用了定性与定量分析相结合的方法，以减少主观因素的影响。同时，在风险处理过程中，对筛选掉的风险情景进行了分析，避免了风险情景被遗漏的问题。

RFRM 作为一种风险分析的综合方法，并不包括验证步骤。未来可以通过采集相关数据，对比风险应对措施实施前后的数据差异，结合本章研究成果，科学分析风险应对措施是否有效，并及时进行反馈和调整，形成一套完整的闭环回路。此外，还可以将风险研究成果与计算机技术及软件技术、风险数据自动搜集分析技术，以及即时风险预警等智能化应用结合起来，使风险分析与管理在不同场景下的多实例应用中更加智能和便捷。

思 考 题

1. 本章采用层次全息模型梳理风险因素，你知道还有哪些思路可以替换层次全息模型来归纳、总结风险因素？
2. 结合你的学习和工作实际，选取其他示例来应用 RFRM 方法。

参 考 文 献

[1] 颜强海. 陆地边防部队巡逻风险管理研究: 以中缅边境为例[D]. 长沙: 国防科技大学, 2021.
[2] Haimes Y Y, Kaplan S, Lambert J H. Risk filtering, ranking, and management framework using hierarchical holographic modeling[J]. Risk Analysis: An Official Publication of the Society for Risk Analysis, 2002, 22(2): 383-397.
[3] Haimes Y Y. Risk Modeling, Assessment, and Management[M]. Hoboken: Wiley-Blackwell, 2011.
[4] 刘家国, 崔进, 周欢, 等. 基于HHM-RFRM的船舶航行风险评估方法研究[J]. 中国管理科学, 2019, 27(5): 174-183.

第二篇：风险分析技术与方法

　　通过风险分析，组织能够采取适当的措施来降低风险发生的概率和对组织产生的影响。风险分析能否有效识别、评估和应对潜在的风险在很大程度上取决于能否采用正确的风险分析的技术与方法。对于风险分析的学习者而言，如果看不懂相关技术与方法，就无法深入开展风险分析。

　　第二篇梳理了常用的风险分析技术与方法，既有定量的，也有定性的，还有定量和定性相结合的。本书的目的不是侧重于改进现有的技术与方法，而是想呈现出如何借助这些技术与方法进行风险分析。所以本书对技术与方法的介绍集中于整体概述、基本原理、使用步骤和应用示例，没有过多介绍数学推导过程。

　　风险分析的技术与方法有很多，选择合适的技术与方法，有助于及时和准确地得出分析结果。影响技术与方法选择的因素有很多，既有风险分析技术与方法所应用的环境因素，也有技术与方法本身的因素。环境因素主要有分析目标、分析者的需要、所分析风险的特征、对分析结果的要求，以及法律法规的要求。技术与方法本身的因素主要考虑所需资源的程度、风险的不确定性性质及程度、方法的复杂性，以及方法结果的特征。

　　风险分析由不同的环节和过程组成，不同的环节和过程有不同的目标、内容、要求。因此，不同风险分析技术与方法对于各个环节和过程的适用性不同。在选择风险分析技术与方法时，需要考虑这些技术与方法的适用性。《风险管理 风险评估技术》（IEC 31010：2019）整理了风险评估方法在风险评估各阶段的适用性，这为我们提供了宝贵的参考，这些内容将在 4.3 节进行详细介绍。

第 4 章　风险识别技术与方法

风险识别是风险管理过程的第一步，也是构筑风险管理体系的基石。其主要任务是明确识别出潜在的风险，确保在充分了解这些风险的基础上，能够采取最合适的管理措施。本章将深入探讨风险识别的基本概念、核心原则、关键步骤以及应用的技术和方法，特别地，将详细介绍德尔菲法、头脑风暴法、核对表法和 HHM 方法这四种主要的风险识别工具，并通过实例展示它们的应用。

4.1　风险识别的概念和原则

"风险识别"是风险管理中一个至关重要的术语。在《风险管理　术语》（ISO 31073: 2022）中，风险识别被定义为"发现、识别和描述风险的过程"。

此定义通过注释进一步阐释了风险识别的各个方面：

（1）风险识别不仅包括对风险源、风险事件及其潜在后果的识别，也涉及理解这些因素背后的原因。

（2）在识别过程中，可以借助历史数据、理论分析、专家见解以及利益相关者的需求等。

风险识别的核心目的是确定那些可能阻碍组织或项目目标实现的事件或条件。同时，组织还应对现有控制措施（如设计特性、人员配置、流程和系统等）的有效性进行评估。根据上述定义，风险识别要求我们不仅要识别可能对目标产生显著影响的潜在事件，还要理解风险的来源、成因、可能产生的后果以及可用的控制措施。在进行识别时，应遵循以下原则：

（1）系统化原则。风险识别的质量直接影响风险管理的效果。为确保分析的准确性，必须采用系统化的方法进行全面调查和分类，从而全面理解风险的性质、类型和可能的后果。

（2）全面性原则。有效的风险识别需全面考量各种风险事件的可能性和潜在损失程度，以及这些风险因素可能导致的其他问题，确保决策者能够获得充分的信息。

（3）综合性原则。鉴于风险系统的复杂性，需要综合运用多种分析方法来识别不同类型和性质的风险。

（4）成本-效益平衡原则。风险识别旨在通过最有效的方式提供决策支持，确保组织以最小的成本获取最大的安全保障，从而减少风险带来的损失。在考虑成本限制的同时，应选择性价比最高的识别方法，并将相关成本和收益纳入财务分析，以实现最优的资源分配。

4.2 风险识别步骤

风险识别的一般过程主要包含以下四个关键步骤。

4.2.1 步骤一：识别常见危险事件

在此阶段，需解答"可能发生何种问题"。解答此问题的方法多种多样，因此需要识别的因素包括：

（1）可能造成伤害（即威胁）的来源。
（2）引发事故的初始事件。
（3）领结图中心的关键环节（即关键威胁事件）。
（4）可能导致事故的各种事件（即触发条件）。

在风险分析工作初期，通常会识别出一部分或全部相关事项。例如，可能需要单独考虑将可燃物、气体泄漏、点火源、火灾和爆炸等作为独立的威胁或事件。但仔细观察这些因素，会发现它们实际上构成了一个事故链。

此步骤的关键在于尽可能多地识别事件和条件，而无须过于关注它们具体是威胁、初始事件还是触发条件。

可以借助常见威胁列表来辅助威胁和事件的识别，如涉及机器安全的国际标准《机械安全性 设计一般原则 风险评估和风险降低》（ISO 12100: 2010）、针对海上设备设计时重大事故威胁管理的国际标准《石油和天然气工业 海上生产装置 新装置设计期间的主要事故危害管理》（ISO 17776: 2016）等。这些列表一般会按照标准化的方式列出威胁、初始事件、触发条件等。有时这种列出方式可能令人困惑，但这不影响使用这些列表进行头脑风暴，随后再以更结构化的方式整理信息。

4.2.2 步骤二：界定具体代表性事件

在此阶段，必须清楚哪些事件被纳入分析范围。从已识别的威胁和事件列表（通常较为杂乱）中，可以确定一系列具体的初始或关键威胁事件，作为风险分析的核心。同时，也不宜忽视未出现在威胁事件列表中的任何威胁和事件，因为它们可能也是事故场景的一部分，或者是事故的原因，可能在后续的风险评估中需要用到这些事件。

例如，在通用列表中，可能已经识别出了"发生火灾"这一事件，但需要更具体的描述，如"白天在 002 号房间发生的火灾"。风险分析需要在事件的具体性与所需资源之间找到平衡，因为使事件描述更具体需要更多的时间和资源，故应尽量确定那些能覆盖一类情况的代表性事件。

大多数情况下，在这一步需要对已识别出的事件进行筛选。如果某些事件发生的概率极低，或其后果可以忽略，则可以将它们排除在后续分析之外。上述筛选工作也需要详细记录。

4.2.3 步骤三：识别事件成因

致因分析旨在查找已知威胁或初始事件的成因。致因分析的"深度"取决于多种因素，例如：

（1）分析需要多细致？在风险评估的第一步应确定分析的细致程度。更细致的分析需要探究更多细节。

（2）哪些成因可被决策者影响？那些无法改变的原因无须详究，除非它们能帮助设计稳健的系统，以抵消或补偿这些因素的影响。

（3）只要具备相关性，无论是技术、人员还是组织因素都应考虑。致因分析是频率分析的重要基础。

4.2.4 步骤四：确定事件发生频率

步骤四不是所有风险识别的必要步骤，也可以采取非常简单的方法来进行。有时，风险识别可以是纯定性的，仅仅通过因果分析来描述一些原因及其后果。在其他情况下，可以使用频率或概率等级而非精确数字来定量地进行风险识别，如频率等级可以分为每年少于 0.01 次、每年 0.01~0.1 次、每年大于 0.1 次。

在风险识别中指定频率或概率是一项极具挑战性的工作。现有数据都是历史数据，而需要预测的是未来情况。因此，在使用数据时需要很多假设，其中最简单的假设是过去能代表未来。然而，实际情况往往并非如此，因此需要假设技术和运营环境的变化将如何改变事件发生的频率或概率。此步骤同样需要筛选工作。如果某个事件发生的频率或概率非常低，那么在后续分析中可以忽略此事件。

4.3 风险识别技术与方法运用思路

风险识别的方法众多，这些工具和技术基于不同的原理：一是基于证据的方法，如使用核对表和历史数据的审查；二是基于系统化结构的方法，如由专家团队利用一套结构化的提示或问题来系统性地识别风险；三是基于归纳推理，如危险与可操作性分析方法等。此外，还有各种辅助性技术，如头脑风暴法和德尔菲法等。选择适当的方法和技术时，可以遵循特定的思路和方向。常见的思路和方向包括以下几种。

（1）目标导向。目标导向风险识别以企业的战略目标或阶段性经营目标及其细分目标为导向。任何可能威胁目标实现的事件都被视为风险。美国反虚假财务报告委员会下属的发起人委员会（Committee of Sponsoring Organizations of the Treadway Commission，COSO）委托出版的《企业风险管理——整合框架》（*Enterprise Risk Management—Integrated Framework*），即 COSO-ERM 可视为一个目标导向的例子。

（2）情景导向。在情景导向中，"情景"指的是风险因素起作用的特定场合或环境条件。通过分析情景下风险因素作用的趋势，建立风险传导机制，任何触发负面或损失的事件都被认为是风险。情景分析可以创建不同的情景，这些情景可以是达到目的的不同路径，或是诸如市场、战争等作用力的交互分析。系统动力学、蒙特卡洛方法等方法可以用来进行模拟。

设计可能出现的风险情景，并通过模拟的方式分析风险事件发生的概率、损失/机会收益程度、不同风险因素的重要性以及风险事件的特征等。尽管计算机技术的发展使得多变量、大规模、复杂系统的模拟成为可能，但成本和效率仍是考虑的因素。

（3）分类导向。分类导向的原理是将可能的风险源分类为不同的事故结果。根据分类和实践经验，编制一个问题集，通过对这些问题的回答来揭示风险。这种途径可以细分为分类问题法、类比推断法和对照分析法。

（4）流程导向。流程导向的原理是分解企业或组织的主要业务流程，识别每个流程环节中可能存在的风险因素，同时进行业务流程的优化。

（5）事件导向。事件导向的原理是基于已发生的事件（如理赔、专项调查），分析这些事件的资料，找出共性的风险因素。这通常由专业机构或专门组织完成，需要大量事件资料的支持。

表 4.1 结合《风险管理 风险评估技术》（IEC 31010: 2019）列出了常用的 32 种风险评估的技术，并说明了具体的适用场景，其中"★"表示非常适用，"☆"表示适用，"—"表示不适用。由此可见，有多种方法可用于风险识别，4.4 节至 4.7 节将介绍其中几种具有代表性的方法。

表 4.1 风险评估技术

技术	风险评估过程				
	风险识别	风险分析			风险评价
		后果	可能性	风险等级	
头脑风暴法	★	☆	☆	☆	☆
结构化/半结构化访谈	★	☆	☆	☆	☆
德尔菲法	★	☆	☆	☆	☆
情景分析	★	★	☆	☆	☆
核对表	★	—	—	—	—
HHM	★	☆	☆	☆	☆
预先危险分析	★	—	—	—	—
故障模式、影响与危害度分析	★	—	—	—	★
危险与可操作性分析	★	★	—	—	★
危害分析与关键控制点	★	★	—	—	★
保护层分析法	★	—	—	—	—
结构化假设分析	★	★	★	★	★
风险矩阵	★	★	★	★	☆
人因可靠性分析	★	★	★	★	☆
以可靠性为中心的维修	★	★	★	★	★
业务影响分析	☆	★	☆	☆	☆
根本原因分析	☆	—	★	★	★
潜在通路分析	☆	—	—	—	—
因果分析	☆	★	—	☆	☆

续表

技术	风险评估过程				
	风险识别	风险分析			风险评价
		后果	可能性	风险等级	
风险指数	☆	★	★	☆	★
故障树分析	—	☆	☆	☆	☆
事件树分析	—	★	★	☆	—
决策树分析	—	★	★	☆	☆
领结法（Bowtie）	—	☆	★	★	☆
层次分析法（AHP）	—	★	★	★	★
在险价值法	—	★	★	★	★
均值-方差模型	—	☆	☆	☆	★
资本资产定价模型	—	—	—	—	★
频率-数量曲线	☆	★	★	☆	★
马尔可夫分析法	☆	—	★	—	—
蒙特卡洛方法	—	★	★	★	★
贝叶斯分析	—	—	★	—	★

4.4 德尔菲法

4.4.1 德尔菲法概述

德尔菲法的名称源自古希腊的德尔菲城，这是一个与神话中的太阳神阿波罗（Apollo）有着密切关联的地方。相传阿波罗在德尔菲击败了巨蟒，成了该地的主宰。由于阿波罗被视为具有预见未来的能力，德尔菲成了预示未来的神圣场所。因此，这种预测方法取名为"德尔菲"，正是寓意其能够帮助揭示未来的趋势。

德尔菲法首次出现在20世纪50年代末，由美国为了预测原子弹轰炸后可能产生的后果而开发。1964年，美国兰德公司的赫尔默和戈登在发表的《长远预测研究报告》中，将德尔菲法引入技术预测领域，德尔菲法迅速在美国及其他多个国家得到应用。除了科技领域，该方法还被广泛应用于军事、人口、医疗、商业需求及教育等多个领域的预测、评估、决策和规划工作，成为决策者和规划者极为重视的工具。

4.4.2 德尔菲法的原则

实施德尔菲法时需遵循以下原则：

（1）确保所选专家具有一定的代表性和权威性，因为德尔菲法是基于汇集多位专家的知识以形成共识，所以每位专家的专业度和代表性对预测结果的准确性至关重要。

（2）在开始预测之前，应获得参与者的支持，确保他们能够认真参与每一轮预测，以提高预测的有效性。

（3）设计的问题应当措辞明确，避免引起误解，每次咨询的问题数量不宜过多，问题间不应相互覆盖，所有专家都应能理解并回答这些问题。

（4）在统计分析时，应根据问题的不同性质给予不同权重，而非"一刀切"。

（5）向专家提供充分的信息，以便他们做出判断，但要求的是粗略的数字估计而非精确值。

（6）问题应集中和有针对性，避免过于分散，使各个事件构成一个有机整体，先简单后复杂，先综合后局部，以提高专家回答问题的兴趣。

（7）避免组合事件。若一个事件包含专家认同与不认同的多个方面，则难以获得清晰的回答。

（8）调查单位或领导小组的意见不应强加于调查结果中，以避免诱导现象，保证专家意见的独立性。

4.4.3 德尔菲法的原理和特点

德尔菲法本质上是一种通过匿名反馈进行的函询法。其过程包括征得专家意见、整理归纳、匿名反馈，直至达成共识。这种方法区别于其他专家预测方法的三个显著特点包括：匿名性、多次有控制的反馈、小组的统计回答。

（1）匿名性。在德尔菲法中，预测专家不知道其他参与者的身份，他们在完全匿名的环境下交流思想。

（2）多次有控制的反馈。通过组织者设定的问题，小组成员进行交流，通常需要几轮反馈才能完成预测。

（3）小组的统计回答。传统小组的最典型结果是反映多数人的观点，少数派的观点仅被简略提及，而德尔菲法能更全面地展示小组中的不同意见。

4.4.4 德尔菲法的步骤

首先需要注意的是，德尔菲法中使用的调查表与常规调查表有所区别。常规调查表通常仅向被调查者提出问题并请求回答，而德尔菲法的调查表不仅提出问题，还承担着向被调查者提供信息的责任，作为专家之间交流思想的媒介。

在德尔菲法的实施过程中，涉及两类主体：一是预测的组织者；二是被挑选出的专家。德尔菲法以轮次为单位展开，每一轮中组织者和专家各自有不同的任务。

第一轮：①组织者向专家发送开放式的第一轮调查表，不设限制，只提出预测问题，让专家围绕预测主题提出可能的事件。过多的限制可能导致遗漏重要事件。②组织者收集专家填好的调查表，进行汇总整理，合并相似事件，排除次要事件，并制定一个准确的预测事件列表，作为第二轮调查表分发给专家。

第二轮：①专家对第二轮调查表中的每个事件进行评价，包括预测事件发生的时间、争论的问题以及事件或迟或早发生的理由。②组织者收集第二轮专家意见，进行统计分析，整理出第三张调查表，包含事件发生时间的中位数及上下四分点，以及位于四分点外的事件发生时间的理由。

第三轮：①专家收到第三张调查表后，需重新审视争论，评价上下四分点外的对立意见，并提供新的评价（特别是四分点外的专家需要重新说明理由），如果修改观点，也需要阐述改变的原因或原有理由的不足。②组织者收集新评论和争论，工作与第二轮类似，即统计中位数和上下四分点，并总结专家观点，关注争论双方的意见，形成第四张调查表。

第四轮：①请专家对第四张调查表再次进行评价和权衡，做出新的预测，是否要求提供新论证和评价取决于组织者的要求。②当第四张调查表返回后，组织者的工作与上一轮相同，即计算每个事件的中位数和上下四分点，并总结专家观点。然后，归纳总结各种意见的理由，提供给决策者。

注意：①并非所有预测事件都需要经过四轮，有些可能在第二轮就达成一致，无须进入第三轮。②在第四轮结束后，专家对各事件的预测也不一定完全统一。不统一的情况仍可以用中位数和上下四分点来得出结论，并公开结果，由决策者对其综合处理。实际上不同专家对同一事件的预测结果往往是不统一的。

经典的德尔菲法程序如图4.1所示。

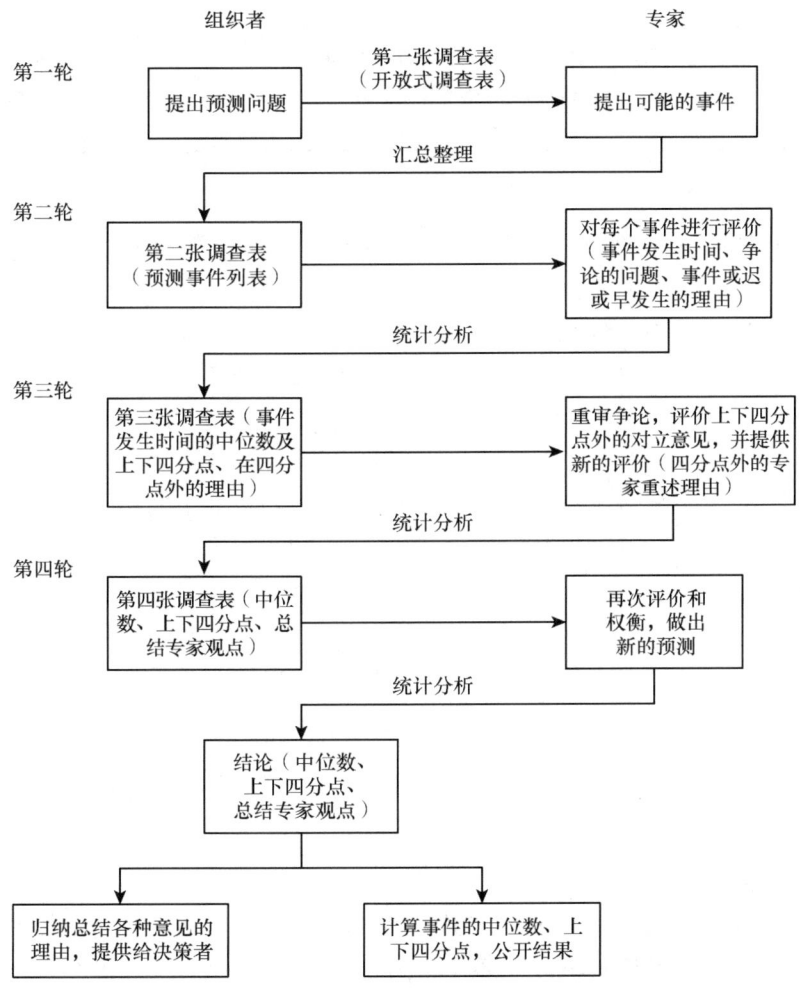

图 4.1　经典德尔菲法的程序

4.4.5 预测结果的表示

德尔菲法的预测结果可以通过表格、直观图或文字叙述等方式展示。

1. 表格形式

可以在表格中列出项目名称、发生时间的中位数和四分点。例如，表 4.2 展示了一个采用德尔菲法对关于环境保护的技术进行预测的结果（部分），参与的有 40 位专家。

表 4.2　关于环境保护的技术预测结果表（部分）

编号	项目	发生时间（年份）的四分点
⋮	⋮	⋮
5	没有污染的内燃机	1976-1980-1990
6	为经济增长而发展经济的观念	1977-1980-2000
7	烟气分离的实用而经济的方法	1978-1980-1985
8	意外的石油泄漏和有效的公害控制	1978-1980-1985
⋮	⋮	⋮
18	世界范围的环境监测和警报机构的建立	1985-1990-2000
19	公路和空中航线噪声的控制	1986-1990-1991
⋮	⋮	⋮

2. 直观图形式

（1）楔形图：楔形图顶端表示中位数，底边长度为最迟和最早的时间间隔，项目编号位于纵坐标上。具体如图 4.2 所示。

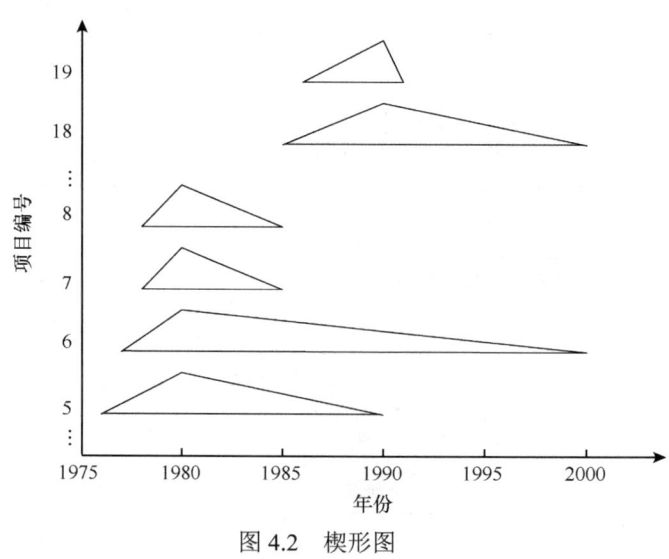

图 4.2　楔形图

（2）截角楔形图：顶点表示中位数，截角端点为上下四分点，底边长表示上下四分点间隔，图上数字代表项目编号。具体如图 4.3 所示。

（3）表示两种或然率的截角楔形图：有时组织者会要求专家按一定或然率预测事件

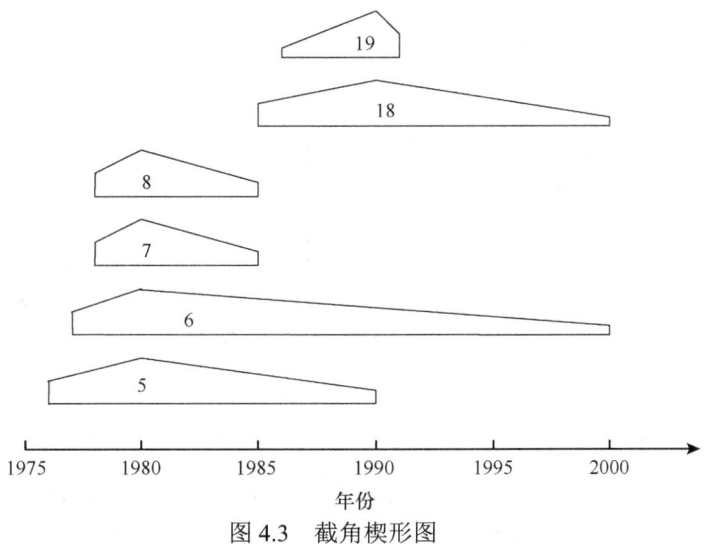

图 4.3 截角楔形图

（项目）发生时间。若按两种或然率回答，则每一事件（项目）的预测结果有两种，一般高或然率对应更晚的预测时间。这两种结果可用楔形图表示，见图 4.4（楔形图中的数字表示项目编号）。

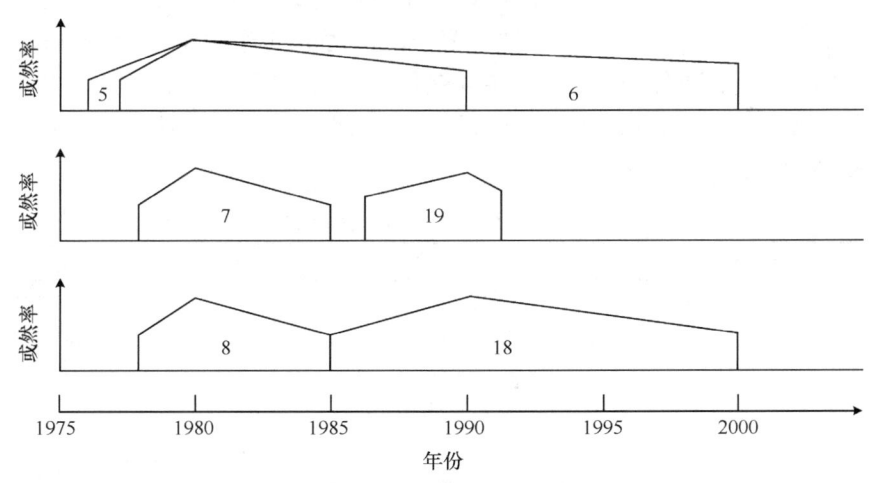

图 4.4 表示两种或然率的截角楔形图

（4）直方图：横坐标表示不同时间段，纵坐标表示预计事件发生在该时间段的专家比例。图 4.5 是预计某事件在不同时间段发生的专家比例的直方图，未考虑专家权重的差异。如果专家具有不同权重，则在统计时应按归一化权重计算不同意见的专家数。

4.4.6 应用示例

【例 4.1】 某机构在 XX 省 XX 市的本地接入层光缆网建设项目总投资为 1066 万元，工期预计为一年，包括地下管网敷设和通信地区节点机房建设等。项目风险识别过程采用德尔菲法，具体步骤如下。

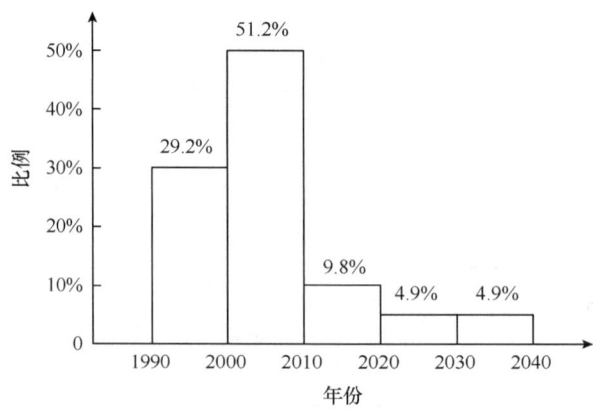

图 4.5　预计某事件在不同时间段发生的专家比例的直方图

（1）设计专家调查问卷。评估小组经讨论确定了调查问卷内容，包括项目简介、专家信息、问卷填写指南及调查目的和意义等。专家依据自身的专业知识和经验，从立项审批、勘察设计、招投标等方面进行分析论证，并提出风险因素。

（2）选定专家小组。选择专家是德尔菲法成功的关键。为了确保本项目风险识别的专业性和准确性，同时考虑到调查的便利性和可操作性，选取以下三类专家：各职能部门的专业技术人员、高校相关专业教师以及工程施工岗位的专业技术人员。

（3）第一轮调查。按照德尔菲法的要求，评估小组通过电子邮件向 30 位专家发送了设计好的风险识别调查问卷。专家独立完成问卷后反馈给评估小组。首轮调查结果出现了较大的意见分歧，共提出了 25 条风险因素。评估小组统计整理后，合并相似项，归纳出 17 条风险因素，如表 4.3 所示。

表 4.3　风险识别结果

编号	阶段	风险点
1		自然灾害
2		政策变动
3	立项审批	行为不科学规范
4		专业知识欠缺
5		决策者考虑不严谨
6		执行者理解偏差
7		政策变动
8		科技变化
9	勘察设计	组织管理不完善
10		主管人员不专业
11		专业人员不主动
12		政策变动
13		自然灾害
14	招投标	法律风险
15		组织程序风险
16		人员经济风险
17		人员专业性风险

（4）第二轮调查。评估小组将首轮调查得出的17条风险因素发送给之前参与的20位专家，要求他们对这17条风险因素提出修改意见和建议。此外，将风险点重要性调查表发给10位专家，并回收评分结果，如表4.4所示。

表4.4 风险点重要性调查表评分统计结果

阶段	风险点	平均值	均方差	变异系数
立项审批	自然灾害	42.0	12.517	0.298
	政策变动	67.0	8.232	0.123
	行为不科学规范	80.0	8.164	0.102
	专业知识欠缺	83.0	4.830	0.058
	决策者考虑不严谨	73.0	6.749	0.092
	执行者理解偏差	63.5	4.743	0.075
勘察设计	政策变动	78.0	8.563	0.110
	科技变化	44.0	15.777	0.359
	组织管理不完善	83.0	4.830	0.058
	主管人员不专业	65.0	7.454	0.115
	专业人员不主动	76.5	7.091	0.0927
招投标	政策变动	37.5	11.365	0.303
	自然灾害	46.0	14.298 41	0.311
	法律风险	66.0	10.750	0.163
	组织程序风险	73.0	6.749	0.092
	人员经济风险	76.5	4.743	0.062
	人员专业性风险	70.0	8.165	0.117

（5）结果分析。根据专家评分结果，在立项审批阶段，"自然灾害"的得分低于60分，专家认为当前通信技术可以有效降低自然灾害对项目的影响，此风险可忽略；在勘察设计阶段，"科技变化"的得分也低于60分，专家一致认为科技变化对此项目影响不大；在招投标阶段，"政策变动"和"自然灾害"两项的得分均未超过60分，专家认为相关政策通常在年初确定且不会频繁更改，招标代理单位通常具备应对自然灾害的能力，且有相关应急预案，因此这些风险点也不必过度关注。最终确定了13个主要风险点，如表4.5所示。

表4.5 风险识别最终结果

编号	阶段	风险点
1	立项审批	政策变动
2		行为不科学规范
3		人员专业欠缺
4		决策者考虑不严谨
5		执行者理解偏差
6	勘察设计	政策变动
7		组织管理不完善
8		主管人员不专业
9		专业人员不主动

编号	阶段	风险点
10		法律风险
11	招投标	组织程序风险
12		人员经济风险
13		人员专业性风险

4.5 头脑风暴法

4.5.1 概述

头脑风暴法是一种常见的问题解决方法，它要求团队成员自发地提出各种想法和方案。在确定最终方案之前，目标是生成尽可能多的建议和意见。通过头脑风暴，可以激发出热情，从而设计出更好的方案。

4.5.2 原则

实施头脑风暴时需遵守两条主要原则。

一是避免讨论和评判。成员轮流提出想法，不进行讨论或评价，也不试图推广自己的想法。其他参与者不得发表支持或批评的评论，也不得向提出想法的人提问。禁止使用任何可能抑制创意的评论，如"这行不通""这是愚蠢的想法"或"领导不会同意"。

二是明确要求参与者避免通过肢体语言表达评价，如皱眉、咳嗽、嘲笑或叹气。

头脑风暴法旨在帮助团队找到最佳解决方案，是一种非常有效的方法。头脑风暴更注重想法的数量而非质量，目的是让团队产生尽可能多的想法，包括新奇或打破常规的想法。

4.5.3 步骤

头脑风暴的过程由一名协助者记录，使用翻页板或黑板记录。首先由一名成员提出一个想法，然后下一个人提出第二个想法，如此循环。如果某人暂时没有想法，就说"通过"。有些人可能会在前人的基础上提出新想法，包括合并或改进已有想法。协助者负责记录这些想法。这一过程持续进行，直到所有想法都被提出或达到预定时间。

4.5.4 示例

【例 4.2】 表 4.6 展示了某单位在实弹射击训练前使用头脑风暴法进行风险因素识别的部分记录。

表 4.6 某实弹射击训练风险因素识别记录表（部分）

训练阶段	项目	风险因素				
		某参谋	某干事	某助理员	某指挥员	某保障员
准备阶段	场地准备	武器装备不齐全	思想教育没落实	弹药运送不安全	指挥口令不熟练	信号显示不正确

续表

训练阶段	项目	风险因素				
		某参谋	某干事	某助理员	某指挥员	某保障员
实施阶段	动作训练	动作不正确				
	流程训练	程序不合理			口令不完整	
	实弹射击	组织不严密	心理教育没跟上	弹药补给不及时	口令不准确	信号更换不及时
	验靶	程序不正确			口令不准确	信号更换不及时
撤收阶段	场地器材	没有组织				
	人员带回	路线不安全	文化活动不丰富	弹药回收不准确		

4.6 核对表法

4.6.1 概述

核对表是基于以往类似项目的信息及其他相关资料编制的风险识别工具。它通常按风险来源分类。使用核对表进行风险识别的优势是快速简单,但缺点是受限于项目的相似性。

4.6.2 原理

人们在考虑问题时往往会基于以往经验进行联想,这使得思维活跃并引发连锁反应。风险识别实际上是对未来风险事件的预测。将过去经历过的风险事件及其来源列出,形成核对表,有助于管理人员开阔思路,识别潜在风险。

4.6.3 示例

【例 4.3】 表 4.7 展示了一张用于军事训练活动风险识别的核对表。

表 4.7 用于军事训练活动风险识别的核对表

阶段	工作项目	具体动作	风险描述	是否具有风险	应对措施
训练准备	准备活动	熟悉武器装备	是否验枪	是	严格执行程序
			装具穿戴是否齐备	否	
		活动身体	是否充分热身	是	全面活动热身
	……	……	……	……	……
训练实施	分解练习	卧倒	场地是否平整	是	修整场地
			护具是否全面	是	配齐护具
	连贯练习	完整动作	参训人员是否具备连贯动作能力	否	
	……	……	……	……	……

续表

阶段	工作项目	具体动作	风险描述	是否具有风险	应对措施
训练收尾	撤收场地	撤收桌椅	人员分工是否合理	否	
		人员带回	带回路线是否安全	否	
	……	……	……	……	……

4.7 HHM 方法

4.7.1 概述

HHM 方法是一种系统方法论，用于识别项目中多个方面、维度和层级的内在差异，并分析它们之间的联系。通过 HHM 方法，项目可被分解为多个子系统，这些子系统可以继续按此模式细分。层次全息模型作为风险源识别的系统性模型，能够全面识别各种项目风险。该理论已广泛应用于各行业的项目风险分析，能够帮助项目管理人员立体地分解和重建项目，更直观地理解风险间的内在联系，从而统一团队思想和认知，集中资源迅速应对后续风险。在应用 HHM 方法的过程中，可根据项目的层级关系和内部环境因素快速梳理出风险影响因素，构建逻辑关系。合理运用 HHM 方法能快速建立适合项目的风险框架，为风险管理提供有力支持。

因此，HHM 方法对项目分析团队要求很高：团队成员必须掌握各层级知识，核心成员需全程参与项目，以确保全面分析项目风险。

4.7.2 流程和步骤

HHM 方法的风险识别步骤如图 4.6 所示。

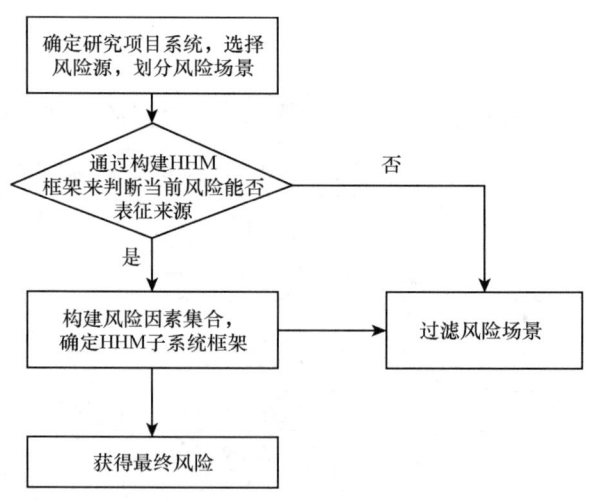

图 4.6 HHM 方法的风险识别步骤

（1）确定研究项目系统，选择风险源，从不同视角划分风险场景。

（2）确定不同视角下的主次层级，通过构建 HHM 框架（图 4.7）来判断当前风险能否表征来源。如果当前风险无法表征来源，则转入步骤（3）；如果当前风险能够表征来源，则转入步骤（4）。

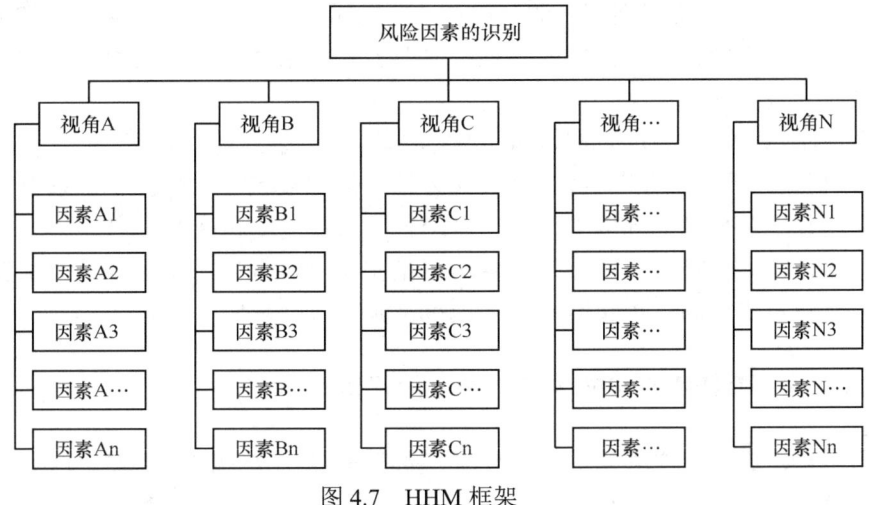

图 4.7　HHM 框架

（3）在 HHM 框架中过滤风险场景，得到主要风险因素。

（4）构建风险因素集合，确定 HHM 子系统框架（图 4.8），以更好地分析风险因素间的相互作用和联系。

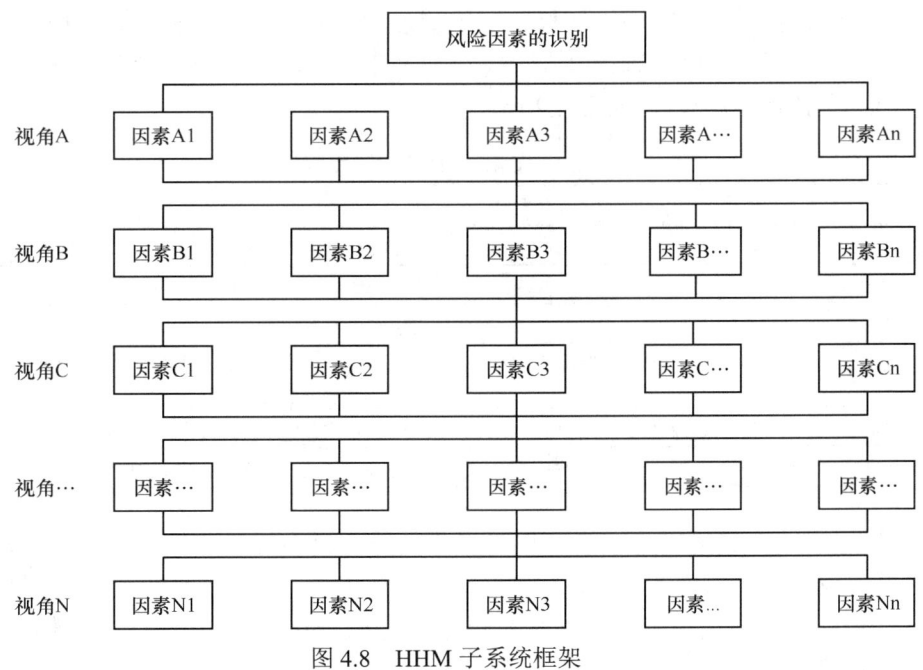

图 4.8　HHM 子系统框架

（5）获得最终风险。

4.7.3　优势与局限

在具体项目中采用 HHM 方法可带来以下优势。

（1）更全面、系统的风险识别：由于 HHM 方法的全面性，基于此框架识别的风险也更为全面，能系统性地梳理风险项。

（2）增强项目风险识别模型的延展性：项目团队可根据实际需要在 HHM 的基础上扩展主视图及子视图，且可根据各子系统的逻辑和关系建立不同模型，通过子系统持续拓展风险研究范围。

然而，HHM 方法也存在局限性，具体如下。

（1）初始风险清单存在重复：HHM 方法可能导致风险项在多个子系统中重复，需进一步筛选整理，增加了分析工作量，可能影响项目进度和成本。

（2）高要求与高成本：由于 HHM 方法的多维全面性，需要多领域专家参与搭建模型，对团队成员要求高，相应地会增加项目资源投入。

4.7.4 基于 HHM 方法的风险识别应用示例

基于 HHM 方法建立项目的风险模型，首先需要建立 HHM 框架，这对风险管理的成功至关重要。

以长沙地铁隧道工程为例，运用 HHM 方法从施工系统角度在全寿命周期内识别安全风险，系统分析风险管理对象，构建风险全息视图。风险管理对象涵盖隧道结构、作业人员、管理团队、机械设备、材料、自然环境、组织管理和工艺等。风险因素包括人员、机械设备、施工材料、外部环境、组织管理和技术方面。结合《公路桥梁和隧道工程施工安全风险评估指南（试行）》及 31 个事故报告，经过统计、归并、补充、筛选后确定了 28 个初始风险因素，如表 4.8 所示。

表 4.8 初始风险因素

类别	名称
人员因素	从业人员资质、施工经验、安全施工意识
机械设备因素	设备安全防护措施、设备完好率、设备性能
施工材料因素	材料适用性、材料质量
外部环境因素	围岩等级、渗水情况、断层破碎情况、瓦斯含量、岩溶发育情况、年均降水量、既有线路下穿、地下管网、周边房屋建筑
组织管理因素	管理规章制度、应急预案、管理组织结构、安全管理人员配备、安全教育培训、监控量测
技术因素	施工方法、施工工艺、技术交底、勘察准确性、设计合理性

通过分析 28 个初始风险因素，构建包含人员、机械设备、施工材料、外部环境、组织管理、技术六个维度的 HHM 框架，如图 4.9 所示。该框架覆盖了施工过程中的基础安全风险因素，通过梳理、评估项目信息确定风险情景，必要时可扩展框架，以明确所有风险情景。

基于地铁隧道施工安全风险识别的 HHM 框架，按照安东尼模型的企业管理信息系统（management information system，MIS）理论，进一步构建决策层、监督保障层和作业层三层结构，如图 4.10 所示。决策层负责项目可行性、计划和内容的决策；监督保障层负责项目实施过程中的监督；作业层受所有内外部因素影响，负责完成施工任务。

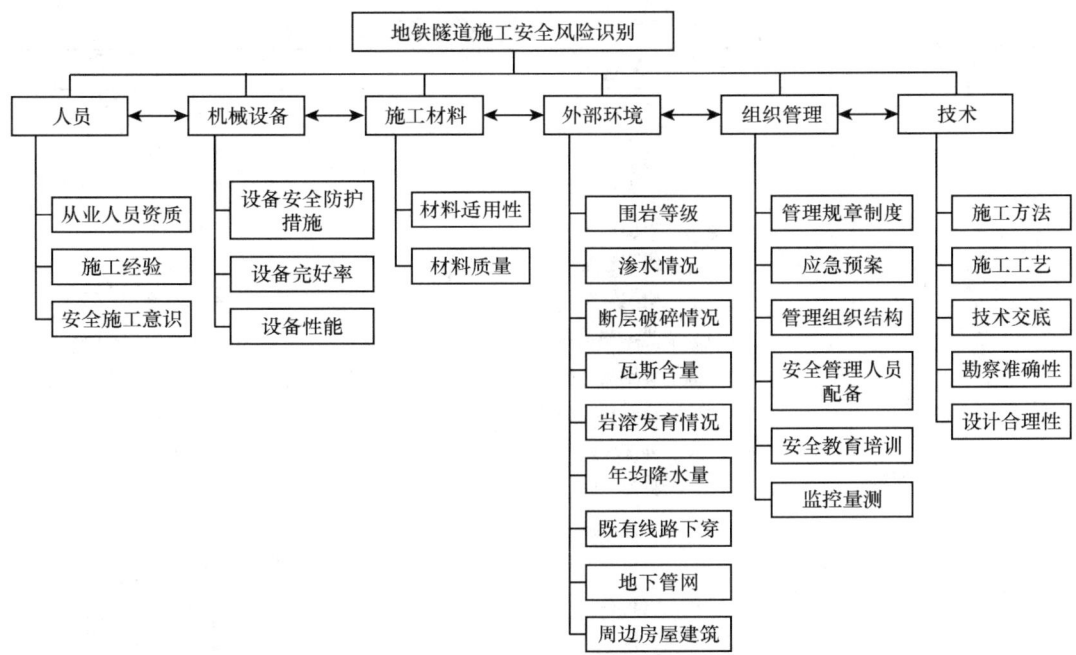

图 4.9 地铁隧道施工安全风险识别的 HHM 框架

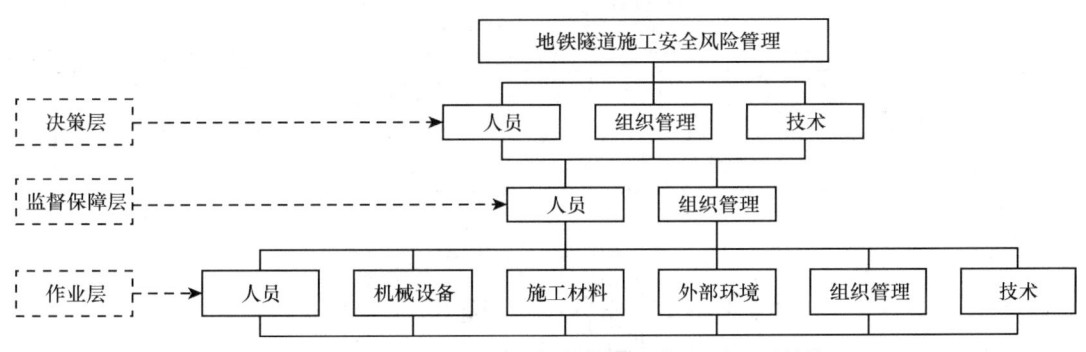

图 4.10 构建决策层、监督保障层和作业层三层结构

图 4.10 所示的层级结构揭示了各因素之间的影响关系,形成了链式结构,从而可以提取多条多维关联子链,例如"技术—组织管理—外部环境"三维子链、"人员—组织管理"二维子链。这些子链可以形成具有相反影响作用的 HHM 风险情景层次全息子模型,如"人员—组织管理"子链可形成"人员(基础视角)—组织管理(上层视角)"和"组织管理(基础视角)—人员(上层视角)"两个风险情景。其中,上层视角的风险因素对基础视角的风险因素具有影响。因此,理论上存在 36 种二维风险情景和 72 种三维风险情景。限于篇幅,本节仅考虑二维风险情景,并剔除无显著影响及重复的风险情景。考虑到机械设备与施工材料同属物质因素且初始因素较少,将两者合并处理。最终概括出 16 个主要的二维 HHM 风险情景层次全息子模型,如表 4.9 所示。

利用 HHM 风险情景层次全息子模型,可以从不同视角识别地铁隧道施工安全风险。以"人员—组织管理"风险情景为例,构建相应的风险情景结构,如图 4.11 所示。

表 4.9　二维 HHM 风险情景层次全息子模型

序号	基础视角	上层视角
1	人员	技术
2	人员	外部环境
3	人员	组织管理
4	组织管理	技术
5	组织管理	人员
6	组织管理	外部环境
7	机械设备/施工材料	技术
8	机械设备/施工材料	人员
9	机械设备/施工材料	组织管理
10	外部环境	技术
11	外部环境	人员
12	外部环境	组织管理
13	技术	外部环境
14	技术	人员
15	技术	机械设备/施工材料
16	技术	组织管理

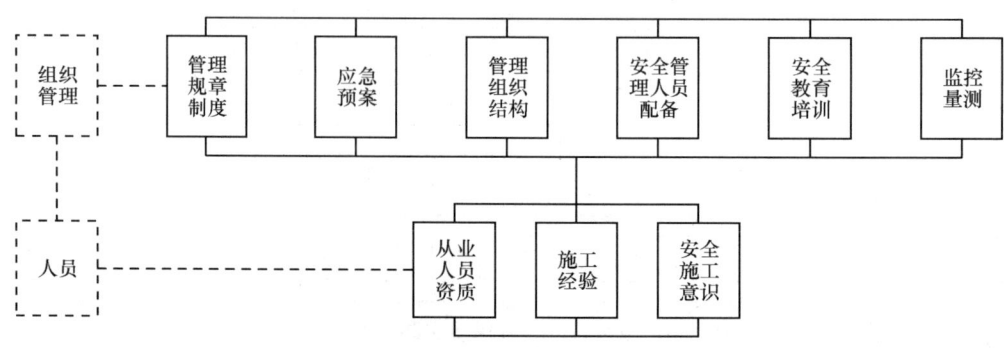

图 4.11　"人员—组织管理"风险情景结构

在图 4.11 中,将人员作为基础视角,包含 3 个风险因素,组织管理包含 6 个风险因素。理论上,"人员(基础视角)—组织管理(上层视角)"可形成 18 个风险情景,例如管理规章制度不完善导致从业人员缺乏必要资质、安全教育培训不足导致施工人员安全施工意识薄弱等。类似地,可进一步完成该风险情景结构下所有风险情景的初步识别。

本 章 小 结

《风险管理 术语》(ISO 31073: 2022)将风险识别定义为"发现、识别和描述风险的过程",风险识别的原则包括系统化、全面性、综合性及成本-效益平衡。风险识别步骤涉及识别常见危险事件、界定具体代表性事件、识别事件成因和确定事件发生频率。风险识别的技术与方法通常遵循目标导向、情景导向、分类导向、流程导向和事件导向等思路。德尔菲法、头脑风暴法、核对表法和 HHM 方法是四种主要的风险识别方法。

思 考 题

1. 风险识别的目的是什么？
2. 请和同学们组成一个 3～5 人的小组，以"一次长途机动中可能存在的风险隐患"为主题进行一次头脑风暴练习，并将结果记录下来。
3. HHM 方法有什么特点、优势和不足？

参 考 文 献

[1] 沈正波, 陶应新, 朱程远. 基于德尔菲法的滁宁城际铁路项目安全风险识别研究[J]. 江苏建筑, 2021, (4): 117-119.
[2] 朱小丽, 陈彦斌, 李宇宏. 基于德尔菲法的舟山市船舶出口贸易风险识别[J]. 北方经贸, 2012, (4): 21-22.
[3] 张曾莲. 风险评估方法[M]. 北京: 机械工业出版社, 2017.
[4] 拉桑德 M. 风险评估: 理论、方法与应用[M]. 刘一骝, 译. 北京: 清华大学出版社, 2013.

第 5 章　风险矩阵方法

风险矩阵（risk matrix）作为一种高效的工具，旨在识别并系统地对风险进行优先级排序。它能够直观地展示组织面临风险的分布情况，帮助管理者一目了然地识别出风险管理的核心环节，并据此制定针对性的风险应对策略和控制措施。在识别出组织面临的风险后，可以根据这些风险对组织目标的影响程度和发生可能性来绘制风险矩阵。本章内容包括风险矩阵方法的概述、基本原理、局限性和改进优化，以及在风险管理中的应用示例。

5.1　风险矩阵方法概述

5.1.1　起源

美国空军电子系统中心（Electronic Systems Center，ESC）的采办工程小组于 1995 年 4 月首创了风险矩阵方法。该方法在项目管理中用于识别和评估项目风险的重要性，结合了定性和定量分析，操作简便。自 1996 年起，美国空军电子系统中心的多个项目开始采用风险矩阵进行风险评估。为了提升其应用效率，美国 MITRE 公司开发了相应的风险矩阵软件。

实际上，自 1969 年起，美国在国防高技术采办领域系统性地引入了风险研究，不仅深耕风险管理技术领域，还配套出台了详尽的风险管理指南，设立了专业的风险管理机构，持续实施高效的风险管理举措。时至今日，风险管理已在美国国防采办流程中确立为一项法定性工作。

与其说风险矩阵是一种常用的风险评估方法，不如说它是一种有效的风险管理工具。

5.1.2　定义

ISO 将风险矩阵定义为一种通过界定后果与可能性的范畴来对风险进行直观展示与排序的工具。该定义看似简单，却给出了如下约定。

首先，风险矩阵的首要身份为工具，旨在将风险可视化并对其进行排序。

其次，该工具聚焦于风险的两大维度——潜在后果及其发生概率。

最后，应用时需明确后果与可能性的边界，这既可以是定性的评估，也可以是量化的分析。

风险矩阵可灵活呈现为列表或图谱，以适应不同需求。在风险识别的初步阶段，列表形式尤为常见，便于全面列举各项风险，如表 5.1 所示；在风险分析和评价阶段，一般用图谱方式，以展示各风险的分布状况，如图 5.1 所示。

第 5 章 风险矩阵方法

表 5.1 列表式风险矩阵

风险名称	风险源	风险原因	后果性质	后果大小	可能性	风险等级
风险 1						
风险 2						
风险 3						
⋮						
风险 n						

注：后果大小、可能性、风险等级在风险分析后才能填写

发生可能性等级	E	IV	III	II	I	I	I
	D	IV	III	III	II	I	I
	C	V	IV	III	II	II	I
	B	V	IV	III	III	II	I
	A	V	V	IV	III	II	II
		1	2	3	4	5	6
		风险后果程度					

图 5.1 ISO/IEC 推荐的图谱式风险矩阵

从左下到右上，底色不断加深，代表风险越来越高

在《风险管理 风险评估技术》（IEC 31010: 2019）标准中，ISO/IEC 称风险矩阵为"consequence/likelihood matrix"（后果/可能性矩阵）。图 5.1 中的区域I位于矩阵图的右上角，一般将其标注为红色；区域V位于矩阵图的左下角，一般将其标注为灰色；在灰色区域与红色区域之间，从左下到右上，又可分为区域IV、区域III和区域II，一般依次将其标注为绿色区域、蓝色区域和黄色区域。

图谱式风险矩阵很直观，从左下角到右上角来看，越接近右上角的区域，其风险越高，组织的决策者越应该重点关注。反之，越接近左下角的区域，高管层越不必去关注。

在风险管理的初级阶段，一般只对风险矩阵做"红、黄、绿"三级区分，如图 5.2 所示。

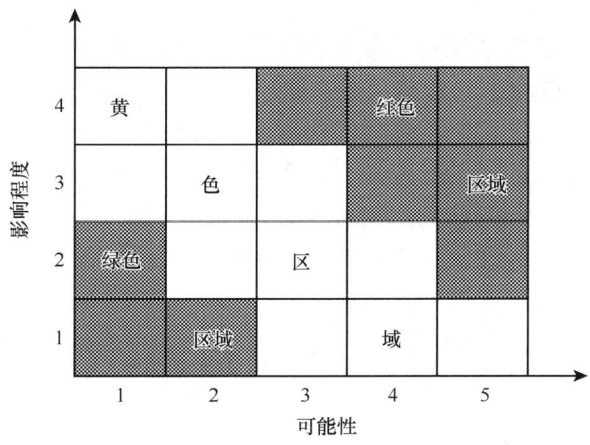

图 5.2 风险管理初级阶段常用的风险矩阵

这样，管理者能够迅速区分，哪些风险位于需高度警觉与频繁监控的红色区域，而哪些则处于相对安全、无须过多资源投入的绿色区域。风险矩阵的显著优势在于其简便易行的操作方法和直观明了的显示方式，能够迅速将风险区分至不同的重要性层次。

5.1.3 应用

风险矩阵常作为筛查工具，可依据风险因素在矩阵内的位置对其进行排序，明确需深入剖析或优先处理的风险项。同时，它能够促进组织内部对风险等级形成共识，确保风险等级设定方法及决策准则与组织风险偏好相契合。风险矩阵因其简单明了的特性，成为风险管理领域最广泛使用的风险评估工具。它在包括恐怖主义风险分析、资产风险管理、食品安全风险评估、医疗保健以及公共卫生事件的快速风险评估等领域都有着广泛的应用。下面举例进行详细说明。

1. 项目管理领域

风险矩阵在美国空军电子系统中心的多个项目中得到广泛应用，其相关分析软件已被用于如联合监视目标攻击雷达系统（Joint Surveillance Target Attack Radar System，JSTARS）和国家空天系统升级项目。该方法在国防采办领域亦受重视，并在实践与应用中不断演进。

当前，高技术项目风险的定量分析成为焦点，美国国防部与NASA等机构在这方面取得显著进展。例如，NASA的Jacob Burns（雅各布·伯恩斯）和Jeff Noonan（杰夫·努南）等人提出用HHM和RFRM框架对高技术项目的风险进行定量化分析。NASA的Barney B. Roberts（巴尼·B. 罗伯茨）提出了一体化定量风险管理（integrated quantitative risk management，IQRM）理论，并在定量化风险管理理论的基础上试图建立基于风险的决策支持（risk-based decision support，RBDS）理论。这些模型都用到了风险矩阵的方法对风险进行分类和过滤，如图5.3所示。可见风险矩阵方法具有很高的科学性和可操作性，并且风险矩阵的分析软件为风险矩阵的广泛应用开辟了更加广阔的天地。

相比之下，我国在高技术项目管理中尚缺乏标准化、高效的风险管理手段，主要挑战如下。其一，风险管理理念尚未普及，项目管理往往割裂地按人员、经费和目标进行，缺乏系统的风险应对策略。其二，项目的快速变化导致短期行为，使得研发单位不愿意投入时间和成本采用先进的风险管理技术。美国经验启示我们，需采取顶层推动策略，如美国国防部自1969年起即在国防高技术采办中系统开展风险研究，建立风险管理机制，现已成为法定程序。因此，我国项目管理界亟须加强技术性风险管理，借鉴国际经验，推动风险管理理念与实践的深度融合。

表5.2是美国空军电子系统中心于1995年提出的一个原始风险矩阵的例子。

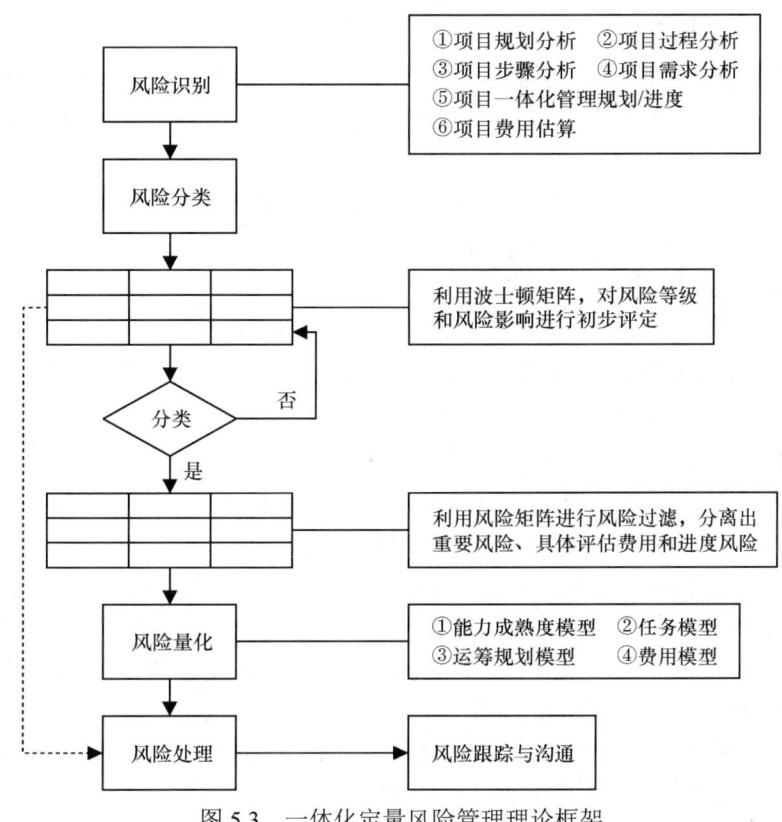

图 5.3 一体化定量风险管理理论框架

表 5.2 一个原始风险矩阵的例子

项目需求	所用技术	风险	风险影响	风险概率	风险等级	风险管理
VHF 单通道通信	ARC—186	设计不合理	关键	0~10%	中	把演示论证作为资源取舍工作的重要部分
对讲系统 SINCGARS	ARC—210 ARC—201 GRC—114	①算法导致误解 ②通信设备问题	关键	41%~60%	高	把演示论证作为资源取舍工作的重要部分
160 千米通话要求	ARC—210	天线性能	严重	61%~90%	中	获得测试项目的关键参数
A-10 和 F-16 的 JSTARS 和 ABCCC 系统	当前技术不可用	①错误的电源等级供应 ②错误连接 ③跨场合问题	一般	0~10%	低	通过地面小组会议对战斗机进行检查研究
无线电信号前段控制	没有/不成熟	难以得到飞行员一致同意	一般	91%~100%	高	控制前端技术的早期演示论证
联合项目办公室	没有/不成熟	用户不同	严重	41%~60%	中	建立信息和决策系统
进度：2 年交付	没有/不成熟	一体化周期	严重	11%~40%	中	采用激励手段保证及时交付

注：VHF 是 very high frequency 的缩写，表示甚高频；SINCGARS 是 Single Channel Ground and Airborne Radio System 的缩写，表示单信道地面和机载无线电系统；ABCCC 是 Air Borne Command and Control Center 的缩写，表示机载指挥控制中心；ARC 是 airborne radio communications 的缩写，表示机载无线电通信；GRC 是 ground radio communications 的缩写，表示地面无线电通信

对表 5.2 中的前四列说明如下。

（1）项目需求：列出项目的基本需求，通常包括两个部分——高级操作要求和项目管理需求。前者如项目操作要求文件中所列出的需求方面，后者如项目管理指南中所列出的需求方面。

（2）所用技术：列出针对特定需求可采纳的技术方案。若所选技术尚未存在或成熟度不足，则可能增加风险发生的可能性。

（3）风险：专注于具体风险的识别与描述。

（4）风险影响：负责评估这些风险对项目造成的潜在影响。

从上述内容不难看出，风险矩阵作为一种结构化且易于应用的风险管理工具，在项目管理实践中凸显出独特优势，具体如下：

（1）能精准定位对项目影响最大的风险因素。

（2）有助于深化对项目需求、技术选择与潜在风险间相互关系的理解。

（3）促进工业部门在项目风险管理初期即参与进来。

（4）直接贯穿于项目全生命周期，为风险的持续评估与管理提供有力支撑。

（5）风险矩阵还构建了详尽的风险记录，为后续深入分析奠定了坚实基础。

应用软件分析矩阵保留了原始矩阵的分析功能，不需要新的数据和步骤。此外，风险矩阵应用软件还具有以下功能：

（1）风险矩阵方法的软件工具可以使用 Visual Basic 编辑器在 Excel 中运行，具有良好的兼容性，适用于苹果电脑和个人计算机。

（2）能够提供直观的电子数据表格界面。

（3）采用的 Borda（博尔达）序值法是一种基于多个评价准则对风险级别进行排序的投票式算法。

（4）风险矩阵方法是一种评估和监控风险降低活动的方法。

（5）能够基于特定标准评估风险序列的敏感度。

（6）能够自动实现风险的分类与列表化展示。

2. 武器装备采办领域

在武器装备采办风险的评估与管理中，风险矩阵方法的核心思路在于从需求和可能性两个角度出发，系统性地识别并剖析潜在风险。该方法聚焦于装备采办流程中可能面临的风险点，通过考量风险的双重属性（发生概率及对采办目标的潜在冲击力）来实施综合评估。美国米托公司（MITRE Corporation）在此基础上，对美国空军电子系统中心的风险矩阵流程进行了优化与拓展，从而构建了基线风险评估的新框架，如图 5.4 所示。

武器装备采办风险指的是那些可能妨碍采办项目在成本、进度和性能方面达成预定目标的事件。这一风险体系由主观和客观、内部和外部因素构成，具有层次性、开放性和整体性。武器装备采办风险依据其对项目目标的不同影响程度，可以划分为性能风险、进度风险和费用风险。风险的来源包括需求风险、计划风险、技术风险、管理风险、环境风险、合同风险、组织人才风险和信用风险等。结合我国武器装备采办风险管理的具

第 5 章 风险矩阵方法

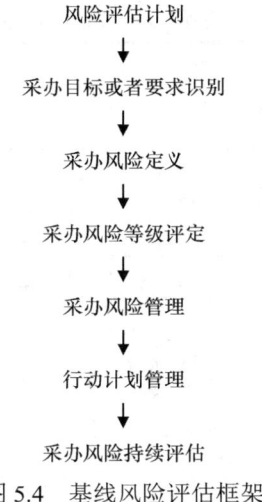

图 5.4 基线风险评估框架

体情况,利用风险矩阵方法,通过设计风险评估矩阵,可以有效地对采办项目各阶段的风险进行评估。

5.2 风险矩阵方法的基本原理

5.2.1 输入

在进行风险评估时,需要输入的是风险发生可能性和后果严重程度的评估结果。评估风险发生可能性的大小和后果的严重程度可以采用定性或定量方法。定性方法通过文字描述来界定风险的可能性和后果的严重程度,例如使用"极低""低""中等""高""极高"等词。定量方法则使用具体的数值来描述风险的可能性和后果的严重程度,例如用概率来表示风险的可能性,用损失金额来表示后果的严重程度。等级标度可以根据需要设定任意数量的点,但最常见的是 3 个、4 个或 5 个点的等级,且每个等级的定义应清晰明确,避免模糊。表 5.3 和表 5.4 分别列出了某公司对风险发生可能性和风险对目标影响程度的定性、定量评价标准及其相互对应关系,供实际操作中参考。

表 5.3 风险发生可能性的评价标准

方法	内容	具体描述				
定量方法一	评分	1	2	3	4	5
定量方法二	一定时期发生的概率	10%以下	10%~30%(不含)	30%~70%(不含)	70%~90%(不含)	90%及以上
定性方法	文字描述一	极低	低	中等	高	极高
	文字描述二	一般情况下不会发生	极少情况下才发生	某些情况下发生	较多情况下发生	常常会发生
	文字描述三	今后 10 年内发生的可能少于 1 次	今后 5~10 年内可能发生 1 次	今后 2~5 年内可能发生 1 次	今后 1 年内可能发生 1 次	今后 1 年内至少发生 1 次

表 5.4 风险对目标影响程度的评价标准（适用于所有行业）

方法	内容	具体描述				
定量方法一	评分	1	2	3	4	5
定量方法二	企业财务损失占税前利润的百分比	1%以下	1%～5%（不含）	5%～10%（不含）	10%～20%（不含）	20%及以上
定性方法	文字描述一	极轻微的	轻微的	中等的	重大的	灾难性的
	文字描述二	极低	低	中等	高	极高
	文字描述三 日常运行	不受影响	轻度影响（造成轻微的人身伤害，情况立即受到控制）	中度影响（造成一定人身伤害，需要医疗救援，需要外部支持才能控制情形）	严重影响（企业失去一些业务能力，造成严重人身伤害，情况失控，但无致命影响）	重大影响（重大业务失误，造成重大人员伤亡，情况失控，给企业带来致命影响）
	财务损失	较小的财务损失	轻微的财务损失	中等的财务损失	重大的财务损失	极大的财务损失
	企业声誉	负面消息在企业内部流传，企业声誉没有受损	负面消息在当地局部流传，企业声誉轻微受损	负面消息在某区域流传，企业声誉中等受损	负面消息在全国各地流传，对企业声誉造成重大损害	监管机构进行调查，公众关注，对企业声誉造成无法弥补的损害

5.2.2 过程

在完成风险发生可能性与结果严重性的定性或定量评估后，基于评估成果绘制图谱式风险矩阵。绘制矩阵时，一个坐标轴表示结果等级，另一个坐标轴表示可能性等级。图 5.5 为一个图谱式风险矩阵示例，该矩阵带有 6 点结果等级和 5 点可能性等级。矩阵定义的风险等级与组织的决策规则和风险偏好紧密相关，例如管理层关注度或应对风险所需的反应时间。

可能性等级							
	E	Ⅲ	Ⅲ	Ⅱ	Ⅰ	Ⅰ	Ⅰ
	D	Ⅲ	Ⅲ	Ⅲ	Ⅱ	Ⅰ	Ⅰ
	C	Ⅳ	Ⅲ	Ⅲ	Ⅱ	Ⅱ	Ⅰ
	B	Ⅳ	Ⅲ	Ⅲ	Ⅲ	Ⅱ	Ⅰ
	A	Ⅳ	Ⅳ	Ⅲ	Ⅲ	Ⅱ	Ⅱ
		1	2	3	4	5	6
		结果等级 →					

图 5.5 图谱式风险矩阵示例

5.2.3 输出

输出结果是一份风险清单，其通过等级划分明确了各类风险的重要性。

项目风险指的是不利事件对项目目标构成潜在负面影响的可能性及其可能引发的损失。在风险矩阵中风险特指技术与工程流程无法满足项目需求的可能性。此方法侧重于项目需求与技术可行性的双重考量，以此为基础辨识项目风险。风险集一旦确定，风险矩阵随即进入分析阶段，包括评估风险对项目的潜在冲击、估算风险发生的概率、依据既定标准划分风险等级，并据此制定风险管理或风险缓解策略。这一过程通常由项目组织内的一体化产品风险管理小组负责，该小组汇聚了项目管理办公室成员及项目技术领域的专家，他们协同工作，识别并评估项目风险。评估结果随后被整合至项目风险矩阵的分析软件中，或直接记录在技术报告的相关章节，以供后续参考，并提供决策支持。

5.3 风险矩阵方法的局限性和改进优化

5.3.1 风险矩阵方法的局限性

虽然风险矩阵在诸多领域得到了广泛的应用，但是风险矩阵缺乏规范的设计机理、风险测度的不一致性及风险矩阵本身存在的逻辑缺陷等问题引起了学者对其使用的批判。关于风险矩阵的不足可总结为以下三点：

（1）风险矩阵本身存在逻辑上的缺陷。例如，存在虚假的分辨率，即数值较大的风险可能被赋予较低的风险等级；风险之间可能存在风险结（风险结是具有基本相同属性且可进一步细分的同等级风险模块），即大量拥有不同风险值的点具有同一风险等级。

（2）风险矩阵过于依赖主观性导致风险评估的不一致性。例如，对于一个风险，不同评估者对后果和概率的估计各异，并且随着时间的推移，同一评估者的估计也会改变。

（3）风险矩阵的设计缺乏规范的机理。对于同一风险矩阵，可能存在多种形式的设计。虽然风险矩阵存在上述诸多不足，但其仍在各个领域得到广泛应用。这意味着，实践中根据风险矩阵得到的风险评估决策可能存在有偏或者错误的现象。因此，规范风险矩阵的设计机制，提出系统的风险矩阵设计方法成为克服风险矩阵逻辑上的缺陷、帮助风险评估者做出正确决策的首要任务。此外，探究风险矩阵中主观性的影响也有助于设计出更可靠的风险矩阵。

5.3.2 风险矩阵方法的改进优化

1. Borda 序值法

在风险矩阵已设定并收集了相关输入数据之后，接下来的任务是确定哪些风险最为关键，以便合理分配资源来应对项目中最可能出现的风险。原始矩阵中评估风险等级的方法只能产生一些风险结。以表 5.2 为例，属于高风险等级的有两个风险结（对讲系统 SINCGARS 和无线电信号前段控制模块），属于中风险等级的有四个风险结，属于低风险等级的有一个风险结。对复杂系统风险的评估中，在高风险、中风险和低风险区域分布的风险结可能有几十个之多。如此多的风险结使得很难从对项目失败影响不大的风险区域中分离出最关键的风险。为了处理风险结，美国空军电子系统中心的研究人员将投票理论应用到风险矩阵软件中，提出了 Borda 序值法。使用风险矩阵进行分析时采用 Borda 序值法根据下面提到的多个评价准则将风险按照重要性进行排序。设 N 为风险总个数（与风险矩阵中的行数相同），设 i 为某一个特定风险，k 表示某一准则。原始风险矩阵只有两个准则：用 $k=1$ 表示风险影响 I，$k=2$ 表示风险概率 Po。如果 r_{ik} 表示风险 i 在准则 k 下的风险等级，则风险 i 的 Borda 序值可由式（5.1）给出：

$$b_i = \sum (N - r_{ik}) \tag{5.1}$$

风险等级就由这些 Borda 序值给出。表 5.5 是应用风险矩阵分析出的结果，与表 5.2 最大的区别是增添了 Borda 序值。Borda 序值法是结合 I 和 Po 的序列对所有风险进行排序，风险等级的数值序列显示在 Borda 序值栏中。一个给定风险的 Borda 序值表示其他关键风险因素的个数。例如，风险 2 的 Borda 序值为 0，说明该风险为最关键的风险。又如，风险 7 的 Borda 序值为 5，说明另外五种风险更为关键。

表 5.5 风险矩阵电子表格

风险编号	项目需求	所用技术	风险	风险影响	风险概率	Borda序值	风险等级	风险管理
1	VHF 单通道通信	ARC—186	设计不合理	关键	10%	4	中	把演示论证作为资源取舍工作的重要部分
2	对讲系统 SINCGARS	ARC—210 ARC—201 GRC—114	①算法导致误解 ②通信设备问题	关键	60%	0	高	把演示论证作为资源取舍工作的重要部分
3	160 千米通话要求	ARC—210	天线性能	严重	90%	1	中	获得测试项目的关键参数
4	A-10 和 F-16 的 JSTARS 和 ABCCC 系统	当前技术不可用	①错误的电源等级供应 ②错误连接 ③跨场合问题	一般	10%	6	低	通过地面小组会议对战斗机进行检查研究
5	无线电信号前段控制	没有/不成熟	难以得到飞行员一致同意	一般	100%	2	高	控制前端技术的早期演示论证
6	联合项目办公室	没有/不成熟	用户不同	严重	60%	2	中	建立信息和决策系统
7	进度：2年交付	没有/不成熟	一体化周期	严重	40%	5	中	采用激励手段保证及时交付

Borda 序值法在应用中的优势包括：

（1）相较于传统方法，Borda 序值法标示的风险结数量更少。当两种风险具有相同的风险等级或 Borda 序值时就会形成一个风险结。例如，表 5.2 中两种风险属高风险级，四种风险属中风险级，而在表 5.5 中只有两种风险具有相同的 Borda 序值。这个例子同时也说明 Borda 序值法不能消除所有的风险结。

（2）Borda 序值法在确定风险等级时，除了需要输入 I 和 Po 外，不需要其他主观评估。与此相反，传统方法的风险等级完全依赖于主观评估。

（3）Borda 序值能够跨类别对风险矩阵中的风险进行等级评定。如表 5.5 所示，需要与表 5.2 相同的输入。除了减少风险结的数量外，Borda 序值法和原始矩阵法在风险排序上也有所不同。例如，Borda 序值法给风险 3 的优先级比风险 5 要高，而表 5.2 中风险 5 比风险 3 有更高的优先级。

（4）对于给定风险，可用 Borda 序值法对 I 和 Po 进行敏感性分析。该分析可以反映出对某一特定风险要产生非关键性的序值需要做出什么样的改进。

风险矩阵分析的应用软件提供了一种监控风险降低过程的方法，该方法分为如下五个步骤。

一是制订风险降低计划，包括一系列旨在降低风险的任务。从实时监控的角度来看，风险降低活动中的每个任务都有一个特定的状态，例如"已经完成"或"正在进行"。

二是每个任务的状态可以用四种颜色来标识，分别为蓝色、绿色、黄色和红色。每种颜色代表的任务状态与对应的概率如表 5.6 所示。

表 5.6　每种颜色代表的任务状态与对应的概率

颜色	解释与说明	默认失败概率	颜色	解释与说明	默认失败概率
蓝色	任务完成	0.0	黄色	任务可能不能按时完成	0.5
绿色	任务按计划进行	0.1	红色	任务不能被执行	1.0

三是将每种颜色状态转换为对应任务可能导致失败的概率。这些默认失败概率值见表 5.6，在项目管理中可根据实际情况进行调整。

四是基于一项风险降低活动计划对每项任务颜色的评估，这一步中风险降低活动失败的概率（P_{apf}）为

$$P_{\text{apf}} = 1 - \prod_{j}\left(1 - v\left(y_j\right)\right) \tag{5.2}$$

其中，y_j 为风险降低活动中第 j 项任务被标识的颜色状态；$v\left(y_j\right)$ 为实施这项任务的默认失败概率。例如，如果 y_j 是黄色的，根据表 5.6，$v\left(y_j\right)$ 对应的概率值为 0.5。

在风险降低活动中，如果任务是按顺序排列且相互独立的，则可以计算整个活动失败的概率。对于一个串联的任务系统，只有当所有任务都成功执行时，整个风险降低计划才能成功。在并行任务系统中，如果至少一个任务成功，则整个计划可以被视为成功。有些风险降低计划可能包含串联和并联任务的组合。此外，某些任务可能不遵循统计独立性。可靠性理论对此类情况进行了说明：如果风险管理计划是连贯的（即没有相互不相关的任务），则计划失败概率不会超过所有连续任务失败概率的总和。如果任务之间存在正的协方差，串联系统的风险降低失败概率可以通过将任务视为独立事件来估算。结合上面的结果说明，式（5.2）提出了针对任何相互关联任务的风险管理失败概率的严格上界。风险降低活动失败的概率 P_{apf} 为风险降低过程提供了方法，故接下来的工作即完成最后一个步骤。

五是根据 Borda 数对风险进行排序，使用 P_{apf} 作为风险分析和管理的标准之一。如果风险管理计划无法针对某一特定风险制定措施，则继续使用 Po（风险概率）作为分析

准则。在使用此方法时，用户只需负责步骤一和步骤二。一旦子任务确定并评估其状态颜色，项目将自动执行后续步骤。这种跟踪监控方法具有以下三个优点：

（1）风险矩阵收集的数据和评估结果在整个风险管理流程中都有应用价值。风险管理流程包括风险规划、风险评估、风险分析和风险处置四个阶段。原始风险矩阵支持前三个阶段，而具有风险降低监控功能的软件则适用于第四个阶段。

（2）通过 Borda 数可以识别需要特别关注的风险。这些风险指的是风险降低活动失败的概率 P_{apf} 和风险影响都较大的风险。

（3）如果风险管理规划任务的颜色状态能够定期评估，那么任何风险的 Borda 序值和 P_{apf} 都可以实时计算。上述通过风险矩阵管理风险的过程可用图 5.6 表示。

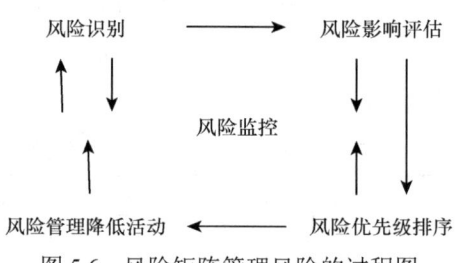

图 5.6 风险矩阵管理风险的过程图

2. 序贯更新法

首先介绍序贯更新法的三个基本原则。风险矩阵设计的最难之处是如何给风险矩阵当中的每一个单元赋予一个级别。其中涉及的最基本的问题是如何比较两个单元格的大小。直观来讲，如果单元格 A 比单元格 B 的风险等级高，那么在两者的比较中，A 肯定要大于 B。本节三个基本原则的提出就是始于解决这个最基本的问题，在此基础上，再补充其他的约束项，以形成一套完整的方法框架。

1）调整的弱一致性

当使用风险矩阵进行风险评估时，使用者需要选择矩阵中的一个单元格与被评估的风险进行匹配。然而，在一个单元格中有无数的点与之对应，这意味着在风险矩阵当中，允许对于某个风险的评估值在一个范围内波动，而非一个具体的值。对于一个风险评估者来说，将某个单元格与风险进行匹配，是因为评估者认为被评估风险的准确值应该位于这个单元格中的某一个点。因此，风险矩阵中的点应该理解为被评估风险可能存在的位置，从概率的角度讲，这些点就会形成特有的分布。例如，假若评估者对于被评估的风险没有任何先验的信息，那么单元格中的点为均匀分布是一种合理的假设。如果一个单元格比另一个单元格大，那么一个单元格里面的所有点都比另一个单元格里面的任意一点大。可以看出在这个比较过程中，实际上只有每个单元格中的最大最小值起作用，其他点的信息都没有被用到。换言之，无论其他点的分布如何改变，只要其最大最小值不变，那么这两个单元格的大小关系就不会发生改变。显然，这样的比较方式过于严格，而忽略了单元格的大部分信息。为此，重新定义一种比较两个单元的标准。

定义 5.1 单元格 A（逻辑上）比 B 大，当且仅当 A 中一点大于 B 中一点的概率超过一个阈值。

定义 5.1 指出，A 比 B 大的必要条件可以表达为

$$\Pr(a>b \mid a \in A, b \in B) \geqslant \alpha, \quad \alpha > 0.5 \tag{5.3}$$

其中，a 和 b 为两个变量，分别表示单元格 A 和 B 中的任意一点；α 为决策者事先给定的值。根据式（5.3），如果一个单元格中越多的点比另一个单元格中的点大，那么对应的概率就越大。因此，式（5.3）很好地反映了两个单元格的差异性。

在经过详细探讨上述标准的合理性之后，可以给出风险矩阵设计的第一个原则，也就是调整的弱一致性原则。

定义 5.2 调整的弱一致性原则是指如果单元格 A 的等级高于单元格 B，则 A 必须大于 B。

调整的弱一致性是一个直观的原则。显然，如果单元格 A 比 B 具有更高的等级，那么 A 必须显示出与 B 的不同之处。显然，A 等于或者小于 B 是不合理的。在调整的弱一致性原则中，比较两个单元格的标准与传统不同，这就是为什么使用"调整的"的原因。调整的弱一致性原则可以用来比较任何两个单元格，不管它们是否相邻。调整的弱一致性原则的优势是不再需要中间等级（即"黄色"这个等级[①]），因为任何两个单元都是可比较的。换句话说，通过使用调整的弱一致性原则，将不会有无法确定的评级。

可以发现，在定义 5.1 中，如果 $\alpha=1$，那么就会变成传统的比较两个单元格的标准，即 A 中的所有点都大于 B 中的任何点（在这种情况下，只需要每个单元格中数值最大的点和最小的点）。因此，从数学角度出发，如果 α 拥有更高的值，则两个单元格之间的逻辑比较将更准确。然而，这并不意味着更大的 α 是更好的选择。对于决策者而言，α 代表了他们认为 A 是大于 B 的最低置信水平。

最后需要说明的是，尽管风险值使用的是"风险=后果×可能性"这个测度，但并不是说这是唯一可以使用的测度，实际上，只要包含后果和概率的任何测度都可以用来比较两个单元格的大小。

2）一致的内部性

调整的弱一致性要求如果 A 的风险等级高于 B，则 A 必须大于 B。然而，尽管式（5.3）是 A 风险等级高于 B 的必要条件，但是它是充分条件吗？如果 A 大于 B，能够得出结论：A 应该比 B 的风险等级更高。如果一个单元格具有较高的等级，它应该比较低等级单元格中的任何单元格都大，这形成了一致的内部性原则。

定义 5.3 一致的内部性是指风险等级较高的单元格一定比任意风险等级较低的单元格都大。

在半定量风险矩阵中，可以根据风险评分的阈值对不同等级的单元格进行分类，但这些阈值的设定完全是主观的，阈值的设计有什么逻辑也无从得知。而通过使用调整的弱一致性和一致的内部性原则，在单元格分类中只需要进行逻辑判断，这里的逻辑判断有一个统一的标准。这个统一的标准将贯穿于整个风险矩阵设计的始终。

[①] 绿色表示风险最低，红色表示风险最高，黄色处于中间位置。

3）连续升级性

最后一条原则用来解决以下问题。考虑这种情况：一个风险矩阵有三个风险等级，即 1、2 和 3。这个风险等级满足调整的弱一致性和一致的内部性，因此，等级为 3 的单元格大于等级为 2 的单元格，等级为 1 的最小。如果将风险矩阵的等级压缩至 2 个，例如 A（包含先前的等级 1 和 2）和 B（包含先前的等级 3），那么这种新的等级划分方案不会违反调整的弱一致性和一致的内部性，因为 B 中的单元格大于所有 A 中的单元格。当然，另一种新的等级划分方案也是可行的：即等级 A 包含先前的等级 1，等级 B 包含先前的等级 2 和 3。虽然根据调整的弱一致性和一致的内部性，这两个等级划分方案都是正确的，但可以进一步细分这些等级（A 和 B），因为它们当中的一些单元格之间存在明显的区别（例如第一种方案中 A 所包含的等级为 1 和 2 的单元格）。这就引出了如下的连续升级原则。

定义 5.4 连续升级是指假设风险等级为 x 的单元格已经确定，那么，如果一个单元格大于风险等级为 x 的所有单元格，则这个单元格的风险等级变为 $x+1$。

连续升级原则是用来识别所有满足调整的弱一致性和一致的内部性的风险等级的，它避免了一个等级中拥有太多的单元格。它要求满足条件的单元格必须升级，这也是为什么称之为连续升级的原因。从这个意义上说，连续升级原则使得风险等级的个数尽可能地多，也就是最大化风险矩阵的分辨率。

调整的弱一致性、一致的内部性以及连续升级性这三个原则是 Cox（考克斯）定理（分别是弱一致性定理、中间性定理、一致的着色定理）的进一步改进版本。调整的弱一致性和一致的内部性阐述了一个单元格比另一个单元格具有更高风险等级的必要和充分条件。从这个角度看，这两个原则取代了 Cox 的弱一致性和中间性定理。此外，本节提出的两个原则与 Cox 提出的前两个定理的区别在于，本节的两个原则用来比较两个单元格更为合理，因此，不再需要不可识别的过渡等级（黄色）存在，根据连续的筛选原则可以最大化颜色数量。

根据上述序贯更新法设计出的风险矩阵具有唯一性，能够避免风险矩阵在设计原理上的缺陷。由此引出唯一性定理，具体如下。

满足调整的弱一致性、一致的内部性、连续升级性三个原则的风险矩阵具有唯一的设计。

唯一性定理的证明：在风险矩阵中，最左下角的单元，即拥有最小后果和概率的单元格，显然应该被赋予最低的风险等级，将这个等级记作 1。根据命题"如果风险等级为 m 的单元格确定，且风险等级大于或等于 $m+1$ 的单元格存在，那么后者也是确定的"可以找到最终等级为 2 以及大于 2 的单元格。以此类推，可以找到最终等级为 $\{3,4,\cdots\}$ 的单元格。当最终确定的等级包含最右上角的单元格（最右上角的单元格显然应该具有最高的风险等级）时，停止等级更新。最终，所有的单元格都有唯一的等级，即风险矩阵的设计是唯一的。

证毕。

从上述的证明过程可以看到，根据三个基本原则，风险矩阵的等级从低到高依次更新，这也是该方法被命名为序贯更新法的原因。

5.4 风险矩阵方法在风险管理中的应用示例

航空母舰作为舰载机高速机动与舰船海上灵活性的完美结合体，构成了海上军事力量的巅峰。其核心——舰载机，则是其强大威慑力的基石。评估航母作战效能的关键，在于舰载机的出动与回收能力，这一过程极为复杂，涉及高风险与高难度操作。确保舰载机在航母上的安全起降，是一项系统工程，涵盖母舰的综合性能、作战指挥体系、通信效率、精准着舰引导、高效起飞与阻拦回收机制、舰面综合保障、物资调运、航空弹药管理、导航准确性以及气象水文条件监控等多个方面。这一过程需近百项系统设备的紧密配合，包括止动装置、喷气偏流板、着舰辅助系统、阻拦装置、舰面综合保障系统、弹药管理系统、作战指挥与通信系统、警戒与探测设备、导航与气象支持等，且深受母舰总体气流环境、甲板稳定性及防滑设计等因素影响。这一庞大而精密的联动体系，任何一环的失误都可能危及安全或延误任务。因此，进行细致的风险评估是必要的。通过分析主要风险源并采用 Borda 序值法改进的风险矩阵进行评估，可以有效地指导保障工作。航母舰载机出动回收过程中的风险因素通常可以被归纳为装备风险、人员风险、环境风险和管理风险这四大类，如图 5.7 所示。

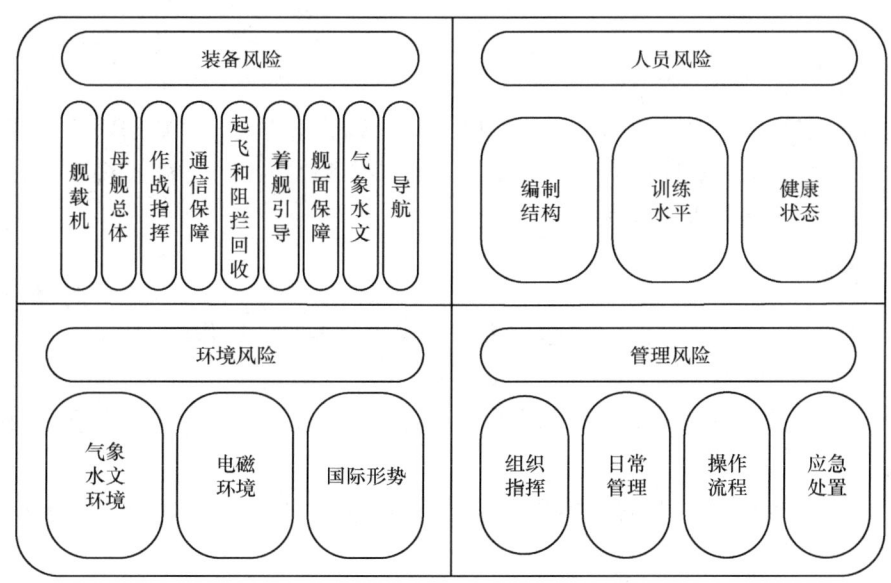

图 5.7 航母舰载机出动回收过程中的风险因素

1. 装备风险

航母舰载机出动回收保障作业涉及大量装备，装备风险成为主要风险源。具体如下：

（1）舰载机风险。主要包括发动机吸入异物、机体结构损坏、起落架和尾钩故障、机载任务系统和电子设备故障等。

（2）母舰总体风险。主要包括母舰速度、航向不稳定，舰体纵横摇、升沉、静倾角过大，姿态不稳定，甲板防滑涂层在飞机的冲击、摩擦下脱落，驱鸟设备的效果不明显等。

（3）作战指挥风险。主要包括警戒探测设备不能及时、准确捕获跟踪目标，指控系统的目标航迹不连续、不准确，目标态势不稳定、实时性差，航空管制指令不及时等。

（4）通信保障风险。主要包括指挥通信不畅通，数据链通信不稳定、不及时、误码率高等。

（5）起飞和阻拦回收风险。主要包括飞机止动装置释放不及时、不同步，喷气偏流板异常升起，冷却面板被烧穿、被喷气尾流吹落飞出，阻拦索断裂，阻拦装置无法正常复位等。

（6）着舰引导风险。着舰引导装备是舰载机出动回收的核心装备，涉及风险因素较多，主要包括各型助降装置关于飞机下滑道指示不一致、不准确，助降灯调光不稳定，引导雷达的目标指示不准确，电视监控系统受冲击并在震动后发生位置偏移、保护罩破裂，内部网络延时或阻塞导致引导信息不同步、不及时等。

（7）舰面保障风险。主要包括航空弹药、喷气燃料、制氧设备发生燃爆事故，液压管路渗漏，电源输出不稳定造成机载电子设备的烧穿，飞机牵引车、弹药运挂车失控导致撞人或毁物，飞机、武器升降机失控事故等。

（8）气象水文风险。主要包括气象水文设备发生故障，导致不能及时、准确地提供所需的甲板风、云底高、能见度等舰载机飞行保障所需的气象水文数据。

（9）导航风险。主要包括惯性导航的对准精度下降，传递至各设备的局部基准数据不一致等。

2. 人员风险

人员风险主要包括编制结构风险（编制结构失衡引发的人力短缺与职责漏洞）、训练水平风险（训练不足导致操作人员效率低下及误操作频发）、健康状态风险（生理疾病、心理压力及工作疲惫造成的失误与人员损失等）。

3. 环境风险

（1）气象水文环境风险。主要包括突发恶劣天气与高海况作业的挑战，以及海域条件引发的触礁搁浅威胁。

（2）电磁环境风险。主要指复杂电磁场对电子设备的干扰，可能导致其功能受限甚至失效等。

（3）国际形势风险。主要包括和平时期敌对势力的侦察与骚扰会增加撞机的风险，以及战时紧张氛围下的操作失误风险等。

4. 管理风险

（1）组织指挥风险。主要包括组织结构不合理与指挥不畅造成的命令执行障碍等。

（2）日常管理风险。主要包括传染病预防、火灾防控、人员安全及舰面秩序管理等多方面的潜在风险。

（3）操作流程风险。主要指不合理的作业流程设计等可能直接引发事故。

（4）应急处置风险。主要指在紧急情况下，若处置不迅速或不规范，易导致事故后果扩大。

表 5.7 为航母舰载机多机连续出动回收风险等级划分情况。

表 5.7　航母舰载机多机连续出动回收风险等级划分

风险等级	等级描述	划分标准
高风险	危害性大,完全不可接受风险。执行新的过程或更改基线,管理方面需优先特别关注	$15<R\leqslant25$
中风险	危害性较大,不可接受风险。考虑变更过程或基线,管理工作可能需要格外注意	$6<R\leqslant15$
低风险	可接受风险。加强风险监控,要求有关工作执行者注意	$R\leqslant6$

注：R 表示风险事件的风险指数

5. 应用示例

在某次航母舰载机多机连续出动回收试验中,遵循图 5.8 所示的风险评估流程进行全面的风险分析。首先,基于已建立的风险因素体系框架,系统地识别并整理出此次试验中的 87 个潜在风险事件。随后,利用风险矩阵法,组织专家团队依据既定的风险后果与概率评估准则,对每个风险事件进行细致的等级划分,分别得出其风险概率 P 值和风险后果等级 C 值。通过将这两项参数相乘,计算出风险事件的风险指数 R,以量化其潜在影响。表 5.8 中列出了此次试验中,部分风险事件的具体实例及其对应的风险矩阵参数值,以供进一步分析与参考,各风险事件的风险指数分布情况见图 5.9。

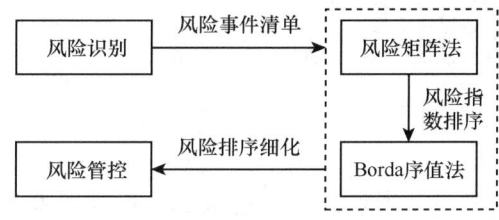

图 5.8　风险评估流程

表 5.8　航母舰载机多机连续出动回收试验风险评估（部分）

风险事件	可能产生的影响或后果	C	P	R	风险等级	B_i
舰载机阻拦着舰时阻拦索断裂	阻拦着舰失败,舰载机失控坠海或撞击母舰	5	3	15	中	0
飞行甲板残留异物被吸入飞机发动机	飞机发动机损坏	4	3	12	中	1
喷气偏流板装置冷却面板被烧穿或脱落飞出	冷却面板内冷却水外泄,遇发动机尾流汽化,对周围设备及人员造成损伤;脱落飞出的冷却面板可能损坏附近的舰载机、设备并发生人员伤亡	5	2	10	中	2
光学助降装置与中线电视下滑道指示不一致	指挥员指挥判断受到影响,舰载机着舰偏差大,存在撞击母舰或复飞风险	4	2	8	中	4
舰载机下滑道飞行期间撞击海鸟	舰载机受损,或干扰飞行员着舰操控	3	3	9	中	9
数据链组网不成功	舰载机无法收发着舰相关参数和态势信息	3	2	6	低	10
测风传感器故障,无法提供舰艏风向、风速数据	影响母舰着舰参数配置,增大舰载机着舰失败风险	2	3	6	低	20
喷气燃料泄漏,发生燃爆事故	装备受损、人员伤亡	5	1	5	低	24
光学助降装置瞄准灯调光异常	影响飞行员观测和对下滑道的快速判断	2	2	4	低	25

续表

风险事件	可能产生的影响或后果	C	P	R	风险等级	B_i
飞机止动挡板释放缓慢	导致飞机轮胎与止动挡板产生二次接触，影响舰载机正常起飞	4	1	4	低	45
着舰引导雷达信号处理元器件、模块失效	不能对舰载机进行捕获跟踪，影响对舰载机的着舰引导精度	1	3	3	低	53
飞机升降机晃动幅度过大，或失控跌落	导致升降机平台上系留的舰载机、牵引车或其他设备局部损伤	3	1	3	低	57
电视监视系统监控摄像机故障	无法实现目标监视、跟踪，不便于指挥员观察指挥	1	2	2	低	71

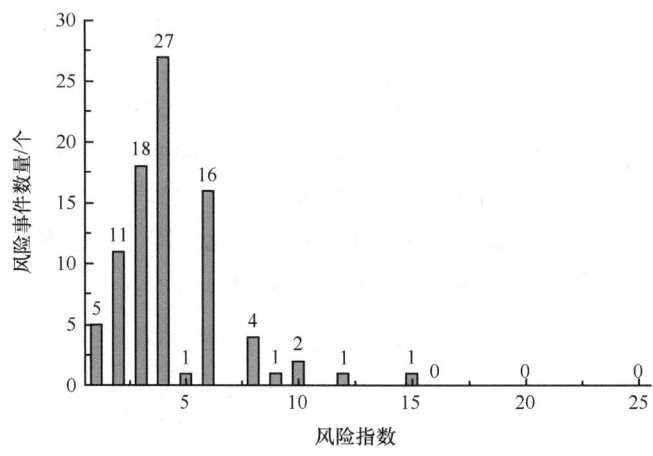

图 5.9 风险指数分布直方图

经过统计分析，依据表 5.7 所示的风险等级划分标准，本次试验结果显示无高风险（$15<R\leqslant25$）事件，中风险（$6<R\leqslant15$）事件共计 9 个，而低风险（$R\leqslant6$）事件则多达 78 个。这表明，风险矩阵法有效实现了对试验风险事件严重程度的量化评估，并据此进行了风险等级划分与管控优先级的初步排序。然而，由于风险后果与概率准则的等级分层相对有限，众多风险事件在相同风险指数下聚集，形成了风险结，如风险指数为 4 和 3 的事件分别多达 27 个和 18 个。此类风险结现象削弱了风险事件在同一指数下的优先级区分能力。为应对这一问题，我们采用 Borda 序值法来细化并优化风险事件的排序。具体步骤包括：首先，依据各风险事件的 C 值和 P 值，在各自准则下独立排序，得出其 R_{ic}、R_{ip} 值（分别表示在风险准则 C、P 下，较第 i 个风险发生概率更高、后果更严重的风险个数），如第 j 个事件的 C 值为 3，在风险后果准则中 C 值比 3 大的风险事件有 17 个，则 Rjc=17；其次，计算出各风险事件的 Borda 序值 b_i，其中 N 取风险事件总个数 87；最后根据 Borda 序值 b_i 的大小对各风险事件进行排序，统计得出全部 87 个风险中，比第 i 个风险的 b_i 值大的风险个数，即第 i 个风险事件的 Borda 序值 B_i。

部分风险事件的 Borda 序值 B_i 见表 5.8，各风险事件的 Borda 序值 B_i 总体分布情况见图 5.10。对比图 5.9 与图 5.10，可以观察到 Borda 序值法虽未能彻底消除风险结，但显著减小了其规模，使得风险排序过程更为精细与明确。

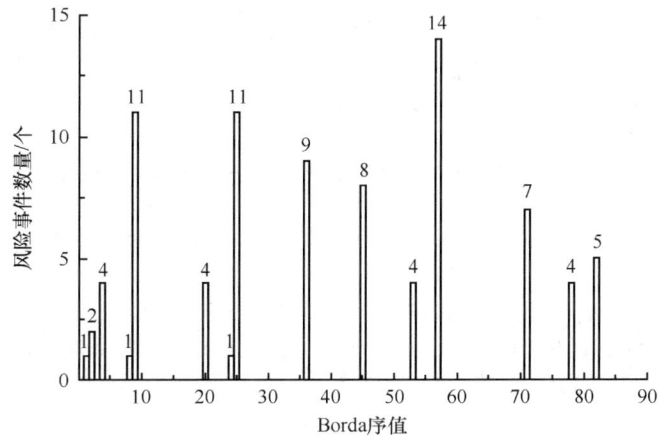

图 5.10 风险事件的 Borda 序值分布直方图

基于风险矩阵法与 Borda 序值法的综合评估,可以制定以下风险管控策略。

首先,针对识别出的每个风险事件,深入剖析其成因,并量身定制风险防控措施与应急响应预案。鉴于资源(时间、人力、设备等)的有限性,依据 Borda 序值对资源分配进行优化,确保高风险序值事件获得更高优先级与更多资源支持。

其次,根据风险等级划分,对于 9 个中风险事件,将强化监控力度并增加设备检测频次,实施重点监控。同时,对于低风险区段中接近中风险阈值(风险指数为 6)的 16 个事件,也给予足够重视,适度提升监控与检测力度,以预防风险升级。

最后,面对多风险并发且处理资源有限的情况,依据风险后果的严重程度进行排序,优先处理后果最为严重的风险事件。

这些策略的有效实施,为该航母舰载机多机连续出动回收试验的安全顺利执行提供了坚实保障。

本 章 小 结

ISO 将风险矩阵定义为一种通过界定后果与可能性的范畴来对风险进行直观展示与排序的工具。

风险矩阵方法的核心输入涉及对风险发生概率及其潜在后果严重性的评估数据,随后利用这些数据构建风险分布图,以图形化方式展现风险态势,得出对各类风险的等级划分或是确定了重要性水平的、经分级的风险清单。

风险矩阵方法存在局限性,主要包括风险矩阵本身存在逻辑上的缺陷、风险矩阵过于依赖于主观性导致风险评估的不一致性,以及风险矩阵的设计缺乏规范的机理。该方法可以结合 Borda 序值法和序贯更新法等进行改进优化。

思 考 题

1. 风险矩阵的要素有哪些?
2. 风险矩阵的输入和输出分别是什么?

3. 请列举风险矩阵的三个局限性，并提出改进方法。

参 考 文 献

[1] 李素鹏. 风险矩阵在企业风险管理中的应用：详解风险矩阵评估方法[M]. 北京：人民邮电出版社，2013.

[2] 李忠民，魏一鸣，汤淑春，等. 风险矩阵法在武器装备采办风险评估中的运用[J]. 中国工程科学，2006, (6): 95-99.

[3] 朱启超，匡兴华，沈永平. 风险矩阵方法与应用述评[J]. 中国工程科学，2003, (1): 89-94.

[4] 包春兵. 风险矩阵的设计机理与风险集成研究[D]. 北京：中国科学院大学，2018.

[5] 刘攀龙. 基于风险矩阵+Borda序值法的航母舰载机出动回收风险评估[J]. 兵器装备工程学报，2021, 42(11): 64-68.

第 6 章 风险的故障分析技术与方法

故障分析技术与方法主要涉及对产品故障状态进行分类、识别其特征和后果，并结合使用经验和试验数据掌握故障的发生概率及其演变规律。基于这些分析，选取合适的检测手段进行诊断评估，以实现有效的故障诊断。本章内容主要包括故障分析技术与方法概述，故障模式、影响与危害度分析（failure mode, effect and criticality analysis，FMECA）以及故障树分析（fault tree analysis，FTA）两大方法的概述、原理、步骤和应用示例。

6.1 故障分析技术与方法概述

6.1.1 故障分析技术与方法发展历程

在工业化早期阶段，产品研发主要聚焦于功能实现。设计和制造过程的重点在确保与增强产品的功能。例如，飞机的飞行速度、续航能力，舰船的排水量、航速等。相对而言，产品的可靠性、安全性、维修性和保障性等技术标准未得到充分重视。当时的工程技术主要致力于解决产品功能实现的问题。随着这些产品的大量应用，它们存在的缺陷和不足逐渐显现，主要表现在以下方面：

一是产品寿命短、故障率高，影响正常功能的发挥。

二是人员使用操作风险大，容易导致安全性事故。

三是维修工作被动、无序，维修活动效率低、时间长，延误产品的使用。

四是产品费效比差，寿命周期费用高。

与此同时，随着科技和工业的发展，越来越多的高新技术被投入产品的研制之中，逐渐形成许多跨行业、跨学科的大型复杂系统，如核电站、航天系统、大型化工系统、大型信息通信系统等。这些大型复杂系统在人类社会生活中发挥着日益重要的作用，它们的故障可能造成的危害性也大大增加。

例如，1984 年 12 月 3 日，联合碳化物公司在印度中央邦首府博帕尔市的一家农药厂发生毒气（异氰酸甲酯）泄漏[①]，仅 2 天内就有 2500 余人中毒身亡，另有成千上万的当地人因此落下终身疾病。1986 年 4 月 26 日，乌克兰境内的切尔诺贝利核电站反应堆失控起火，并引发核泄漏事故，造成电站附近数万居民伤亡，15.5 万平方公里土地受到污染，经济损失严重[②]。2000 年 8 月 12 日俄罗斯"库尔斯克"号核潜艇由于鱼雷爆炸，

---

① 1984 年 震惊世界的印度博帕尔毒气泄漏惨案，www.yes-chinese.com/zh-cn/culture/historytoday/view.do?id=1744 [2022-11-01]。

② 【专题报道】噩梦般的记忆：切尔诺贝利核事故灾难纪念日反思，https://news.un.org/zh/story/2018/04/1007312 [2022-11-01]。

发生沉没事故，艇上118人全部罹难①。1986年1月28日美国"挑战者"号和2003年2月1日"哥伦比亚"号航天飞机失事，不但损失了两架造价昂贵的航天飞机，而且还造成机上全部14名宇航员的死亡，成为世界航天史上最惨重的事故②。所有这些事故，都给人类社会带来了巨大的经济损失和严重的不良影响。

通过总结过往的经验教训，人们开始认识到产品的可靠性、安全性、维修性等质量属性是实现产品效能的根本保障。因此，在研发过程中这些质量特性应该与产品的功能性和性能指标一样得到同等重视。

经过长期的摸索与实践，人们发现产品的可靠性、安全性、维修性等质量特性是在设计与制造阶段形成的，尤其是设计阶段对这些特性有着关键性的影响。为了在设计阶段确保产品达到预定的质量标准，研发了相应的技术和方法，并有的放矢、有计划地应用这些技术于设计工作中，以进行分析、评估和改进设计。这一过程逐步孕育出了以可靠性、安全性、维修性、保障性、测试性等技术为核心的全面产品保障技术体系。

第二次世界大战后，人们将系统工程原理引入产品质量保证工作，进一步解决了如何合理利用这些技术、综合权衡各项指标、充分发挥现有资源的优势，使最终产品能够最大限度地满足用户需求和市场需要的问题，从而使上述各项技术在工程中发挥更大的作用。实践证明，系统应用这些专业技术可以有效提高产品，特别是大型复系统的寿命和可靠性，降低研制和使用风险，减少寿命周期费用。而这些专业学科技术的发展已经日益成为推动工业和科技发展的巨大动力，其中以可靠性工程及相关技术的发展最具有代表性。

可靠性工程结合了多种专业技术和方法，专注于产品及其故障的研究，旨在满足适当的可靠性标准。这是一系列有序、有系统、相互配合的技术与管理活动，在工程实践中得以执行。可靠性工程的出现和进步，促使产品开发的目标从单一性能的追求转向了追求高可靠性、低成本、易维护等多性能的最优化。在可靠性工程领域，存在多种专业的设计与分析技术。本章将探讨的FMECA和FTA是可靠性工程及其他领域中最基础、最广泛应用的两种分析技术。

6.1.2 故障分析技术与方法简介

在科学领域，当学者就某一问题开展研究时，总是需要依次回答"是什么"、"为什么"和"怎么办"这三个问题。可靠性工程研究的对象是产品及其故障，因此在解决可靠性问题时，应首先确定产品的故障有哪些，故障是怎么样的；再来分析产品的故障是由什么原因引起的；最后决定如何消除或控制故障及其影响，以达到预期的可靠性要求。在这样一个过程中，识别故障是前提，分析故障是必要的技术途径和手段，消除或控制故障以提高产品的可靠性是最终目的。为有效开展这三个基本步骤的工作，可靠性工程提供了相互关联、自成体系的多种技术和方法，FMECA与FTA是其中的重要内容。

---

① "他把自己反锁在了核反应堆舱内"，记俄罗斯库尔斯克号潜艇事故，https://new.qq.com/rain/a/20221101A06F6300 [2022-11-01]。

② 铭记那些为载人航天事业献身的航天员们，https://www.cmse.gov.cn/art/2011/4/7/art_1592_25815.html[2022-11-01]。

在既定规则和基础数据支持下，FMECA 用于识别产品潜在的故障及其表现，即故障模式。针对每种故障模式，分析其可能导致的后果和影响。通过评估这些后果的严重性和发生频率（即危害度），FMECA 旨在揭示产品的关键和薄弱环节，进而提出在设计和生产中需改进或重点监控的建议。该目标主要是优化产品设计，提升可靠性，并为工程决策提供支持。

FTA 采取了一种从上向下、逐步分解的技术。它从产品的一个不希望发生的事件出发，逐步深入分析，直至以一个倒置树状形式展现该事件的形成过程。使用 FTA 进行分析时，首先应根据产品特点和要求选择一个不希望发生的事件（例如某个系统故障事件）作为分析的出发点（该事件处于 FTA 方法所形成的倒置树状结构的顶端，称为顶事件），然后分析造成这一不希望发生事件的直接原因，这些原因可能是某个单独的事件，也可能是若干事件和条件的组合。接着，再以这些直接原因事件为出发点，分析它们的直接原因，这样逐级递推展开，直至分析到足够低的产品层次，就构成了一个完整的故障树结构。随后，依据一定的分析规则和假设对故障树结构进行定性或定量的分析，就可以获得与该不希望发生事件相关的各类信息，包括不希望发生事件发生的原因和条件、发生的可能性以及产品各组成部分对整体可靠性的影响程度等，从而为设计评价和设计改进提供依据。

FMECA 与 FTA 的结果可以回答"产品的主要故障是什么"、"这些故障是怎么发生的"和"故障的后果是什么"等最基本的可靠性问题，从而为分析和评价产品的可靠性提供基本的信息。同时，由于它们都以因果关系的逻辑推理为基础，符合工程分析的基本思维方式，并具有规范、成熟的实施方法，因此，在许多领域得到了较为普遍的应用。其中，FMECA 由于具有原理简单、易于操作的特点而被军用、民用工业领域所广泛应用；FTA 则为军事、化工、核工业、电力等高风险行业所重视，是这些行业不可或缺的可靠性、安全性分析工具。

这两种技术相辅相成，各有其独特的焦点。简而言之，FMECA 从产品的基础层面着手，进行逐项的单因素排查，通过全面审视和分析每个组件的故障情况来搜集产品故障与可靠性的数据。相反，FTA 从产品整体或较高层面出发，针对特定目标进行有针对性的多因素探究，为特定事件（故障）提供全面而详尽的分析。

这两种技术各具特色，FMECA 着重于单个组件故障的影响，而 FTA 则深入探究产品整体的故障状态。在工程实践中，两者互为补充，通常先用 FMECA 进行基础分析，随后针对关键故障事件采用 FTA 进行更深入的研究，以此达到理想的分析效果。

6.2 FMECA

6.2.1 FMECA 概述

新研制的系统，由于实际数据缺乏和人类思维的局限，设计过程的输出结果往往不能完全满足所有设计要求，因此，需要通过"试验—改进—再试验"反复迭代的过程对设计结果进行检验并加以完善。

随着工业的发展和科技的进步，人们所研制的产品的技术含量和复杂程度不断提高，投入试验的样机的制造成本大幅提高；同时，为充分考核设计、暴露薄弱环节以满足高质量和高可靠性要求，需要进行的试验次数及要求也不断提升。这些都使得研制及试验的技术难度和成本急剧增加；此外，随着各类大型、复杂的高新技术产品在人类社会中发挥日益重要的作用，其故障可能造成的危害越来越大，特别是一些小概率故障事件，难以通过有限的试验发现，却往往可能造成不可估量的损失。这要求产品的开发者在不断提高产品性能以满足用户需求的同时，努力提高产品的可靠性、安全性等方面的设计水平，降低使用风险。因此，在保证产品提供预期功能的同时，如何通过有效的手段研制出长寿命、高可靠、低风险、易维修、使用和维护费用低的产品，成为广大工程技术人员、管理人员和用户共同关心的重要课题。

为了提升设计效率、降低开发成本，人们运用了故障预想的分析手段，也就是对预想的故障情景进行前瞻性分析，以此来评估产品设计的基本属性，并收集关于产品主要故障及其解决策略的相关资料。设计人员希望通过这些方法代替部分研制阶段的试验，或在研制试验前发现设计中存在的设计缺陷或薄弱环节，并采取相应的纠正措施，以改进设计。

这种早期的事故或故障预想方法虽然可以发现设计中的一些问题，但由于预想的内容在很大程度上依赖于设计人员的设计经验和思维能力，分析过程缺乏科学的数据、规范的程序和系统化的方法，因此难以全面、准确地识别设计中可能存在的重要故障和薄弱环节，预想结果具有很大的不确定性，因而其效果不能令人满意。

研究和实践表明，对于特定类别的产品，在其生命周期内可能发生的所有故障可以按照其表现归纳为若干类型。这些故障表现类型被定义为故障模式，它们揭示了产品故障的基本特性。故障模式的概念为系统性地识别和分析故障提供了方向和基础。借助基础数据和历史经验，人们能够总结出产品的故障模式，并在新产品的故障分析中应用这些模式来描述故障的基本形态，以此提升分析的效率和效果。采用这种方法，设计活动中的数据积累和技术传承得以实现，进而推动技术水平的不断提升，设计出更加优质的产品。

以故障模式这一概念为基础，人们通过总结工程实践经验，提出了名为 FMEA 的系统化的分析方法。20 世纪 50 年代，美国战斗机制造商格鲁门（Grumman）公司首次使用这种方法对战斗机操纵系统的设计进行分析，并取得了良好的效果。随后这种方法被广泛应用于航空、航天、汽车、核工业等领域，不断改进，逐渐形成了现在的 FMECA 方法。FMECA 由两部分工作组成，即 FMEA 和危害性分析（criticality analysis，CA）。

6.2.2 FMECA 原理

FMECA 是一种由下而上的归纳分析法，通过对系统各组成单元潜在的各种失效模式及其对系统功能影响的严重度和危害后果进行分析，提出可能采取的预防改进措施，以提高产品的可靠性。

6.2.3 FMECA 步骤

通常情况下，系统由多个组件构成，例如计算机系统可能包含电源、存储器、处理器、输入输出设备和其他辅助设备等。这些组件在特定的时间和条件下，各自以特定状态执行不同的功能。一旦某个组件出现故障，整个系统的运作便会受影响。系统的设计特性和操作要求决定了不同组件故障模式的差异性影响。例如，存储器单元的性能下降可能会降低数据读写速度，进而影响计算机的运算效率；而数据传输线路的故障则可能完全阻止数据传输，导致计算机无法执行运算任务。通过逐一分析这些组件的故障模式及其后果，可以识别出系统的弱点和高风险项目，为改进或控制措施的实施提供参考。因此，FMECA 通常包括以下基本步骤（图 6.1）。

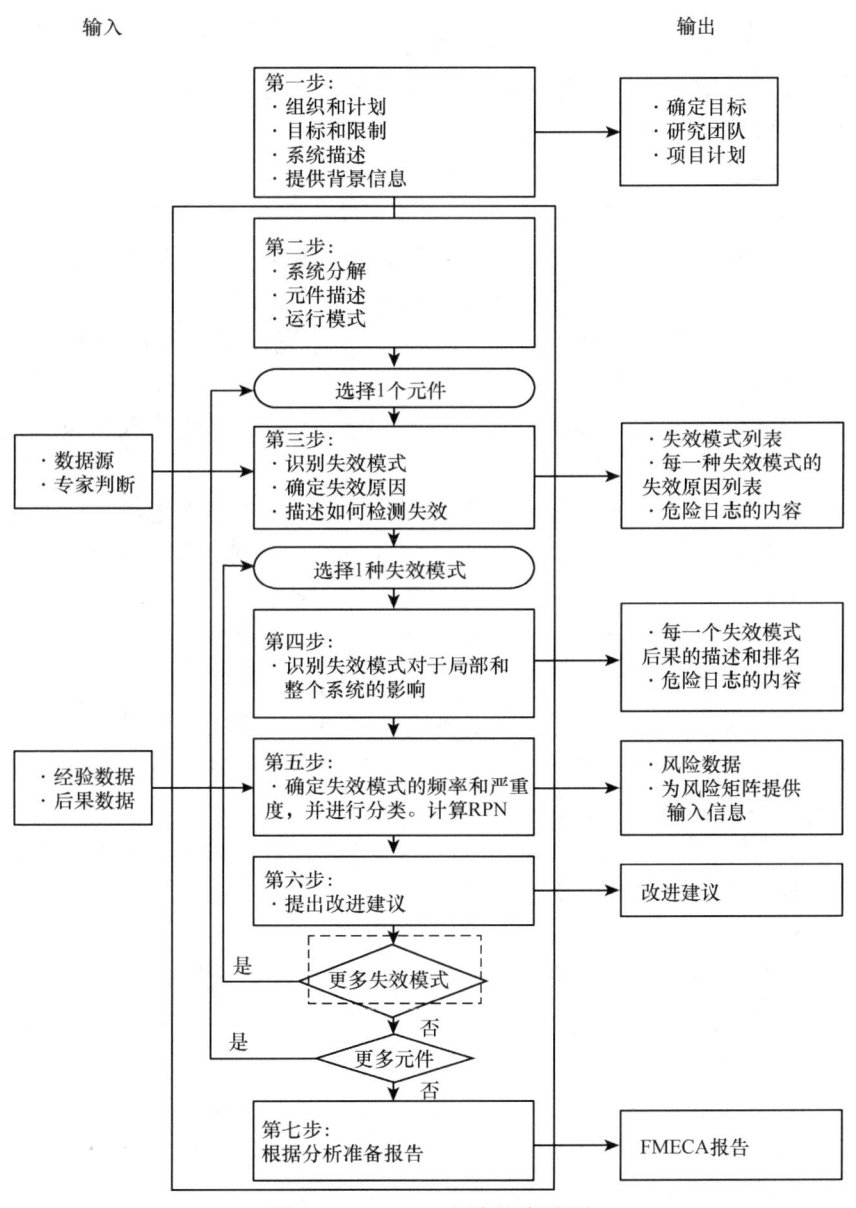

图 6.1　FMECA 方法的步骤图
RPN 表示风险优先级（risk priority number）

6.2.4 FMECA 应用示例

【例 6.1】 使用专门的 FMECA 工作表进行分析。表 6.1 列举了这样一个典型的 FMECA 工作表。

第一步：组织和计划，目标和限制，系统描述，提供背景信息。这一步的主要任务包括：

（1）定义分析对象，确定分析对象的工作特性及任务要求，作为分析的出发点和基础。

（2）根据分析的目的和要求，定义分析的基本条件和假设。

第二步：系统分解，元件描述，运行模式。这一步的主要任务包括：

（1）定义系统的主要功能（目标），确定这些功能的绩效评价准则。

（2）描述系统的各种运行模式。

（3）将系统分解成可以有效进行处理的子系统。比如，可以建立一个层级架构。

（4）检查系统的功能图，确定不同子系统之间的相互关系。可以绘制功能模块图来描述这些相互关联的关系，其中每一个模块对应一个子系统。

（5）为每一个子系统准备完整的元件清单，每一个元件都应该分配唯一的识别编号。这些编号就是常说的标签编码。

（6）描述可能会对系统及运营造成的影响和环境压力，确定对系统及其元件可能造成的负面影响。

这个层级系统最底层的条目称为元件。系统结构可能有三个层级（一般是初始约定层级、最低约定层级、其他约定层级），而实际系统的层级数量取决于系统的复杂程度。在进行分解的时候，各个子系统分解的层级数量不一定相同。

研究团队应该讨论并理解每一个元件的功能和性能要求。对于所有的子系统以及子系统的子系统，都要这么做。

FMECA 技术在一般情况下是应用在系统最底层的元件上，但是也可以用于其他层级，比如子系统层级。然而，在工作表的描述中都使用"元件"这个词。表 6.1 中第 1 列到第 3 列的内容就是来自第二步分析的结果。

（1）索引编号（第 1 列）。在这一列中，每个元件都被赋予一个唯一的索引编号。相应的参考文件可以是图纸或者其他形式的文件。

（2）功能（第 2 列）。在本列中需要描述元件的功能。

（3）运行模式（第 3 列）。一个元件可能具有多种运行模式，比如工作和待机。举例来说，飞机的运行模式就包括滑行、起飞、爬升、巡航、拉直、转向、下降、着陆等。

第三步：识别失效模式，确定失效原因，并描述如何检测失效。FMECA 需识别出相关的失效模式和失效原因，经验数和常见失效模式检查表可以为此提供很多帮助。第三步的结果将会成为表 6.1 中第 4 列到第 6 列中的内容。

（1）失效模式（第 4 列）。需要逐一为每种功能和运行模式找出相关的失效模式，并记录下来。此外，还需要将失效模式与元件的功能和绩效评价准则联系起来。

表6.1 FMECA工作表示例

研究对象：系统故障风险
索引编号：XXX
日期：2020年12月20日
制作人：XXX

单位描述			失效描述			失效影响		风险					
索引编号	功能	运行模式	失效模式	失效原因	失效检测	失效的局部影响	失效的系统影响	失效速率	严重度	检测难度	RPN	风险降低措施	负责人	备注
(1)	(2)	(3)	(4)	(5)	(6)	(7)	(8)	(9)	(10)	(11)	(12)	(13)	(14)	(15)
4.1	切断气流	正常运行	阀门在需要的时候没有关闭	弹簧损坏，阀门中含水执行元件磨损过于严重	周期性功能测试中发现	关闭功能失效	生产必须停止	2	4	4	10	弹簧的周期性控制；阀门的周期性控制		
4.2			阀门泄漏	阀门底座腐蚀，底座和阀门之间有砂粒	周期性功能测试中发现	关闭功能退化	系统必须在一个月之内修复	2	3	5	10	改进启动控制，减少产生砂粒		
4.3	开启气流	关闭	阀门在需要的时候无法开启	液压系统泄漏，执行元件磨损过于严重	立刻可以检测到	无法开始生产	系统无法生产							

（2）失效原因（第 5 列）。对于第 5 列中的每一种失效模式，需要记录可能的失效原因和失效机制。相关的失效原因可能是腐蚀、磨损、疲劳、过应力、维护措施、操作员错误等。

（3）失效检测（第 6 列）。接下来，还需要记录已识别失效模式可能的检测方法。这些方法包括条件监控、诊断测试、功能测试、专家推断等。有一种失效模式称为"显性失效"，它们可以在发生的时候被即时检测出来。平时状态为"运转"的水泵出现的"假停"，就是一种显性失效。另外一种失效模式是"隐性失效"，只有在对元件进行检测的时候才能发现。平时状态为"备用"的消防泵出现的"无法启用"，就是一种隐性失效。当 FMECA 方法在设计阶段使用的时候，工作表的第 6 列将会记录设计人员关于条件监控、功能测试等检测方法的建议。

第四步：识别失效模式对于局部和整个系统的影响。

分析人员需要在表 6.1 的第 7 列和第 8 列中记录每一种失效模式可能的后果。

（1）失效的局部影响（第 7 列）。需要记录失效模式对系统层级架构中更高一个层级的影响。

（2）失效的系统影响（第 8 列）。需要记录该失效模式对系统关键性功能的主要影响，还应该记录在失效发生之后系统的运行状态，即系统是否仍然功能正常或者是否会改变成另外一种状态。

第五步：确定失效模式的频率和严重度，并进行分类，计算 RPN。

在这一步中，需要考虑每一种失效模式的频率和后果的严重程度，并分类进行记录。有时候，还需要记录这种失效模式的检测难度，或者计算 RPN。结果将会出现在表 6.1 中的第 9 列到第 12 列。

（1）失效速率（第 9 列）。接下来，需要记录每一种失效模式的失效速率。很多时候，使用宽泛的分类方法对失效速率进行划分比较合适。需要注意的是，与失效模式对应的失效速率可能会因为运行状态的不同而不同。例如，阀门的失效模式中向外部泄漏就更有可能发生在阀门关闭或者加压的情况下，而在阀门开启的情况下概率则比较低。

（2）严重度（第 10 列）。失效模式的严重度一般可以用该失效模式最糟糕的可能后果来表示。失效的严重度是由伤亡情况、对环境的破坏情况以及对系统最终的破坏情况决定的。

（3）检测难度（第 11 列）。失效的后果有时候取决于它会在多长时间内被检测出，将检测难度分成 5 个等级，其中 1 级意味着失效可以立刻被检测出来，而 5 级则表示这种失效模式一般是无法被检测出来的。在表 6.1 的例子中，失效模式"阀门在需要的时候没有关闭"的检测难度为 4 级，因为这种失效模式只有在进行功能测试（可能每月进行一次）的时候才会被发现。

（4）RPN（第 12 列）。RPN 是对前面列的综合考虑。一种失效模式的 RPN 是对其失效速率、严重度和检测难度求和得到的。

第六步：提出改进建议。

（1）风险降低措施（第 13 列）。接下来，需要记录修正失效、恢复功能或者避免严重后果可能采取的措施,同时还需要记录可能会降低失效速率的措施。

(2) 负责人(第14列)。应该记录下负责失效模式后续跟进以及管理现有风险降低措施的人员的姓名。

(3) 备注(第15列)。这一列用来记录那些没有包括在其他列中的相关信息。

第七步:根据分析准备报告。

FMECA 的分析过程会产生大量的结果信息,因此在 FMECA 报告中对过程和结果进行归纳总结是一项非常重要的工作。在分析大型或者复杂系统的时候,可能会有同时运行多个 FMECA 流程的情况,需要将这些分析的结果汇总。采用 FMECA 方法,在分析过程中发现的危险需要写入危险日志,并作为日志的一部分保存。

6.3 FTA

6.3.1 FTA 概述

FTA 是一种针对大型复杂系统进行可靠性、安全性评估和风险评价的技术。它最初于 1961 年由美国贝尔实验室在民兵导弹发射控制系统的可靠性研究中成功应用。1965 年,波音公司在系统安全年会上发布了相关成果,引起了科技界的关注和应用。1974 年,美国原子能委员会在 WASH-1400 核电站安全评估报告中以事件树分析与 FTA 作为主要分析手段,对后续核电站的 PRA 技术的发展产生了深远影响。FTA 技术已发展出一套成熟的理论体系、工程分析流程和方法,并在核工业、航空、航天、机械、电子、兵器、船舶、化工等多个领域得到广泛应用。我国于 1998 年颁布了进行 FTA 的国家军用标准(GJB/Z 768A—98)[①]。

FTA 方法适用于项目的技术风险评估,能够识别和分析技术风险的源头,尤其是工程项目在设计制造过程中可能出现的隐患和潜在故障,即风险事件,并支持定性和定量分析。它能够计算系统及其各级风险事件的发生概率和系统风险的模式,是风险管理中的有效工具。

在 FTA 方法中,系统的故障状态或不正常工作情况称为故障事件,而正常状态或工作情况则称为成功事件,统称为事件。FTA 关注的最终结果事件称为顶事件,它是分析的目标,位于故障树的顶端。引起其他事件发生的原因事件称为底事件,位于故障树底部,是导致顶事件发生的基本原因。介于顶事件和底事件之间的中间结果事件称为中间事件。故障树是通过事件代表符号和逻辑门符号来描述事件间逻辑因果关系的倒置树状图。利用故障树对系统故障进行分析的技术即为 FTA 方法。

6.3.2 FTA 原理

FTA 的核心在于将系统中最不希望发生的故障状态或事件设定为分析的目标和起点。随后,在系统中追踪所有直接引发这一故障的因素,这些因素成为故障的第一层原

---

① 故障树分析指南(GJB/Z 768A—98),https://www.doc88.com/p-6661635375608.html[2022-11-21]。

因事件。以此为基础，进一步探究每个原因事件背后的下一级因素，递归此过程，直至追溯到那些故障机理或概率已知、无须进一步探究的基础因素。这一过程形成了一个按层次结构、逻辑顺序排列的事件序列，从最不希望的故障开始，逐层细化。将这些事件通过相应的逻辑符号（逻辑门）连接，形成一棵倒置的树状图，即故障树。通过FTA，可以揭示不希望故障的产生路径和系统失效的原因，评估故障发生的可能性，识别系统弱点，为设计改进提供依据。

在FTA中，定义的最不希望发生的事件称为顶事件，无须进一步分析的基础事件称为底事件，介于两者之间的由其他事件导致的事件称为中间事件，分别用相应的符号表示。这些事件通过逻辑门连接，不同的逻辑门代表不同的关系，并用不同的符号表示，逻辑门描述了事件间的因果联系。逻辑门的下端是输入事件，代表原因；逻辑门的上端是输出事件，代表结果。

在逻辑门中，与（and）门、或（or）门和非（not）门是三个基本门。与门表示仅当所有输入事件发生时，输出事件才发生；或门表示至少一个输入事件发生时，输出事件就发生；非门表示输出事件是输入事件的逆事件。其他的逻辑门为特殊门，可通过特定的规则用基本门的组合来表示。

FTA作为一种重要的可靠性、安全性分析工具，在核电站、民用航空和载人航天等领域得到广泛应用。故障树技术也在不断发展，如软件故障树、模糊故障树、动态故障树等，并随着计算机技术的进步出现了多种商用FTA辅助软件。FTA的应用范围包括系统风险和安全性分析、可靠性分析（包括定性和定量分析）、在设计阶段识别系统隐患和潜在故障、使用阶段的故障诊断和预测，以及制订维修计划等。

6.3.3 FTA步骤

FTA方法的主要步骤如下。

首先，构建故障树。这一步骤是在确定顶事件（顶事件是FTA中倒置树形结构的最顶部事件，也是分析的起点）的基础上进行的，通常采用演绎法手工完成，尽管计算机辅助工具可以提供绘图功能，但自动构建故障树的功能尚不普遍，逻辑关系的分析仍需人工进行。将画好的故障树中各种特殊事件与特殊门进行转换或删减，变成仅含有底事件、结果事件以及"与""或""非"三种逻辑门的故障树，这种故障树称为规范化故障树。将建好的故障树规范化以便于分析，同时尽可能对故障树进行简化和模块分解以节省分析工作量。

其次，进行定性分析。通过下行法或上行法，确定所有最小割集，即导致顶事件发生的系统故障模式。在缺乏基础数据的情况下，可进行定性比较而无须进行定量分析。

最后，进行定量分析。在底事件相互独立且其发生概率已知的前提下，计算顶事件的发生概率及其他关键指标。

1. 第一步，故障树的建立

故障树中所用的符号有三类：事件符号、逻辑符号、转移符号。

1) 事件及其符号

底事件：底事件是 FTA 中仅导致其他事件发生的原因，底事件位于故障树底端，是逻辑门的输入事件而不是输出事件，底事件又分为基本事件和未探明事件。基本事件是在特定的 FTA 中无须探明其发生原因的事件，其图形符号如图 6.2（a）所示。未探明事件是原则上应进一步探明其原因或暂时不探明其原因的底事件，其图形符号如图 6.2（b）所示。

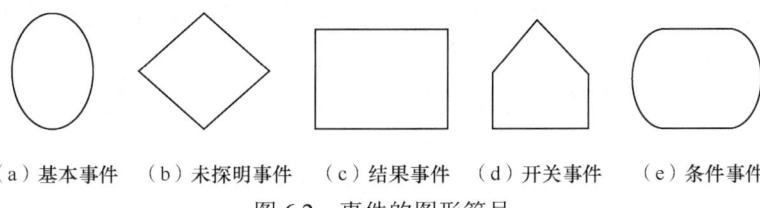

(a) 基本事件　(b) 未探明事件　(c) 结果事件　(d) 开关事件　(e) 条件事件

图 6.2　事件的图形符号

结果事件：结果事件是 FTA 中由其他事件或事件组合所导致的事件，它总位于逻辑门的输出端，其图形符号如图 6.2（c）所示，结果事件分为顶事件和中间事件。顶事件是 FTA 所关心的事件，它总是位于故障树的顶端，因此，顶事件总是逻辑门的输出事件而不是输入事件。中间事件是位于底事件与顶事件之间的结果事件，它既是一个逻辑门的输出事件，又是另一个逻辑门的输入事件。

特殊事件：特殊事件是指在故障树中需用特殊符号表明其特殊性或引起注意的事件，它又分为开关事件和条件事件。开关事件是在正常情况下必然发生或必然不发生的特殊事件，其图形符号如图 6.2（d）所示。条件事件是描述逻辑门起作用的具体限制的特殊事件，其图形符号如图 6.2（e）所示。

2) 逻辑门及其符号

在故障树中逻辑门描述事件间的逻辑因果关系。逻辑门分为或门、与门、非门和几种特殊门，见图 6.3。

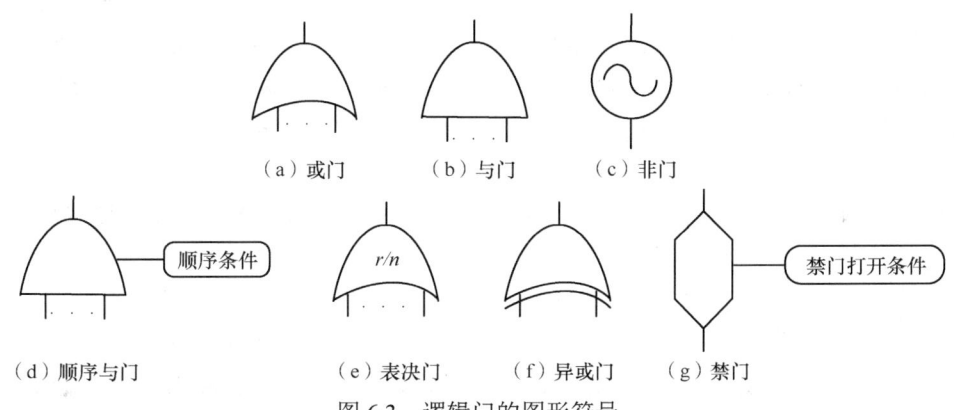

(a) 或门　(b) 与门　(c) 非门

(d) 顺序与门　(e) 表决门　(f) 异或门　(g) 禁门

图 6.3　逻辑门的图形符号

图（e）中的 r/n 表示仅当 n 个输入事件中至少有 r 个事件发生时，输出事件才发生，否则不发生

或门表示至少一个输入事件发生时输出事件就发生，其图形符号如图 6.3（a）所

示。或门表示门的输出事件 A 与 n 个输入事件 B_i（$i=1,2,\cdots,n$）间的逻辑关系是和事件的关系：

$$A = B_1 \cup B_2 \cup \cdots \cup B_n$$

与门表示仅当所有输入事件发生时输出事件才发生，其图形符号如图 6.3（b）所示。与门表示门的输出事件 A 与 n 个事件 B_i（$i=1,2,\cdots,n$）的逻辑关系为积事件关系：

$$A = B_1 \cap B_2 \cap \cdots \cap B_n$$

非门表示输出事件是输入事件的对立事件，其图形符号如图 6.3（c）所示，若输出事件为 A，输入事件为 B，则 $A = \bar{B}$。

特殊门表示输出事件的发生是有一定条件的。特殊门包括顺序与门、表决门、异或门和禁门。

顺序与门表示仅当输入事件按顺序发生时输出事件才发生，其图形符号如图 6.3（d）所示。表决门表示仅当 n 个输入事中至少有 r 个事件发生时，输出事件才发生，其图形符号如图 6.3（e）所示。异或门表示仅当单个事件发生时，输出事件才发生，其图形符号如图 6.3（f）所示。禁门表示仅当条件事件发生时，输入事件的发生方能导致输出事件的发生，其图形符号如图 6.3（g）所示。

转移符号是为了避免画图时重复、转页和使图形简明而设置的符号（图 6.4）。

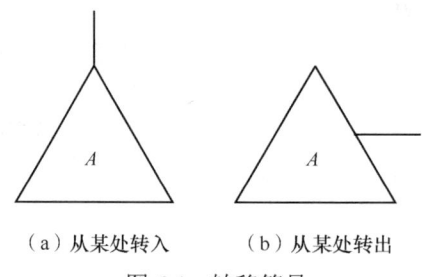

（a）从某处转入　　（b）从某处转出

图 6.4　转移符号

3）故障事件的定义及分类

事件指的是对系统、单元、部件及元器件状态的描述。当系统或单元按照既定要求顺利完成其功能时，称为正常状态或成功事件。相反，未能实现预定功能的状态则称为故障状态或故障事件。在分析故障事件时，不仅要考虑系统本身，还需纳入人的因素和环境因素等。

单元（部件）通常有四种故障形态：①过早启动；②在规定时间内无法启动；③在规定时间内无法停止；④运行中的故障。

为了区分故障事件是由单元（部件）本身引起的还是由人或外界条件引起的，在 FTA 中把它们区分为三类：①原发故障，即一次故障，是单元或部件在设计规定条件内因自身原因引起的。②诱发故障，即二次故障，由单元或部件承受的应力超出设计规定条件引起。③指令故障，由系统内其他单元的错误控制信号、指令或噪声影响引起，这种故障可能是信号源故障或人为故障，一旦这些影响消除，系统或单元便能恢复正常。

在构建故障树时，除了关注硬件故障，还需特别关注计算机软件、共因故障、人因故障等因素。经验显示，这些因素在某些情况下可能会比通常关注的硬件故障或独立故障产生更大的影响。

4）故障树建树的基本规则

运用 FTA 方法开展分析时，首先需选定顶事件。合适的顶事件选择有助于将整个系统故障分析串联起来。有时，顶事件的选择是基于其他类似系统已发生的故障。通常，在初步故障分析后，列出系统可能出现的所有故障状态，并从中选出最不希望发生的状态，将其作为顶事件。

《建造故障树的基本规则和方法》（GJB 768.1—89）[①] 中列出了 FTA 建树的六条基本规则，可供参考。

（1）明确建树边界条件，确定简化系统图。有了边界条件就可以明确建树建到何处为止。一般，边界条件包括以下几项：一是确定顶事件。二是确定初始条件，它是与顶事件相适应的。凡是具有两个以上工作状态的部件，就要规定某一工作状态为初始条件。三是不许可事件。明确限定故障树范围，并做出一定的假设，如导线不会发生故障、暂不考虑人为故障与软件故障等。建树前应对系统做出合理的假设，应在 FMECA 的基础上将那些不重要的因素舍去，从而缩小树的规模，并突出重点。

（2）故障事件应严格定义。故障树中的事件，尤其是结果事件和顶事件，必须明确界定，以确保故障树的准确性。由于 FTA 常由多人协作完成，统一的事件定义至关重要。

（3）应从上到下逐级建树。这一规则有助于防止在构建过程中遗漏事件。

（4）建树时不允许门-门直接相连。此规则旨在防止在未严格定义中间事件的情况下建立子树，避免逻辑混乱。

（5）用直接事件逐步取代间接事件。这有助于确保故障树事件的明确性，并便于进一步分析。

（6）处理共同事件。共同原因故障事件称为共同事件，共同事件对系统故障概率有显著影响，因此在建树时需特别注意。对于共同事件，不同分支中应使用相同的事件标号。

除了注意共同事件外，还应注意互斥事件。

在构建大型或逻辑关系复杂的系统故障树时，建议使用计算机辅助软件。

2. 第二步，故障树的定性分析

采用 FTA 方法进行分析的第二步是故障树的定性分析，它涉及研究导致顶事件发生的最小割集，而定量分析则关注底事件的故障模式、分布及其参数，以及底事件发生的概率，进而计算顶事件发生的概率及其分布参数。在某些情况下，只需估算顶事件发生概率的上限。

1）割集与路集的概念

在分析故障树时，需要求出最小割集或最小路集。为了简化问题，假设系统中的事

---

① 《建造故障树的基本规则和方法》（GJB 768.1—89），https://www.doc88.com/p-3137469325175.html[2022-12-11]。

件只有两种状态，且事件的发生是相互独立的。现在研究由 n 个独立的底事件构成的故障树。设 i（$i=1,2,\cdots,n$）为表示底事件的状态变量，取值为 0 或 1。等于 0 表示底事件 i 不发生，等于 1 表示底事件 i 发生。

割集 C 是故障树中底事件集合 $\{\cdot\}$ 的子集，当这些底事件都发生时，顶事件必然发生。若将割集中任意去掉其中一个底事件后，C 就不是割集了，这样的割集称为最小割集。路集 D 是故障树中底事件集合 $\{\cdot\}$ 的子集，当这些底事件不发生时，顶事件必然不发生，则称 $D=\{\cdot\}$ 为故障树的一个路集，若任意去掉路集中的一个底事件后，D 就不是一个路集了，这样的路集称为最小路集。

用图 6.5 来说明割集与最小割集及路集与最小路集，其中顶端的 T 表示顶事件。

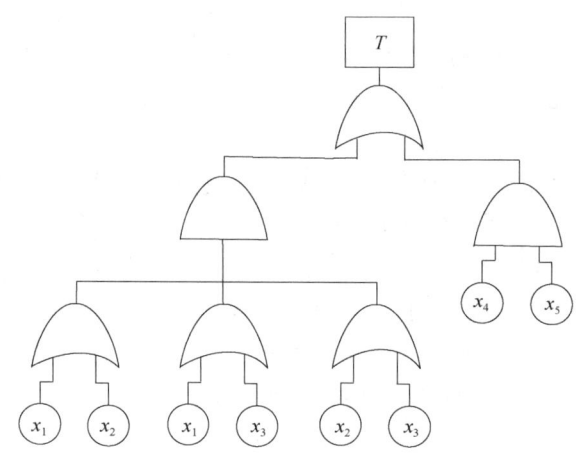

图 6.5　割集与最小割集及路集与最小路集
x_i 为描述底事件状态的布尔变量

由图 6.5 可知，$\{x_1,x_2,x_3\}$、$\{x_2,x_3,x_4\}$、$\{x_1,x_2,x_5\}$、$\{x_1,x_2,x_3,x_4\}$ 等都是割集，但不是最小割集，而最小割集应为 $\{x_1,x_2\}$、$\{x_1,x_3\}$、$\{x_2,x_3\}$、$\{x_4,x_5\}$。而 $\{x_1,x_2,x_3,x_4\}$、$\{x_1,x_2,x_4,x_5\}$ 等都是路集，但不是最小路集。$\{x_1,x_2,x_4\}$、$\{x_1,x_2,x_5\}$、$\{x_1,x_3,x_4\}$、$\{x_1,x_3,x_5\}$、$\{x_2,x_3,x_4\}$、$\{x_2,x_3,x_5\}$ 才是最小路集。

一般来说，一个故障树的最小割集（路集）都不止一个，寻找最小割集是非常重要的，它可以使人们发现系统的最薄弱环节，以便有目标、有针对性地进行改进设计，有效地提高系统可靠性水平。

2）故障树的规范化

在对故障树进行分析之前，应首先对故障树进行规范化处理，以便于进行定性与定量分析处理。规范化故障树是仅含有底事件、结果事件及"与""或""非"三种逻辑门的故障树。为此需要对逻辑门进行等效变换处理。

（1）顺序与门变换为与门。输出不变，顺序与门变为与门，原输入不变，新增一个输入事件-顺序条件事件，如图 6.6 所示。

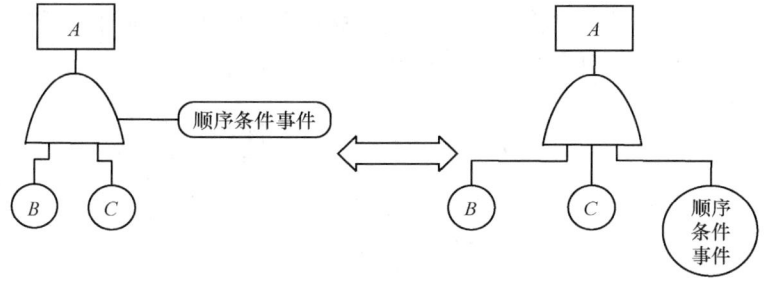

图 6.6　顺序与门变为与门

（2）表决门变换为或门和与门的组合。一个 n 中取 r 的表决门（表示一共有 n 个原输入事件，当有 r 个输入事件发生时，输出事件就发生，可简称为 r/n 表决门）可以通过下述方式变换为规范化故障树。原输出事件下接一个或门，或门之下有 n 个输出事件。每个事件下再接一个与门，每个与门之下有 r 个原输入事件，如图 6.7 所示。

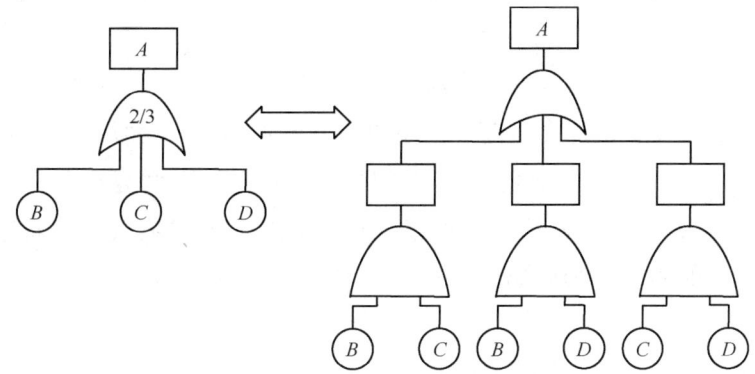

图 6.7　表决门变换为或门和与门的组合

（3）异或门变换为或门、与门和非门的组合。原输出事件不变，异或门变为或门，或门下面接两个与门，每个与门下面分别接一个原输入事件和一个非门，非门之下接一个原输入事件。如图 6.8 所示。

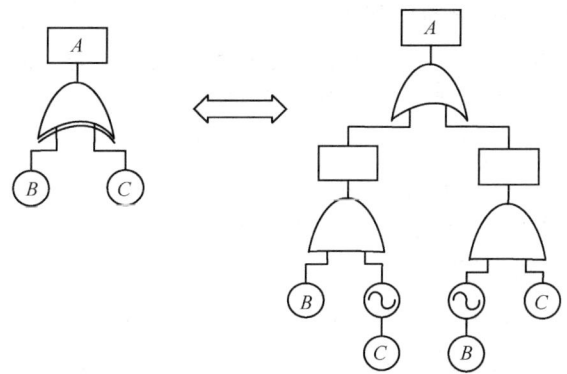

图 6.8　异或门变换为或门、与门和非门的组合

（4）禁门变换为与门。原输出事件不变，禁门变为与门，与门之下有两个输入，一个为原输入事件，一个为禁门打开条件事件。如图6.9所示。

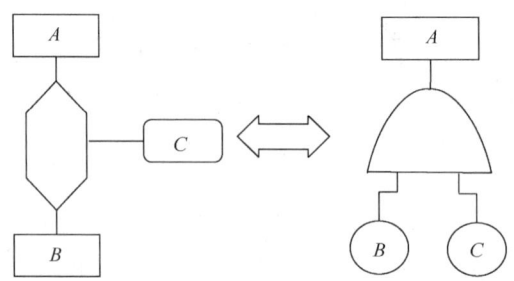

图6.9　禁门变换为与门

3）故障树定性分析

设给定故障树是由 n 个底事件组成，x_i 为描述底事件状态的布尔变量，即

$$x_i = \begin{cases} 1, & \text{第}i\text{底事件发生}, \\ 0, & \text{第}i\text{底事件不发生}, \end{cases} \quad i = 1, 2, \cdots, n$$

其集合为 $X = \{x_1, x_2, \cdots, x_n\}$。故障树顶事件的状态变量与底事件状态变量的关系可用结构函数 $\varphi(X) = \varphi(x_1, x_2, \cdots, x_n)$ 来表示，在故障树中当事件之间只有与门及或门的组合时，所得结构函数必然是单调结构。如果每个单元都与系统有关，而描述系统故障的结构函数 $\varphi(X)$ 是单调的，则此系统为单调关联系统。令 $c_1, c_2, \cdots, c_k$ 为故障树的 k 个最小割集，则

$$\varphi(X) = \bigcup_{j=1}^{k} \bigcap_{x_i \in c_j} x_i \tag{6.1}$$

其中，k 为故障树中最小割集的数目；x_i 为故障树的第 i 个最小割集（$i = 1, 2, \cdots, k$）。

进行故障树定性分析的目的是找出故障树顶事件发生的最小割集。研究最小割集可以发现系统的薄弱环节。求最小割集常用的方法有下行法与上行法。

（1）下行法。求最小割集的下行法也称为 Fussell-Vesely（富赛尔-范斯莱）算法。该方法是沿故障树自上而下进行的。其要点是利用与门直接增加割集的容量，利用或门直接增加割集的数目。从顶事件往下逐级进行，若遇到与门，则把与门下面的所有输入事件都排在同一行上。若遇到或门，则把或门下面的所有输入事件都排在同一列上。以此类推，逐级往下，一直到全部为底事件为止。这样得到的底事件集合称为布尔显示割集，经过布尔代数的吸收运算后便可得到最小割集。

图6.10是一个故障树的示例。

对于图6.10所示的故障树，下行法的具体步骤如表6.2所示，最后可以得出9个割集$\{x_1\}$、$\{x_2\}$、$\{x_4, x_6\}$、$\{x_4, x_7\}$、$\{x_5, x_6\}$、$\{x_5, x_7\}$、$\{x_3\}$、$\{x_6\}$、$\{x_8\}$。

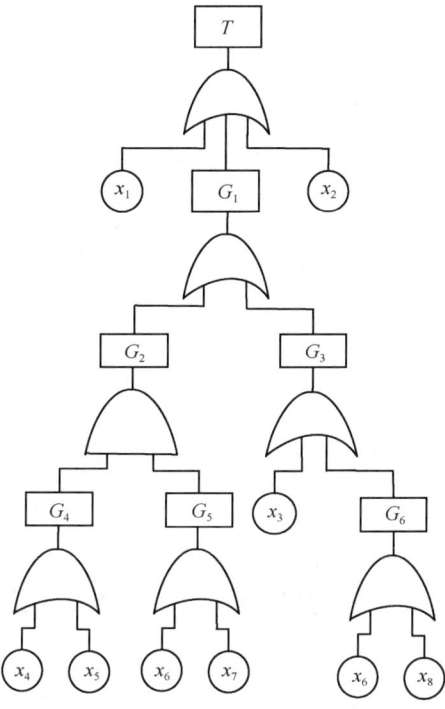

图 6.10 故障树示例
G 表示中间事件

表 6.2 用下行法求最小割集

步骤 1	步骤 2	步骤 3	步骤 4	步骤 5	步骤 6	步骤 7	割集
x_1	x_1	x_1	x_1	x_1	x_1	x_1	$\{x_1\}$
x_2	x_2	x_2	x_2	x_2	x_2	x_2	$\{x_2\}$
G_1	G_2	$G_4\ G_5$	$G_4\ x_6$	$x_4\ x_6$	$x_4\ x_6$	$x_4\ x_6$	$\{x_4, x_6\}$
	G_1	G_1	$G_4\ x_7$	$x_4\ x_7$	$x_4\ x_7$	$x_4\ x_7$	$\{x_4, x_7\}$
			G_3	$x_5\ x_6$	$x_5\ x_6$	$x_5\ x_6$	$\{x_5, x_6\}$
				$x_5\ x_7$	$x_5\ x_7$	$x_5\ x_7$	$\{x_5, x_7\}$
				G_3	x_3	x_3	$\{x_3\}$
					G_6	x_6	$\{x_6\}$
						x_8	$\{x_8\}$

接着，需要在 9 个割集中找出最小割集，通过集合运算规则加以简化、吸收，即可得到相应的最小割集，因为 $x_6 \cap \{x_4, x_6\} = \{x_6\}$，$x_6 \cap \{x_5, x_6\} = \{x_6\}$，所以 $\{x_4, x_6\}$ 和 $\{x_5, x_6\}$ 被吸收后，即得出最小割集为 $\{x_1\}$，$\{x_2\}$，$\{x_4, x_7\}$，$\{x_5, x_7\}$，$\{x_3\}$，$\{x_6\}$，$\{x_8\}$。

（2）上行法。上行法也称为 Semanderes（塞迈特里斯）算法。这种算法是由下而上进行置换，故称上行法，每做一步都要利用集合运算规则进行简化、吸收，算到最后，得到用底事件积之和表示顶事件的最简式，即为最小割集。现仍以图 6.10 为例，为书写方便起见，用"+"代替"$\cup$"符号，且省去"$\cap$"符号。

故障最下一级为

$$G_4 = x_4 + x_5$$
$$G_5 = x_6 + x_7$$
$$G_6 = x_6 + x_8$$

往上一级为

$$G_2 = G_4 G_5 = (x_4 + x_5)(x_6 + x_7) = x_4 x_6 + x_4 x_7 + x_5 x_6 + x_5 x_7$$
$$G_3 = x_3 + G_6 = x_3 + x_6 + x_8$$

再往上一级为

$$G_1 = G_2 + G_3 = x_4 x_6 + x_4 x_7 + x_5 x_6 + x_5 x_7 + x_3 + x_6 + x_8$$

利用几何运算规则，上式简化得

$$G_1 = x_4 x_7 + x_5 x_7 + x_3 + x_6 + x_8$$

最后一级为

$$G_0 = x_1 + x_2 + G_1 = x_1 + x_2 + x_4 x_7 + x_5 x_7 + x_3 + x_6 + x_8$$

所得结果与下行法一样，即最小割集为 $\{x_1\}$、$\{x_2\}$、$\{x_4, x_7\}$、$\{x_5, x_7\}$、$\{x_3\}$、$\{x_6\}$、$\{x_8\}$。

上述算法中要对每一步所得结果进行简化，使之留下的是互不包含的事件集合。

3. 第三步，故障树的定量分析

故障树定量化的任务是计算或估计系统顶事件发生的概率以确定系统的可靠性指标，确定底事件及割集的发生对顶事件发生的影响程度以分析系统的薄弱环节，改进系统的设计。

一般来说，多部件复杂系统的求解十分困难。在有些情况下，故障是任意分布的，无法用解析法求得精确结果，这时就必须用蒙特卡洛方法（统计试验法）进行估算。

在进行故障树定量计算时，一般假设：底事件之间互相独立；底事件和顶事件只考虑两种状态——发生或不发生，即正常与故障两种状态。

1) 顶事件发生概率的计算

FTA 中用布尔变量来表示底事件的状态，如底事件 i 的布尔变量为 x_i，设 $x_i(t)=1$ 表示第 i 个部件在 t 时刻发生故障。计算事件 i 发生的概率，也就是计算随机变量 $x_i(t)$ 的期望值：

$$E[x_i(t)] = P[x_i(t)=1] = F_i(t) \tag{6.2}$$

$F_i(t)$ 的物理意义是：在 $[0, t]$ 时间内事件 i 发生的概率（即第 i 个部件的不可靠度）。如果由 n 个事件组成的故障树，其结构函数为 $\varphi(X) = \varphi(x_1, x_2, \cdots, x_n)$，那么顶事件发生的概率，也就是系统的不可靠度 $F_s(t)$ 为

$$P(\text{顶事件发生}) = F_s(t) = E[\varphi(X)] \tag{6.3}$$

其中，$F_s(t)$ 的表达式也可记为 $g[F(t)]$，即
$$F(t)=(F_1(t),F_2(t),\cdots,F_n(t))$$

图 6.11 为具有简单"与或门"的结构故障树。

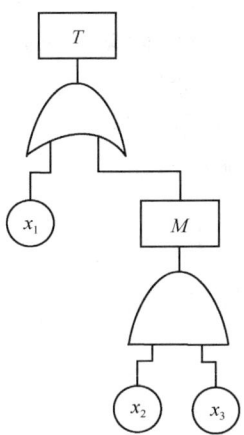

图 6.11　具有简单"与或门"结构的故障树

图 6.11 中所示故障树的顶事件概率的计算如式（6.4）和式（6.5）所示：
$$\varphi(X)=1-[(1-x_1)(1-x_2x_3)] \tag{6.4}$$
$$F_s(t)=E[\varphi(X)]=1-[1-F_1(t)][1-F_2(t)F_3(t)] \tag{6.5}$$

若已知故障树的所有最小割集 $c_1,c_2,\cdots,c_k$ 及底事件 $x_1,x_2,\cdots,x_k$ 发生的概率，则顶事件发生的概率（系统不可靠度）F_s 为
$$F_s=P(T)=P\left(\bigcup_{j=1}^{k}c_j\right) \tag{6.6}$$

最小割集之间一般有重复事件，即最小割集之间是相交的，此时计算顶事件发生的概率就必须用相容事件的概率公式（即容斥公式）或不交化代数。

当采用容斥定理时，有
$$P(T)=P(c_1\cup c_2\cup\cdots\cup c_k)=\sum_{i=1}^{k}P(c_i)-\sum_{1\leqslant i<j\leqslant k}P(c_ic_j)+\sum_{1\leqslant i<j<l\leqslant k}P(c_ic_jc_l) \\ +\cdots+(-1)^{k-1}P(c_ic_j\cdots c_k) \tag{6.7}$$

式（6.7）共有 2^k-1 项，当最小割集数较大时，就会产生组合爆炸问题。如果故障树有 40 个最小割集，则公式就有 $(2^{40}-1)=1.1\times10^{12}$ 项，而每一项又有许多连乘积，即使大型计算机也难以胜任，解决的办法一般是采用不交布尔代数法化相交和为不交和，再求顶事件发生的概率，如：$P(c_i\cup c_j)=P(c_i)+P(c_i'c_j)$。

在割集数目比较多的情况下，精确计算是极其烦琐的，实际工程中事件发生的概率一般都比较小，高阶的多个事件同时发生的概率更小，因此使用容斥公式一般只求前几

项就可得到较好的近似。当部件的失效概率小于或等于 0.1 时，采用最小割集独立近似法来计算顶事件就可得到较满意的结果，这时具体公式简化为

$$P(T) = P\left(\bigcup_{j=1}^{k} c_j\right) \approx 1 - \prod_{x_j \in c_j}\left[P(x_i)\right] \tag{6.8}$$

美国著名的 importance 程序就是以此计算式为基础的，这种近似方法已广泛应用于 FTA 中，故障树顶事件发生的概率（即系统的不可靠度）按照容斥公式计算收敛得很快，在 (2^{k-1}) 项代数和中起主要作用的是首项或首项及第二项，后面的一些数值极微小，所以在实际计算时往往取容斥公式的首项作为近似值：

$$P(T) \approx S_1 = \sum_{i=1}^{k} P(c_i) \tag{6.9}$$

也可取首项与第二项之半的差作为近似值：

$$P(T) \approx S_1 - \frac{1}{2} S_2 = \sum_{i=1}^{k} P(c_i) - \frac{1}{2} \sum_{1 \leqslant i < j \leqslant k} P(c_i c_j) \tag{6.10}$$

现用数值例子比较计算结果，当 $c_1 = c_2 = \cdots = c_5 = 0.1$ 时，精确解为 $P(T) = 0.037\,72$（不交化算法），近似解为 $P(T) = 0.039\,40$（独立近似算法），二者计算结果很接近。

2）重要度分析

在系统中，一个部件或最小割集对顶事件发生的影响程度称为重要度。这一指标对于优化系统设计具有重要价值。在工程实践中，重要度分析有助于确定系统运行中需要监控的部位，并制定系统故障诊断的检查清单。重要度有多种解释，以下是四种常见的重要度类型：概率重要度、结构重要度、关键重要度和相关割集重要度，它们从不同角度展示了部件对顶事件发生的影响。

（1）临界状态与关键部件。系统中的部件可能存在多种故障模式，每种模式在故障树中对应一个基本事件。这里提到的重要度是基于基本事件的重要度定义和计算方法，部件的重要度是其包含的基本事件重要度的总和。如果一个部件仅有一种故障模式，那么部件的重要度就等同于该基本事件的重要度。为简化考虑，我们假设部件仅包含一种故障模式。

在深入探讨重要度的概念和计算方法之前，我们需要了解"系统的临界状态"和"关键部件"这两个概念。

对于 n 部件两态系统，系统的可能状态数为 2^n 个，这 2^n 个状态（微观状态）分别对应于系统正常和系统故障（两个宏观状态）状态。但并非 2^n 个微观状态都能直接引发宏观状态的变化，只有在处其中某些特殊状态时才能直接引发宏观状态变化，这些特殊状态即称为系统的临界状态。任何非临界状态的微观状态都必须首先变成临界状态后才能引发宏观状态变化，系统宏观状态的变化简称系统状态变化。例如，一个两部件并联系统，有四个微观状态，其中(0, 1)、(1, 0)、(0, 0)属于系统正常状态，(1, 1)属于系统故障状态，(0, 0)状态不可能直接变为(1, 1)状态，因此它不是临界状态。

那些当且仅当该部件状态变化即可导致系统状态变化的部件称为该临界状态的关键

部件。关联系统中的任一部件都是关键部件,即任一部件都能在 2^n 个微观状态中找到与之对应的临界状态。显然,任一部件是否成为关键部件,取决于其他 $n-1$ 个部件的状态,因此,凡谈到 i 部件的临界状态时,是指除 i 部件外,其他 $n-1$ 个部件状态的某种组合。仍以两部件并联系统为例,该系统的临界状态有(0, 1)、(1, 0)、(1, 1)三个。一个临界状态可以对应于若干个关键部件,反之一个关键部件也可以对应于若干个临界状态。

(2)概率重要度 $I_i^{\mathrm{Pr}}(t)$。设系统的结构函数为

$$\varphi(X) = \varphi(x_1, x_2, \cdots, x_n) \tag{6.11}$$

系统故障的概率函数为

$$g(Q(x)) = g(Q(x_1, x_2, \cdots, x_n)) \tag{6.12}$$

定义概率重要度为

$$I_i^{\mathrm{Pr}}(t) = \frac{\partial g(Q(x))}{\partial Q_i(t)} = g(1_i, Q(t)) - g(0_i, Q(t)) \tag{6.13}$$

概率重要度的定义可以解释为:i 部件的概率重要度是 i 部件状态取 1 时顶事件概率和 i 部件状态取 0 时顶事件概率值的差。部件 i 概率重要度的物理含义为:系统处于当且仅当部件 i 失效,系统即失效状态的概率。联系到前面关于关键部件和临界状态的定义,又可说,部件 i 的概率重要度就是系统处于部件 i 的关键部件状态的概率;或者说,部件 i 的概率重要度就是系统处于部件 i 的临界状态的概率。

(3)结构重要度。对于单调关联系统,第 i 个部件的状态从 0 变为 1,相应系统状态可能有下述三种变化:

$$\varphi(0_i, X) = 0 \to \varphi(1_i, X) = 1$$

$$\varphi(1_i, X) - \varphi(0_i, X) = 1 \tag{6.14}$$

$$\varphi(0_i, X) = 0 \to \varphi(1_i, X) = 0$$

$$\varphi(1_i, X) - \varphi(0_i, X) = 0 \tag{6.15}$$

$$\varphi(0_i, X) = 1 \to \varphi(1_i, X) = 1$$

$$\varphi(1_i, X) - \varphi(0_i, X) = 0 \tag{6.16}$$

对于 i 部件的某一给定状态,其余 $n-1$ 个部件的可能状态组合有 2^{n-1} 种,定义

$$n_i^{\varphi} = \sum_{2^{n-1}} \left[\varphi(1_i, X) - \varphi(0_i, X) \right] \tag{6.17}$$

显然这种求和仅对第一种情况[式(6.14)]的发生次数进行了累加,其他两种情况的贡献均为 0。第一种情况发生的次数就是 i 部件的临界状态数,显然部件的临界状态愈多,该部件导致系统故障的可能性就愈大,故 n_i^{φ} 可作为部件 i 对系统故障影响大小的量度。为使每个部件的结构重要度不大于 1,定义 i 部件的结构重要度为

$$I_i^{\mathrm{St}}(t) \equiv (1/2^{n-1}) n_i^{\varphi}(t) \tag{6.18}$$

由式(6.18)计算 $I_i^{\mathrm{St}}(t)$ 是很烦琐的,只在系统部件数很少时可行。实际上可用概率

重要度来计算结构重要度。可以证明，若所有部件故障和正常的概率均为 1/2，则有

$$I_i^{St}(t) = I_i^{Pr}(t) \tag{6.19}$$

（4）关键重要度 $I_i^{Cr}(t)$。概率重要度在数学上的意义是部件概率改变 1 个单位所引起系统概率的变化。但是由于部件原有的概率大小不同，它们变化 1 个单位的难易也不同，这种性质在概率重要度中反映不出来，关键重要度是一个变化率的比，即部件故障概率的变化率所引起的系统故障概率的变化率，这就把改善一个已经比较可靠的部件比改善一个尚不太可靠的部件更难这一性质考虑进去了。从上述意义上讲，将其称为相对概率重要度更恰当，但习惯仍沿用关键重要度名称。

定义关键重要度为

$$\lim_{\Delta Q \to 0}\left[\frac{\Delta g(Q(t))}{g(Q(t))}\right] \bigg/ \left[\frac{\Delta Q_i(t)}{Q_i(t)}\right] = \left[\frac{Q_i(t)}{g(t)}\right]\left[\frac{\partial g(Q(t))}{\partial (Q_i(t))}\right] \tag{6.20}$$

因为

$$I_i^{Pr}(t) = \frac{\partial g(Q(t))}{\partial Q_i(t)} \tag{6.21}$$

所以

$$I_i^{Cr}(t) = \left[\frac{Q_i(t)}{g(t)}\right] I_i^{Pr}(t) \tag{6.22}$$

关键重要度的表达式（6.22）可写为

$$I_i^{Cr}(t) = \frac{1}{g} Q_i I_i^{Pr} \tag{6.23}$$

其中，$I_i^{Pr}(t)$ 为系统处于 i 部件是关键部件的临界状态的概率；Q_i 为 i 部件发生故障的概率。因此 $Q_i I_i^{Pr}$ 就是 i 部件触发系统故障的概率。$Q_i I_i^{Pr}$ 越大表明由 i 部件触发系统故障的可能性就越大。于是可以按关键重要度的大小，列出系统部件诊断检查的顺序表来指导系统的运行和维修，以利于用最快的速度排除系统的故障。

（5）相关割集重要度 $I_i^{Rc}(t)$。首先定义相关割集和无关割集，部件 i 的相关割集是指含部件 i 的割集，部件 i 的无关割集是指不含部件 i 的割集，这里割集均为最小割集的简称。

若系统的全部割集中有 N_i 个部件 i 的相关割集，则定义

$$g_i(Q(t)) = P\left(\bigcup_{j=1}^{N_i} \prod_{x_l \in k_j} x_l\right) \tag{6.24}$$

其中，$g_i(Q(t))$ 为至少一个部件 i 的相关割集发生的概率；k_j 为第 j 个 i 部件的相关割集；$\bigcup_{j=1}^{N_i} \prod_{x_l \in k_j} x_l$ 为全部 N_i 个 i 部件相关割集的并集。

定义部件 i 的相关割集重要度为

$$I_i^{\text{Rc}}(t) \equiv \frac{g_i(Q(t))}{g(Q(t))} \tag{6.25}$$

$g_i(Q(t))$ 和关键重要度中的 $Q_i(t)I_i^{\text{Pr}}(t)$ 略有不同,后者排除了所有无关割集发生的情况,前者仅排除了无关割集发生但相关割集不发生的情况,保留了无关割集发生、相关割集也发生的情况,所以 $g_i(Q(t))$ 大于 $Q_i(t)I_i^{\text{Pr}}(t)$。由于无关割集和相关割集同时发生的概率很小,二者的计算值很相近。当部件的不可用度或不可靠度足够小时,可用相关割集发生概率的和来近似:

$$g_i(Q(t)) = \sum_{j=1}^{N_i} \prod_{x_l \in k_j} Q_i(t) \tag{6.26}$$

而 $g_i(Q(t))$ 的近似计算比 $Q_iI_i^{\text{Pr}}(t)$ 简单,常利用近似计算的相关割集重要度来排列系统部件的诊断检查顺序。

6.3.4 FTA 应用示例

【例 6.2】 应用 FTA 方法分析如图 6.12 所示的压力罐系统的压力罐破裂风险。

本例研究压力罐系统在启动泵之后压力罐破裂风险产生的技术原因,以及为控制技术风险而改进的设计方案。

图 6.12 给出了压力罐-泵-马达装置及其控制系统,其工作模式见图 6.13。

控制系统的作用是控制泵的开、停。泵把流体从无限大的容器中压到罐中。当罐的内压低于整定值时,压力开关的接点是闭合的。达到整定压力后,压力开关接点断开,继电器 K_2 的线圈断电,然后 K_2 的接点断开,切断泵的电源,使泵马达停下来。压力罐接一流出阀,它可以在可忽略的时间内泄放整个罐的压力,但这流出阀不是压力安全阀。当罐放空时,压力开关接点闭合,重复以上循环。

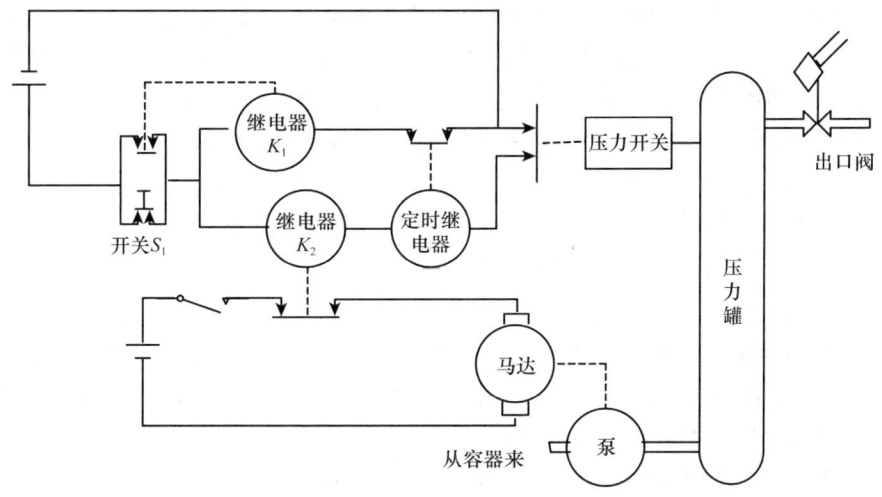

图 6.12 压力罐系统

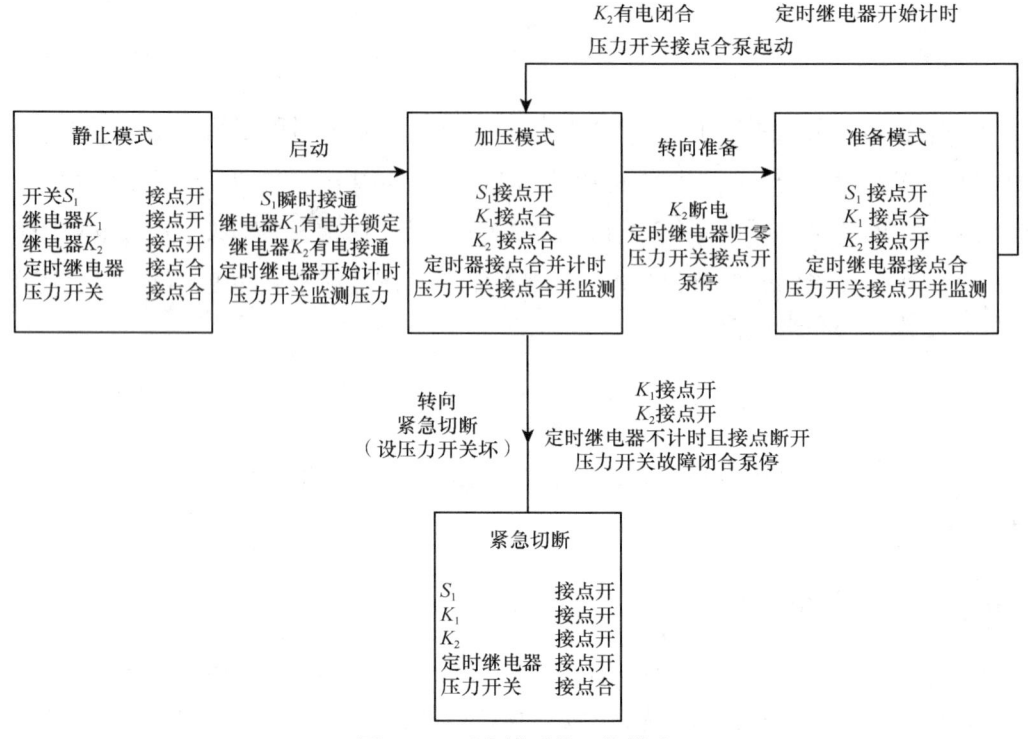

图 6.13 压力罐系统工作模式

先考虑系统处于静止模式：开关 S_1 的接点打开，继电器 K_1 接点打开，K_2 接点也打开，即控制系统无电。此时定时继电器接点是闭合的。假定压力罐是空的，压力开关的接点也是闭合的。

瞬时压下开关 S_1，系统开始工作。继电器 K_1 的线圈加上电从而接通 K_1 的接点。K_1 接点的闭合使 K_2 线圈有电，K_2 接点的闭合则使泵和马达启动。

定时继电器在压力开关因事故闭合时，起事故切断的作用。一开始定时继电器接点闭合而线圈无电。当 K_1 接点接通时定时继电器线圈立即加上电并开始计时。如果到 60 秒而线圈继续有电的话，则定时继电器接点断开并锁定在断开位置，从而切断 K_1 线圈电源并使整个系统切断。在正常状态下，当压力开关接点打开，并且 K_2 也断开时，定时继电器归零（0 秒位置），取"不希望的事件"为：泵启动后压力罐破裂。

如果忽略泵和管道的失效及其派生的二次失效（当然，主要关注的事件——泵启动后压力罐破裂是唯一例外，不能忽略），那么可以大大简化问题。作了这项简化以及"无限大的容器""出口阀瞬间可以放空压力罐"的简化后，可以方便地解释建树的主要步骤，否则会过于纠缠细节而影响对整个系统的观察。

首先，检查顶事件的表述是否符合"是什么故障"的表述方式，以及顶事件是否符合"在任何条件下都会发生"这个规则。其次，提出问题："这故障是由部件失效造成的吗？"回答："是。"则在顶事件下面加个或门，并考虑一次失效、二次失效和指令性失效（在图 6.14 中没有指令性失效）。这样即完成了建树的第一步，如图 6.14 所示。

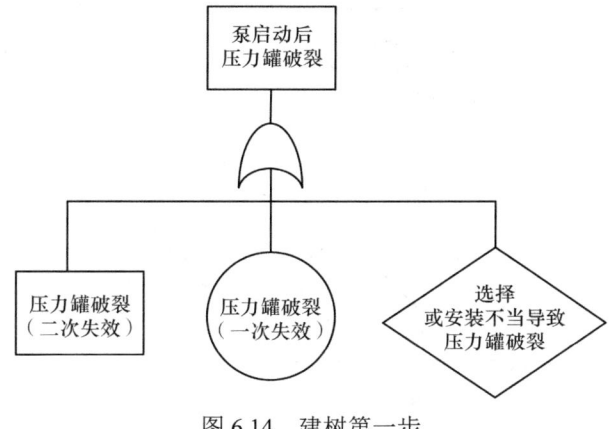

图 6.14　建树第一步

下面分析压力罐的二次失效。因为压力罐的二次失效不会由一个部件的失效所造成，所以引入另一个或门，如图 6.15 所示，其中 t 表示泵加压时间。

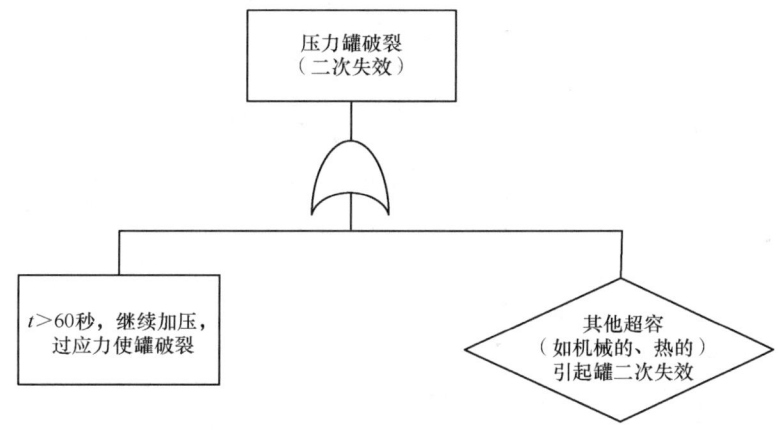

图 6.15　建树第二步

再次强调一下，菱形符号表示无须再进一步分析其原因事件，而矩形符号表示结果事件，需要更详细地描述其原因。

泵加压时间（t）大于 60 秒而压力罐奇迹般地未破裂是可能的，但从保守的原则出发，只能做这样的描述："泵加压时间>60 秒，则压力罐恒破裂。"采用禁门可在故障树中表示出仅在此条件下输入事件直接引发输出事件（图 6.16），禁门的输入为"$t>60$ 秒，仍继续加压，过应力使罐破裂"。

禁门输入事件是一个部件性故障事件吗？不是。泵在工作和工作多长时间不能归类于部件性故障事件。它应当被归类为系统性故障。在系统性故障下可接或门、与门、禁门或者不接逻辑门。现在进一步查找直接的、至少必须的和充分的原因。直接的原因是马达转 60 秒以上，是一个系统性故障。它的直接原因是马达供电时间大于 60 秒，也是一个系统性故障。而马达供电时间大于 60 秒的直接原因是 K_2 继电器接点闭合时间大于 60 秒。这个事件串如图 6.17 所示。

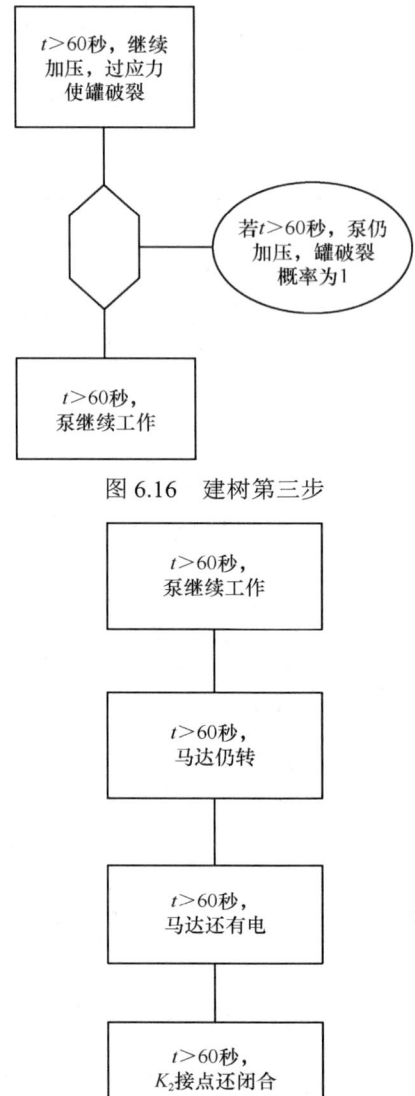

图 6.16 建树第三步

图 6.17 建树第四步

这样,从泵加压大于 60 秒跳到 K_2 继电器接点闭合时间大于 60 秒不会失掉什么。但是,评述中间事件是无害的,事实上,还减少了出错机会。

K_2 继电器接点闭合时间超过 60 秒这一故障事件可由部件失效而造成吗?是的。接点可能卡住、焊住,或熔蚀。因此下接或门并分析其一次失效、二次失效和指令性失效,如图 6.18 所示。这里的感兴趣事件是图 6.18 中矩形所描述的指令性失效事件。指令性失效包括部件动作正常,但由于来自其他部件的错误信号而在错误的时间或地点执行动作。在本例中,错误的信号就是 K_2 继电器接点闭合时间超过 60 秒,这个系统性故障可接图 6.19 分析。图 6.19 中,压力开关接点闭合本来不是故障,但它闭合 60 秒以上是故障。类似地,电压加到压力开关接点本身也不是故障,但电压连续加到它上面的时间超过 60 秒就是故障。

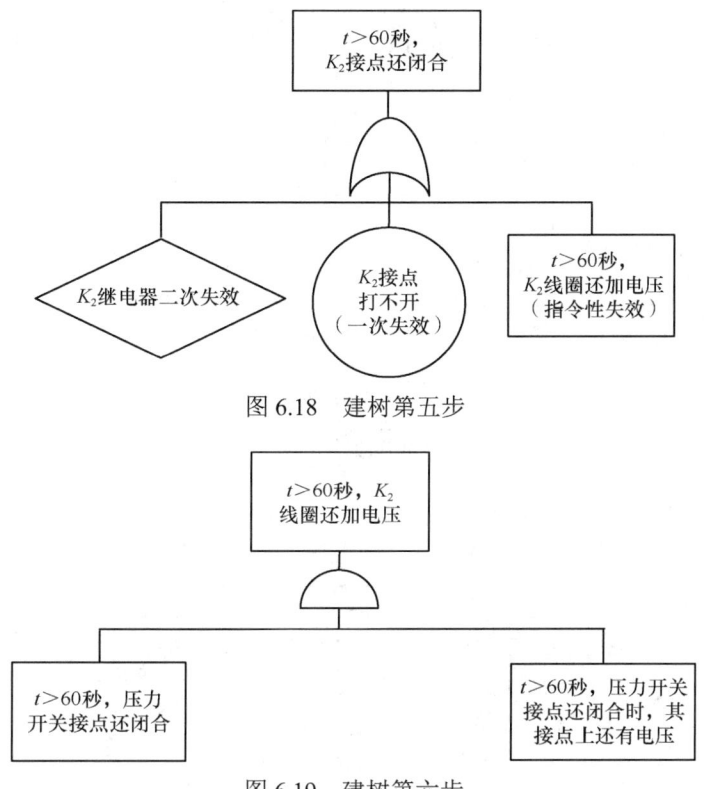

图 6.18 建树第五步

图 6.19 建树第六步

压力开关接点闭合超过 60 秒这一故障事件可由元件故障造成,所以应下接或门,见图 6.20。

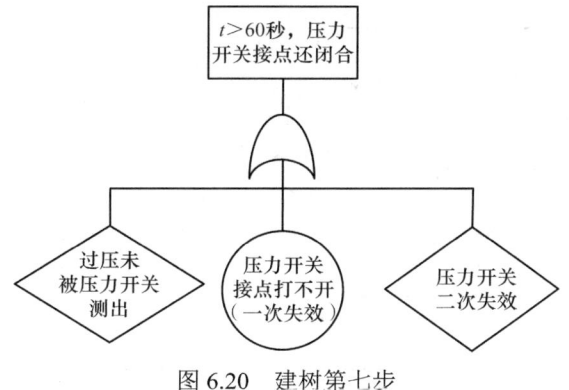

图 6.20 建树第七步

至此,故障树的这一分枝已到终点,因为所有的输入事件均为圆形或菱形。

再分析图 6.19 中的另一输入事件,见图 6.21。

图 6.21 中的两个输入事件都是部件性故障,右侧的更容易分析,如图 6.22 所示。这里到达了故障树另一分枝的终点。图 6.21 中剩下的输入事件的分析见图 6.23。

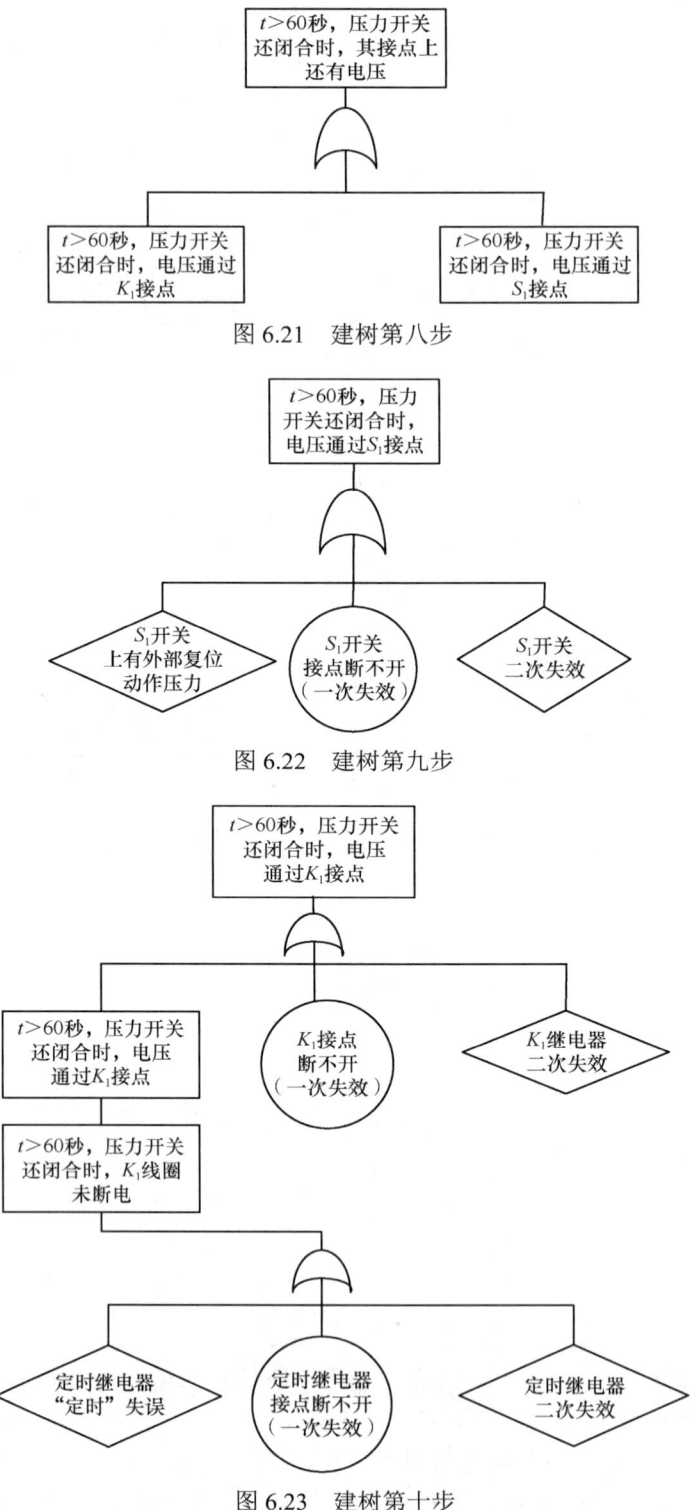

图 6.21 建树第八步

图 6.22 建树第九步

图 6.23 建树第十步

至此，建树已完成，一步一步地最终找到了定时继电器的故障。压力罐的完整故障树如图 6.24 所示。

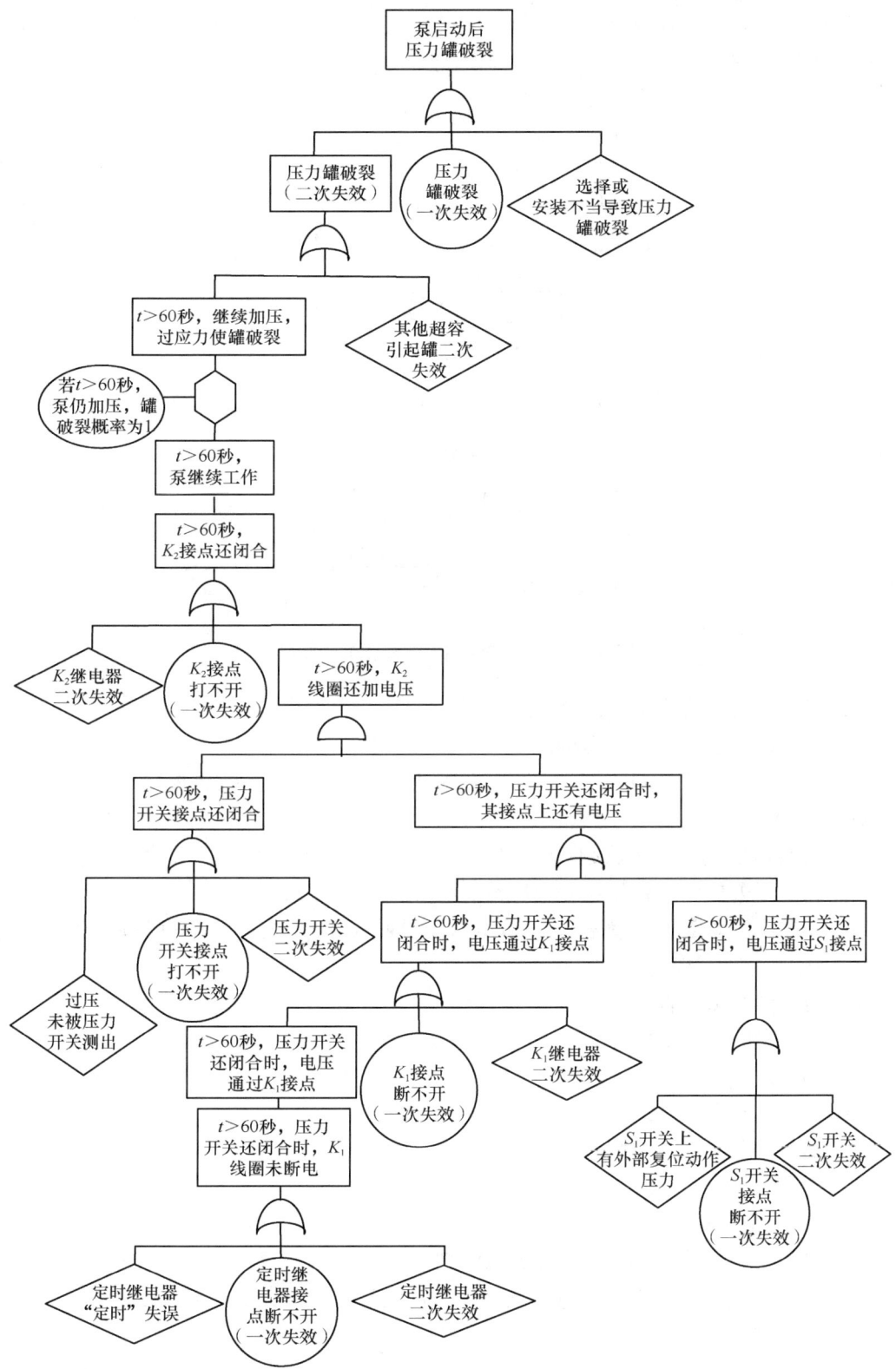

图 6.24 压力罐的完整故障树

应充分利用完整故障树对系统进行初步分析。为进一步进行定性和定量分析，图 6.24 可以简化为图 6.25。

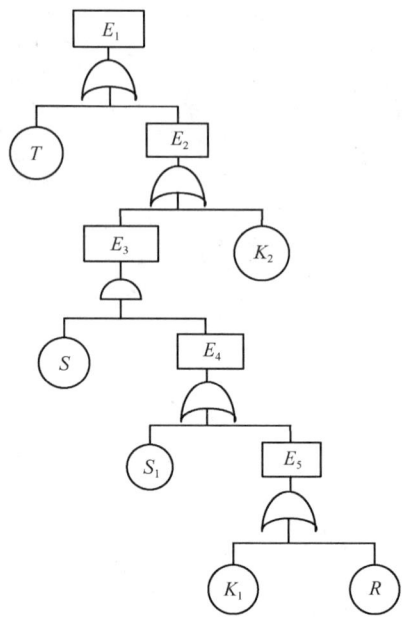

图 6.25 压力罐的基本（简化）故障树

图 6.25 中的各个字母所表示的含义如下。

E_1：顶事件（泵启动后压力罐破裂）。

E_2：由于泵加压超过 60 秒（等效于 K_2 继电器接点接通超过 60 秒），过应力使压力罐破裂。

E_3：K_2 继电器线圈加电压超过 60 秒。

E_4：压力开关接点闭合超过 60 秒，接点上还加有电压。

E_5：压力开关接点闭合超过 60 秒后电压还通过 K_1 接点（等效于 60 秒后定时继电器接点断不开）。

以上是各个结果事件，以下是各个基本事件。

R：定时继电器一次失效。

S：压力开关一次失效。

S_1：S_1 开关一次失效。

K_1：K_1 继电器一次失效。

K_2：K_2 继电器一次失效。

T：压力罐一次失效。

上面讨论了压力罐的基本（简化）故障树（图 6.25）。下面就图 6.25 进行初步分析，即识别最小割集和估计基本事件重要度，并讨论设计方案的改进。表 6.3 给出了各基本事件的参数。

表 6.3　各基本事件的参数

基本事件	描述	失效率 $\lambda/(1/\text{小时})$	维修时间 τ/小时	不可用度 $Q=\lambda\tau$
T	压力罐一次失效（破裂）	10^{-8}	500	5×10^{-6}
K_2	K_2 继电器一次失效（常闭触点打不开）	10^{-5}	10	1×10^{-4}
S	压力开关一次失效（触点打不开）	10^{-5}	10	1×10^{-4}
S_1	S_1 开关一次失效（复位按钮固定在关的位置）	10^{-5}	10	1×10^{-4}
K_1	K_1 继电器一次失效（常闭触点打不开）	10^{-5}	10	1×10^{-4}
R	定时继电器一次失效（触点打不开）	10^{-5}	10	1×10^{-4}

注：$Q=\dfrac{\lambda}{\lambda+\mu}$，若 μ 远大于 λ，则 $Q \doteq \dfrac{\lambda}{\mu}=\lambda\dfrac{1}{\mu}=\lambda\tau$

第一步：求得全部最小割集为

$$T, K_2, SS_1, SK_1, SR$$

第二步：由全部最小割集求各基本事件的结构重要度和关键重要度，并列出各基本事件对系统的重要度顺序。

$$\varphi(X) = x_T + x'_T x_{K_2} + x'_T x'_{K_2} x_S x_{S_1} + x'_T x'_{K_2} x'_{S_1} x_S x_S + x'_T x'_{K_2} x'_{S_1} x'_{K_1} x_S x_R$$

$$\begin{aligned}g =\ & Q_T + (1-Q_T)Q_{K_2} + (1-Q_T)(1-Q_{K_2})Q_S Q_{S_1} \\ & + (1-Q_T)(1-Q_{K_2})(1-Q_{S_1})Q_S Q_{K_1} \\ & + (1-Q_T)(1-Q_{K_2})(1-Q_{S_1})(1-Q_{K_1})Q_S Q_R \end{aligned}$$

各基本事件的结构重要度、关键重要度以及重要度顺序如表 6.4 所示。

表 6.4　各基本事件的结构重要度、关键重要度及重要度顺序

基本事件	结构重要度	关键重要度	重要度顺序
K_2	9/32	1	1
T	9/32	~0.05	2
S	7/32	~3×10^{-4}	3
S_1	1/32	~1×10^{-4}	4
K_1	1/32	~1×10^{-4}	4
R	1/32	~1×10^{-4}	4

从表 6.4 可以看出，基本事件 K_2 导致系统故障的概率是 T 的 20 倍、S 的 3300 倍、其他的 10 000 倍，因此，K_2 是系统的薄弱环节，也是提高系统可靠性的关键环节。分析一下，现实的办法是修改设计，使一阶最小割集 K_2 不再存在，修改后的设计见图 6.26。同时也在压力罐上安装了压力安全阀，使最小割集的阶数比原设计提高一阶。除定时继电器外，改进方案的工作原理与原方案一样。定时继电器在开泵 60 秒以后停。如果在定时继电器停记之前，即在 60 秒之内，定时继电器已被断电，则定时继电器自己复原，使接点 T_1 和 T_2 保持闭合。在定时继电器停记时，T_1 和 T_2 断开。在 T_1 和 T_2 断开时，如果定时继电器断电，则定时继电器旁的一个限制装置使接点 T_1 和 T_2 闭合，从而实现自

动复原。如果在接点 T_1 和 T_2 断开时,定时继电器没有断电(由于接点 K_2 断不开),则接点 T_1 和 T_2 不能闭合,定时继电器不能自动复原,必须手动复原。这样,仅仅发生 K_2 接点失效(断不开)就不再是破坏性的了。

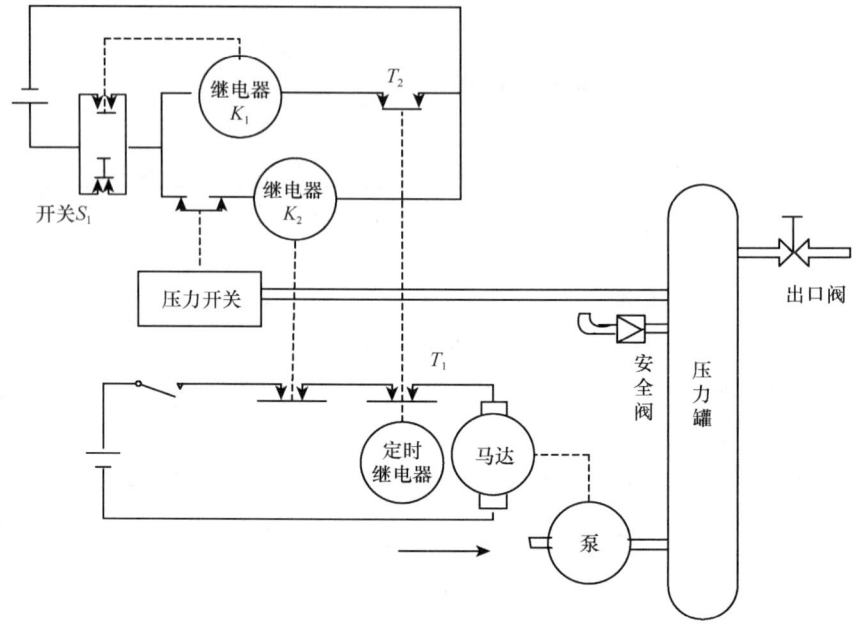

图 6.26 压力罐系统改进设计方案

表 6.5 的说明有助于对改进方案的理解。

表 6.5 系统运行模式及接点位置和应采取的行动

系统运行模式	K_2 接点位置	T_1 和 T_2 接点位置	为使泵重开应采取的行动
正常运行	当压力开关断开时,断开	保持闭合	无(自动响应)
压力开关接点断不开	当接点 T_2 断开时,K_2 断开	当定时继电器停记时,瞬间断开	按下复原开关 S_1
K_2 接点断不开	当定时继电器停记时,K_2 还闭合	当定时继电器停记时,断开;当定时继电器被手动复原时,闭合	定时继电器需手动复原

图 6.27 是压力罐系统改进方案的故障树。其中增加了一个基本事件 P(安全阀失效)。对图 6.27 中的故障树进行简化,略去其中菱形符号,可求出:

(1)一阶最小割集 T。

(2)三阶最小割集 (P, R, K_2)。

(3)四阶最小割集 (P, R, S, K_1) 以及 (P, R, S, S_1)。

改进的设计方案与原方案相比,割集的阶数明显提高,已没有二阶割集。割集阶数越高,说明该故障模式发生的概率越小,即发生的风险越小,因此系统越安全。由此可知新方案明显降低了压力罐系统压力罐破裂的风险。

对压力罐系统原设计方案和改进设计方案的故障树进行定量分析对比,结果见图 6.28。由图 6.28 可知,改进设计方案使罐破裂的概率大幅降低。

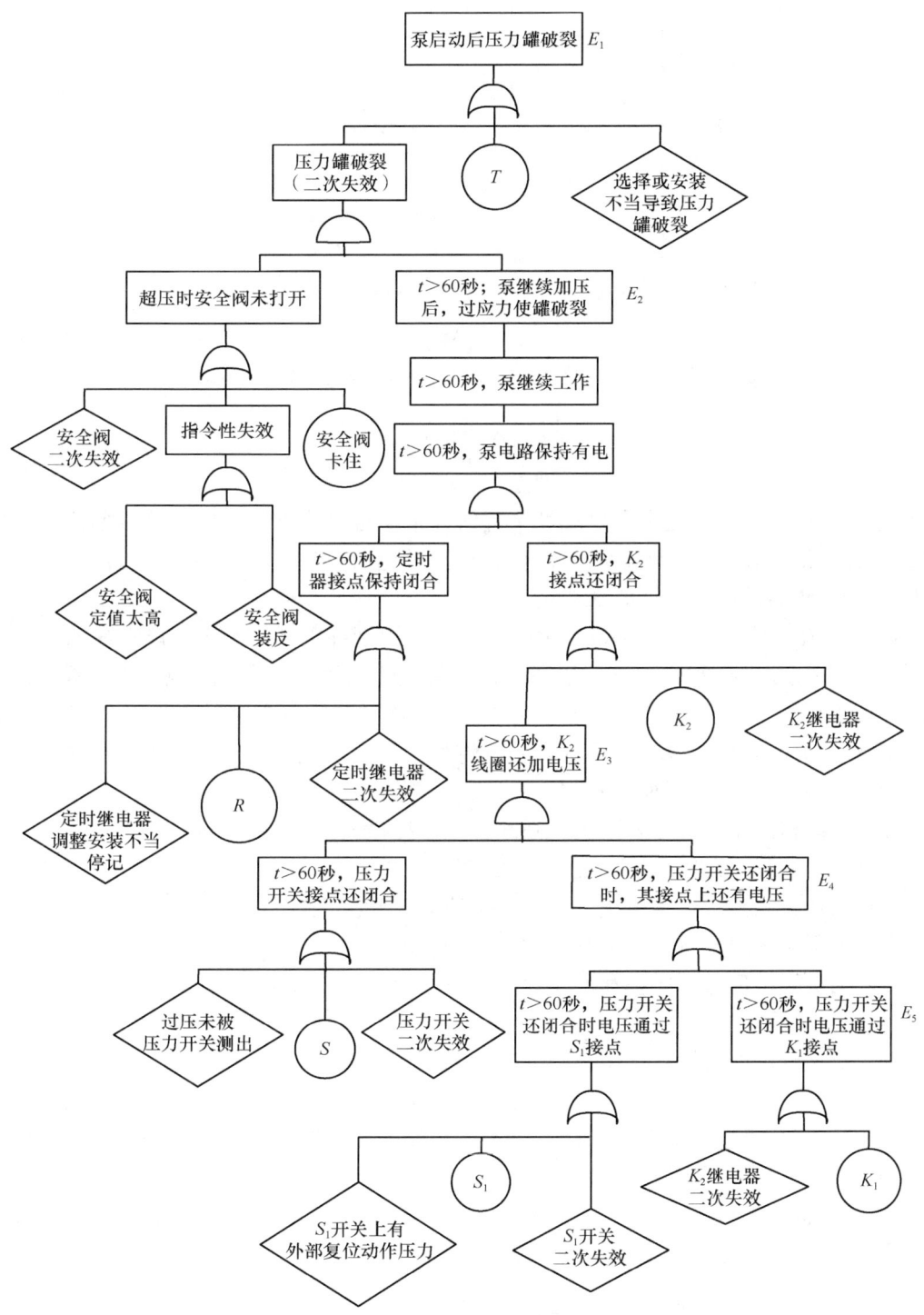

图 6.27 压力罐系统改进方案的故障树

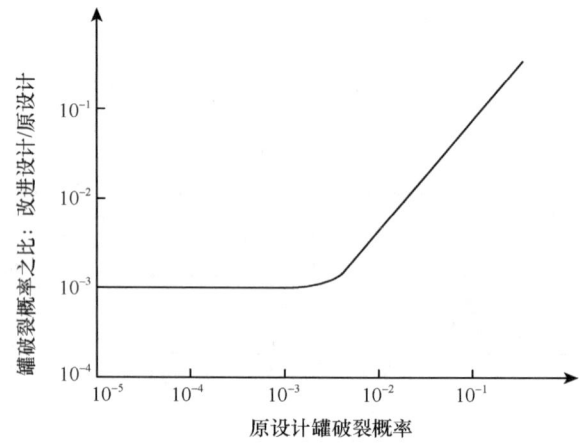

图 6.28 压力罐系统原设计方案和改进设计方案 FTA 结果比较

本 章 小 结

故障分析技术与方法是指在可靠性工程研究中，首先确定产品的故障有哪些，故障是怎么样的；其次分析产品的故障是由什么原因引起的；最后决定如何消除或控制故障及其影响，以达到预期可靠性要求的技术与方法。

FMECA 在一定的规则和基础数据的支持下，识别并判断产品中可能存在的故障及其表现形式（称为故障模式），然后以所识别的每一个故障模式为出发点，逐一研究分析其后果和影响，并根据其后果的严重程度和发生概率（以危害度度量），发现产品的关键部分和薄弱环节，并最终提出在设计和生产过程中需实施改进或进行重点控制的项目的建议。该分析方法通常包括如下步骤：

（1）组织和计划，目标和限制，系统描述，提供背景信息。
（2）系统分解，元件描述，运行模式。
（3）识别失效模式，确定失效原因，描述如何检测失效。
（4）识别失效模式对于局部和整个系统的影响。
（5）确定失效模式的频率和严重度，并进行分类，计算 RPN。
（6）提出改进建议。
（7）根据分析准备报告。

FTA 则以产品的不希望发生事件为起点，采用自上而下的方法，逐步分析故障的原因，最终形成一个直观的倒置树状结构来描述故障的发生过程。FTA 的基本原理是从系统中最不希望发生的故障状态或事件出发，逐步寻找导致故障的所有原因，直至找到原始且已知故障机理或概率的因素。该分析方法主要包括如下基本步骤：首先，构建故障树；其次，进行定性分析；最后，进行定量分析。

思 考 题

1. 故障分析技术通常用于解决哪些可靠性方面的问题？

2. FMECA 方法的基本步骤有哪些？
3. FTA 方法中有哪些类型的逻辑门？
4. FTA 方法在定量分析中可以开展哪些方面的分析？

参 考 文 献

[1] 周海京, 遇今. 故障模式、影响及危害性分析与故障树分析[M]. 北京: 航空工业出版社, 2003.
[2] 朱继洲. 故障树原理和应用[M]. 西安: 西安交通大学出版社, 1989.
[3] 史定华, 王松瑞. 故障树分析技术方法和理论[M]. 北京: 北京师范大学出版社, 1993.

第 7 章 概率风险判定法

概率风险判定（probabilistic risk assessment，PRA）是一种定量的风险评价方法，以事件树分析（event tree analysis，ETA）与 FTA 为核心工具。本章内容主要包括 PRA 概述、PRA 原理、PRA 步骤和 PRA 应用；此外，为了便于读者学习，7.5 节对 PRA 的核心工具——事件树分析法进行介绍，FTA 法的分析过程详见本书 6.3 节。

7.1 概率风险判定法概述

在 20 世纪 60 年代初，风险和可靠性评估方法首次被应用于美国航空航天及导弹项目，催生了 FTA 技术。NASA 在"阿波罗"项目初期，对于登月任务的成功可能性进行了探讨。尽管经过复杂的风险与可靠性计算后得出的成功概率低得令人失望，NASA 决定不再继续进行这种定量分析，转而采用 FMEA 方法进行系统安全分析。与此同时，核工业界却认为 PRA 是评估安全性的最佳方法，并在核电站中增强了 FTA 的应用，成功计算出事故的发生概率及其后果的严重度。此后，PRA 被广泛应用于核电站安全评价，并逐渐扩展到石油化工和装备研制等领域。

直到"挑战者"号航天飞机事故发生后，NASA 才开始重新考虑量化风险分析。随后，NASA 全面接纳了 PRA，并将其应用于不同型号的航天飞船的各个研制阶段。到了 2002 年 8 月，NASA 总部及其安全与任务可靠性研究中心共同发布了《概率风险评估过程指南》，详细阐述了 NASA 采用 PRA 理论方法进行风险评估与管理的基本问题。目前，PRA 技术已被广泛应用于探月飞船、轨道空间飞机、航天飞机、国际空间站、火星探测器以及对地观测卫星等项目中。

自 20 世纪 80 年代起，清华大学核能与新能源技术研究院等科研单位开始研究 PRA 技术，并在我国核工业领域成功应用。过去十几年，中国航天科技集团有限公司的中国航天标准化与产品保证研究院、中国运载火箭技术研究院、中国空间技术研究院和上海航天技术研究院以及中国科学院、国防科技大学和北京航空航天大学等机构也在航天、航空等领域开展了 PRA 技术的研究，并取得了显著成果。在我国的航天领域中，PRA 技术的研究与应用主要受到了载人航天工程项目的推动。在"神舟一号"进行首航之前，诸如中国航天科技集团有限公司中国运载火箭技术研究院、中国航天标准化与产品保证研究院以及中国科学院等机构已经就运载火箭逃逸系统的 PRA 技术进行了联合研究。到了 2002 年，中国载人航天工程办公室牵头，联合中国航天科技集团有限公司中国航天标准化与产品保证研究院、中国运载火箭技术研究院、中国空间技术研究院和航天医学工程研究所共同制定并颁布了《载人航天工程航天员安全性工作指南》。

从本质上讲，PRA 技术是一个综合集成技术平台，它融合了事件树分析、FTA、事件序列图、主逻辑图表、蒙特卡洛模拟等多种技术方法。这些技术各自独立且已被研究人员熟练掌握，并且通过前期的探索和研究，相关航天专业机构在 21 世纪初已经全面掌握了 PRA 的基本理论和技术手段。基于我国航天系统的实际需求，还制定了 PRA 的详细实施流程，从而为将 PRA 技术应用于航天领域奠定了坚实的技术基础。在 2005 年，中国航天科技集团有限公司的中国航天标准化与产品保证研究院与中国空间技术研究院合作，针对首次载人航天任务，按照发射、在轨运行和返回着陆三个阶段，开展了针对"船毁人亡"事故的 PRA 工作。他们成功建立了以故障树为主题的 PRA 模型，有效验证了载人飞船的安全指标要求。

在 2009 年，中国航天科技集团有限公司中国航天标准化与产品保证研究院与上海宇航系统工程研究所再次合作，针对空间对接机构分系统的任务可靠性进行了深入研究。他们针对"对接、组合飞行、分离"等任务过程，利用事件树和故障树，构建了完整的事件链模型。同时，他们还结合单机、部组件、分系统等不同层级数据，以及试验、仿真等不同类型的数据进行了不确定性分析。

尽管 PRA 提供了一种理论上比定性分析更为精细和科学的风险量化方法，但它同样面临诸多挑战。主要问题之一是数据的匮乏和不可靠性可能导致误差累积，从而影响结果的准确性和实用性。在缺乏充足、可靠安全数据支持的情况下，PRA 的数值结果可能会因误差过大而失去实际应用价值。特别是在工程实践中，除了电子设备故障数据较为丰富且信度较高外，其他如大型机械设备、人为错误、环境危险等因素的数据往往较少且不稳定，这限制了 PRA 技术的广泛应用。因此，PRA 仍是一个处于发展阶段的技术。

7.2 概率风险判定法原理

PRA 是一种综合性的分析流程，它涉及建立与量化风险模型。这些风险模型旨在描述危险事件发生的可能性以及这些事件可能造成的损失程度。通常，通过结合事件树和故障树的方法来进行建模。在量化阶段，主要任务是计算基本事件和危险事件发生概率的点估计与区间估计，同时评估不确定性，并在可能性层面区分不同因素对风险影响的重要度。在执行 PRA 过程中，常见的工具包括主逻辑图（master logic diagram）、功能事件序列图（event sequence diagram，ESD）、FMEA、可靠性框图（reliability block diagrams，RBD）等。

在采用 PRA 方法进行风险评估时，首先需要识别出系统中所有潜在的事故情景及其可能导致的后果和发生概率。事故情景，是指一连串导致事故发生的事件，包括最初的事件、一系列关键的中间事件以及最终的结果事件。如果无法全面而准确地识别这些事故情景，就无法准确地进行风险评估，进而也就无法有效地支持管理决策。事故情景的识别在很大程度上依赖于分析人员的经验、知识水平、对所使用分析方法的熟练程度以及对系统的熟悉度。同时，还需要综合运用多种分析工具，如 FTA、ETA、FMEA 等来进行事故情景的开发。ETA 与 FTA 的综合分析构成了 PRA 的基本方法，其中 ETA 用于确定导致不良后果的系统故障顺序，而 FTA 则用来识别那些可能导致系统故障的组件失效（或人为错误）的组合。

7.3 概率风险判定法步骤

PRA 是一种将风险的定性分析与定量计算综合应用的评估方法，运用主逻辑图、事件树分析及 FTA 对风险进行评估，利用主逻辑图分析初始事件，运用事件树和故障树进一步分析事故演绎过程的主要原因，并最终确定导致系统失效的不同事件组合及其失效概率。

7.3.1 PRA 风险分析步骤

在对系统进行深入分析时，我们不难发现，任何系统故障的触发都源自某些初始因素。这些初始因素会经过一连串中间环节的发展，最终演变为重大事故，进而引发一系列的严重后果。因此，风险分析的核心任务在于识别出导致系统故障的根本原因，并制定有效的应对措施来预防其发生，从而避免潜在的事故。一旦这些初始因素出现，我们必须立即采取措施，切断它们向事故发展的中间链条，防止问题的进一步恶化。PRA 分析过程如图 7.1 所示。

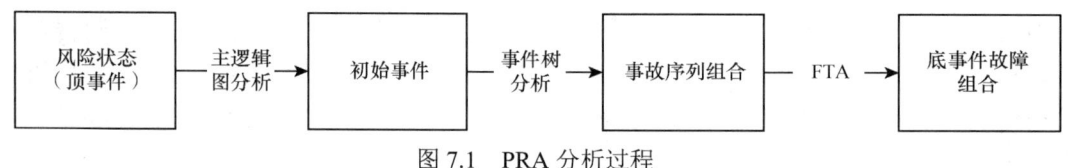

图 7.1　PRA 分析过程

1. 主逻辑图分析

在 PRA 方法中，第一步是识别初始事件。初始事件，是指事故的起点，仅在初始事件发生之后，才会逐步演变为一个完整的事故链条，最终导致重大损失，并对系统产生负面影响。主逻辑图通过层次结构图的形式，对导致风险事故发生的条件进行分级描述，其主要目的是识别并分类初始事件。主逻辑图从系统的失效顶事件或不希望发生的事件开始，使用类似于故障树的结构，逐层向下寻找事故的起始点，即初始事件。通过自上而下的分层分析方法，逐渐将事故分解为由不同初始事件组成的子部分，直至找出所有可能的初始事件。

2. 事件树分析

在面对系统环境所带来的诸多不可预测因素时，以及在采取各种风险规避措施的背景下，对于相同的起始条件，系统的响应会有所不同。因此，事件发展的方向和最终结果也各不相同。针对这种情况，我们应该依据系统、环境以及人员对初步事件的反馈方式进行细致的事件序列分析。采用事件树分析法，从一起初始事件出发，探究由多个中间事件构成的不同事故序列组合（accident sequence group，ASG）。在这一过程中，利用事件树的中间事件集合来展示从初始事件展开的主逻辑图中的事故序列组合。

事件树分析法是一种能够清晰展现从某一初始事件开始，所有可能的进展方向和结果的方法。在通过事件树表示的事故序列中，每个中间事件均有两种可能的结果：成功或失败，这种二元性有助于阻断事故的发生。在构建事件树的过程中，可以充分考虑并吸收分析对象领域内专家的经验和建议，从而提升事件树分析结果的合理性与准确性。虽然通过事件树分析得出的导致事故发生的序列仅仅是 PRA 分析的一个中间步骤，并非最终成果，但这一过程对于指导降低系统风险概率的措施制定至关重要，同时也能识别出与事故序列相对应的具体事故场景。

3. FTA

FTA 技术，作为一种广泛使用的系统失效诊断工具，在 PRA 领域中占据着举足轻重的地位。该分析手段主要通过事件树中的中间事故作为分析的出发点，深入探究导致这一结果的各种潜在因素。通过对这些中间事件的细致分析，我们不仅可以揭示不同事件之间可能存在的联系，还能为接下来的研究提供坚实的数据支持。在采用 FTA 方法进行分析的过程中，我们能够识别出那些导致顶事件发生的故障因素组合，即割集，它们实质上是基础事件的不同排列组合。借助逻辑门的详尽分析和割集的精确计算，可以进一步推断出顶事件发生的可能性。至于基础事件的发生概率，则可以通过经验总结、实验模拟或数据统计等手段获得。

为了全面理解系统失效的机制，综合运用主逻辑图、事件树分析与 FTA 这三种分析工具显得尤为必要。这种综合性的分析方法能够提供一个包括系统失败模型、专家见解以及各类数据信息在内的全面定性分析报告。值得注意的是，定性分析往往不会得到一个固定不变的结果；不同的分析师根据自己的理解和分析，可能会得出不同的结论。只有当分析人员对所研究的系统的构造和运行原理有着深刻的认识时，他们得出的结论才会更加接近真实情况。

7.3.2 PRA 评估步骤

图 7.2 是针对复杂技术系统的典型 PRA 流程，实际的 PRA 任务计划可以松散地建立在这幅图上。PRA 进程始于对象的定义，以界定评估范围、确定约束条件。构建事故场景部分包括事件序列图和事件树的构建。数据收集和分析活动跨越各阶段，贯穿 PRA 过程的始终，既影响其他活动，又受其他活动的影响。

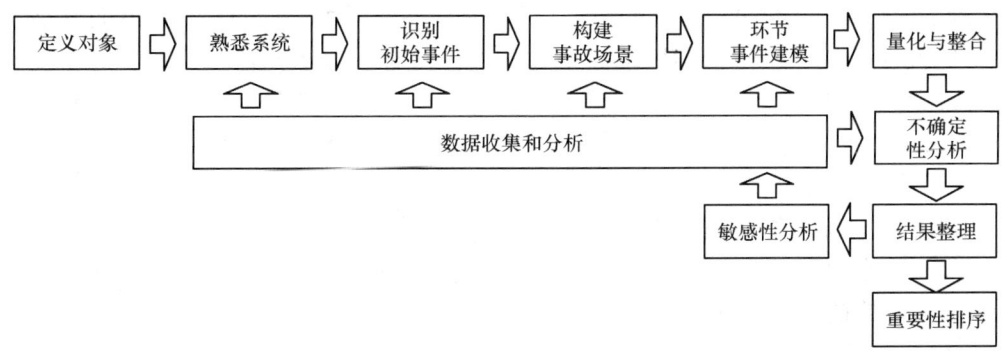

图 7.2　典型 PRA 流程

图 7.2 中的反馈回路是隐含的，不仅量化与整合的结果会通过不确定性分析、结果

整理、敏感性分析、数据收集和分析活动反馈给逻辑建模，而且每项活动都可以通过数据收集和分析与其前序活动构成反馈回路。

1. 定义对象与熟悉系统

在采用 PRA 进行风险评估前，分析人员需深入了解所研究的系统设计、系统操作和环境条件。此外，必须明确安全性分析的目标、种类及适用范围。分析人员对系统的了解程度对于后续建立风险模型具有直接影响。该步骤构成安全性分析的基础工作，并对分析的整体质量至关重要。

2. 识别初始事件

初始事件通常指引起系统扰动的因素。所有事故均由初始事件触发，这些事件通过主逻辑图进行确定。主逻辑图是一种层次结构图，旨在简化对初始事件的搜索和分类。在此结构中，顶层事件代表被分析系统中不希望出现的情况，如事故或风险状态；而下层事件则反映了子系统或部件功能失效的情形。主逻辑图结构的底层事件被视为导致顶层事件发生的起始点。

3. 构建事故场景

在专业领域内，事故序列分析是一种用于识别和评估潜在事故场景及其发生概率的技术。该分析依赖于事件序列图和事件树这两种工具，它们协助分析师从初始事件出发，逐步推导出各种可能的结果状态，包括预期的安全结果以及可能的事故后果。

在建模过程中，首先将初始事件展开成一幅事件序列图，该图详细记录了事件发展的多个路径和可能的结果。由于事件序列图的结构相对灵活，它并不直接适用于严格的量化分析。因此，需要将其转换为具有明确数学基础的事件树，以便进行详细的定量风险评估。现代的概率安全评价通常基于一系列由事件树构成的事故序列。

事件序列分析主要关注从任意假设的起始事件开始，按照逻辑顺序分析系统部件和操作人员的潜在响应及其后果展开，直至达到最终的安全或事故状态。事故序列模型则进一步考虑了人、机器和环境之间的相互作用及其所面临的潜在危险与破坏。通过这些模型，可以系统地分析和评估不同级别的风险与安全措施。

在实际应用中，事件序列图和事件树是 PRA 分析不可或缺的工具。事件序列图提供了一种流程图式的视角来详细描绘事故的发展过程，而事件树则为这种分析提供了必要的数学严格性，确保了分析结果的准确性和可靠性。此外，概率安全评价技术的发展也促进了这些工具在高风险行业，如核工业和航空航天领域中的应用，帮助工程师和分析师预防潜在的事故发生。

总体而言，事故序列分析和建模是理解与提高系统安全性的关键步骤，通过使用专业的工具，如事件序列图和事件树，可以有效地识别和控制潜在的风险，从而保障公共安全和工业设施的稳定运行。

4. 环节事件建模

FTA 是一种系统失效分析方法，通过建立故障树模型来识别和分析系统中可能导致顶事件的各个环节事件。这种方法以不希望发生的事件为顶事件，通过图形化的方式展示系统如何失效，并帮助找出引发系统失效的基本原因。

构造故障树的过程是一个系统的演绎推理过程，在此过程中需要不断询问并回答"顶事件是如何发生的"这一问题。在这个过程中，我们需要考虑各种可能的失效路径和原因，并通过逻辑门连接它们。通过这种方式，我们可以建立一个清晰的层次结构，以便更好地理解系统的失效机制。

故障树通常与其他工具，如事件树一起使用，以表示从初始事件到结果状态的系统响应。事件树可以提供关于系统响应的更详细细节，而故障树则为事件树中的环节事件提供了更多的信息。两者结合使用可以更加全面、精确和清晰地描述事故序列。

5. 数据收集和分析

数据收集和分析模块在 PRA 过程中扮演着关键角色，它与众多其他模块紧密相连，并贯穿整个分析过程。该模块的核心职责是搜集所有与 PRA 相关的数据，并对这些数据进行深入分析。分析的成果主要用以支持确定基本事件的发生率或概率分布、在特定条件下某基本事件的条件概率、两个基本事件共同发生的概率以及所有其他与 PRA 相关联的概率分布信息。

在 PRA 分析中，基本事件可能涉及组件失效（可由可靠性模型表示）、人因错误，或者简单地对应于失效率。这一步骤对于确保 PRA 分析结果的可信度至关重要，因为它确保了所有必要的数据都被准确收集和分析，从而为后续的风险评估提供了坚实的基础。

6. 结果分析

所有事故序列用环节事件集合表示，环节事件用基本事件表示，因此可以用基本事件来表示事故序列，用基本事件的组合来代表某一个特定的事故（风险），最终转换为如式（7.1）所示的风险表达式：

$$R = h(f_{\text{IE}}, q_j) \tag{7.1}$$

其中，R 为整个系统的风险；IE 表示初始事件；f_{IE} 为初始事件的发生概率；$q_j = p(\text{BE}_j)$，为基本事件 BE 的发生概率（$j=1,2,\cdots,n$，n 为分析系统基本事件的个数）。

由于基本事件的发生概率通常情况下不是一个定值，而是服从一种模型分布。例如，基本事件代表某一个部件的失效，而这个部件的失效服从失效率为 λ 的指数分布。假如这个部件每 τ 个单位时间维修一次，那么这个部件的不可用度为

$$q_j = p(\text{BE}_j) = \lambda_j / 2 \tag{7.2}$$

因此引入风险的另一种表达方式：

$$R = g(x_1, x_2, \cdots, x_n) \tag{7.3}$$

其中，x_i 为基本参数，如部件的失效率、人因错误概率、维修间隔时间等。针对这两种风险表达方式，需要进行重要度分析，得到不同部件、不同参数对系统风险的贡献。常用的重要度分析方法有下行法（Fussel-Vesely 算法）、风险收益（risk achievement worth，RAW）分析、伯恩鲍姆（Birnbaum）分析、关键重要性（criticality importance）分析、

差异重要性分析（differential importance measure，DIM）等，不同的分析方法有其不同的特点和适用范围。

最后，进行不确定性分析，得到基本事件的不确定性导致的风险不确定性。

7.4 概率风险判定法应用

PRA 方法的最终体现是：一方面形成由事故场景及其发生可能性与后果所构成的集合；另一方面，依据风险评估结果，对资源进行合理分配，进而预防事故发生，提升系统安全性。事故场景也就是发生事故的事件链，包括初始事件、一个或多个中间事件和结果事件（图 7.3）。

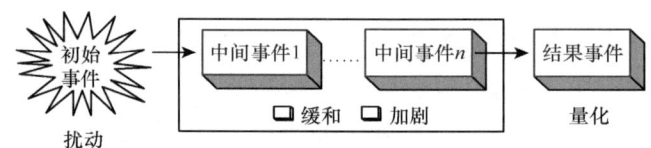

图 7.3 事故场景的概念

事故场景按照结果事件的性质和严重程度由重至轻进行分类，具体如下：
（1）身体伤害/疾病或生命丧失。
（2）设备破坏或财产（包括软件）损失。
（3）任务失败。
（4）系统不可用。
（5）不期望的或有间接损害的试验结果。
（6）环境破坏。

接下来，通过分析一个推进剂输送系统的简易模型来说明 PRA 的主要内容及其应用。

7.4.1 模型示例

在航天器中有两个功能完全相同且相互备份的燃烧室，图 7.4 是其中一个燃烧室的推进剂输送系统的简易模型。

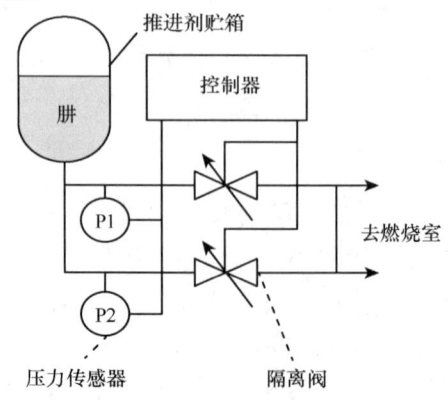

图 7.4 推进剂输送系统的简易模型示意图

如图 7.4 所示，输送模型有一个肼贮箱、两条通向燃烧室的推进剂输送线路，在每条输送线路上装有一个常开状态的隔离阀、一个压力传感器、一个控制器。控制器能够通过输送线路上的压力传感器感知输送线路上的液压，并据此控制隔离阀的状态。当燃烧室工作状态信号有效，控制器打开螺旋阀（图中未标示）允许肼流出。图 7.4 中模型设计的目的是，当输送线路上发生泄漏事件时，泄漏将被压力传感器感知（泄漏导致压力减小），接着，控制器控制两个隔离阀关闭。控制器设计成能区分燃烧器正常输送和发生泄漏两种状态的不同。在这个事故场景分析的示例中，肼泄漏的结果是：运载器故障；丢失科学数据。全系统的设计能通过隔离一个推进器输送单元泄漏故障，使其不会破坏关键的航天器设备。请注意，本模型仅是示意，不是实际的推进剂输送系统模型。

7.4.2 初始事件识别

从风险分析的角度来看，如果没有初始事件，就不会有中间事件和结果事件的发生。这种情景类似于流行感冒，感染病毒是初始事件，流行感冒是一种事故，病人死亡是场内后果（结果事件），交通工具内的旅客感染是场外后果（可以扩展到其他场景）。因此，PRA 方法的首要任务是识别初始事件，只有从初始事件出发才能得到事故的发展序列及其对系统的影响。在 NASA 的 PRA 程序手册中，推荐使用主逻辑图来识别初始事件。

主逻辑图方法专注于对潜在风险事故的关键先决条件进行层次化分析，旨在全面辨识和归类触发事件。从不希望发生的后果出发，主逻辑图采用自上而下的分析策略，逐步将事故或风险状态解构为由触发事件定义的各个单元，直至识别出所有潜在的触发事件。考虑到这些初始事件可能受到外部环境因素的影响，因此在确定初始事件时，应综合考虑系统与环境的相互作用。图 7.5 是主逻辑图的一个典型结构。

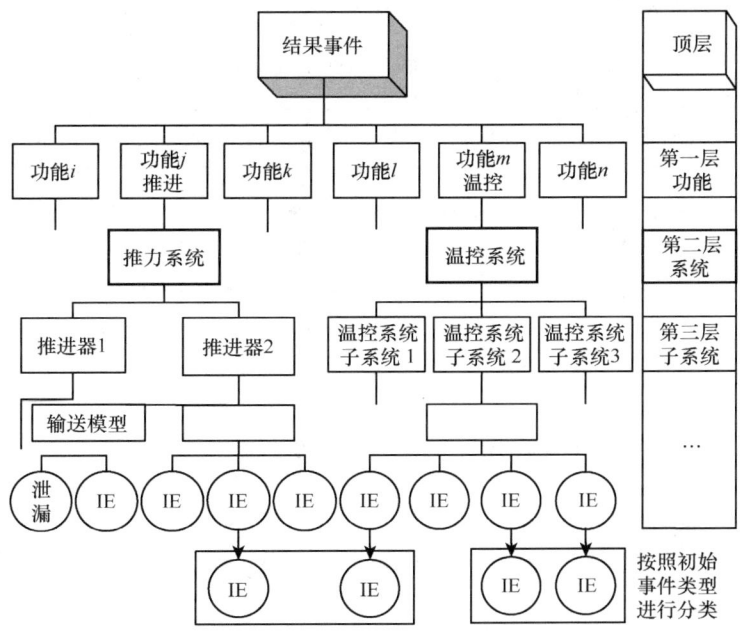

图 7.5 主逻辑图的一个典型结构

图 7.5 是主逻辑图中的一个小块。在这个案例中，出发点（结果事件）是航天器损毁和科学仪器失效，两者都暗指任务失败，但航天器损毁显然比科学仪器失效的后果要严重。航天器损毁和科学仪器失效是由哪些功能丧失所引起的，以及哪些系统因素的物理损伤会导致相应功能的丧失，并由此逐步展开得到的初始事件，都是明显的。

7.4.3 功能事件序列图与事件树

从初始事件发起的事故场景，可以应用功能事件序列图进一步分析。事件序列图按功能描绘了系统对初始事件的响应，给出了初始事件导向不同结果的路径，每条路径就是一个事故场景的流程图。沿每条路径，按照发生和不发生来识别中间事件，最后展开的事件序列图具有二元结果，很容易转换成事件树。事件序列图与事件树包含相同的信息，但事件树更便于用计算机来建模处理，而在加强风险分析师、系统设计师和职员间的沟通方面，事件序列图显然比事件树有优势。

以推进剂输送模型为例，通过肼泄漏这一初始事件来说明事件序列图和事件树的建立与应用，见图 7.6（图中的虚线框表示解释说明）和图 7.7。

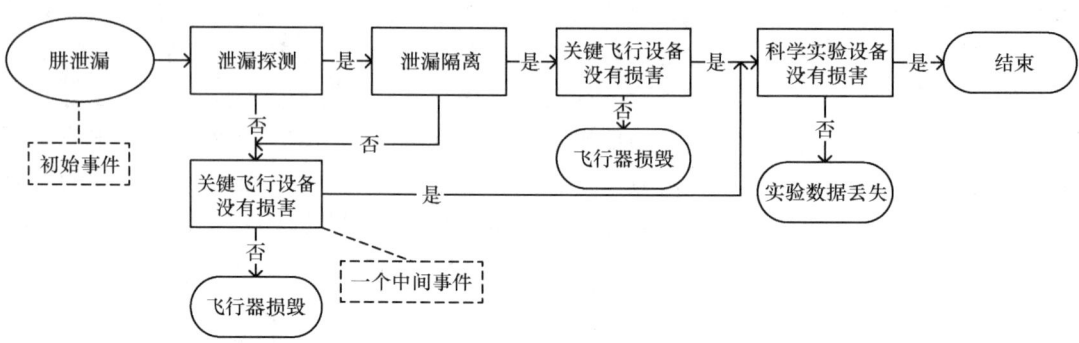

图 7.6　关于肼泄漏的事件序列图

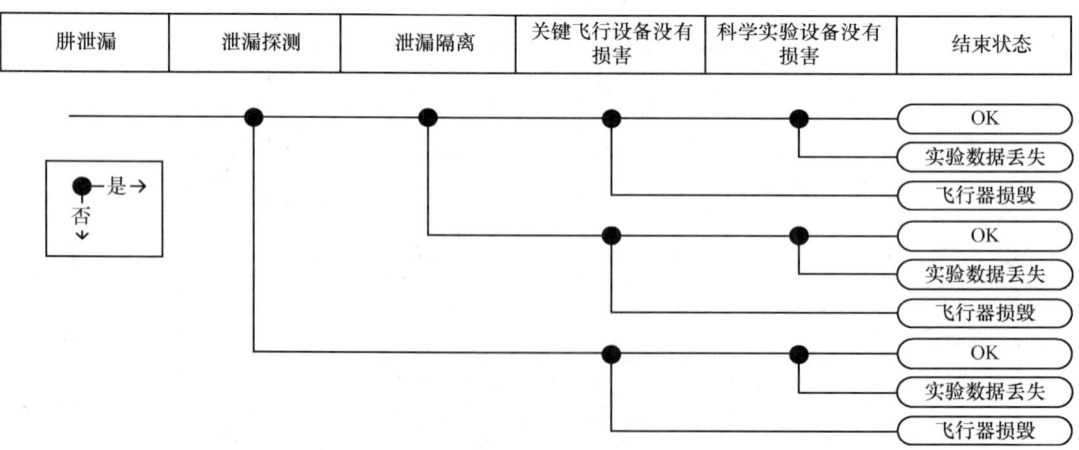

图 7.7　关于肼泄漏的事件树（一）

7.4.4 中间事件建模

中间事件建模是一种以细节为基础的方法,旨在对事故场景进行定量分析。在多数情况下,中间事件之间以及中间事件与初始事件之间的关联并非孤立存在。因此,成功的中间事件建模必须基于对建模条件的充分识别和理解。FTA 是实施中间事件建模的一种有效手段,它以中间事件的发生为顶点,通过图形化的方式展示中间事件发生的过程及其条件。利用故障树,可以清晰地识别导致中间事件发生的根本原因和环境因素。

故障树主要用于建立事件的层级结构,为事件树中的中间事件提供更详尽的信息,以便进行量化分析。事件树和故障树通常联合使用,共同描述从初始事件到最终结果状态的系统响应过程。这种组合使用的方法比单一方法更能清晰、准确地构建和记录事故序列。

以推进剂肼泄漏模型为例,图 7.8 说明了中间事件建模的具体过程。需要注意的是,故障树是对事件树内容的进一步扩展和细化。

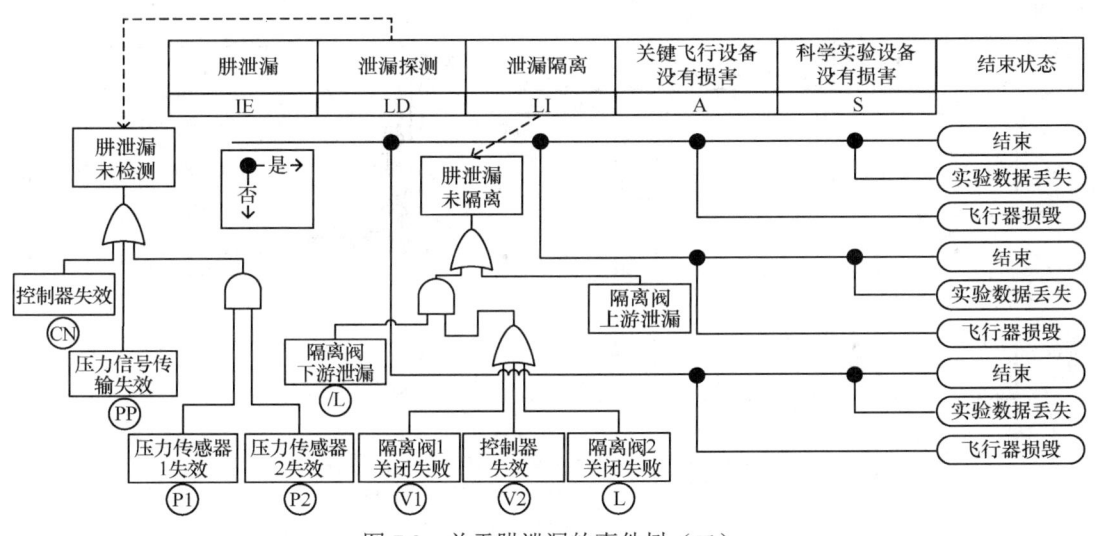

图 7.8　关于肼泄漏的事件树(二)

图中的英文字母指代字母上面的事件;虚线表示另一种情况

7.4.5 事故场景的量化

在安全风险评估中,一旦将各种潜在的事故情况转化为中间事件,并且这些中间事件被进一步分解为基本事件,便可以通过基本事件的集合来描述具体的事故场景。这种方法表明,通过对基本事件的精确量化分析,我们能够对整个事故场景进行定量的风险评估。

基本事件量化的核心目标在于汇聚与特定事故情景相关的全部数据,进而对这些数据进行深入分析。此分析旨在确立各个基本事件发生的可能性或其概率分布、一个基本事件在已知其他事件发生情况下的条件概率、两个基本事件同时发生的概率,以及所有相关的概率分布信息。这一过程是确保准确理解事故场景中潜在的风险和影响的关键步骤。

在工程实践中的很多情况下，对基本事件发生概率的认识是模糊的，有时是因为数据太少或者数据不可用，有时是因为手头的数据不可信。对基本事件发生概率认识的模糊性必然会导致风险度量的不确定性，目前解决这一问题的主要办法是通过试验的方式获得额外数据和/或对现有知识进行整合来获取有用信息，然后根据获取的数据和信息对概率进行修正。贝叶斯决策分析就是一种讨论如何利用新的数据和信息修正事件发生概率的工具。

假定图 7.8 中初始事件 CN、PP、P1、P2、/L、V1、V2、L、/A1、/A2、IE 发生的概率均服从对数正态分布，关于肼泄漏风险的量化计算过程见图 7.9。其中，箭头左侧的 12 个小图是概率分布图，横轴是 x，代表各个初始事件，纵轴是 $P(x)$，代表各初始事件概率；A1、A2 代表肼泄漏中关键设备没有损害的两种情况。

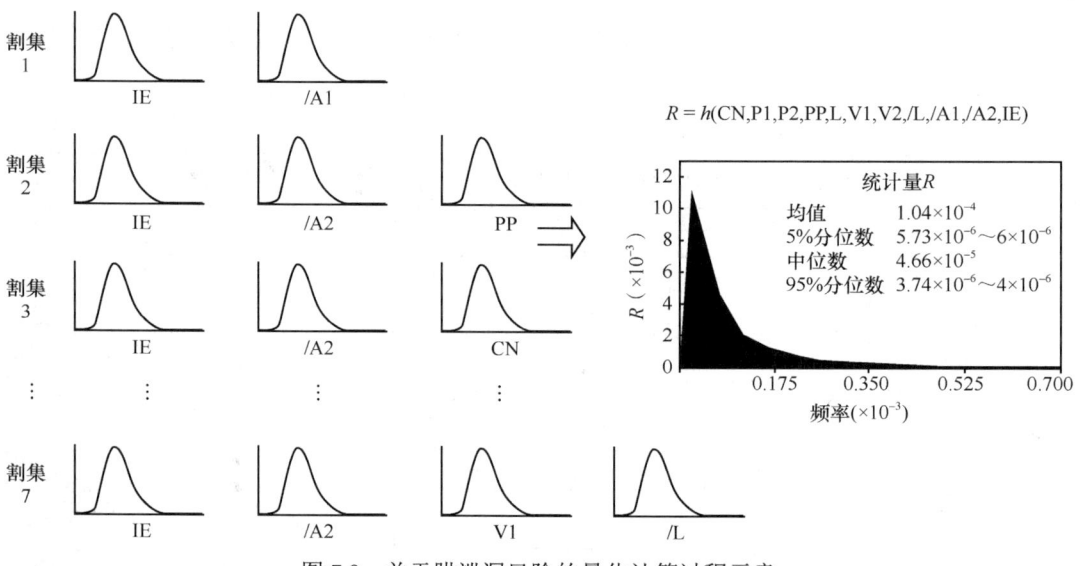

图 7.9 关于肼泄漏风险的量化计算过程示意
箭头右侧的 h 代表 CN、P1、P2、PP、L 等的风险值

箭头右侧的统计图中，纵轴 R 是风险值的统计量；横轴是风险评估中的频率，是指危害发生的可能性，通常通过频率来表示。风险值的计算通常涉及将风险源引发风险的频率乘以衡量风险严重程度的系数和风险可能性的概率。具体来说，风险值可以通过以下公式计算：风险值=概率（P）×频率（F）×严重程度（S）。

由于篇幅限制，不再给出关于肼泄漏可能导致的航天器损毁和科学实验数据丢失的风险量化计算过程。

7.5 事件树分析法

PRA 是一种以事件树分析与 FTA 为核心工具的风险分析方法，为辅助读者更好学习该方法，本节对事件树分析法进行介绍。

7.5.1 事件树分析法概述

事件树分析是一项图形化技术，旨在描绘一个初始事件发生之后的独立后果。事件树分析是为了缓解其后果而设计，也是为了检验各种系统是否有效运作，其支持定性和定量分析。该技术源自决策树分析，采用时序逻辑方法，强调事件发展的因果联系。事件树分析从一特定的起始事件出发，按照发展顺序逐阶段分析，每个可能的后续事件都只能是两种互斥状态中的一种（例如成功或失败、正常或异常、安全或危险）。此分析法可逐步推导至系统故障的结局。事件树分析不仅能够描述事件的动态演变，还能量化各个阶段的可能性，从而确定在事件进展中各种状态出现的概率。

7.5.2 事件树分析法原理

事件树分析专注于识别导致事故的根本原因，即初因事件。事故通常由一系列相互关联的事件引发，每个事件的发生可能是基于前一个事件的结果。这种事件的连锁反应遵循因果逻辑，事件树分析通过分析这些逻辑关系来追踪事故的进展。从初始事件开始，事件树分析按照事故发生的顺序，考虑"发生与不发生"两种情况交替出现的可能性，逐步推进分析，直至达到系统故障或事故的结局。此过程形成了一种树枝状的事件解析结构。

在事件树分析中，每个可能的后续事件都被视为完全独立的两种状态之一：发生或不发生（成功/失败、正常/故障、安全/危险等）。事件树分析的结构设计考虑了其他系统、功能或障碍因素对初始事件的影响，无论是加剧还是缓解。在事件树分析中，各事件分支的发生概率是在它们完全独立的条件下计算的。重要的是，事件树中的概率是条件性的，即它们是基于特定假设和条件的。

尽管事件树也是一种决策树的形式，但其结果主要取决于系统的固有客观规律，而非决策者的主观控制或影响。这与传统的决策树有所不同，后者的结果更多地受到决策者选择的影响。

事件树分析是一种用于评估故障发生后，在多种减轻措施作用下可能出现的不同后果的定性与定量分析工具。它特别适用于涉及多个环节或多重保护系统的风险评估，既支持定性分析以促进团队对潜在情景和连锁事件的深入讨论，也支持定量分析以评估控制措施的实际效果。此外，事件树分析起源于决策树分析，主要用于模拟可能带来损失或收益的基本事件。然而，在寻求最大化收益时，通常优先选择决策树模型。

实施事件树分析时，关键在于彻底理解系统的构成与功能，并重视以下方面：

（1）有效利用常规安全检查、巡检结果、未遂事件和故障报告以及来自相关领域、类似或相似系统的数据，以识别可能导致重大事故的初始和系统级事件。

（2）在确定初步事件时，应当集中关注那些对系统安全产生深远影响且发生概率较高的事件。对于初期选定的初步事件进行归类整理，将可能触发同一事件树的初步事件划分为一组，进而深入分析各类事件对系统的潜在影响程度。优先针对那些潜在影响最为严重的初步事件构建事件树。

（3）在利用事件树分析结果来制定应对措施时，应重点考虑那些具有高事故发生概率和巨大事故影响的因素。

（4）系统的故障概率通常由构成该系统的操作流程中各个安全措施失败的可能性的逻辑乘积所决定。因此，相应的措施应确保在任何可能发生事故的阶段，至少有一项安全措施得以成功执行，并且这些措施的实施时机尽可能提前。

（5）在整个操作流程中，为避免事故发生，必须采取的措施是确保所有可能引发事故的安全措施均能成功实施。

（6）防止事故的策略包括体系层面、物质层面以及人员层面的对策。

7.5.3 事件树分析法步骤

事件树分析的输入要素包括：初始事件的详细列表、应对措施及其潜在失败概率的数据，以及对故障进展过程的理解。

事件树分析的输出结果包括：对潜在问题进行定性描述，并将这些问题视为包括初始事件，同时能产生各类问题的综合事件；对各类事件的发生频率或概率以及事件的发生序列、各类事件的相对重要性的估算结果；降低风险的策略建议清单；对建议措施效果的定量评估。

实施步骤如下：

（1）选择初始事件，这可能涉及如粉尘爆炸或停电等事故。

（2）按顺序罗列旨在缓解后果的现有功能或系统，并通过线条表示这些功能或系统的成功（标记为"是"）或失败（标记为"否"）。

（3）在构建事件树时，每条路径都应被赋予一个具体的失效概率。这一概率的确定可以通过专家评估或采用 FTA 等方法来完成，以确保对条件概率的准确估算。值得注意的是，事件树中的概率是条件性的。例如，某安全系统启动的概率是在特定异常状态下（如火灾）的估算值，而非常规操作条件下的数据。事件树的各分枝展示了不同事件序列发生的可能性，假设这些事件相互独立，最终结果的概率则是各个条件概率与初始事件发生频率的乘积。

7.5.4 应用示例

【例 7.1】 图 7.10 呈现了火灾的事件树分析。在一起初始爆炸事件之后，考虑到可能引发的火灾、自动喷水系统启动以及火警报警器的激活等一系列后续不确定性事件，本节将评估这些连锁反应带来的风险结果及其出现的频率。

具体来说，一旦发生爆炸（其频率设定为 10^{-2}，即每百年一次），随之引发火灾的可能性高达 80%，不起火的概率为 20%。若火灾发生，自动喷水系统介入的概率接近 99%，而失效的可能性仅为 1%。在自动喷水系统有效运作的情况下，火警报警器被激活的概率几乎是确定性的 99.9%，而未被激活的情况极为罕见，仅占 0.1%。综上所述，如果爆炸后发生了火灾，并且自动喷水系统与火警报警器均按预期工作，将形成一种有预警的可控火灾情景，该情景的预期发生频率经计算为 7.9×10^{-3}，即大约每千年可能发生七到八次。图 7.10 显示了当分枝完全独立时，对简单事件树的计算。

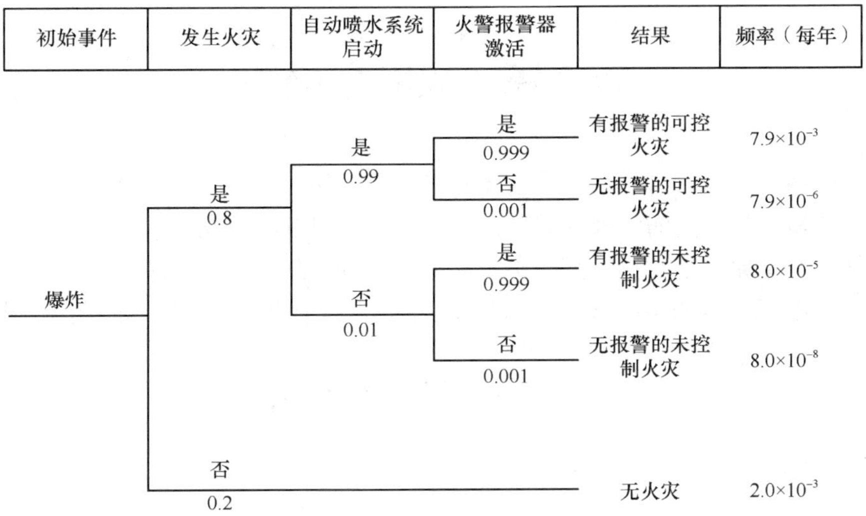

初始事件	发生火灾	自动喷水系统启动	火警报警器激活	结果	频率（每年）
爆炸	是 0.8	是 0.99	是 0.999	有报警的可控火灾	7.9×10^{-3}
			否 0.001	无报警的可控火灾	7.9×10^{-6}
		否 0.01	是 0.999	有报警的未控制火灾	8.0×10^{-5}
			否 0.001	无报警的未控制火灾	8.0×10^{-8}
	否 0.2			无火灾	2.0×10^{-3}

图 7.10　火灾事件树分析

本 章 小 结

PRA 是一种以量化分析为基础的方法，主要通过事件树分析和 FTA 工具，整合多种安全性风险评估手段，将初始事件系统地转化为详尽的风险剖面。该评估过程涉及风险模型的构建和量化两个关键步骤。风险模型不仅描绘了危险事件发生的可能性，还描述了这些事件可能导致的损失程度，通常采用结合事件树与故障树的方式进行建模。在风险模型量化环节，重点在于计算基本事件和危险事件发生概率的点估计与区间估计，并评估不确定性因素，从而准确区分不同因素对整体风险的影响程度。

PRA 主要运用主逻辑图、事件树分析和 FTA 等技术，其评估步骤包括：定义对象与熟悉系统、识别初始事件、构建事故场景、环节事件建模、数据收集和分析，以及结果分析。

思 考 题

1. PRA 法有什么优点和不足？
2. PRA 法的基本步骤有哪些？
3. 事件树分析和 FTA 过程有什么相同及不同之处？

参 考 文 献

[1] 司悦彤. 概率风险评估在尾矿坝溃坝中的应用研究[D]. 昆明：昆明理工大学，2013.
[2] 张一娆. 基于 PRA 的电子商务安全风险评估模型研究[D]. 贵阳：贵州大学，2009.
[3] 成兴荣. 基于 PRA 的船舶进出港航道操纵风险评估模型的研究[D]. 大连：大连海事大学，2012.
[4] 郑恒，周海京. 概率风险评价[M]. 北京：国防工业出版社，2011.

第 8 章 贝叶斯网络

贝叶斯网络，也称为信念网络或因果网络，是一种图形模型，它通过节点和有向边的网络结构来表示变量之间的条件依赖性。本章将介绍贝叶斯网络所涉及的相关理论基础、贝叶斯网络的基本原理以及贝叶斯网络推理模式；为了方便读者更好地理解贝叶斯网络在实际生活中的应用，8.4 节将通过详细的风险分析的例子介绍贝叶斯网络的应用场景。

8.1 贝叶斯网络概述

8.1.1 贝叶斯定理

想象你是一个游戏节目的参赛者，面前有三扇关闭的门：门 1、门 2 和门 3。其中一扇门后面有一辆汽车（作为奖品），而其他两扇门后面则各有一只山羊。你的目标是选择正确的门，赢得汽车。

游戏的流程是这样的：

首先，你需要选择一扇门，比如门 1，但门不会立即打开。

接下来，主持人会在另两扇门中打开一个后面是山羊的门。比如，打开了门 2，露出一只山羊。

最后，只剩下门 1 和门 3 未开。主持人会问你是否想要坚持最初的选择（门 1），还是改选另一扇未打开的门（门 3）。

这个问题便是著名的三门问题（亦称 Monty Hall problem，即蒙提霍尔问题或蒙提霍尔悖论），它源自美国的电视游戏节目 "Let's Make a Deal"（一锤定音），该节目由主持人蒙提·霍尔（Monty Hall）主持。在游戏流程的最后，你会面临一个选择：是应该坚持最初的选择还是应该更换门？直觉上，许多人会认为这两种选择的胜率相同，即各有 1/2 的概率赢得汽车。但实际上，通过贝叶斯定理的分析，我们可以知道更换门的策略将会使赢得汽车的概率增加到 2/3。

贝叶斯定理，也被称为贝叶斯公式或贝叶斯法则，是由英国数学家托马斯·贝叶斯（Thomas Bayes）在 1763 年推导出的一个关于条件概率的数学定理。这个定理允许我们从一个给定的事件 B 发生的概率出发，通过它发生的条件下事件 A 发生的概率来计算事件 A 发生的概率。贝叶斯定理利用先验概率来计算和更新后验概率，这在统计学和概率论中是一个非常重要的工具。贝叶斯定理的一般形式是

$$P(A|B) = \frac{P(B|A)P(A)}{P(B)} \quad (8.1)$$

其中，$P(A)$ 为先验概率，即在没有任何额外信息的情况下事件 A 发生的概率。先验

概率是在考虑任何新的影响或证据之前，对事件发生概率的判断，它基于以前的经验和知识。

$P(B)$ 为边缘概率，即无论事件 A 发生与否，事件 B 发生的概率。边缘概率也被称为无条件概率，是一个事件本身的概率，不考虑其他事件的发生。

$P(A|B)$ 为后验概率，即在事件 B 发生的条件下事件 A 发生的概率。后验概率是在考虑新证据之后更新的概率。它是基于新信息和先验概率计算得出的。

$P(B|A)$ 为似然概率，即在事件 A 发生的条件下事件 B 发生的概率。似然概率是给定事件 A 发生的情况下，事件 B 出现的概率。在贝叶斯定理中，似然函数是一个非常重要的组成部分，它告诉我们新证据与假设的关联程度。

贝叶斯定理提供了一种从统计证据中学习和推理的方法。直观上，它告诉我们如何通过考虑已有的信息（即先验概率）和新出现的信息（即似然性），来更新我们对某一事件发生可能性的估计（即后验概率）。

下面让我们用贝叶斯定理具体分析一下三门问题。首先，我们先定义如下一些事件。

令 C_i 代表奖品真正位于门 i 的事件，i 可以是 1、2 或 3。

令 P_i 代表参赛者最初选择门 i 的事件。

令 H_i 代表主持人打开门 i 并展示了一只山羊的事件。

在游戏开始时，每扇门后面有汽车的概率都是 1/3，因为汽车可以等可能地放在三扇门后的任意一扇，即

$$P(C_i) = \frac{1}{3}$$

参赛者随机选择一扇门，因此选择任一扇门的概率也是 1/3，即

$$P(P_i) = \frac{1}{3}$$

在参赛者选择了一扇门后，主持人会打开剩余两扇门中的一扇，展示一只山羊。主持人知道每扇门后面的内容，因此他不会打开有汽车的那扇门。这意味着如果参赛者选择了含有汽车的门，主持人可以随意选择剩下的两扇门中的任何一扇来打开。如果参赛者没有选择含有汽车的门，主持人只能打开剩下的两扇门中没有汽车的那一扇。

假设参赛者选择了门 1。我们想要计算的是，在主持人打开了另一扇门（比如门 3）后，换到剩下的门（门 2）的概率。使用贝叶斯定理，我们可以计算在主持人打开门 3 后，汽车实际上在门 2 后面的概率，即

$$P(C_2 | H_3, P_1) = \frac{P(H_3 | C_2, P_1) P(C_2)}{P(H_3 | P_1)}$$

其中，$P(C_2 | H_3, P_1)$ 为在主持人打开门 3 且参赛者最初选择了门 1 的条件下，汽车位于门 2 的后验概率。

$P(H_3 | C_2, P_1)$ 为在汽车位于门 2 且参赛者选择了门 1 的条件下，主持人会打开门 3 的概率。因为主持人不会打开有汽车的门，如果汽车在门 2，他只能打开门 3，所以这个概率是 1。

$P(C_2)$ 为汽车位于门 2 的先验概率，为 1/3。

$P(H_3|P_1)$ 为在参赛者选择了门 1 的条件下，主持人打开门 3 的概率。这个概率是 1/2。因为如果汽车位于门 1（有 1/3 的概率），主持人可以随意打开门 2 或门 3；如果汽车不在门 1，而是在门 2（有 2/3×1/2 的概率），主持人只能打开门 3。因此：

$$P(H_3|P_1) = \frac{1}{3} \times \frac{1}{2} + \frac{2}{3} \times \frac{1}{2} = \frac{1}{2}$$

将这些值代入上述贝叶斯定理中，可以得到：

$$P(C_2|H_3,P_1) = \frac{1 \times \frac{1}{3}}{\frac{1}{2}} = \frac{2}{3}$$

贝叶斯定理在概率论中占有特殊地位，因为它提供了一种不同于传统频率主义解释概率的方法来处理不确定性。频率主义将概率定义为长期频率，即在无限次的重复实验中，一个特定事件发生的相对频率；在频率主义视角中，概率是客观存在的，不涉及主观判断；这种方法通常不使用先验概率，而是直接基于实验数据来估计概率。相比之下，贝叶斯统计学将概率视为对一个事件信念的度量，这种信念可以基于个人的判断或主观评估；贝叶斯方法允许使用先验概率，这些先验可以是基于专家知识或以前的经验；它使用贝叶斯定理来更新概率，即在考虑新证据后修正我们对事件概率的估计，见图 8.1。

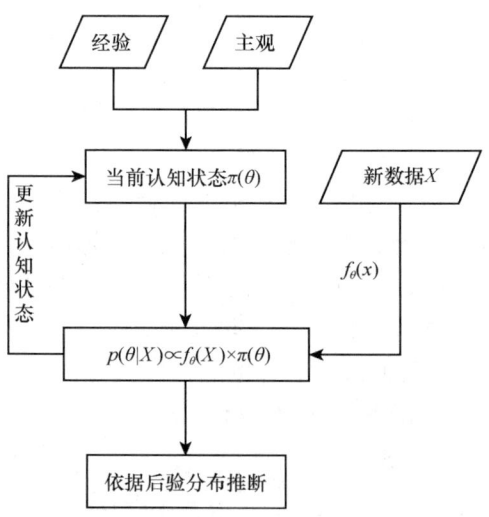

图 8.1 贝叶斯统计推断流程图

总的来说，贝叶斯定理的关键之处在于它允许先验知识与新数据相结合，而频率主义方法通常依赖于数据本身，不考虑先验知识。贝叶斯方法特别适用于数据较少或需要结合专家知识进行推断的情况。在实际应用中，这两种方法有时会被结合起来使用，以充分利用各自的优势。

8.1.2 图论基础概念

贝叶斯定理提供了一种理论框架，而贝叶斯网络是这一理论的经典实际应用之一。但是在介绍贝叶斯网络之前，理解图论的基础理论是非常重要的，因为贝叶斯网络本质上是一种图模型，它通过有向无环图的形式，将一组变量及其条件依赖关系可视化。

图论是数学的一个分支，是一个包含顶点（或节点）集与边集的数据结构 $\mathcal{K}$，它通过图形的方式来模拟物理系统中的对象及其相互作用。假设顶点集为 $V = v_1, \cdots, v_n$，节点对 v_i 和 v_j 由一条有向边 $v_i \to v_j$ 或者一条无向边 $v_i - v_j$ 连接。因此，边集 E 可以定义为成对顶点的集合，其中对于 $v_i, v_j \in V$ 且 $i \neq j$，每一对顶点为 $v_i \to v_j, v_j \to v_i$ 或 $v_i - v_j$ 三种情况之一。一般情况下，对于每对顶点 v_i, v_j 都会假设最多有一种类型的边连接，即一对顶点不能既有 $v_i \to v_j$，又有 $v_j \to v_i$，也不能既有 $v_i \to v_j$，又有 $v_i - v_j$。如果一个图所有的边都是 $v_i \to v_j$，那么该图称为有向图，通常记作 $\mathcal{G}$；如果一个图所有的边都是 $v_i - v_j$，那么该图称为无向图，通常记作 $\mathcal{H}$。本章中，我们重点关注的是有向图。图 8.2 为有向图和无向图的示例。

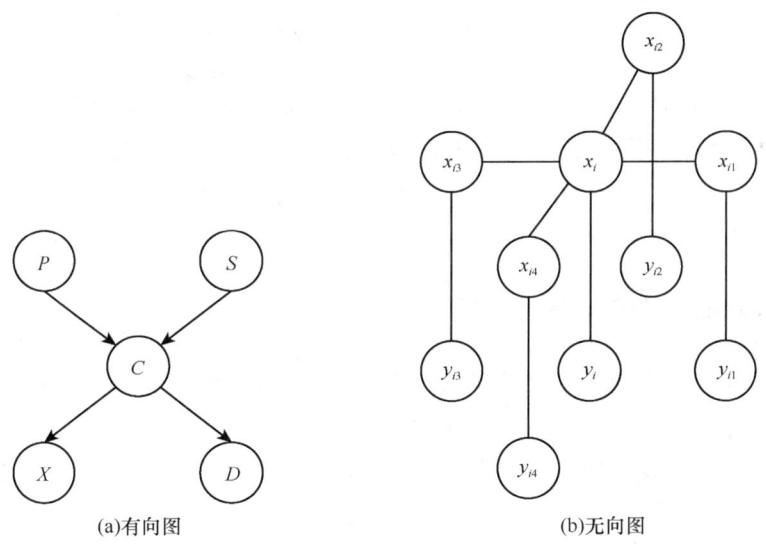

图 8.2　图模型示例

定义 8.1　对于一个给定的有向图 $\mathcal{G} = \{V, E\}$，其中顶点集 $V = \{v_1, \cdots, v_n\}$ 是所有顶点的集合，E 为所有有向边的集合，$E \subseteq \{(v_i, v_j) | v_i, v_j \in V, v_i \neq v_j\}$。

这里，每个元素 (v_i, v_j) 是一个有序对，表示从顶点 v_i 指向顶点 v_j 的有向边。注意，在有向图中，(v_i, v_j) 和 (v_j, v_i) 是两条不同的边，分别代表不同的方向。

在有向图中，每个顶点通常代表一个独立的实体或对象，它可以是具体的或抽象的，取决于所讨论的系统或应用的上下文。例如，在社交网络中，一个顶点可能代表一个用户；在互联网链接结构分析中，一个顶点可能代表一个网页；在城市交通网络中，顶点可能代表交通枢纽，如公交站或火车站；在软件工程中，一个顶点可以是一个类或函数；在生物学的蛋白质互作网络中，顶点可能代表单个的蛋白质；而在供应链管理中，顶点可能代表供应商、制造商或零售商。在所有这些情况下，顶点作为图的基础构件，用于表示系统中可区分的单元，它们之间的互动或关系通过边来表示，而边的有向性表明了这些互动或关系的方向，如数据流向、控制流、影响力的传递或物质的运输路径。

在有向图中，路径是指从一个顶点到另一个顶点的一系列顶点和边的序列，这些边遵循图中的方向。具体来说，一个从顶点 A 到顶点 B 的路径由一组顶点 $v_1, v_2, \cdots, v_k$ 组成，其中 v_1 是起始点 A，v_k 是顶点 B，并且对于序列中的每一对连续顶点 v_i 和 v_{i+1} 都存在一条由 v_i 指向 v_{i+1} 的有向边。在路径中，顶点和边可以被访问多次，但在一些特定的路径类型，如简单路径中，每个顶点和边只能出现一次。

在有向图中，循环（也称为环或回路）是一种特殊的路径，它从一个顶点开始，经过一系列的有向边，最终回到起始顶点，而且在这个过程中不重复经过任何顶点（除了起始和结束点）。具体来说，如果有一个顶点序列 $v_1, v_2, \cdots, v_k$，其中 $v_1 = v_k$，且对于所有 $1 \leq i \leq k$，都存在一条从 v_i 指向 v_{i+1} 的有向边，则这个序列形成了一个循环。这意味着在循环中，可以沿着有向边的指示方向移动并最终返回到起点，形成一个闭合的循环路径。

有向无环图是一种特殊类型的有向图，它的主要特点是不存在任何循环或回路，即不可能从某个顶点出发沿着有向边行进并最终回到同一个顶点。在有向无环图中，每条边具有确定的方向，从一个顶点指向另一个顶点，而且无论从哪个顶点开始，都不会经过任何重复的顶点回到起始点。

8.1.3 贝叶斯网络与概率图模型

贝叶斯网络，也被称为信念网络或因果网络，该网络以贝叶斯定理为理论基础，通过有向无环图的形式来表示变量之间的概率依赖关系。在贝叶斯网络中，节点（顶点）和边构成了整个概率模型的骨架。每个节点代表一个随机变量，节点可以是二值的，例如"是"或"否"，也可以是多值的，甚至是连续值的。节点间的有向边代表了节点间的相互关系，用条件概率表达变量间的依赖关系。例如，如果有一条边从节点 A 指向节点 B，那么节点 B 的概率分布直接依赖于节点 A 的状态。

在贝叶斯网络中，父节点是指那些通过有向边直接影响另一节点的节点。简单来说，贝叶斯网络是一种有向无环图，其中每个节点代表一个随机变量，而边表示这些变量之间的概率依赖关系。在这种结构中，如果有一条从节点 A 指向节点 B 的边，那么 A 被称为 B 的父节点。父节点的概念在贝叶斯网络中至关重要，因为它们代表了导致子节点状态或值的原因或前因。例如，在医学诊断的贝叶斯网络中，疾病（父节点）会影响症状的表现（子节点）。贝叶斯网络通过这些父子关系来计算和更新变量的条件概率，允许我们进行复杂的推理和预测，尤其是在信息不完全或存在不确定性的情况下。

贝叶斯网络不可以有任何循环，根据有向图循环的定义，这意味着在网络中不可能从任一节点出发，沿着有向边回到该节点。这个特性对于贝叶斯网络至关重要，因为它确保了网络可以用于表示概率依赖关系而不会出现逻辑上的矛盾。具体来讲，贝叶斯网络中每个节点表示一个随机变量，其条件概率是基于其父节点的状态定义的。如果存在循环，那么在某个节点的概率定义中会引入循环依赖，这违反了条件概率的基本原则，即概率定义应基于已知或确定的量。此外，如果在贝叶斯网络中存在循环，比如一个节点序列 $A \to B \to C \to A$，因为每个节点的概率分布只能由其父节点的状态决定，那么节点 A 的概率将依赖于节点 C，节点 C 的概率依赖于节点 B，节点 B 的概率又依赖于节点 A。在这种情况下，没有一个起点可以用来确定这些概率，因为每个节点的概率计算都依赖于另一个尚未确定的概率，这就造成了一个逻辑上的死循环，无法实现概率的有效计算，这显然是不符合逻辑的。

从本质上讲，贝叶斯网络是将概率论与图论结合的一种统计模型，这类模型可以统称为概率图模型。概率图模型是统计学和机器学习领域的一种基础工具，它结合了图论和概率论，用图形化的方式表示多个随机变量之间复杂的概率关系。在这些模型中，图的节点通常代表随机变量，而边则描绘了这些变量之间的概率依赖或关联。概率图模型主要分为两类：有向图模型和无向图模型，如图 8.3 所示。

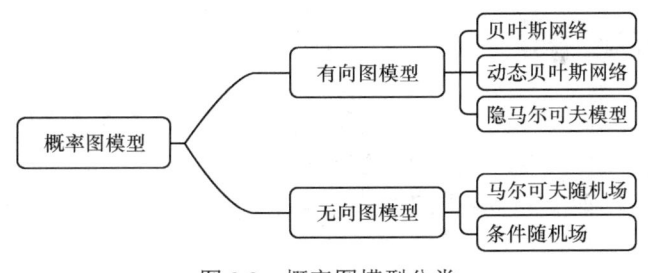

图 8.3　概率图模型分类

有向图模型是一种使用有向边来表示变量之间条件依赖关系的强大工具。在这类模型中，每个节点通常代表一个随机变量，而有向边则描绘了这些变量之间的直接概率依赖性，贝叶斯网络是有向图模型的典型代表。有向图模型的一个关键特性是它们支持复杂的条件概率计算和推理，如给定某些变量的状态，可以计算其他变量的条件概率。这种模型在多个领域中都非常有用，特别是在需要理解和对因果关系进行建模的场景中，如医疗诊断、风险分析、机器学习等。通过结合条件概率和概率链式规则，有向图模型可以有效地处理不确定性，推导隐藏变量的概率，并进行预测和决策。此外，它们也可以用于执行概率推理，如贝叶斯推断，从而使我们能够在不完全或不确定的信息基础上做出更加合理的预测和判断。

无向图模型，作为概率图模型的另一种形式，使用无向边来表示变量之间的概率关系，而不是指明明确的因果关系。在这种模型中，每个节点代表一个随机变量，节点之间的无向边表示这些变量间的潜在关联或相互作用。马尔可夫随机场（Markov random fields）是无向图模型的经典代表，它广泛应用于空间数据分析、图像处理、社会网络分析等领域。在无向图模型中，边的无向性意味着两个变量之间的关系是对称的，即一个变量的状态对另一个变量的影响与其反向影响是相等的。这种模型特别适用于描述变量间的非层次性或不具有明显方向性的关系,如社交网络中的友谊关系或图像中的像素邻域关系。无向图模型通过捕捉变量之间的相依性,能够进行联合概率分布的推理,并用于预测和分类任务。这种模型的一个关键挑战在于计算联合分布,特别是当网络结构复杂或节点数目众多时。尽管如此,无向图模型仍然是理解复杂数据关系和构建复杂系统模型的一种强大工具。

概率图模型的核心优势在于其能够直观地表示变量间的依赖关系,并提供一种结构化的方法来处理不确定性和复杂的概率计算。例如,在贝叶斯网络中,可以利用条件概率表和链式规则来执行复杂的推理任务。同样,在马尔可夫随机场中,可以应用概率推断算法,如吉布斯采样或变分推断,来估计未观察到的数据或隐藏状态。这些模型在多个领域都有广泛应用,例如在自然语言处理中用于词性标注和句法分析,在计算机视觉中用于图像识别,在生物信息学中用于基因表达分析,在社会网络分析中用于影响力最大化和社区发现等。概率图模型之所以强大,是因为它提供了一种从数据中学习复杂关系的方法,并能够在存在不确定性和不完整信息的情况下进行有效的决策支持与预测。

8.2 贝叶斯网络基本原理

8.2.1 贝叶斯网络模型

如前所述,贝叶斯网络是一个有向无环图,由代表变量的节点及连接这些节点的有向边构成。节点代表随机变量,节点间的有向边代表了节点间的相互关系(由父节点指向其子节点),用条件概率表达变量间的依赖关系,没有父节点的可以用先验概率进行信息表达。

条件概率表是贝叶斯网络中的关键组件之一,是一个与网络中每个节点相关联的表格,它列出了每个节点状态相对于其父节点所有可能状态组合的联合条件概率。在贝叶斯网络中,每个节点都可以看作是一个事件,其状态取决于其父节点。因此,每个节点都会有一个条件概率表来表示这种依赖性。例如,如果有一个节点 B,它有一个父节点 A,节点 B 的条件概率表会列出所有在节点 A 的每个可能状态下节点 B 的概率。具体来说,如果节点 A 有两个状态(A_1 和 A_2),节点 B 也有两个状态(B_1 和 B_2),则节点 B 的条件概率表如表 8.1 所示。

表 8.1 条件概率表

状态	B_1	B_2
A_1	$P(B_1|A_1)$	$P(B_2|A_1)$
A_2	$P(B_2|A_2)$	$P(B_2|A_2)$

在贝叶斯网络的学习过程中,可以从数据中估计条件概率表的参数,这通常涉及统计推断技术,如最大似然估计或贝叶斯方法。需要注意的是,条件概率表的每一行概率之和必须为 1,因为它们代表了给定父节点状态下的完整概率分布。通过这种方式,条

件概率表结合贝叶斯定理，允许网络在观察到新信息时进行概率的更新和推理。进一步地，可以给出贝叶斯网络的定义。

定义 8.2 贝叶斯网络为一个有序对 $B = (\mathcal{G}, \theta)$，其中 $\mathcal{G} = (V, E)$ 是一个有向无环图，V 是图中节点的集合，每个节点对应一个随机变量；E 是图中边的集合，表示变量之间的依赖关系。θ 是与图 $\mathcal{G}$ 中的节点相对应的参数集合，它定义了这些随机变量的条件概率分布。

对于每个节点 X_i，参数集合包含了一个条件概率分布 $P(X_i \mid \text{Parents}(X_i))$，其中 $\text{Parents}(X_i)$ 是图 $\mathcal{G}$ 中 X_i 所有父节点的集合。

结合起来，$\{\mathcal{G}, \theta\}$ 定义了联合概率分布 $P(X_1, X_2, \cdots, X_n)$，根据贝叶斯定理和链式法则，有

$$P(X_1, X_2, \cdots, X_n) = \prod_{i=1}^{n} P(X_i \mid \text{Parents}(X_i)) \tag{8.2}$$

在定义 8.2 中，每个随机变量 X_i 都有一个明确的概率分布，这个分布可以是离散的，也可以是连续的，每个 $P(X_i \mid \text{Parents}(X_i))$ 都可以通过一个条件概率表（对于离散变量）或者其他形式的参数化分布（对于连续变量）来具体表示。

为了更好地理解，考虑这样一个实例：Pearl（皮尔）教授居住在洛杉矶，该地区地震频繁且盗窃案件时有发生。为了防止盗贼，教授在家里安装了警铃，当盗贼进入教授家里时，警铃可能会发出警报，同时，警铃对地震很敏感，可能会被意外触发。警铃一旦被触发，邻居 Mary（玛丽）和 John（约翰）都有可能打电话给 Pearl 教授。该例子涉及五个变量：警铃发出警报（A）、盗贼入侵（B）、地震发生（E）、John 打电话（J）和 Mary 打电话（M），每个变量都是二值变量，t 表示事件发生，f 表示事件并未发生。该实例对应的贝叶斯网络模型如图 8.4 所示。

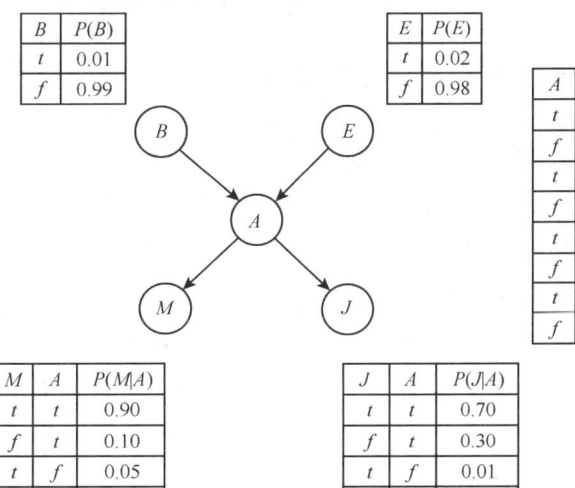

图 8.4 该实例对应的贝叶斯网络模型

在该实例中，根据贝叶斯网络的定义可知：

节点集为 $V = \{B, E, A, M, J\}$。

有向边集为 $E = \{(B \to A), (E \to A), (A \to M), (A \to J)\}$。

条件概率表为 $\theta = \{P(B), P(E), P(A|B,E), P(M|A), P(J|A)\}$。

8.2.2 条件独立性假设

接 8.2.1 节 Pearl 教授的例子。在这个例子中，我们有一个典型的概率模型问题，涉及随机变量之间的因果关系。在不使用贝叶斯网络的情况下，我们需要考虑所有变量的联合概率分布，这需要计算每个可能事件组合的概率，数量级随着变量数的增加而呈指数级增长。具体到这个例子，我们需要考虑 2^5 种不同的概率值，指定每种组合，如 $P(A=t, B=t, E=t, J=t, M=t)$。

使用贝叶斯网络可以大大简化这一过程，该网络的结构揭示了变量间的条件独立性，从而能够通过较少的参数来描述整个系统的联合概率分布。条件独立性是贝叶斯网络中的核心概念，指的是给定一些变量的条件下，某些变量集合与另一些变量集合是独立的，这种独立性允许我们分解概率计算，简化复杂问题。

继续考虑 Pearl 教授的例子，在不考虑任何条件的情况下，这五个变量之间可能存在复杂的依赖关系。但在贝叶斯网络中，可以使用条件独立性来简化这些依赖。例如，如果我们知道了警铃的状态，那么 John 是否打电话就不直接依赖于地震或盗贼入侵的状态。换言之，在已知警铃状态的情况下，John 打电话的概率是独立于地震和盗贼入侵的，即

$$P(J|A,B,E) = P(J|A)$$

这表示，一旦警铃的状态已知，John 打电话的概率就只与警铃的状态有关，与地震和盗贼入侵是否发生无关。

这些条件独立性关系是通过贝叶斯网络的结构体现出来的。在网络中，每个节点只与其父节点有直接关系，与非后代节点条件独立。例如，在上述的情景中，节点 J 和 M 就是 A 的子节点，它们只与 A 直接相关，而与 A 的父节点（B 和 E）条件独立。根据贝叶斯网络的条件独立性假设并结合式（8.2），可以得到所有变量的联合分布：

$$P(B, E, A, M, J) = P(B)P(E)P(A|B,E)P(M|A)P(J|A)$$

贝叶斯网络利用条件独立性减少了必须估计的参数数量，如果我们没有考虑条件独立性，需要计算 2^5 个概率值来完整描述这个系统。但有了条件独立性的假设，我们只需要估计更少的概率值：两个边缘概率 $P(B)$ 和 $P(E)$ 以及三个条件概率 $P(A|B,E)$、$P(M|A)$、$P(J|A)$。

因此，贝叶斯网络通过假设条件独立性，使我们能够将一个高维的联合概率分布分解成多个低维的条件概率分布，这大大减少了需要直接计算和存储的概率数目，使得概率推断在计算上变得可行。

8.3 贝叶斯网络推理

贝叶斯网络的网络推理是指在给定一些节点（变量）观测值的情况下，推断网络中其他节点的条件概率。推理过程通常涉及贝叶斯定理，这个定理使我们能够根据已知条件更新对未知条件的信息。贝叶斯网络推理大致可分为因果推理和诊断推理两类。

8.3.1 因果推理

因果推理用于从原因推断结果的概率分布。在因果推理中，我们关注的是在给定某些原因的情况下，某个结果发生的概率。

让我们通过一个具体的例子来探索贝叶斯网络在因果推理中的应用。假设我们想预测学生的考试成绩，这可能受到多种因素的影响，如学生的智力水平、考前准备程度以及考试的难度。在这个场景中，我们构建一个贝叶斯网络，它包括四个节点：智力（Intelligence）、准备（Preparation）、难度（Difficulty）和成绩（Grade），以及三条边，分别从智力、准备和难度指向成绩。

在这个网络中，我们通过定义条件概率表来量化每个因素对成绩的影响。例如，智力高的学生更有可能在考试中获得更高的成绩，尤其是在他们准备充分和考试难度低的情况下。

使用以下条件概率表来完善模型：

智力（Intelligence）：P(Intelligence=高)=0.7，P(Intelligence=低)=0.3。

准备（Preparation）：P(Preparation=充分)=0.6，P(Preparation=不足)=0.4。

难度（Difficulty）：P(Difficulty=高)=0.6，P(Difficulty=低)=0.4。

成绩（Grade）对应的条件概率表如表 8.2 所示。

表 8.2 成绩（Grade）对应的条件概率表

Intelligence	Preparation	Difficulty	P(Grade=A)	P(Grade=B)	P(Grade=C)
高	充分	低	0.90	0.08	0.02
高	充分	高	0.50	0.40	0.10
高	不足	低	0.40	0.40	0.20
高	不足	高	0.10	0.60	0.30
低	充分	低	0.40	0.20	0.40
低	充分	高	0.01	0.10	0.89
低	不足	低	0.20	0.30	0.50
低	不足	高	0.05	0.25	0.70

接下来，我们可以使用贝叶斯推理来计算给定某些条件下的成绩分布。例如，当我们知道一个学生智力高，且准备充分，但面对的是一项难度较高的考试时，我们可以直接根据成绩对应的条件概率表获得每个成绩等级的概率，具体如表 8.3 所示。

表 8.3　成绩概率表

Grade	P
A	0.5
B	0.4
C	0.1

以上是当所有父节点状态都已知时，对于子节点条件概率的计算，若仅仅只知道部分父节点的状态，则需要根据全概率公式进行计算，即

$$P(A) = \sum_n \left(P(A|B_n) \times P(B_n) \right) \tag{8.3}$$

例如，当我们知道一个学生的智力高，但准备不充分，且考试难度未知的情况下，该学生考试成绩登记为 A 的概率计算如下：

$P(\text{Grade} = A \mid \text{Intelligence} = 高, \text{Preparation} = 不足)$
$= P(\text{Grade} = A \mid \text{Intelligence} = 高, \text{Preparation} = 不足, \text{Difficulty} = 高) \times P(\text{Difficulty} = 高)$
$+ P(\text{Grade} = A \mid \text{Intelligence} = 高, \text{Preparation} = 不足, \text{Difficulty} = 低) \times P(\text{Difficulty} = 低)$
$= 0.1 \times 0.6 + 0.4 \times 0.4 = 0.22$

总的来说，贝叶斯网络的因果推理是通过考虑所有相关因素的联合概率分布来实现的，并且使用贝叶斯定理来更新我们对成绩的信念。

8.3.2　诊断推理

因果推理涉及从已知的原因推断结果，当知道父节点的状态时，我们可以使用条件概率分布正向计算子节点的概率。因果推理反映了从原因到结果的自然流程，而诊断推理则是相反的过程，它是根据已经得到的结果去推测导致该结果可能的原因。具体解释是：因果推理是在父节点信息已知的情况下去正向推测子节点的条件概率，而诊断推理是在已经知道子节点状态的情况下反向推测父节点的条件概率。这在医学诊断和故障诊断等领域非常常见，我们通常已知一些症状或系统失败的表现，然后需要确定造成这些结果的最可能原因。因果推理和诊断推理可以看作是贝叶斯网络中的前向和后向推理过程，它们都是概率推理的核心组成部分，允许我们在不确定性的情况下做出推断和决策。

本节通过一个简化的医学诊断的实际例子来说明诊断推理的详细计算过程，在这个例子中，我们将使用贝叶斯网络来推断可能的疾病原因。假设一位患者到医院就诊，主诉呼吸困难（D）。医生知道呼吸困难可能由多种原因引起，包括哮喘（asthma，A）、心脏病（heart disease，H）和肺炎（pneumonia，PN）。为了简化，假设这三种疾病是互斥的。对应的贝叶斯网络如图 8.5 所示。

在图 8.5 中，父节点有三个。其中，哮喘（A）的概率 $P(A)=0.2$；肺炎（PN）的概率 $P(\text{PN})=0.1$；心脏病（H）的概率 $P(H)=0.05$。子节点有一个：呼吸困难（D）。

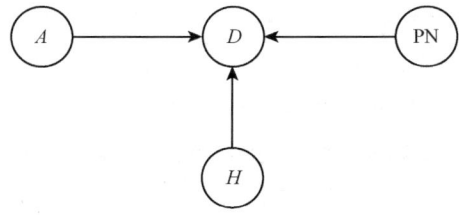

图 8.5 医学诊断实例的贝叶斯网络

已知，在有这些疾病的情况下出现呼吸困难的概率分别为

$P(D|A)=0.8$（哮喘患者呼吸困难的概率）

$P(D|H)=0.7$（心脏病患者呼吸困难的概率）

$P(D|PN)=0.9$（肺炎患者呼吸困难的概率）

使用贝叶斯定理来反向推断患者呼吸困难的可能原因，需要计算观测到呼吸困难后，每种疾病的后验概率，即 $P(A|D)$、$P(H|D)$、$P(PN|D)$。

对于 $P(D)$，可通过全概率公式计算得到，即

$$P(D) = P(D|A) \times P(A) + P(D|H) \times P(H) + P(D|PN) \times P(PN)$$
$$= 0.8 \times 0.2 + 0.7 \times 0.1 + 0.9 \times 0.05 = 0.275$$

根据贝叶斯定理，对于哮喘（A），有

$$P(A|D) = \frac{P(D|A) \times P(A)}{P(D)} \approx 0.582$$

同理可得：

$$P(H|D) \approx 0.255$$
$$P(PN|D) \approx 0.164$$

通过计算可知，该患者呼吸困难，有 58.2%的概率是哮喘导致的，有 25.5%的概率是心脏病导致的，另外还有 16.4%的概率是肺炎导致的。

8.3.3 推理算法

在以上例子中，仅仅只是使用了结构较为简单的贝叶斯网络进行推理计算，现实中对于更加复杂的情况，则可以使用变量消除法、蒙特卡洛方法等推理算法。

1. 精确推理

精确推理是指在贝叶斯网络中准确计算给定证据下节点的后验概率分布的过程。这个过程试图精确地计算每个节点的条件概率，而不是通过近似方法得到结果。

变量消除法是一种常用的精确推理方法，用于计算贝叶斯网络中的条件概率分布，它通过逐步消除网络中的变量来减少计算的复杂性，从而得到所需的后验概率。

在进行变量消除操作之前，应当选择一个合适的变量消除顺序，一般来说，优先消除具有较少邻居节点的变量可以提高计算效率。随后进行势函数计算，为每个团（clique）计算势函数。团是网络中的一个最大的完全子图，即团中的每两个节点都有一条边连接，

势函数定义为团中所有变量的联合概率分布。

接下来进行变量消除操作，主要步骤如下：

（1）初始化。将网络中的所有节点标记为"未处理"。

（2）选择变量。从未处理的节点中选择一个要消除的变量。

（3）计算边缘概率。对于选定的变量，计算其边缘概率分布。这涉及对网络中的其他变量的概率进行积分，从而得到目标变量的边缘概率分布。

（4）更新网络。将消除的变量从网络中移除，并用计算得到的边缘概率分布替换它。

（5）重复操作。重复以上步骤，直到所有的变量都被消除。

（6）计算最终结果。当网络中只剩下一个节点时，即得到了所需的条件概率分布。

除了变量消除法，结合树算法也是精确推理中常用的方法，它是一种基于图的推理方法，使用图数据结构来表示变量之间的依赖关系，并在这个图上进行操作来计算条件概率分布，本书在此不作详细介绍。

精确推理是一种可靠且精确的方法，但在处理大型和复杂的贝叶斯网络时可能会遇到挑战。在实践中，需要根据具体情况选择合适的推理方法，权衡精度和计算效率。

2. 近似推理

近似推理是在存在不确定性时对知识进行推理的过程，它通常应用于那些无法精确计算后验概率或者计算过程过于复杂的情况。近似推理方法尝试找到一个可接受的、近似的解决方案，而不是精确的解决方案。这在许多实际应用中是必要的，特别是在处理大规模问题时，例如在机器学习、统计物理、经济模型和计算生物学中。近似推理算法可分为多种类型，如图 8.6 所示。

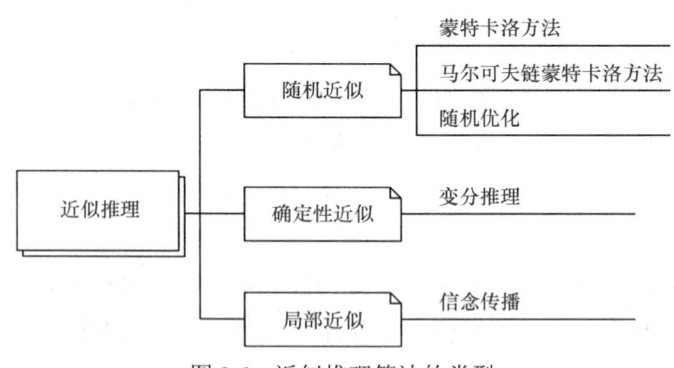

图 8.6　近似推理算法的类型

随机近似是使用概率和随机性来估计数学表达式的值的一种方法。在复杂系统的分析和模拟中，往往需要估计某些概率分布的特性，如均值、方差或更高阶的矩，以及解决优化问题。由于这些问题的解析解可能不存在或难以计算，随机近似提供了一种可行的替代方案，典型的方法如蒙特卡洛方法、马尔可夫链蒙特卡洛方法等。

确定性近似涉及使用简化模型或解决方案来近似表示一个复杂系统，这种方法通常假设存在某种确定性关系，即使在实际中可能存在随机性。在概率模型中，一种常见的确定性近似方法是变分推理。变分推理是一种强大的确定性近似技术，它通过选择一个简单的概率分布来近似复杂分布,将推理问题转化为优化问题。这里的关键思想是找到一个简单分布,它在某种意义上最接近目标复杂分布。然后,通过调整简单分布的参数来最小化这两个分布之间的差异。例如,在贝叶斯统计中,变分推理可以用来近似后验分布,因为在许多情况下后验分布是难以计算的,通过变分推理,我们可以得到后验分布的一个简单近似,从而能够进行参数估计和预测。

局部近似方法专注于系统的局部特性,而不是整体结构。这种方法通常在推理过程中将注意力限制在小范围内,从而减少计算负担。信念传播是贝叶斯网络中用于进行概率推理的一种局部近似算法,它通过在图模型中的节点之间传递消息来工作,每个消息代表了一个节点关于另一个节点状态的信念,这些消息在网络中传播,直到达到一个稳定状态,或者直到有足够的信息来做出决策。信念传播适用于树状结构的图,因为在树中不存在循环,可以保证算法的收敛性,但对于一般的图,信念传播算法可能不收敛,或者可能收敛到一个近似解。针对这个问题,一种被称为松弛信念传播的变体被提出,它尝试在含有循环的图上应用信念传播算法。

8.4 贝叶斯网络在风险分析中的应用示例

图 8.7 展示了一个用于评估个体患肺癌风险的贝叶斯网络概率模型。网络包含三个节点:家族病史(FH)、吸烟(S)和肺癌(LC)。家族病史和吸烟被视为影响个体患肺癌的风险因素,每个节点都有相关的概率值(在图 8.7 中用虚线指示),表示其各自的条件概率。此外,模型还考虑了肺癌患者进行 X 射线检查呈阳性(PR)的可能性,它直接依赖于肺癌的存在与否。这些概率值根据统计数据或专家知识得出,并用于通过网络进行推理,从而评估在给定某些证据时(如个体是否吸烟或有无家族病史)患肺癌的概率。这种类型的模型在临床决策支持中非常有用,因为它可以帮助医生评估和解释患者的风险,并指导进一步的检查和治疗选择。

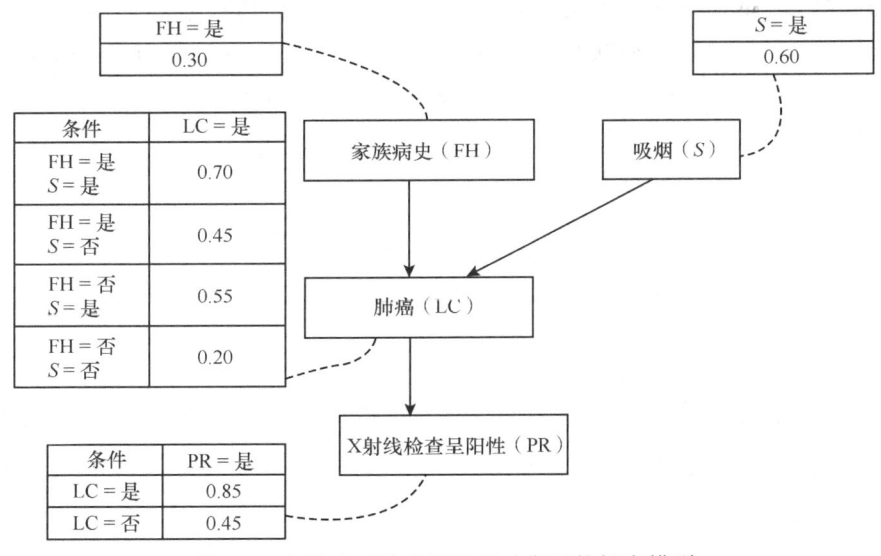

图 8.7 患肺癌风险分析的贝叶斯网络概率模型

考虑以下问题：

（1）已知某位肺癌患者吸烟并且有家族病史，则他X射线检查呈阳性的概率是多少？

（2）已知某人吸烟且有家族病史，则他X射线检查呈阳性的概率是多少？

（3）已知某人X射线检查呈阳性，则他患有肺癌的概率是多少？

首先对第一个问题进行分析，该问题主要考察贝叶斯定理的基本原理。在贝叶斯网络中，节点的条件概率表提供了在给定父节点状态下该节点状态的概率。由于X射线检查呈阳性（PR）节点仅有一个父节点，即肺癌（LC），而且我们已经知道肺癌状态（LC=是），根据贝叶斯网络的条件独立假设原则，这个条件概率是直接给定的，不依赖于其他节点（FH或S）的状态，因此：

$$P(\text{PR}=\text{是}|\text{FH}=\text{是},S=\text{是},\text{LC}=\text{是}) = P(\text{PR}=\text{是}|\text{LC}=\text{是}) = 0.85$$

根据计算结果可知，这位肺癌患者吸烟并且有家族病史，则他X射线检查呈阳性的概率是85%。

第二个问题主要考察贝叶斯网络因果推理相关知识，即如何根据因（例如吸烟和家族病史）来推断果（例如X射线检查的结果），这就需要用到贝叶斯网络中的条件概率和全概率定理来进行因果推理。具体到该问题，需要计算的是一个联合概率，即考虑吸烟（S）和家族病史（FH）对肺癌（LC）的影响，进而影响X射线检查呈阳性（PR）结果的概率。根据全概率公式进行计算：

$$P(\text{PR}=\text{是}|\text{FH}=\text{是},S=\text{是}) = P(\text{PR}=\text{是}|\text{LC}=\text{是})P(\text{LC}=\text{是}|\text{FH}=\text{是},S=\text{是})$$
$$+ P(\text{PR}=\text{是}|\text{LC}=\text{否})P(\text{LC}=\text{否}|\text{FH}=\text{是},S=\text{是})$$
$$= 0.85 \times 0.70 + 0.45 \times (1-0.70) = 0.73$$

因此，这位患者X射线检查呈阳性的概率是73%。

针对第三个问题，"X射线检查呈阳性"是观察到的结果，而"患有肺癌"是导致结果的原因。通过贝叶斯网络，可以利用已知的条件概率和观察结果来计算患有肺癌的后验概率，这个过程是诊断推理的经典例子，即从结果推断原因。为了计算一个人X射线检查呈阳性的情况下他患有肺癌的概率，我们需要使用贝叶斯定理来进行推理。

$$P(\text{LC}=\text{是}|\text{PR}=\text{是}) = \frac{P(\text{PR}=\text{是}|\text{LC}=\text{是})P(\text{LC}=\text{是})}{P(\text{PR}=\text{是})}$$

其中：

$$P(\text{LC}=\text{是}) = \sum P(\text{LC}|\text{FH},S)P(\text{FH},S) = 0.467$$
$$P(\text{PR}=\text{是}) = \sum P(\text{PR}|\text{LC})P(\text{LC}) = 0.637$$
$$P(\text{PR}=\text{是}|\text{LC}=\text{是}) = 0.85$$

综上，$P(\text{LC}=\text{是}|\text{PR}=\text{是}) = 0.467 \times 0.85 / 0.637 = 62.3\%$。因此，该患者X射线检查呈阳性，则他患有肺癌的概率是62.3%。

本 章 小 结

贝叶斯网络是一种强大的概率图模型，它将图论的概念与概率论相结合，用以表示多变量概率分布之间的复杂依赖关系。在这种网络中，每个节点代表一个随机变量，可能是观测到的数据点、潜在的状态或者某个决策的结果。有向边则描述了节点之间的因果或条件依赖关系，这种关系通过条件概率表进行量化。

在贝叶斯网络中，推理涉及计算网络中某些变量的概率分布，这个过程通常分为两类：因果推理和诊断推理。因果推理是根据已知原因推测结果的概率，而诊断推理则是通过已知的结果来追溯可能的原因。为了进行这些推理任务，贝叶斯网络利用贝叶斯定理来更新变量的概率估计，这个过程可以是精确的，如通过变量消除算法来计算；也可以是近似的，如通过蒙特卡洛方法来模拟。

贝叶斯网络结构学习以及参数估计也是目前研究的热点。贝叶斯网络由网络结构和网络参数两部分组成，其中网络结构用有向无环图表示，而网络参数则由节点间的条件概率表示。参数学习是指在贝叶斯网络的已知结构下，确定其条件概率表中的概率值，这个过程通常需要大量数据，通过这些数据可以统计不同变量组合的出现频率。结构学习涉及确定贝叶斯网络中节点之间关系的过程，这个过程可以基于专家知识手动构建，也可以通过自动化的算法来完成，自动化结构学习的目标是从数据中发现变量之间的依赖关系。

贝叶斯网络在众多领域内都有广泛应用，包括医疗诊断、金融风险评估、工程故障分析、生态环境模型、市场研究以及机器学习中的预测建模。贝叶斯网络提供了一种结构化的方法来处理不确定性，并能够通过学习数据来改善模型的精度。这些特性使得该方法在决策支持系统中尤为重要，能够辅助专家和决策者在复杂的环境中做出更加明智的选择。

思 考 题

1. 一个贝叶斯网络的基本组成有哪些？
2. 贝叶斯网络中因果推理与诊断推理的共同点与不同点分别是什么？

参 考 文 献

[1] 贺炜, 潘泉, 张洪才. 贝叶斯网络结构学习的发展与展望[J]. 信息与控制, 2004, (2): 185-190.
[2] 茹鑫鑫, 高晓光, 王阳阳. 基于模糊约束的贝叶斯网络参数学习[J]. 系统工程与电子技术, 2023, 45(2): 444-452.
[3] 周家平. 基于贝叶斯网络的因果推理研究[D]. 长春: 吉林大学, 2023.
[4] Koller D, Friedman N. 概率图模型: 原理与技术[M]. 王飞跃, 韩素青, 译. 北京: 清华大学出版社, 2015.
[5] 黄依新, 相晓嘉, 周晗, 等. 基于概率图模型的多机器人自组织协同围捕方法[J]. 控制理论与应用, 2023, 40(12): 2225-2235.
[6] 刘建伟, 黎海恩, 罗雄麟. 概率图模型表示理论[J]. 计算机科学, 2014, 41(9): 1-17.

第 9 章 模糊综合评价法

在风险管理领域，模糊综合评价法能够综合考虑多个风险指标的权重和关系，处理不确定性和模糊性的信息，为风险管理决策提供全面的评价和决策支持。本章内容主要包括模糊综合评价法的概述、基本原理、步骤以及在风险管理中的应用示例等。通过本章的介绍，读者将深入了解模糊综合评价法的原理和应用，了解它在决策分析和风险管理中的重要作用。同时，本章也将强调模糊综合评价法在未来的发展和创新中，能够为各个领域的决策问题提供更好的解决方案和支持。

9.1 模糊综合评价法概述

在现实世界的决策和评价过程中，我们常常面临多指标、多因素的复杂情况。然而，这些指标和因素往往具有不确定性和模糊性，使得评价过程充满挑战。传统的评价方法难以准确地处理这种不确定性和模糊性，因此需要一种更适应实际情况的方法。

模糊综合评价法应运而生，它是一种基于模糊逻辑和模糊集合理论的评价方法，专门用于处理多指标、多因素评价中的不确定性和模糊性。它通过将评价指标的结果映射为隶属度值，并利用模糊运算符进行运算和推理，在综合考虑不同指标的权重和相互关系的情况下，得出综合评价结果。在多指标、多因素评价中，不确定性和模糊性是普遍存在的。指标数据可能受到噪声干扰、主观判断的影响，而不同因素之间可能存在复杂的相互关系。模糊综合评价法能够通过引入隶属度值和模糊推理，有效地处理这种不确定性和模糊性，提供更准确、全面的评价结果。因此，模糊综合评价法在多指标、多因素评价中具有重要的意义和应用价值。它帮助决策者在面对不确定性和模糊性时，能够更科学、全面地进行评价和决策，提高了决策的准确性和可靠性。

9.1.1 模糊综合评价法的概念

模糊综合评价法的核心思想是引入模糊集合和隶属度的概念，将评价指标的结果模糊化，并通过模糊运算符进行综合评价和决策。

在模糊综合评价法中，评价指标的结果被映射为隶属度值，反映其在评价目标上的归属程度。隶属度值可以是连续的、模糊的，用来描述评价指标的模糊和不确定性特征。通过设定适当的隶属函数，可以将评价指标的结果转化为隶属度值。随后，模糊综合评价法利用模糊运算符进行综合评价和决策。常用的模糊决策方法包括模糊加权平均法、模糊层次分析法等。

模糊综合评价法的关键在于将不确定性和模糊性的信息纳入评价过程，允许决策者在评价和决策中考虑多种可能性。它提供了一种有效的工具和方法，用于处理现实世界中的模糊和不确定性信息，使得评价和决策更加准确、全面。

9.1.2 模糊综合评价法的发展历程

模糊综合评价法的发展历程可以追溯到 20 世纪 60 年代。起初，模糊综合评价法主要是在模糊数学的理论框架下提出和研究的。模糊集合理论的概念是 1965 年由美国自动控制专家 Zadeh 教授提出的，用以表达事物的不确定性。在随后的几十年中，模糊综合评价法得到了广泛的发展和应用。研究者从不同领域的实际问题出发，将模糊综合评价法应用于决策分析、工程评价、风险评估等领域，取得了丰富的成果。

随着计算机技术的发展和应用，模糊综合评价法的研究进一步深化。研究者提出了更多的模糊综合评价方法和算法，如模糊层次分析法、模糊 TOPSIS（technique for order preference by similarity to an ideal solution，逼近理想解排序方法）、模糊神经网络等，以提高评价的准确性和效率。同时，模糊综合评价法也受到其他评价方法的启发和影响，如 AHP、灰色关联分析等。这些方法与模糊综合评价法结合，形成了更加完善和灵活的评价框架。随着大数据、人工智能等新技术的兴起，模糊综合评价法仍在不断发展和创新。研究者致力于将模糊综合评价方法与数据挖掘、机器学习等技术相结合，提高评价的精确性和预测能力，以满足不断变化的评价需求。

总而言之，模糊综合评价法通过模糊化指标结果、模糊运算和推理，提供了一种全面、准确的评价框架，帮助决策者在面对不确定性情况下做出科学、合理的评价和决策。

9.1.3 模糊综合评价法的重要性和应用领域

模糊综合评价法在决策分析中起着重要的作用，具体如下。

（1）处理不确定性和模糊性。决策分析往往涉及多个评价指标和因素，而这些指标和因素常常具有不确定性与模糊性。模糊综合评价法能够有效处理这些不确定和模糊的信息，通过模糊数学和模糊逻辑的方法，将模糊的输入信息转化为准确、可理解的评价结果，为决策提供重要的参考依据。

（2）综合考虑多指标和因素。决策往往需要综合考虑多个评价指标和因素的权重及相互关系。传统的加权求和方法往往无法准确反映不同指标之间的复杂关系。而模糊综合评价法能够通过建立模糊数学模型，综合考虑各个指标的权重和相互关系，提供更全面、准确的评价结果。决策者可以根据具体需求，合理地调整指标权重，以适应不同决策场景。

（3）提供灵活的评价框架。模糊综合评价法提供了一种灵活的评价框架，使决策者能够根据具体情况进行调整和优化。评价指标和权重可以根据不同决策目标与条件进行灵活设定，从而实现个性化的决策分析。这种灵活性使得模糊综合评价法适用于各种不同类型的决策问题，从简单到复杂，从定性到定量，都可以得到合理而有效的评价结果。

综上，模糊综合评价法能够处理具有不确定性和模糊性的信息，综合考虑多指标和因素，提供全面、准确的评价结果和决策支持。其灵活的评价框架使得它适用于各种不同的决策场景。随着决策分析需求的增加和模糊综合评价法的不断发展，它将在更多领域中发挥重要作用，并为决策者提供更好的决策分析工具。

模糊综合评价法在风险管理中具有广泛的适用条件、场景和范围。

第一，适用于存在不确定性和模糊性的风险管理问题。在现实世界中，风险往往伴随着各种不确定性因素，如数据的缺失、专家意见的主观性和多样性等。模糊综合评价法能够处理这些不确定性和模糊性，提供一种有效的评估和决策方法。

第二，适用于多指标、多因素的风险评估和管理。在风险管理中，往往需要综合考虑多个指标或因素对风险的影响程度。模糊综合评价法提供了一种综合评价的框架，能够对不同指标的权重和相互关系进行建模与分析，从而得出全面的风险评估结果。

第三，在风险管理中的应用范围广泛，涵盖了各个行业和领域。例如，在金融领域，可以利用模糊综合评价法对投资风险进行评估和管理；在工程领域，可以利用该方法评估项目风险和安全性；在环境管理中，可以利用该方法评估环境风险和生态风险等。无论是企业决策、工程管理还是政府政策制定，模糊综合评价法都提供了一种有力的工具和方法，能够帮助决策者更好地理解和应对复杂的风险情景。

第四，适用于具有不确定性和模糊性的风险管理问题，可以在多指标、多因素的情况下提供全面的评估和决策支持。例如，在工程领域，模糊综合评价法可通过综合考虑多个工程指标和因素的权重和相互关系，更准确地评估工程项目的综合性能和风险程度。

随着模糊综合评价法的不断发展和创新，它在各个领域中的应用前景将会更加广阔。决策者和研究者可以根据具体需求和问题特点，合理运用模糊综合评价法，充分考虑不确定性和模糊性的信息，更好地理解和处理评价指标的复杂关系，从而为各个领域的决策问题提供科学、合理的解决方案。在未来的研究和实践中，我们可以进一步改进模糊综合评价法的方法和技术，提高其应用效果和效率。

9.1.4 模糊综合评价法的优缺点

模糊综合评价法具有以下优点。

（1）能够处理不确定性和模糊性。模糊综合评价法能够有效处理评价指标的不确定性和模糊性，允许考虑多种可能性和模糊关系，提供更全面、准确的评价结果。

（2）灵活性和可扩展性。模糊综合评价法具有灵活性，可以适应各种评价场景和领域。它可以容纳不同类型的指标和因素，支持评价体系的扩展和调整。

（3）综合考虑多指标和因素。模糊综合评价法能够综合考虑多个评价指标和因素的权重与相互关系，避免传统评价方法中仅将指标简单相加或加权的问题。

（4）决策支持。通过模糊综合评价法，决策者可以从多个可能性中获得全面的评价结果，为决策提供支持和依据。它可以帮助决策者更好地理解和处理评价指标的复杂关系，减少主观判断的影响。

模糊综合评价法也存在如下一些缺点。

（1）难以确定隶属函数和权重。确定隶属函数和权重是模糊综合评价法中的关键问题。然而，这些参数的确定常常依赖于主观经验或专家判断，缺乏客观性和一致性。

（2）计算复杂度高。模糊综合评价法涉及模糊集合的运算和模糊推理的过程，计算复杂度较高。尤其在处理大规模的评价指标和因素时，计算时间较长，资源消耗较大。

（3）对数据质量要求高。模糊综合评价法对评价指标的数据要求较高，需要准确、可靠的数据作为输入。如果数据质量较差或不准确，可能导致评价结果的失真。

为了最大限度地发挥模糊综合评价法的优点并克服缺点，可以采取以下优化措施。

（1）合理选择和确定隶属函数和权重。在确定隶属函数和权重时，可以结合专家意见和数据分析，采用合适的方法来确定参数，以提高评价结果的客观性和可信度。

（2）优化计算方法和算法。针对模糊综合评价法的计算复杂度高的问题，可以优化计算方法和算法，利用高效的计算工具和技术，提高计算效率。

（3）提高数据质量和准确性。为了克服对数据质量要求高的问题，可以采取措施来提高数据的质量和准确性，包括数据采集的标准化、数据验证和校核等措施，确保评价指标的数据可靠性。

（4）结合其他评价方法和工具。模糊综合评价法可以与其他评价方法和工具相结合，如 AHP、模糊 TOPSIS 等，以充分利用各种方法的优势，从而提高评价结果的可靠性和全面性。

通过合理选择参数、优化计算方法、提高数据质量以及结合其他评价方法和工具，可以最大限度地发挥模糊综合评价法的优点，克服其缺点，并提高评价结果的准确性和可靠性。在实际应用中，需要根据具体情况灵活调整方法和策略，以满足评价目标和要求。

9.2 模糊综合评价法基本原理

9.2.1 模糊数学的基本概念

在数学和逻辑学中，"模糊"是指一种处于中间状态的不确定或难以精确界定的特征或概念。例如"年轻"和"年老"就是如此，人们无法划出一条严格的年龄界限来区分"年轻"和"年老"。生活中，类似这样的事例很多，如"高与矮""胖与瘦""美与丑"等，这些没有确切界限的对立概念都是模糊概念。与传统的二元逻辑（真或假）相比，模糊逻辑允许事物或概念在程度上存在模糊性，可以表达不完全准确的信息。模糊性是现实世界中许多概念的固有特性，因为在很多情况下，事物的特征不是绝对的、明确的，而是具有模糊的边界。

模糊概念可以通过隶属函数来描述。隶属函数将一个元素映射为一个介于 0 和 1 之间的隶属度值，表示该元素属于该模糊概念的程度。例如，在描述温度的模糊概念"热"时，可以使用隶属函数将不同温度值映射为相应的隶属度，如 0.8 表示较热，0.5 表示中等热度等。

模糊理论的发展使得人们能够更好地处理不确定性和模糊性的问题，适用于许多领域，如人工智能、控制系统、决策分析、模式识别等。借助模糊逻辑和模糊集合理论，人们能够更准确地描述和处理现实世界中的模糊信息，进而提供更灵活、全面的建模和推理方法。

模糊数学是研究和处理模糊现象的一种新的数学方法。1965 年美国加利福尼亚大学的 Zadeh 教授发表《模糊集合》一文，标志着模糊数学理论的诞生。它提供了一套丰富的数学工具和方法，以便于描述、分析和处理具有模糊性质的信息。在传统的数学中，概念和变量通常被定义为具有确定值的精确对象。然而，在现实世界中的很多情况下，我们无法准确地描述和量化事物的属性与关系，因为存在模糊性和不确定性。模糊数学通过引入模糊集合、模糊逻辑和模糊关系等概念，允许对模糊性进行数学建模和分析。例如，若要你去迎接一个"大胡子、高个子、长头发、戴宽边黑色眼镜的中年男人"，尽管这里只提供了一个精确信息——男人，而其他信息——大胡子、高个子、长头发、宽边黑色眼镜、中年等都是模糊概念，但是你只要将这些模糊概念经过大脑的综合分析判断，就可以很容易接到这个人。

模糊数学的核心概念包括模糊集合、模糊逻辑和模糊关系，具体如下。

（1）模糊集合。模糊集合是一种广义上的集合概念，允许元素具有隶属度（表示元素属于集合的程度）。模糊集合的隶属度可以是连续的、模糊的，可以描述模糊和不确定的概念。通过引入隶属度的概念，模糊集合能够更好地处理现实世界中的模糊性和不确定性。

（2）模糊逻辑。模糊逻辑是一种扩展了传统二元逻辑的逻辑系统，允许命题具有隶属度值，隶属度值用以表示命题的可信程度或模糊程度。模糊逻辑通过模糊推理和模糊规则来处理模糊命题，以便进行推断和决策。传统的二元逻辑只能处理真值（true）和假值（false），而模糊逻辑引入了隶属度的概念，使得命题可以具有连续的、模糊的真值，更符合现实世界的复杂性和不确定性。

（3）模糊关系。模糊关系是指在模糊集合之间建立的一种关系，用于描述元素之间的模糊关联和模糊映射。模糊关系可以用于表示模糊的输入输出关系、度量模糊的相似性等。通过模糊关系，可以描述元素之间的模糊隶属关系和模糊的相似性，这为模糊综合评价提供了重要的数学工具和理论基础。

模糊数学通过引入模糊集合、模糊逻辑和模糊关系的概念，能够更好地处理具有不确定性和模糊性的信息，为评价与决策问题提供了有效的工具和方法。在实际应用中，可以根据具体问题的特点，灵活运用模糊集合、模糊逻辑和模糊关系的原理，从而提高评价的准确性和决策的可靠性。

模糊数学和模糊综合评价法之间存在密切的关联。模糊数学中的模糊集合理论为模糊综合评价法提供了评价指标模糊化的基础。通过设定适当的隶属函数，可以将模糊的评价指标转化为可计算和可比较的隶属度值，为后续的评价与决策提供了数学基础。在模糊综合评价法中，可以利用模糊逻辑中的模糊运算符，如模糊交、模糊并和模糊推理运算符等，对隶属度值进行运算和推理，从而得出综合评价结果。

9.2.2 模糊集合理论

模糊集合理论是模糊数学的核心概念之一，它在模糊综合评价中扮演着重要的角色。

模糊集合的特点使其与传统集合有所区别。模糊集合与传统集合的不同之处在于，传统集合中的元素要么属于集合，要么不属于集合，是一个二元的关系，而模糊集合的元素隶属度不是二元的（属于或不属于），而是介于 0 和 1 之间的连续值。连续的隶属度值反映了元素与集合的模糊关系程度，隶属度值越接近 1，表示元素越强烈地属于集合；隶属度值越接近 0，表示元素越弱地属于集合。这种连续的隶属度值能够更准确地描述元素在集合中的模糊性。

模糊集合的运算是模糊综合评价中的重要步骤，用于处理模糊集合之间的关系和进行隶属度的运算。

（1）模糊交集运算。模糊交集是指将两个模糊集合的隶属度进行逐位取小的操作，从而得到的新的模糊集合。在模糊综合评价中，模糊交集用于体现不同模糊集合之间元素的共同归属部分。通过逐位取小的操作，可以得到一个新的模糊集合，其中的隶属度反映了新的模糊集合同时属于两个模糊集合的程度。

（2）模糊并集运算。模糊并集是指将两个模糊集合的隶属度进行逐位取大的操作，从而得到的新的模糊集合。在模糊综合评价中，模糊并集用于体现至少属于其中一个集合的元素的整体情况。通过逐位取大的操作，可以得到一个新的模糊集合，其中的隶属度反映了新的模糊集合至少属于其中一个模糊集合的程度。

（3）模糊差集运算。模糊差集是指通过逐位取隶属度的差值，得到的新的模糊集合。在模糊综合评价中，模糊差集用于表示两个模糊集合在相应位置上的差异关系。通过逐位取隶属度的差值，可以得到一个新的模糊集合，其中的隶属度反映了两个模糊集合在相应位置上的差异程度。

模糊集合的运算允许对模糊集合之间的隶属度进行操作和计算，从而得到新的模糊集合。这些运算用于对不同指标的隶属度进行综合，从而得到评价结果。通过模糊交集、模糊并集和模糊差集等的运算，可以更全面、准确地描述不同指标之间的关系和影响，为评价和决策提供更丰富的信息和依据。在实际应用中，根据具体问题的要求，可以选择适当的模糊集合运算方法，以获得符合实际情况的评价结果。

9.2.3 模糊逻辑的基本原理

模糊逻辑是模糊综合评价法的重要组成部分，它是一种能够处理不确定性和模糊性的逻辑系统。

1. 相关概念

（1）模糊命题。模糊逻辑中的命题是具有隶属度值的陈述句，隶属度值表示命题的真实性或可信程度。

（2）隶属函数。隶属函数通常基于专家知识或实证数据来定义，可以是各种形式的函数，如三角形函数、高斯函数等。

（3）模糊规则。模糊规则是模糊逻辑中的基本推理规则，描述了输入与输出之间的模糊关系。模糊规则通常采用"如果……那么"的形式，其中包含模糊条件和模糊结论。通过对模糊条件的匹配和隶属度的运算，模糊推理可以根据模糊规则得出模糊结论。

2. 模糊逻辑的运算

模糊逻辑包括了一系列运算，用于从模糊信息中进行推理和决策。常见的模糊逻辑运算方法包括模糊推理、模糊推导等。

（1）模糊推理。模糊推理是模糊逻辑中的一种重要推理过程，用于从模糊命题中推导出新的模糊命题。它基于模糊规则和隶属度运算，通过匹配模糊条件和运算法则来计算出模糊结论的隶属度值。

模糊推理的核心是模糊规则库，它由一组模糊规则构成。每个模糊规则都包含两个部分：模糊条件和模糊结论。模糊条件是一个或多个模糊命题，用于描述输入的模糊情况。模糊结论是一个模糊命题，用于描述推理的输出。

第一步，模糊条件的匹配。在模糊推理过程中，首先将输入的模糊命题与模糊规则库中的模糊条件进行匹配。匹配的目的是确定哪些模糊规则与输入的模糊情况相匹配。匹配可以使用模糊集合的相似度度量方法，例如最小最大法（Min-Max）或最大最大法（Max-Max）。

第二步，隶属度的运算。一旦确定了匹配的模糊规则，就需要进行隶属度的运算。隶属度的运算是通过运用隶属函数和运算法则，根据模糊规则的模糊条件和输入的模糊命题的隶属度值，计算出模糊结论的隶属度值。常用的隶属度运算法则包括模糊与、模糊或、模糊非等。

第三步，聚合模糊结论。在模糊推理中，可能存在多个匹配的模糊规则及其对应的模糊结论。为了得出一个综合的模糊结论，需要对这些模糊结论进行聚合。聚合的方法可以是简单地取最大值、取平均值或使用模糊集合的合成方法。

通过模糊推理，可以从模糊的输入信息中推导出更准确、全面的模糊结论，帮助人们在模糊综合评价和决策中进行推断与决策。在实际应用中，可以根据具体问题的需求和模糊规则库的构建，选择适当的模糊推理方法和技术，以获得与实际情况相符的推理结果。

（2）模糊推导。模糊推导是模糊逻辑中实现逻辑推演的核心数学过程，其作用是通过形式化的模糊规则，将模糊前提转化为模糊结论。这一过程建立在模糊集合理论和逻辑运算的基础上，专门处理具有不确定性或部分真值的命题。模糊推导则是模糊推理的核心环节，专注于从模糊前提到模糊结论的逻辑演算过程，不涉及输入数据的模糊化或输出结果的精确化。

第一步，模糊命题表示。将输入与输出变量通过隶属度函数转换为模糊集合。例如，输入变量"温度"可定义为"较高""中等""较低"等模糊集合，每个集合对应特定的隶属度函数，描述不同温度值属于该集合的程度。

第二步，选择模糊蕴含关系。定义模糊规则中前件（条件部分）与后件（结论部分）的逻辑关联方式。常用的方法包括最小运算（取前件与后件隶属度的较小值）和乘积运算（将前件与后件隶属度相乘），前者强调规则的保守匹配，后者支持平滑过渡。

第三步，构建模糊关系矩阵。将选定的蕴含关系应用于输入和输出变量的所有可能组合，生成一个二维矩阵。该矩阵的每个元素表示特定输入值与输出值之间的规则强度，如"温度为30°C时,冷却力为高档的隶属度为0.8"。

第四步,执行合成运算。将实际输入的模糊集合与规则矩阵结合,推导出初步的模糊结论。最常见的合成运算是最大-最小法,即对每个输出值,取输入隶属度与规则矩阵对应值的最小值,再对所有输入值取最大值。这一过程模拟了"最可能的结论由最强匹配的规则决定"的逻辑。

第五步,聚合多规则输出。当多条规则同时被激活时,需将每条规则产生的模糊结论合并。通常采用取各规则输出隶属度最大值的方法,体现"任何有效规则均可影响最终结果"的并行决策特性。

第六步,去模糊化(可选)。尽管去模糊化严格属于模糊推理的最后阶段,但它常与模糊推导配合使用。通过计算模糊结论集合的质心位置或选取最大隶属度对应的值,将模糊输出转化为精确的控制信号或决策值。

模糊推导是模糊逻辑中连接人类经验与机器决策的数学纽带。它通过形式化的规则和严密的运算,将"部分正确""大致成立"等模糊概念转化为可计算的逻辑过程。作为模糊推理的核心环节,模糊推导的机制理解是设计智能控制系统、开发适应性算法的基石。其价值不仅在于处理不确定性,更在于以贴近人类思维的方式实现复杂系统的建模与优化。

9.3 模糊综合评价法步骤

模糊综合评价法可以综合考虑多个指标的权重和相互关系,利用模糊数学的概念与方法进行评价和决策。模糊综合评价法的具体步骤如下。

(1)确定评价因素。

设 $U = (u_1, u_2, \cdots, u_m)$ 为刻画被评价对象的 m 种因素(即评价指标)。

(2)确定评价等级。

$V = (v_1, v_2, \cdots, v_n)$ 为刻画每一因素所处状态的 n 种决断(即评价等级)。

这里,m 为评价因素的个数,由具体指标体系决定;n 为评价等级个数,一般划分为3~5个等级。

(3)构造判断矩阵和确定权重。

首先,对因素集中的单因素 u_i($i = 1, 2, \cdots, m$)进行评判,得出第 i 个因素 u_i 的单因素评判集:

$$r_i = r_{i1}, r_{i2}, \cdots, r_{in}$$

这样通过 m 个因素的评价集就可以构造出一个总的评价矩阵 R,即确定了每一个被评价对象从 U 到 V 的模糊关系 R:

$$R = (r_{ij})_{mn} = \begin{bmatrix} r_{11} & r_{12} & \cdots & r_{1n} \\ r_{21} & r_{22} & \cdots & r_{2n} \\ \vdots & \vdots & & \vdots \\ r_{m1} & r_{m2} & \cdots & r_{mn} \end{bmatrix} \tag{9.1}$$

其中，r_{ij} 为从因素 u_i 着眼，该评判对象能被评为 v_j 的隶属度（$i=1,2,\cdots,m$；$j=1,2,\cdots,n$）。具体来说，r_{ij} 表示第 i 个因素 u_i 在第 j 个评语 v_j 上的频率分布，一般将其归一化，使之满足 $\sum r_{ij}=1$。这样，R 矩阵本身就是没有量纲的，无须进行专门处理。

一般来说，主观或定性的指标都具有一定程度的模糊性，可以采用等级比重法。用等级比重法确定隶属矩阵的方法，可以满足模糊综合评判的要求。用等级比重法确定隶属度时，为了保证可靠性，一般要注意两个问题：第一，评价者人数不能太少，因为只有这样，等级比重才会趋于隶属度；第二，评价者必须对被评事物有相当的了解，特别是一些涉及专业方面的评价，更应该如此。

对于客观和定量指标，可以选用频率法。频率法是先划分指标值在不同等级的变化区间，然后以指标值的历史资料在各等级变化区间出现的频率作为对各等级模糊子集的隶属度。这种方法操作方便，工作量小，但是比较粗糙，指标值的等级区间划分会影响评价结果。

得到这样的模糊关系矩阵，尚不足以对事物进行评价。评价因素集中的各个因素在评价目标中有不同的地位和作用，即各评价因素在综合评价中占有不同的比重。引入 U 上的一个模糊子集 A，称为权重或权数分配集，$A=(a_1,a_2,\cdots,a_m)$，其中 $a_i \gg 0$ 且 $\sum a_i = 1$，它反映了对诸因素的一种权衡。

权数是表征因素相对重要性大小的量度值。常见的评价问题中的赋权数，一般多凭经验主观给出，富有浓厚的主观色彩。在某些情况下，主观确定权数尚有客观的一面，在一定程度上反映了实际情况，评价的结果有较高的参考价值。但是主观判断权数有时严重地扭曲了客观实际，使评价的结果严重失真，有可能导致决策者的错误判断。在某些情况下，确定权数可以利用数学的方法，数学方法尽管掺杂有主观性，但因数学方法严格的逻辑性，且其可以对确定的"权数"进行"滤波"和"修复"处理以尽量剔除主观成分，数学方法更加符合客观现实。这样，就存在两种模糊集，以主观赋权为例，一类是标志因素集 U 中各元素在人们心目中重要程度的量，表现为因素集 U 上的模糊权重向量 $A=(a_1,a_2,\cdots,a_m)$；另一类是 $U \times V$ 上的模糊关系，表现为 $m \times n$ 模糊矩阵 R。这两类模糊集都是人们价值观念或者偏好结构的反映。

（4）进行模糊合成和制定决策。

R 中不同的行反映了某个被评价事物从不同的单因素来看对各等级模糊子集的隶属程度。用模糊权向量 A 将不同的行进行综合就可得到该被评事物从总体上来看对各等级模糊子集的隶属程度，即模糊综合评价结果向量。

引入 V 上的一个模糊子集 B，称为模糊评价集，又称为决策集。$B=(b_1,b_2,\cdots,b_n)$。

如何由 R 与 A 求 B 呢？一般地，令 $B=A*R$（$*$ 为算子符号，本章以乘法算子为例），称为模糊变换。

这个模型看起来很简单，但实际上较为复杂。给予不同的模糊算子，就有不同的评价模型。

理论上而言，上述的广义模糊合成运算有无穷多种，但在实际应用中，经常采用的具体模型只有几种。关于 B 的求法，最早的合成运算采用扎德算子（主因素突出型）。但当评价因素较多时，由于 a_i 很小，评判结果得到的 b_j 无法反映实际情况，失去了综合评价的意义。因此，应用扎德算子进行综合评判，往往得到的结果与实际情况相差很大。为了克服这一缺点，人们常常根据实际情况采用其他类型的"与""或"算子，或者将两种类型的算子搭配使用。当然，最简单的是普通矩阵乘法（即加权平均法），这种模型让每个因素都对综合评价有所贡献，比较客观地反映了评价对象的全貌。这时的算子为普通积，所以它是一个很容易理解、很容易接受的合成方法。在实际问题中，我们不一定仅限于已知的算子对，应该依据具体的情形，采用合适的算子对，大胆试验、大胆创新。只要采用的算子对一方面抓住实际问题的本质，获得满意的效果，另一方面保证满足 $0 \leqslant b_j < 1$ 即可。

如果评判结果 $\sum b_j \neq 1$，应将它归一化。

b_j 表示被评价对象具有评语 u_i 的程度，具体反映了评判对象在所评判的特征方面的分布状态，使评判者对评判对象有更深入的了解，并能进行各种灵活的处理。如果要选择一个决策，则可选择最大的 b_j 所对应的等级 v_j 作为综合评判的结果。

B 是对每个被评判对象综合状况分等级的程度描述，它不能直接用于被评判对象间的评优排序，必须有更进一步的分析处理，待分析处理之后才能应用。通常可以采用最大隶属度法则对其进行处理，得到最终评判结果。此时，我们只利用了 b_i（$i=1,2,\cdots,n$）的最大者，没有充分利用 B 所带来的信息。为了充分利用 B 所带来的信息，可对各种等级的评级参数和评判结果 B 进行综合考虑，使得评判结果更加符合实际。此时，可假设相对于各等级 v_j 规定的参数列向量为

$$C = (c_1, c_2, \cdots, c_n)^{\mathrm{T}}$$

则可以得出等级参数评判结果为

$$B \times C = p$$

其中，p 为一个实数，它反映了由等级模糊子集 B 和等级参数向量 C 所带来的综合信息，在许多实际应用中，它是十分有用的综合参数。

9.4 模糊综合评价法在风险管理中的应用示例

某研发项目有甲、乙、丙三个备选方案，为了简化问题，现仅从该项目的费用风险、进度风险和技术风险三个方面进行讨论，现在需要从项目风险的角度从中选出风险较小的备选方案。下面以该项目的风险评价为例，按照模糊综合评价的一般步骤进行举例说明。

9.4.1 设定因素集 U

因素是指人们考虑问题时的着眼点。评价一个项目的风险，人们主要关心的是它的

技术风险、进度风险等方面。在因素集 $U=\{u_1,u_2,\cdots,u_n\}$ 中，应该尽量用最少的因素来概括和描述问题，以达到简化计算的目的。

在该例子中，将因素集设为 U={费用风险, 进度风险, 技术风险}。

9.4.2 设定评价集 V

人们根据具体情况的需要，对单一因素做出不同的评价。一般情况下，评价集有如下几种：

V={大, 中, 小} 或 V={高, 中, 低}。

V={优, 良, 劣}。

V={好, 较好, 一般, 较差, 差}。

在对风险进行评价时，我们定义评价集 V={高, 中, 低}，表示该风险的严重程度。

9.4.3 确定权重集 $\underset{\sim}{A}$

在实际评价工作中，各个评价因素的重要程度往往是不相同的，这种重要程度就是权重。模糊综合评价是因素权重和单因素评价的复合作用，因此，权重集（权重分配）十分重要。一般用如下的几种方法来确定权重集：①评价专家共同讨论确定；②两两对比法；③AHP。

在本例中，我们采用评价专家共同讨论的方法确定权重集，在专家形成统一的认识后，最终得出的权重集为 $\underset{\sim}{A}=\{0.2,0.3,0.5\}$。

1. 专家进行评价打分

在介绍问题的有关背景、数据和情况的基础上，由专家对反映问题的因素进行模糊评价。通常可采用"民意测验"的办法来收集专家的评价意见。在本例中专家评价的结果如表9.1所示。表中的数字指赞成此种评价的专家人数与专家总人数的比值。

表9.1 专家评价结果

评价方案	费用风险			进度风险			技术风险		
	高	中	低	高	中	低	高	中	低
甲	0.7	0.2	0.1	0.1	0.2	0.7	0.3	0.6	0.1
乙	0.3	0.6	0.1	1.0	0	0	0.7	0.3	0
丙	0.1	0.4	0.5	1.0	0	0	0.1	0.3	0.6

2. 建立评价矩阵 $\tilde{R}$

某一个因素的评价结果 $r_{ij}(i=1,2,\cdots,n;\ j=1,2,\cdots,m)$ 表示从第 i 个因素出发，对被评价问题做出第 j 种评语的可能程度。多个评价因素的评价结果就构成了一个评价矩阵 $\tilde{R}$。

在本例中，由表9.1中的结果可以得到如下评价矩阵。

对备选方案甲：$\tilde{R}_{甲} = \begin{bmatrix} 0.7 & 0.2 & 0.1 \\ 0.1 & 0.2 & 0.7 \\ 0.3 & 0.6 & 0.1 \end{bmatrix}$

对备选方案乙：$\tilde{R}_{乙} = \begin{bmatrix} 0.3 & 0.6 & 0.1 \\ 1.0 & 0 & 0 \\ 0.7 & 0.3 & 0 \end{bmatrix}$

对备选方案丙：$\tilde{R}_{丙} = \begin{bmatrix} 0.1 & 0.4 & 0.5 \\ 1.0 & 0 & 0 \\ 0.1 & 0.3 & 0.6 \end{bmatrix}$

3. 进行模糊合成和制定决策

对每一个评价对象，模糊综合评价的结果为 $\tilde{B} = \tilde{A} \cdot \tilde{R}$（此处的·为算子符号中的乘法算子）。因此，本例中三个备选方案的评价值分别为

$$\tilde{B}_{甲} = \tilde{A}\tilde{R}_{甲} = [0.2, 0.3, 0.5] \begin{bmatrix} 0.7 & 0.2 & 0.1 \\ 0.1 & 0.2 & 0.7 \\ 0.3 & 0.6 & 0.1 \end{bmatrix} = [0.32, 0.4, 0.28]$$

$$\tilde{B}_{乙} = \tilde{A}\tilde{R}_{乙} = [0.71, 0.27, 0.02]$$

$$\tilde{B}_{丙} = \tilde{A}\tilde{R}_{丙} = [0.37, 0.23, 0.4]$$

接着，进行归一化处理，得出具有可比性的综合评价结果。

归一化处理是将 $\tilde{B}$ 转化为 $\tilde{B}' = \left[b'_j \right]$，$j = 1, 2, \cdots, m$，使得 $\sum_{j=1}^{m} b'_j = 1$。由此可得到归一化之后的各方案的评价值：

$$\tilde{B}'_{甲} = [0.32, 0.40, 0.28]$$

$$\tilde{B}'_{乙} = [0.71, 0.27, 0.02]$$

$$\tilde{B}'_{丙} = [0.37, 0.23, 0.40]$$

以上的三个向量表示三个备选方案在评语集合 V 上的评价值。以方案甲为例，它的评价值向量表明该方案的风险评价值为"高"的可能性为32%，风险评价值为"中"的可能性为40%，风险评价值为"低"的可能性为28%。

按照隶属原则，对于备选方案的综合评价是取其最大值所对应的评语等级。从归一化后的各方案评价值来看，甲方案的风险评价评语为"中"；乙方案的风险评价评语为"高"；丙方案的风险评价评语为"低"。因此从项目风险的角度来看，丙方案为最优。

本 章 小 结

模糊综合评价法是一种基于模糊逻辑和模糊集合理论的评价方法，专门用于处理多指标、多因素评价中的不确定性和模糊性。它的核心思想是引入模糊集合和隶属度的概

念，将评价指标的结果模糊化，并通过模糊运算进行综合评价和决策。

模糊综合评价法的主要步骤如下：确定评价因素、确定评价等级、构造判断矩阵和确定权重、进行模糊合成和制定决策。

思 考 题

1. 在风险管理领域中，为什么传统的评价方法在处理多指标、多因素评价时可能存在局限性？模糊综合评价法如何克服这些局限性？

2. 模糊综合评价法在风险管理中的应用可以涵盖哪些方面？请列举几个具体的实际应用场景并解释其作用。

3. 模糊综合评价法在风险管理中需要哪些数据和参数支持？在现实应用中，如何获取和处理这些数据及参数？

4. 在模糊综合评价法中，模糊推理和模糊推导分别是什么？请举例说明它们在风险管理中的应用情况和效果。

参 考 文 献

[1] 杜栋, 庞庆华, 吴炎. 现代综合评价方法与案例精选[M]. 3 版. 北京: 清华大学出版社, 2015.
[2] 沈世云. 数学建模理论与方法[M]. 北京: 清华大学出版社, 2016.
[3] 刘云忠, 郝原. 统计综合评价方法与应用[M]. 北京: 清华大学出版社, 2020.

第 10 章　基于证据推理的风险分析技术

证据推理方法是一种定性定量相结合的风险分析和评估方法，既具备定性方法的可解释性与可追溯性，又具备定量分析方法的客观性，能够支持风险检测和评估[1]。本章内容包括证据理论概述、证据推理方法发展历程、基于证据推理算法的风险分析与评估步骤，以及证据推理方法在风险评估与分析中的应用示例。

10.1　证据理论概述

证据理论，也称 DS 理论（Dempster-Shafer theory，登普斯特-谢弗理论）、信度理论，是在 Dempster 于 1967 年提出的上下概率及其合成规则的基础上[2-3]，由其学生 Shafer 在 1976 年出版的《证据的数学理论》[4]一书中进一步发展起来的一种不精确推理理论。证据理论是人工智能学科中的一个重要分支，最初是为专家系统设计的。它具备处理不确定性和未知信息的独特能力。与传统的概率论相比，证据理论在条件上更为宽松，不需要满足概率的加和性原则，这使得它在整合不同来源的不确定性信息时表现出显著的优越性。在证据理论中，所指的证据并非实际的证据，而是基于经验和知识的一部分，它们是对特定问题进行观察和研究后得出的结论。因此，面对一个特定的决策问题，决策者可以利用自身的经验和知识，以及对问题的观察和研究，作为决策过程中的依据。基于这些依据，决策者能够在决策框架内构建一个信念度函数。本节主要介绍证据理论、证据推理的基本定义和定理[4-5]。

定义 10.1　识别框架（frame of discernment）：若某命题各种相互独立的可能方案构成一个有限集合 $\Theta = \{\theta_1, \theta_2, \cdots, \theta_N\}$，则称集合 Θ 为该命题的一个识别框架。

定义 10.2　基本信度分配（basic belief assignment）：设有限非空集合 Θ 为识别框架，如果存在函数 $m: 2^\Theta \to [0,1]$，且满足 $m(\varnothing) \geqslant 0$ 以及 $\sum_{X \subseteq \Theta} m(X) = 1$，则称函数 m 为 Θ 上的基本信度分配。其中，2^Θ 为 Θ 的幂集合。

$m(\cdot)$ 是定义在识别框架 Θ 的幂集上的函数，$m(X)$ 表示证据支持 X 发生的程度，而不支持 X 的任何真子集。在传统的概率论框架下，概率的计算遵循可加性原则，即多个互斥事件的联合概率等于它们各自概率的总和。然而，Shafer 放弃了这一原则，提出了半可加性的概念。在 Shafer 最初的定义中，他引入了这一新原则，m 被称为基本概率分配（basic probability assignment），要求满足 $m(\varnothing) = 0$。随着证据理论的发展，特别是 Smets（斯梅茨）提出了可转移信念模型后，$m(\varnothing)$ 的值域扩充到了 [0,1]。因此，当 $m(\varnothing) = 0$ 时，我们称 m 是正规化的基本信度分配；当 $m(\varnothing) = 1$ 时，m 是空的基本信度分配；当 $0 < m(\varnothing) < 1$ 时，m 是开世界假设下的基本信度分配[6]，$m(\varnothing) > 0$ 表示真值可以在识别框

架 Θ 之外取值，即最初给出的识别框架是不完备的。

定义 10.3 基本可信度（basic belief degree）：若 Θ 为一个识别框架，函数 m 为 Θ 上的基本信度分配，$\forall X \subseteq \Theta$，基本信度分配 $m(X)$ 的值称为 X 的基本可信度。

定义 10.4 焦元及核（focal element and core）：若 $X \subseteq \Theta$ 且 $m(X) > 0$，则称 X 是信度函数 Bel 的焦元，所有焦元的并称为核。

定义 10.5 信度函数（belief function）：设有限非空集合 Θ 为识别框架，函数 $m: 2^\Theta \to [0,1]$ 为识别框架 Θ 上的基本信度分配，若函数 $\text{Bel}: 2^\Theta \to [0,1]$ 满足 $\text{Bel}(\varnothing) = 0$，且 $\forall X, Y \subseteq \Theta$，$\text{Bel}(X) = \sum_{Y \subseteq X, Y \neq \varnothing} m(Y)$，则称 Bel 为定义在 Θ 上的信度函数，也称信念函数或信任函数。

当基本信度分配 $m(X) = \begin{cases} 1, & X = \Theta \\ 0, & X \neq \Theta \end{cases}$ 时，信度函数的结构是最简单的，此时该信度函数称为空信度函数，表示无任何证据的情况。当 $m(\varnothing) = 0$ 时，$\text{Bel}(\Theta) = 1$，此时称 $\text{Bel}(X)$ 为正规化信度函数。$\text{Bel}(X)$ 反映了所有 X 的子集的精确信度总和。信度函数 $\text{Bel}(X)$ 是分配在 X 上的总信度，综合了 X 的所有前提本身的信度，其数值度量了事件 X 发生的信度大小，$\text{Bel}(X)$ 与概率论中的概率 $P(X)$ 相似，但 $\text{Bel}(X)$ 不一定满足可加性而满足半可加性，显然，满足可加性必然满足半可加性。

定理 10.1 信度函数判定定理：设有限非空集合 Θ 为识别框架，函数 $\text{Bel}: 2^\Theta \to [0,1]$ 是 Θ 上的信度函数的充要条件是该函数满足以下三条性质：

（1）$\text{Bel}(X) = 0$。

（2）$\text{Bel}(\Theta) = 1$。

（3）$\forall X_1, X_2, \cdots, X_n \subset \Theta$，$n$ 为任意自然数，则

$$\text{Bel}\left(\bigcup_{i=1}^n X_i\right) \geq \sum_{\substack{I \subset \{1,2,\cdots,n\} \\ I \neq \varnothing}} (-1)^{|I|+1} \text{Bel}\left(\bigcap_{i \in I} X_i\right)$$

其中，$|I|$ 为集合的势。

定义 10.6 似真度函数（plausibility function）：设有限非空集合 Θ 为识别框架，函数 $m: 2^\Theta \to [0,1]$ 为识别框架 Θ 上的基本信度分配，若函数 $\text{Pl}: 2^\Theta \to [0,1]$ 满足 $\text{Pl}(\varnothing) = 0$，且 $\forall X, Y \subseteq \Theta$，$\text{Pl}(X) = \sum_{X \cap Y \neq \varnothing} m(Y)$，则称 Pl 为定义在 Θ 上的似真度函数。

似真度函数 $\text{Pl}(X)$ 表示不否定 X 的程度，即判断 X 似真的程度。$\text{Pl}(X)$ 包含了所有与 X 相容的那些集合的基本可信度，$\text{Pl}(X)$ 是比 $\text{Bel}(X)$ 更宽松的一种估计。

定义 10.7 众信度函数（commonality function）：设有限非空集合 Θ 为识别框架，函数 $m: 2^\Theta \to [0,1]$ 为识别框架 Θ 上的基本信度分配，若函数 $Q: 2^\Theta \to [0,1]$ 满足 $\forall X, Y \subseteq \Theta$，$Q(X) = \sum_{X \subseteq Y \subseteq \Theta} m(Y)$，则称 $Q(\cdot)$ 为定义在 Θ 上的众信度函数。

定理 10.2 从信度函数推导基本信度分配：设信度函数 $\text{Bel}:2^\Theta \to [0,1]$ 由基本信度函数分配 $m:2^\Theta \to [0,1]$ 定义，则 $\forall X,Y \subseteq \Theta$，$m(X) = \sum_{Y \subseteq X}(-1)^{|X-Y|}\text{Bel}(Y)$。

定理 10.3 信度函数和似真度函数之间相互推导：设有限非空集 Θ 为识别框架，Bel 和 Pl 是 Θ 上的信度函数和似真度函数，则 $\forall X, \overline{X} \subseteq \Theta$，$\text{Bel}(X) = 1 - \text{Pl}(\overline{X})$；同时，$\forall X, \overline{X} \subseteq \Theta$，$\text{Pl}(X) = 1 - \text{Bel}(\overline{X})$。

定理 10.4 众信度函数和似真度函数之间相互推导：设有限非空集 Θ 为识别框架，Bel、Pl 和 Q 分别是 Θ 上的信度函数、似真度函数和众信度函数，则 $\forall X \subseteq \Theta$，$\text{Pl}(X) = \sum_{\substack{Y \subseteq X \\ Y \neq \varnothing}}(-1)^{|Y|+1}Q(Y)$；同时，$\forall X \subseteq \Theta$，$Q(x) = \sum_{Y \subseteq X}(-1)^{|Y|+1}\text{Pl}(Y)$。

因为 $\text{Bel}(X)$ 为对 X 为真的信任程度，$\text{Pl}(X)$ 表示对 X 为非假的信任程度，且 $\text{Pl}(X) \geqslant \text{Bel}(X)$，称 $\text{Bel}(X)$ 和 $\text{Pl}(X)$ 分别为对 X 信任程度的下限和上限，$[\text{Bel}(X), \text{Pl}(X)]$ 可用作对 X 信任程度的估计，图 10.1 反映了证据理论中信息的不确定表示。基本信度分配 $m(X)$、信度函数 $\text{Bel}(X)$、似真度函数 $\text{Pl}(X)$、众信度函数 $Q(X)$ 是同一证据的不同表示，彼此唯一确定，它们之间可以相互转换。其关系如图 10.2 所示。

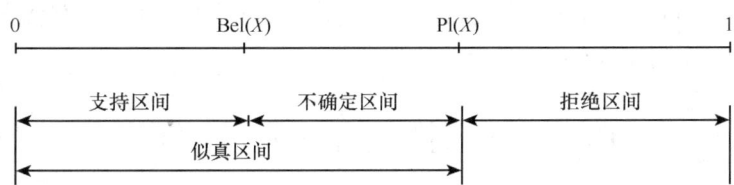

图 10.1 证据理论中信息的不确定表示

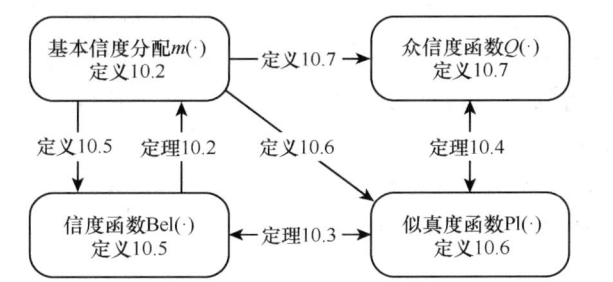

图 10.2 基本信度分配、信度函数、似真度函数、众信度函数相互关系

Dempster 合成规则是用来反映证据联合作用的一种规则，通过证据理论将同一识别框架下的多个证据合成一个概率分布函数。Dempster 合成规则的定义如下。

定义 10.8 Dempster 合成规则：假定识别框架 Θ 下的两个证据 E_1 和 E_2，其相应的基本信度分配分别为 m_1 和 m_2，焦元分别为 A_i 和 B_j，设 $k = \sum_{A_i \cap B_j = \varnothing} m_1(A_i)m_2(B_j) < 1$，则 Dempster 合成规则为

$$m(A) = \begin{cases} \dfrac{\sum_{A_i \cap B_j = \varnothing} m_1(A_i) m_2(B_j)}{1-k}, & A \neq \varnothing \\ 0, & A = \varnothing \end{cases} \quad (10.1)$$

其中，参数 k 称为冲突系数，它量化不同证据之间的冲突强度。对于多个证据的整合，计算公式类似。

与经典概率论相比，证据理论在以下三个关键方面进行了改进：

（1）证据理论能够更有效地表达在不确定条件下的多种信息类型，特别是对于不完全信息的表达，它提供了更为清晰和合理的方法。

（2）基于 Dempster 合成规则，证据理论能够处理那些在传统概率论中难以处理的不同概率分布。

（3）与传统概率相比，证据理论对不确定性的理解与传统概率论有着本质区别。在证据理论中，不确定性被视为基于证据的认知产物，即对某一结论的信念度，而传统概率论则将不确定性视为事件的固有属性，证据的作用在于调整对事件不确定性的评估。

自证据理论被提出以来，它已经逐渐获得了国际学术界的认可，并且已经产生了丰富的研究成果。目前，证据理论已经被广泛应用于人工智能、故障检测与诊断、不确定决策等多个领域。2008 年 Yager 和 Liu[7]收集整理了证据理论研究中有代表性的 29 篇论文，对证据理论进行了比较全面的介绍和总结。

10.2　证据推理方法发展历程

证据推理方法的理论基础是证据理论，与概率论、模糊集合以及粗糙集合等描述不确定信息的理论相比，它采用幂集作为其知识结构的基础，这使得该方法能够有效地表达由认知上的不确定性所引发的不确定性问题。随着实践研究的深入，证据推理方法的理论体系也在不断地得到完善和发展。根据其发展的历史轨迹，我们可以将其演进过程划分为三个主要的发展阶段，即证据推理算法阶段[8]、基于证据推理算法的信度规则库推理方法（belief rule-base inference methodology using the evidential reasoning approach，RIMER）阶段[9]和证据推理规则算法阶段[10]。

10.2.1　证据推理算法

在证据理论框架内，Dempster 合成规则在面对证据之间存在显著矛盾时显得不再适用。这是因为，如式（10.1）所示，当证据间的冲突达到极高程度，即 Dempster 合成规则中的分母趋近于零时，将导致合成过程中的逻辑悖论。具体而言，原本在各个证据中分配给基本信度较小的焦点，在合成后可能会异常地获得较高的可信度。因此，众多学者针对冲突证据合成问题开展了相关研究。

针对上述问题，杨剑波教授领导的研究团队在 1994 年提出了一种新的证据聚合方法，称为证据推理算法。该算法被成功应用于多标准决策分析问题中，充分利用了证据理论在处理不确定性和不完全性信息方面的优势。相较于 Yager[11]提出的算法，Dubois 和 Prade[12]提出的算法以及比例冲突再分配规则 5（proportional conflict redistribution rules No. 5，PCR5）[13]等诸多证据聚合规则，证据推理算法更加贴近工程化需求，已被应用于航天项目的风险分析[14]等问题中。相关研究团队随之开发了配套决策支持软件[15]，使得该方法在实际问题中被广泛接受，并且先后成功解决了摩托车制造方案评估、组织自我评价、柔性制造系统评估、安全性分析、费效分析、船只制造设计分析、超市供应链评估等多个实际问题[8,16-18]，取得了较好的效果。此外，针对不同问题需求，相关学者将证据推理算法与模糊数据、区间数等理论方法相结合，提出了模糊证据推理、区间证据推理、模糊区间证据推理等方法，同时与效用理论、偏好理论、组合优化和智能优化方法等学科理论进行交叉，提升了其适应和解决实际问题的能力[19-20]。

10.2.2 RIMER

随着研究的不断深入和应用范围的扩展，如何准确表达和处理先验知识已成为限制证据推理方法进步及其应用的关键因素。杨剑波教授及其团队对学术界普遍采用的知识表述形式进行了详尽的比较分析。他们提出了一种新的知识表达方法，即利用"if-then"（如果-那么）规则来描述知识，并采用信度结构来捕捉不确定性。基于这种方法，他们构建了多属性决策问题的模型，并发展出了 RIMER。

RIMER 展现出了在处理模糊性数据、主观性数据、概率性数据以及无知性信息等方面的建模与分析能力，这是传统处理不确定性的方法所不具备的。例如，证据理论虽然能够处理不完全信息，但在处理概率性不确定性方面存在局限；贝叶斯网络擅长处理概率性不确定性，但在处理模糊性不确定性方面则表现不佳；而专家系统虽然能够处理模糊性不确定性，但在概率性不确定性的处理上则有所不足。RIMER 的提出，为证据推理的研究领域带来了新的生机，越来越多的研究者开始接受这种基于先验知识的评估体系和模式，该方法在工程实践领域得到了广泛的应用，如输油管道的泄漏检测和泄漏量的估计[21]、海面采油系统的安全分析[22]等。

10.2.3 证据推理规则算法

从证据推理算法到 RIMER，一套基于证据理论的多属性决策问题解决方案框架已经基本建立。尽管如此，在学术界，关于证据理论与概率论等传统不确定理论模型之间的联系和差异的讨论仍在持续进行中。2013 年，杨剑波教授所在团队在人工智能领域权威期刊《人工智能》（Artificial Intelligence）上，就这一问题发表了所在团队当时的最新研究成果——证据推理规则[10]。证据推理规则同样以证据合成规则问题为起点开展研究，对于每条证据在原有的唯一权重（即ω）的基础上，新增了一个表示证据可靠性的参数r。同时，杨剑波教授证明了：①当$\omega = r$时，新的证据推理规则与原证据推理算法和 RIMER 中的证据相同；②当$r = 1$时，新的证据推理规则与贝叶斯推理中的规则相似。

证据推理规则是在带有可靠性的加权信度分布基础上进行正交和运算,对各个证据的组合顺序没有要求;与证据理论相比,证据推理规则考虑了证据的可靠性和权重,并将折扣后的剩余信度分配给所研究命题的整个幂集而不是命题的全集(识别框架),从而保证了证据的特异性不被改变,使结果更加合理。证据推理规则构成了一个通用的联合概率推理过程,该方法的提出带动了基于证据推理方法开展数据科学领域研究的热潮,研究领域涵盖高铁铁轨等高端装备故障诊断[23]、国家科学基金项目的评价和选择[24]等。

10.3 基于证据推理算法的风险分析与评估步骤

证据推理方法在风险分析与评估应用中不仅能够处理多元信息、不确定性信息,还能融合专家经验,具有非线性、灵活性、可追溯性和可解释性等优势。本节将介绍基于证据推理算法的风险分析与评估的具体步骤。

对于一个风险分析与评估问题,采用证据推理算法进行风险分析与评估的步骤可概括为:

(1)针对分析对象进行风险因素识别,建立风险因素指标体系。
(2)确定所建指标体系中各个指标的权重。
(3)原始数据收集与预处理,并进行底层指标的计算。
(4)根据底层指标的取值特点,进行数据转换。
(5)建立风险评估的置信风险矩阵模型。
(6)基于证据推理算法聚合风险因素。
(7)分析风险评估结果。

10.3.1 风险因素识别

风险因素识别也称为风险辨识,即通过分析能够影响分析对象的各种风险因素,构建风险因素指标体系 $\varGamma=\{F_r, r=1,2,\cdots,R\}$,$F_r$ 为第 r 个风险因素,对应的权重为 w_r,满足 $\sum_{r=1}^{R}w_r=1$,$w_r \geq 0$,w_r 可采用两两比较矩阵、层次分析法、简单排序等多种决策方法获取。假设已知第 r 个风险因素对分析对象的综合影响程度为 d_r,对其进行归一化处理,得到各风险因素的权重系数为

$$w_r = d_r \bigg/ \sum_{r=1}^{R} d_r, \quad r=1,2,\cdots,R \tag{10.2}$$

10.3.2 风险建模

风险是指因未来决策和客观条件的不确定性,可能致使实际结果与预期目标发生偏离的综合情况。这种偏离可能表现为多种偏差,反映了实际结果与预定目标之间的差异。风险是对不确定事件发生的可能性及其对目标影响的综合度量,用数学公式表示为

$$R = f(P, C) \tag{10.3}$$

其中，R 为风险；P 为不确定事件发生的可能性；C 为该事件发生的影响后果。

风险的发生概率通常可以通过具体的数值概率来定量描述，或者通过定性的可能性等级来表达，例如使用以下等级："极有可能发生""很可能发生""有可能发生""不太可能发生""极不可能发生"。至于风险事件可能导致的后果或损失，可以通过定性的方式来描述。ESA 为此定义了四个标准等级：A 级（灾难性后果）、B 级（致命性后果）、C 级（严重后果）、D 级（轻微后果）。

置信结构（belief structure，BS）是一个有效的模型，用于处理那些需要同时考虑定性和定量因素的问题。该模型通过结合评估等级和置信度的联合分布来构建描述性模型，已经在不确定决策分析、质量管理和绩效评估等领域得到了广泛的应用。其基础模型为

$$\text{BS} = \{(H_n, \beta_{n,i}), \ n = 1, 2, \cdots, N\}, \ i = 1, 2, \cdots, L \tag{10.4}$$

其中，H_n 为评估等级；$\beta_{n,i}$ 为在等级 H_n 上的置信度。

BS 模型在单独描述风险发生的可能性或其后果方面表现出色，但它并不支持同时对这两个方面进行建模。为了充分利用 BS 模型的优势，并使其能够综合反映风险的可能性和后果，研究者对其进行了扩展，发展出了置信风险矩阵（belief risk matrix，BRM）模型，其形式为

$$M^r = \begin{array}{c} \\ P_1 \\ \vdots \\ P_i \\ \vdots \\ P_m \end{array} \begin{bmatrix} C_1 & \cdots & C_j & \cdots & C_n \\ \varphi_{11}^r & \cdots & & & \varphi_{1n}^r \\ \vdots & & & & \vdots \\ & & \varphi_{ij}^r & & \\ \vdots & & & & \vdots \\ \varphi_{m1}^r & \cdots & & & \varphi_{mn}^r \end{bmatrix}_{m \times n} \tag{10.5}$$

矩阵 M^r 有 $m \times n$ 个元素，其中，φ_{ij}^r 表示风险因素 F_r 在风险可能性等级为 P_i 和风险后果等级为 C_j 上的风险置信度。置信风险矩阵 M^r 能更加全面地反映风险因素的风险水平，为后续的风险评估提供了建模基础。

10.3.3 数据转换

对风险因素 F_r，假设其风险可能性的概率值为 p，标准的风险可能性评估等级为 $\{P_1, P_2, \cdots, P_m\}$，对应的概率值为 $\{p_1, p_2, \cdots, p_m\}$。采用定量数据转换方法[8]，可得到 F_r 的风险可能性执行结构模型 $\text{PBS}^r = \{(P_i, \beta_i^r), \ i = 1, 2, \cdots, m\}$。其中：

$$\beta_i^r = \frac{p - p_{i+1}}{p_i - p_{i+1}}, \ \beta_{i+1}^r = 1 - \beta_i^r = \frac{p_i - p}{p_i - p_{i+1}}, \ p_i \geqslant p \geqslant p_{i+1}, \ \beta_i^r = 0, \ k \neq i, i+1 \tag{10.6}$$

对风险因素 F_r 的风险后果，定义标准风险后果评估等级 $\{C_1, C_2, \cdots, C_n\}$，根据专家经验或调查结果，构建 F_r 的风险后果置信结构模型 $\text{CBS}^r = \{(C_j, \alpha_j^r), \ j = 1, 2, \cdots, n\}$。

为获得风险因素 F_r 的置信风险矩阵 M^r，综合考虑 PBS^r 与 CBS^r，可得

$$\varphi_{ij}^r = \beta_i^r \times \alpha_j^r \tag{10.7}$$

10.3.4 证据推理算法计算流程

由 10.3.3 节的数据转换可得到每个风险因素 F_r 的置信风险矩阵 M^r，要实现 R 个风险因素的聚合，可采用证据推理算法。

（1）构造基本可信数。设共有 R 个风险因素，每个风险因素 F_r 的相对权重为 w_r，置信风险矩阵为 $M^r = (\varphi_{ij}^r)_{m \times n}$，首先计算基本置信数：

$$m_{ij}^r = w_r \varphi_{ij}^r, \quad i=1,2,\cdots,m, \ j=1,2,\cdots,n, \ r=1,2,\cdots,R \tag{10.8}$$

$$m^r = 1 - \sum_{i=1}^{m}\sum_{j=1}^{n} m_{ij}^r, \quad r=1,2,\cdots,R \tag{10.9}$$

$$\bar{m}^r = 1 - w_r, \quad r=1,2,\cdots,R \tag{10.10}$$

$$\tilde{m}^r = w_r \left(1 - \sum_{i=1}^{m}\sum_{j=1}^{n} \varphi_{ij}^r\right), \quad r=1,2,\cdots,R \tag{10.11}$$

其中，m_{ij}^r 表示风险因素 F_r 在风险可能性等级为 P_i 和风险后果等级为 C_j 上的风险基本置信数；m^r 表示由于信息缺乏而无法确定的那部分风险，包括两部分 $\bar{m}^r$ 和 $\tilde{m}^r$，且 $m^r = \bar{m}^r + \tilde{m}^r$。

（2）规则组合。接着，运用证据推理算法聚合 R 个置信风险矩阵，得到总置信风险矩阵 $M^R = (\varphi_{ij}^R)_{m \times n}$。

$$m_{ij}^R = k\left[\prod_{r=1}^{R}(m_{ij}^r + \bar{m}^r + \tilde{m}^r) - \prod_{r=1}^{R}(\bar{m}^r + \tilde{m}^r)\right], \quad i=1,2,\cdots,m, \ j=1,2,\cdots,n \tag{10.12}$$

$$\tilde{m}^R = k\left[\prod_{r=1}^{R}(\bar{m}^r + \tilde{m}^r) - \prod_{r=1}^{R} \bar{m}^r\right] \tag{10.13}$$

$$\bar{m}^R = k\left[\prod_{r=1}^{R} \bar{m}^r\right] \tag{10.14}$$

$$k = \left[\sum_{i=1}^{m}\sum_{j=1}^{n}\prod_{r=1}^{R}(m_{ij}^r + \bar{m}^r + \tilde{m}^r) - (i \times j - 1)\prod_{r=1}^{R}(\bar{m}^r + \tilde{m}^r)\right]^{-1} \tag{10.15}$$

$$\varphi_{ij}^R = \frac{m_{ij}^R}{1 - \bar{m}^R}, \quad i=1,2,\cdots,m, \ j=1,2,\cdots,n \tag{10.16}$$

$$\varphi^R = \frac{\tilde{m}^R}{1 - \bar{m}^R} \tag{10.17}$$

其中，φ_{ij}^R 表示综合 R 个风险因素后得到的风险可能性等级为 P_i 和风险后果等级为 C_j 的总风险置信度；φ^R 表示由于信息缺乏而无法确定的部分风险。

以上具有解析形式的证据推理算法还可以进一步整理为

$$\varphi_{ij}^R = \frac{k\left[\prod_{r=1}^{R}\left(w_r\varphi_{ij}^r + 1 - w_r\sum_{i=1}^{m}\sum_{j=1}^{n}\varphi_{ij}^r\right) - \prod_{r=1}^{R}\left(1 - w_r\sum_{i=1}^{m}\sum_{j=1}^{n}\varphi_{ij}^r\right)\right]}{1 - k\left[\prod_{r=1}^{R}(1-w_r)\right]} \quad (10.18)$$

$$\varphi^R = \frac{w_r\left(1 - \sum_{i=1}^{m}\sum_{j=1}^{n}\varphi_{ij}^r\right)}{1 - k\left[\prod_{r=1}^{R}(1-w_r)\right]} \quad (10.19)$$

$$k = \left[\sum_{i=1}^{m}\sum_{j=1}^{n}\prod_{r=1}^{R}\left(w_r\varphi_{ij}^r + 1 - w_r\sum_{i=1}^{m}\sum_{j=1}^{n}\varphi_{ij}^r\right) - (i\times j - 1)\prod_{r=1}^{R}\left(1 - w_r\sum_{i=1}^{m}\sum_{j=1}^{n}\varphi_{ij}^r\right)\right]^{-1} \quad (10.20)$$

10.3.5 风险评估结果分析

通过上述计算得到的总置信风险矩阵 M^r，即为对整个项目风险评估的综合结果。为了让决策和管理人员更容易理解这些评估结果，可以采用多种策略进行结果分析。例如，使用图表来形象化地展示；或者应用特定的计算方法，将评估结果转化为一个数值指标，以保持结果的普适性。定义总风险值为

$$U(M^R) = \sum_{i=1}^{m}\sum_{j=1}^{n}\varphi_{ij}^R \times i \times j \quad (10.21)$$

假设我们设定的风险可能性分为 5 个等级，从 1 到 5，风险的可能性随着等级的增加而逐渐降低；同样，风险后果也分为 4 个等级，从 1 到 4，随着等级的增加，后果造成的损失逐渐减少。在这种情况下，最严重的风险评估结果将是那些风险可能性最高且后果最严重的组合：$\varphi_{11}^R = 1$，即 $U(M^R) = 1$；而最安全的风险评估结果为 $\varphi_{54}^R = 1$，即 $U(M^R) = 20$。风险评估结果随 $U(M^R)$ 的值从 1 到 20 依次降低。

10.4 证据推理方法在风险评估与分析中的应用示例

为演示 10.3 节所介绍方法的处理过程，说明其风险评估的有效性，本节通过某航天项目风险评估实例进行分析验证[14]，算例原始数据表来源于文献[25]。

10.4.1 风险因素识别

第 1 步：通过风险识别建立航天项目风险因素指标体系，如图 10.3 所示，共计 17

个风险因素。

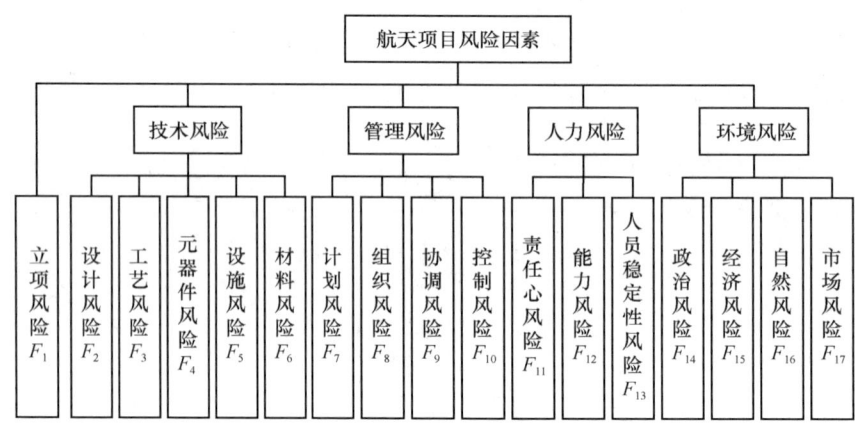

图10.3 航天项目风险因素指标体系

第2步：通过综合考虑各风险因素对航天项目的影响，利用特定的公式，如式（10.2）来计算每个风险因素的权重系数，结果见表10.1。

表10.1 原始数据与计算结果表

风险因素	综合影响度	风险概率	权重系数	PBS'	CBS'
1	79	0.62	0.0989	(0,0.48,0.52,0,0)	(0.5,0.5,0,0)
2	88	0.86	0.1101	(0.65,0.35,0,0,0)	(0.9,0.1,0,0)
3	68	0.39	0.0851	(0,0,0.56,0.44,0)	(0,1,0,0)
4	64	0.25	0.0801	(0,0,0,1,0)	(0,0.7,0.3,0)
5	41	0.04	0.0513	(0,0,0,0,1)	(0,0,1,0)
6	48	0.06	0.0601	(0,0,0,0,1)	(0,0.2,0.8,0)
7	40	0.15	0.0501	(0,0,0,0.41,0.59)	(0,0,1,0)
8	18	0.73	0.0225	(0,0,0.92,0.08,0,0)	(0,0,0.2,0.8)
9	30	0.75	0.0375	(0,1,0,0,0)	(0,0,0.6,0.4)
10	47	0.44	0.0588	(0,0,0.76,0.24,0)	(0,0.3,0.7,0)
11	47	0.36	0.0588	(0,0,0.44,0.56,0)	(0,0.3,0.7,0)
12	30	0.08	0.0375	(0,0,0,0,1)	(0,0,0.6,0.4)
13	11	0.05	0.0138	(0,0,0,0,1)	(0,0,0,1)
14	65	0.40	0.0814	(0,0,0.6,0.4,0)	(0,0.8,0.2,0)
15	56	0.15	0.0701	(0,0,0,0.41,0.59)	(0,0.5,0.5,0)
16	12	0.12	0.0150	(0,0,0,0.24,0.76)	(0,0,0,1)
17	55	0.05	0.0688	(0,0,0,0,1)	(0,0.5,0.5,0)

10.4.2 风险建模

第3步：根据历史数据和经验，风险可能性被划分为5个等级：{很可能发生，较可能发生，可能发生，发生的可能性较小，发生的可能性很小}，其相应的概率值为{0.92, 0.75, 0.50, 0.25, 0.08}。已知每个风险因素的风险概率p值，通过式（10.6），可以得到PBS'

值（表 10.1）。风险后果被分为 4 个等级：{A 类：灾难性后果；B 类：致命性后果；C 类：严重后果；D 类：可忽略后果}，每个等级都基于历史经验数据构建了相应的置信结构模型 CBS^r（表 10.1）。比如，"设计风险 F_2" 的风险后果向量（0.9,0.1,0,0）意为 $CBS^2 = \{(A,0.9),(B,0.1),(C,0),(D,0)\}$；表示设计风险对整个项目造成的危险性为 "A 类：灾难性后果" 的置信度为 0.9，"B 类：致命性后果" 的置信度为 0.1。

10.4.3 数据转换

第 4 步：综合考虑 PBS^r 和 CBS^r，运用式（10.7）计算得到每个风险因素的置信风险矩阵 M^r。

比如，"设计风险 F_2" 的置信风险矩阵为 $M^2 = \begin{bmatrix} 0.5850 & 0.0650 & 0 & 0 \\ 0.3150 & 0.0350 & 0 & 0 \\ 0 & 0 & 0 & 0 \\ 0 & 0 & 0 & 0 \\ 0 & 0 & 0 & 0 \end{bmatrix}$，其中

$\varphi_{11}^2 = 0.65 \times 0.9 = 0.5850$，表示设计风险在风险可能性等级为"很可能发生"和风险后果等级为 "A 类：灾难性后果" 的风险置信度为 0.5850。

10.4.4 基于证据推理的风险因素聚合

第 5 步：通过证据推理算法，将 17 个风险因素的信息进行聚合，形成航天项目的总置信风险矩阵 M^R。

首先，构造基本可信数，以"设计风险 F_2"的计算为例。根据式（10.8），可以得到

$(m_{ij}^2)_{5\times 4} = \begin{bmatrix} 0.0644 & 0.0072 & 0 & 0 \\ 0.0347 & 0.0039 & 0 & 0 \\ 0 & 0 & 0 & 0 \\ 0 & 0 & 0 & 0 \\ 0 & 0 & 0 & 0 \end{bmatrix}$；其次，根据式（10.9）～式（10.11），可以得到 $m^2 = 0.8899$，$\bar{m}^2 = 0.8899$，$\tilde{m}^2 = 0$。类似地，可求得其他 16 个风险因素对应的 $(m_{ij}^r)_{5\times 4}$ 和基本可信数。最后，使用式（10.12）～式（10.17）聚合 17 个风险因素，得到最终的总置信风险矩阵为

$M^R = \begin{bmatrix} 0.0643 & 0.0071 & 0 & 0 \\ 0.0590 & 0.0274 & 0.0246 & 0.0291 \\ 0.0254 & 0.1366 & 0.0575 & 0.0013 \\ 0 & 0.1516 & 0.0976 & 0.0032 \\ 0 & 0.0654 & 0.2127 & 0.0371 \end{bmatrix}$

10.4.5 风险评估结果分析

第 6 步：上述总置信风险矩阵 M^R 全面地得到了在各种风险情形下的置信度，为便于决策管理人员的理解，首先绘制总置信风险矩阵的全息三维柱状图（图 10.4），展示不同风险概率和后果等级下的置信度，帮助决策者更好地理解风险评估结果。

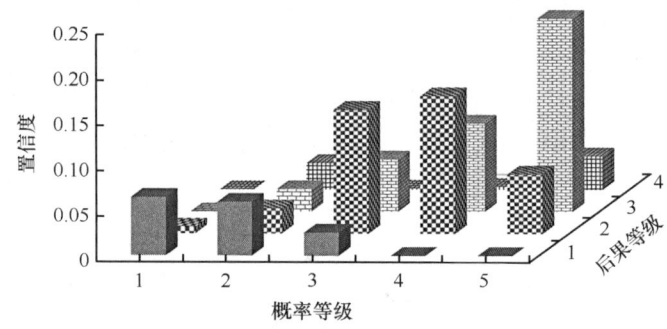

图 10.4　总置信风险矩阵全息三维柱状图

其次，风险后果等级直观图（图 10.5）进一步阐释了在各后果等级下的风险发生可能性。

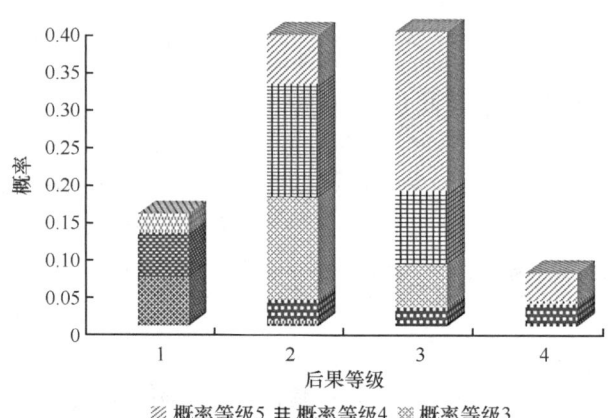

图 10.5　风险后果等级直观图

通过这些图表的联合分析，可以得出结论：此航天项目面临"致命性后果"和"严重后果"的风险可能性相对较高。

此外，通过式（10.21），可计算得到统一的风险度量值 $U(M^R)=9.1371$，此结果也说明整个项目的风险处于中等水平。

本 章 小 结

证据理论，也称 DS 理论、信度理论，是一种不精确推理理论。证据理论满足比一般概率论更弱的条件（证据理论不要求加和性），在综合多源不确定信息方面具有明显的优势。

根据证据推理方法的发展脉络可将其发展总结为三个主要阶段，即证据推理算法阶段、RIMER 阶段和证据推理规则算法阶段。

对于一个风险分析与评估问题，采用证据推理算法进行风险分析与评估的步骤可概括为：针对分析对象进行风险因素识别，建立风险因素指标体系；确定所建指标体系中各个指标的权重；原始数据收集与预处理，并进行底层指标的计算；根据底层指标的取值特点，进行数据转换；建立风险评估的置信风险矩阵模型；基于证据推理算法聚合风险因素；分析风险评估结果。

思 考 题

1. 基于证据推理的风险因素聚合步骤有哪些？
2. 基于证据推理的风险分析技术需要哪些输入元素？
3. 基于证据推理的风险分析技术的优势是什么？
4. 基于证据推理的风险分析技术的不足之处是什么？

参 考 文 献

[1] 孙建彬. 模型与数据混合驱动的武器装备评估方法研究[D]. 长沙：国防科技大学，2018.
[2] Dempster A P. Upper and lower probabilities induced by a multivalued mapping[J]. Annals of Mathematical Statistics, 1967, 38(2): 325-339.
[3] Dempster A P. A generalization of Bayesian inference[J]. Journal of the Royal Statistical Society, 1968, 30(2): 208-247.
[4] Shafer G. A Mathematical Theory of Evidence[M]. Princeton: Princeton University Press, 1976.
[5] 杨风暴，王肖霞. D-S 证据理论的冲突证据合成方法[M]. 北京：国防工业出版社，2010.
[6] Smets P. The transferable belief model[J]. Artificial Intelligence, 1994, 66(2): 191-234.
[7] Yager R R, Liu L P. Classic Works of the Dempster-Shafer Theory of Belief Functions[M]. Berlin: Springer, 2008.
[8] Yang J B, Xu D L. On the evidential reasoning algorithm for multiple attribute decision analysis under uncertainty[J]. IEEE Transactions on Systems, Man, and Cybernetics-Part A: Systems and Humans, 2002, 32(3): 289-304.
[9] Yang J B, Liu J, Wang J, et al. Belief rule-base inference methodology using the evidential reasoning Approach-RIMER[J]. IEEE Transactions on Systems, Man, and Cybernetics-Part A: Systems and Humans, 2006, 36(2): 266-285.
[10] Yang J B, Xu D L. Evidential reasoning rule for evidence combination[J]. Artificial Intelligence, 2013, 205: 1-29.
[11] Yager R R. On the Dempster-Shafer framework and new combination rules[J]. Information Sciences: An International Journal, 1987, 41(2): 93-137.
[12] Dubois D, Prade H. Representation and combination of uncertainty with belief functions and possibility measures[J]. Computational Intelligence, 1988, 4(3): 244-264.
[13] Smarandache F, Dezert J. Proportional conflict redistribution rules for information fusion[J]. Advances and Applications of DSmT for Information Fusion-Collected Works, 2006, 2: 3-68.
[14] 姜江，李璇，陈英武，等. 基于证据推理的航天项目风险分析与评估[C]//陈光亚. 经济全球化与系

统工程: 中国系统工程学会第 16 届学术年会论文集. 香港: 上海系统科学出版社(香港), 2010: 261-268.

[15] Xu D L, McCarthy G, Yang J B. Intelligent decision system and its application in business innovation self assessment[J]. Decision Support Systems, 2006, 42(2): 664-673.

[16] Yang J B, Dale B G, Siow C H R. Self-assessment of excellence: an application of the evidential reasoning approach[J]. International Journal of Production Research, 2001, 39(16): 3789-3812.

[17] Xie X L, Xu D L, Yang J B, et al. Ship selection using a multiple-criteria synthesis approach[J]. Journal of Marine Science and Technology, 2008, 13(1): 50-62.

[18] Zhao F J, Zhou Z J, Hu C H, et al. A new evidential reasoning-based method for online safety assessment of complex systems[J]. IEEE Transactions on Systems, Man, and Cybernetics: Systems, 2018, 48(6): 954-966.

[19] Liu J, Yang J B, Wang J, et al. Fuzzy rule-based evidential reasoning approach for safety analysis[J]. International Journal of General Systems, 2004, 33(2/3): 183-204.

[20] Xu D L, Yang J B, Wang Y M. The evidential reasoning approach for multi-attribute decision analysis under interval uncertainty[J]. European Journal of Operational Research, 2006, 174(3): 1914-1943.

[21] Xu D L, Liu J, Yang J B, et al. Inference and learning methodology of belief-rule-based expert system for pipeline leak detection[J]. Expert Systems with Applications, 2007, 32(1): 103-113.

[22] Liu J, Yang J B, Wang J, et al. Engineering system safety analysis and synthesis using the fuzzy rule-based evidential reasoning approach[J]. Quality and Reliability Engineering International, 2005, 21(4): 387-411.

[23] 徐晓滨, 郑进, 徐冬玲, 等. 基于证据推理规则的信息融合故障诊断方法[J]. 控制理论与应用, 2015, 32(9): 1170-1182.

[24] Zhu W D, Liu F, Chen Y W, et al. Research project evaluation and selection: an evidential reasoning rule-based method for aggregating peer review information with reliabilities[J]. Scientometrics, 2015, 105(3): 1469-1490.

[25] 符志民, 李汉铃. 航天研发项目风险分析、等级评估及相关性研究[J]. 系统工程与电子技术, 2005, (1): 52-59.

第 11 章 决 策 树 法

决策树是一种用于辅助决策的特殊树结构，帮助确定最有可能达到目标的策略。如果决策需要在缺乏完备信息的情况下做出，决策树可以作为概率模型的最佳选择。决策树还可以用作计算条件概率的描述性工具。本章内容主要包括决策树法的概述、基本原理、步骤和方法、局限性与改进优化以及应用示例。

11.1 决策树法概述

决策树法起源于 20 世纪 60 年代中期。"决策"是指在一定信息基础上，为实现特定目标，根据主、客观条件，对需解决的问题进行分析，从多种方案中选出最佳方案的过程。这是管理工作中的重要职责之一。在实际决策过程中，由于决策者不能确定未来的自然状态，但可以估计其概率，因此决策可能会出现多种结果。由于无法控制结果，决策过程中存在一定的风险，称为风险型决策问题。决策树法运用概率与图论中的树结构对不同方案进行比较，获得最优方案，是一种风险型决策方法。

11.2 决策树法的基本原理

决策树是用来解决风险型决策问题的一种分析工具，通过树状图形进行系统分析和选择行动方案。决策树法的一般模式如图 11.1 所示。其中，方框表示决策节点（或决策点），其分枝称为方案分枝，每条分枝代表一个行动方案；圆圈表示自然状态节点（或自然状态点），其上方会标注数字，为对应的损益期望值，其分枝称为概率分枝，在其上方会注明自然状态及其概率；三角形表示终端节点，通常在三角形旁以数字标注每个方案在相应状态下的损益值。

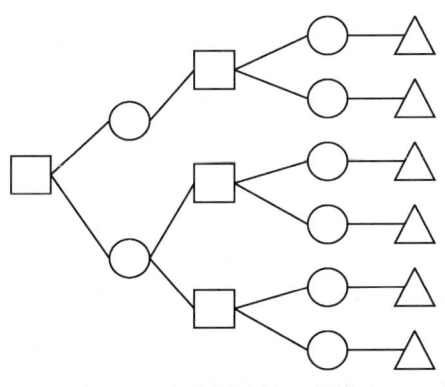

图 11.1 决策树法的一般模式

项目风险的评价应反映风险背景环境,并描述风险发生的概率、后果及其发展动态。决策树结构模型简明,符合这些要求,比其他评价方法更直观、清晰,便于项目管理人员思考和讨论,是一种形象化且有效的项目风险评价方法。

决策树也称为决策图,是一种树枝状结构,表示连续决策始于起点,每个节点的分枝代表独立决策及其概率事件。它常用于风险估计和评价,帮助探索问题之间的联系,简化问题并比较方案优劣。决策树一般包括以下部分。

(1) 决策节点:其分枝称为方案分枝,数量与方案数量相同,表明需分析和决策的方案,需要注明方案名称。

(2) 自然状态节点:又称机会节点,其分枝称为状态分枝或概率分枝,需要注明自然状态名称及其主观概率,数量与自然状态数量相同。

(3) 终端节点:不同方案在各种自然状态下的结果(如损益值),标注在终端节点的右端。

11.3 决策树法的步骤和方法

决策树法是一种常见的决策分析工具,通常包括以下步骤,尽管在实际应用中可能会省略其中部分步骤。

步骤一:确定决策问题并明确决策目标。

步骤二:构建决策树模型。选择决策指标是建立决策树的关键步骤,包含如下两个基本环节:

首先,提出所有可能的分枝规则,即潜在的决策指标及其分类(分类数据)或分级阈值 C(定量数据)。

其次,从这些候选分枝规则中选出最优解,选取标准是要最大化子节点内部的同质性,即使得子节点的"纯度"最高。实现这一目标的方法有熵减、基尼系数、假设检验、方差分析和方差缩减等。

绘制决策树的过程基于决策者对将来可能发生的各种情况的深思熟虑。决策树图是对特定决策问题未来可能发展的预测在视觉上的展示。因此,制图过程实质上也是进行预测和决策模拟的认知过程。

步骤三:修剪决策树并选择最佳树形。一棵充分展开的"最大树"往往会导致过度拟合,模型可能不仅捕捉到训练数据中关键的分枝变量特性,还捕捉到误差或噪声。因此,需要对树进行剪枝以纠正过度拟合,并得到一个既精确又简洁的决策树。根据剪枝是在树停止生长之前还是之后进行,可以分为预剪枝和后剪枝算法。后剪枝通常从树的末端开始,逐步剪去各个子节点,生成一系列子树,然后从中挑选性能最佳的树,计算方法包括"成本-复杂度"等。

步骤四:确定各个终端节点并计算综合指标。从树的顶端到底端,采用逆推法,即计算每个决策节点下所有可能结果的期望效用与其先验概率的乘积之和,得到各决策方案的期望效用值。依据这些综合指标值对方案进行排序,做出选择。损益值或期望值是衡量决策利弊的量化方式,也是比较不同选择方案经济效益的标准。正损益值表示利益,负损益值表示损失。损益值的大小直接反映了方案实施后可能获得的利益大小和可能造成的损失程度。损益期望值的计算应从右向左进行，首先根据每个自然状态的发生概率与相应的损益值计算其期望损益值，遇到自然状态点时，计算其所有概率分枝的损益期望值之和，并标记在该点上。通过比较损益值来评估方案的优劣。

例如，考虑一个图书馆开发自动化检索系统的决策情景，有两个可选方案：方案 1 为内部研发，需耗费 8000 元，成功概率为 0.6；方案 2 为外包开发，费用为 10 000 元，确保成功。在做出选择时，需使用决策树来识别最优方案。具体如图 11.2 所示。

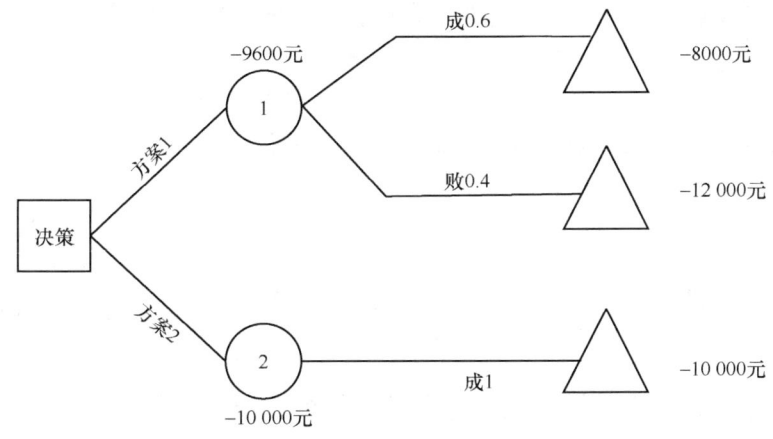

图 11.2　不同方案损益值树形图

计算自然状态点的不同方案损益值：

方案1：　$0.6 \times (-8000) + 0.4 \times (-12\ 000) = (-4800) + (-4800) = -9600$（元）

方案2：　$1 \times (-10\ 000) = -10\ 000$（元）

比较期望值的大小，选择方案 1，即馆内自己研制。

步骤五：评估和检查树。决策树法不仅是常用的数据挖掘方法之一，还蕴含着丰富的哲学内涵。透彻理解其哲学思想有助于其应用。

（1）树的生长。系统性方法的应用涉及根据研究对象的整体性，运用系统理论的原则来考察和研究目标。这包括从宏观角度出发，通过辩证地分析系统中的各个组成部分与环境之间的相互作用，揭示其系统性规律，以实现问题的最优解决。在决策树方法中，关键决策问题及其所有备选解决方案和可能结果被视为一个完整的系统。基于不同层级的备选方案，系统被划分为多个要素。这些要素内部根据不同的方案或随机事件继续细分，逐级形成延伸到最远的决策树，构建了一个结构清晰、考虑全面、要素齐全的系统。在此系统中，各要素相互关联并具有层次隶属关系，各要素对下一层级而言是整体，对上一层级则是部分。此过程还涉及采用扩散思维，尽可能搜集影响树枝分布的各种因素。

（2）树的剪枝。最优化原则要求在解决问题时进行全面考虑并通力协作，从多个选项中选出最佳方案。统计显示，过度延伸的"最大树"通常会导致过度拟合。因此，决策树方法的目标是建立一个既准确又简洁易行的数学模型，即一个最优化的系统解决方案。为此，需要对"最大树"进行剪枝，以得到"最佳树"。剪枝过程需平衡考虑树的复杂性和预测准确性,以获得最佳效果。在此过程中,采用集中思维使树更精简的同时,还要避免信息丢失。

(3) 最佳方案的确定。决策树方法的核心是从多个备选方案中选出最优解,为决策提供依据。选择方案的基本思想是在决策树的生长和剪枝之后,为每个可能的终端节点设定统一的效用值,并据此计算各方案的期望效用,从而为决策提供依据。效用反映个人在使用或消费商品(服务)时感受到的快乐或满足度,是一个主观指标,如生活质量、质量调整生命年等。在决策树方法中,将效用作为选择方案的统一标准,体现了决策中的人文关怀。选择最优方案的过程基于个人偏好,与传统的效益、效果等客观指标相比,展现了决策树方法在人文哲学视角下的价值理念。

在项目风险评估领域,决策树方法采用树状结构模型处理风险评价问题,其评估标准可以是收益期望值、效用期望值或其他指标。期望值,也称为数学期望或平均值,是表征随机变量平均水平的值,计算公式为

$$E(x) = \sum_{i=1}^{n} x_i P(x_i) \tag{11.1}$$

其中,$E(x)$ 为随机变量 x 的期望值;x_i 为在情况 i 下的数值;$P(x_i)$ 为出现 x_i 的概率。

11.4 决策树法的局限性与改进优化

11.4.1 决策树法的局限性

决策树方法自 20 世纪 60 年代中期由 Quinlan(昆兰)提出的 ID3(iterative dichotomiser 3,迭代二叉树三代)算法发展而来,该算法使用信息增益作为扩展属性的选择标准。尽管决策树算法因其结构简单、计算需求低,且适用于大规模数据集而在归纳学习中占据重要位置,并在众多实际场景中得到应用,但像 ID3 这样的早期决策树算法仅适用于属性取值和分类明确的情况,无法处理与人的思维和感知相关的不确定性。Quinlan 指出,决策树的分类结果是明确的,无法处理分类过程中的潜在不确定性。当属性取值略有变动时,可能导致分类结果产生显著变化。生成的决策树往往缺乏稳健性,数据信息的不精确或缺失可能会完全阻碍样本分类。

11.4.2 决策树法的改进优化

为克服这些局限性,Quinlan 提出采用概率方法来构建决策树以应对不确定性问题。在此模型中,属性值的不确定性被视为噪声,分枝阈值被模糊处理,最终的分类结果被赋予概率进行估计。这种分类问题的不确定性主要源于随机性误差。因此,在机器学习等领域,针对决策树的优化研究较多,基本方法包括基于分枝合并的决策树优化、基于优化学习的模糊规则简化、通过混合神经网络改善模糊决策树的学习精度、最大化模糊熵方法(以提高模糊规则的泛化能力)、优化模糊规则的 T-S(Takagi-Sugeno,高木-关野)范式神经网络方法、模糊决策树构建过程中的参数选择方法等。

11.5 决策树法在风险管理中的应用示例

决策是一个过程，基于对未来情况的预测和判断。然而，这些预测和判断可能不准确，或者实际情况与预测完全相反，这就会产生风险。决策者必须分析未来可能出现的各种情况及其发生概率，以最大限度地回避风险。以下讨论几种情况。

11.5.1 状态概率已知的风险型决策

风险型决策是指决策者在面对具有不确定性的决策环境时，虽然无法完全确定未来会发生哪种结果，但能够知道各种结果出现的概率，或可通过试验进一步获取信息。由于决策要冒一定的风险，故称为风险型决策或统计型决策。先讨论无试验时的风险型决策，即各事件状态和后果的概率事先已知的情形。

【例 11.1】 某研究所设计了一种新式武器准备投入生产，并迅速装备即将参战的某师，现有如下两种方案。

方案一：建设较大的厂，需投资 300 万元，建成后如大量装备该师，每年可获利润 1000 万元；如少量装备该师，则亏损 200 万元。

方案二：建设较小的厂，需投资 180 万元，建成后如大量装备该师，每年可获利润 400 万元；如少量装备该师，每年可获利润 300 万元。

两种方案的使用周期都是 10 年。军事专家预测这种武器在若干年内大量装备该师的概率是 0.7，少量装备该师的概率是 0.3。问：应采取何种方案？

解：我们用期望值法决策，期望值也称为效益值。先将决策问题列成决策矩阵，如表 11.1 所示，其中效益值用利润表示。

表 11.1 投资建厂的决策矩阵表（效益值）

方案 a_i	θ_1（大量装备）	θ_2（少量装备）
	$P(\theta_1)=0.7$	$P(\theta_2)=0.3$
a_1（建大工厂）	1000	−200
a_2（建小工厂）	400	300

$$E(a_1) = 1000\times0.7+(-200)\times0.3-300=340（万元）$$

$$E(a_2) = 400\times0.7+300\times0.3-180=190（万元）$$

显然，340 万元大于 190 万元。由期望值法决策的结果是选择方案 a_1，即建大工厂，预期利润可达 340 万元。该决策可以用如图 11.3 所示的决策树表示。

11.5.2 基于期望效用值的风险型决策

在决策过程中，人们对决策结果的态度各不相同，这源于人们对结果的偏好不同，导致决策结果对不同的决策者有不同的效用值。效用的概念由伯努利（Bernoulli）提出，原意是指人们对其拥有钱财真实价值的态度。在决策理论中，冯·诺伊曼（von Neumann）

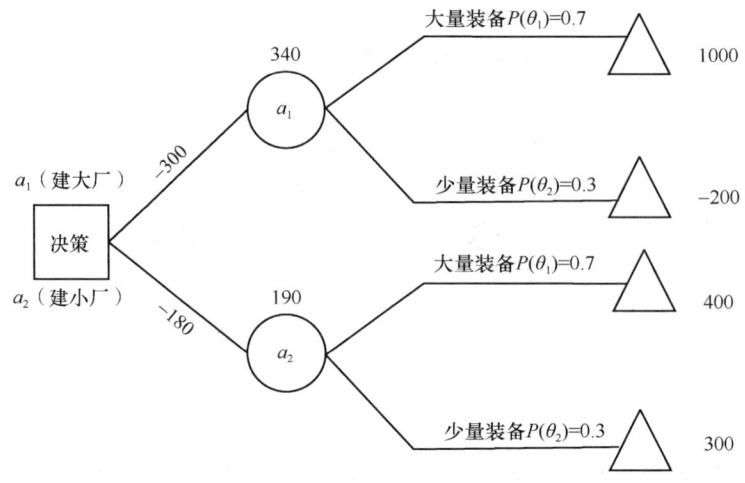

图 11.3　建某种武器工厂的决策树

和摩根斯坦（Morgenstern）用其度量人们对风险条件下决策结果的偏好态度，即结果的价值。效用具有主观特性，可通过心理测验确定。

【**例 11.2**】　假设某师指挥员在参与指挥一场联合战役，战场态势顺利（θ_1）的概率为 0.7，出现意外情况（θ_2）的概率为 0.3。现有两个作战方案 A 和 B。

方案 A：顺利情况下可推进 8 千米，意外情况下将后退 3 千米。

方案 B：顺利情况下可推进 5 千米，意外情况下将原地不动。

问：指挥员应选哪个方案？

解：为解决这个风险型决策问题，需要先测定指挥员决策的效用函数曲线。由效益值的取值范围可确定：$u(8\text{ 千米})=1$，$u(-3\text{ 千米})=0$。通过与当事人对话可得一系列效用值，从而确定其效用曲线。指挥员关于决策结果的效用值如表 11.2 所示。

表 11.2　指挥员的决策矩阵表（效用值）

行动方案	θ_1（战场态势顺利） $P(\theta_1)=0.7$	θ_2（出现意外情况） $P(\theta_2)=0.3$
A	1	0
B	0.875	0.375

方案 A 的期望效用值：$1\times 0.7+0\times 0.3=0.7$

方案 B 的期望效用值：$0.875\times 0.7+0.375\times 0.3=0.725$

按最大效用值准则可知，方案 B 优于方案 A。

如果以推进距离最大作为准则，方案 A 的推进距离期望值为 4.7 千米，而方案 B 为 3.5 千米。因此，方案 A 优于方案 B。然而这不符合指挥员的谨慎态度。

11.5.3　序列决策

序列决策也是风险决策的一种，其特点是各种方案及其结果不是一个层次的简单决策，而是多层次、能分枝的多级决策，难以用一张决策矩阵表表达，但可用决策树或影响图进行决策。

【例 11.3】 如图 11.4 所示,战役打响后,某师指挥员将军用物资运输任务交给后勤部门,要求用最短的时间从出发地运到前线。有 A、B、C 三条公路可选。

公路 A 需用时 4 小时,但在离出发地 2 小时处有一座桥,桥被敌机破坏的概率为 0.5。

公路 B 需用时 3 小时,但在离出发地 1 小时处有一座桥,桥被敌机破坏的概率为 0.4。

公路 C 需用时 5 小时。

如遇桥被破坏,则立即返回出发地,选其他两条路,仍有其他路上桥被破坏的情况。试画出决策树,并选出最优方案。

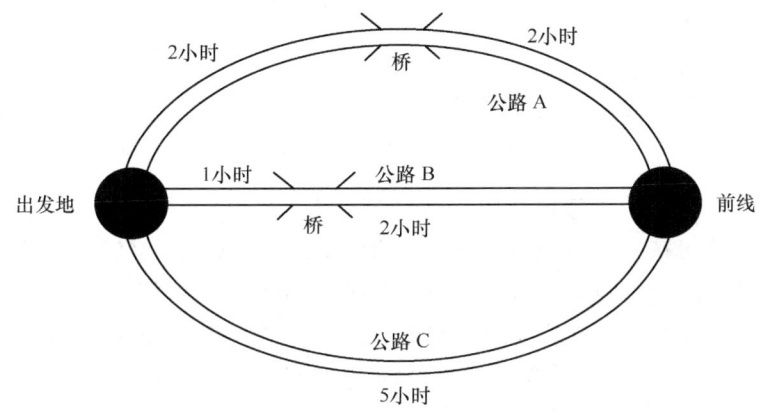

图 11.4 军用物资运送路线示意图

分析:这是一个抢运道路选择问题,用决策树法分析步骤如下。

首先,绘制决策树,对各节点标注相应符号。参见图 11.5,图中小写字母 o、d、e 为决策节点,字母 a、b、c、f、g 为方案节点。在决策方案分枝旁注明方案名;在状态概率分枝旁注明状态名及发生概率。

其次,应用反向归纳法。从右到左计算各方案节点的期望效益值并写在方案节点上方。选择先走公路 A,计算 A 分枝的各终端节点的期望效益值。遇到 A 桥好,用 4 小时到达目的地;如遇 A 桥坏,返回出发地,有两种选择:走公路 C 需 9 小时到达;走公路 B,如遇 B 桥好需 7 小时到达,如 B 桥坏需返回走公路 C,共 11 小时到达。将各方案的所用时间作为期望效益值写在终端节点符号右侧。然后计算各方案的期望效益值,写在方案节点上方,选择最短的时间,写在决策节点上方。具体如图 11.5 所示。

比较三个方案的期望耗时,可得方案 B 的耗时＜方案 C 的耗时＜方案 A 的耗时。由此可知,从决策点 o 出发,选择公路 B 的期望耗时最短,即运送到前线的时间最短为 4.6 小时。因此,应选择 B 路线,若遇桥损坏,立即返回选择 C 路线。

11.5.4 评价标准的关键作用

【例 11.4】 在联合战役中,得到敌人进行冲击的情报,某师指挥员需决定是否单独组织二梯队团进行反冲击。若选择进行二梯队团的反冲击,预计损失 200 人。反冲击成功的可能性为 60%,失败的可能性为 40%。

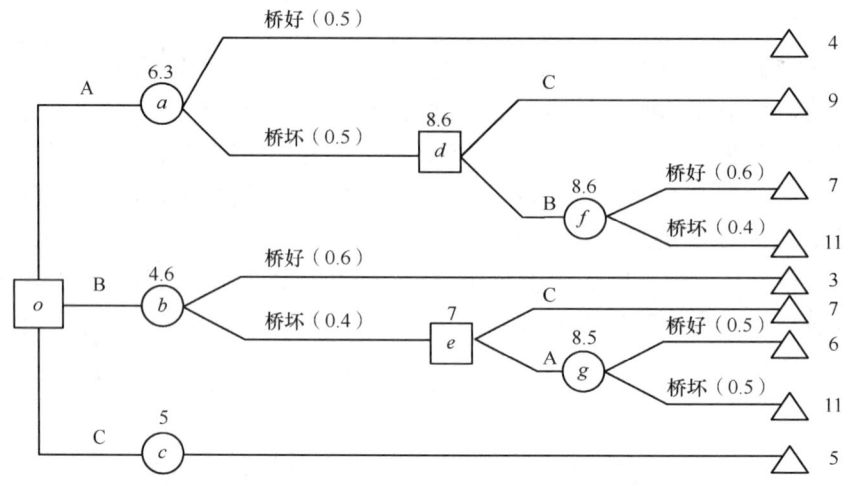

图 11.5 抢运道路选择决策树

考虑反冲击成功后的策略，有以下两种行动方案。

方案一：就地等待支援并巩固阵地，此策略的成功概率为 50%，预计损失 180 人。

方案二：继续进攻以封堵敌方突破口，此策略的成功概率为 80%，预计损失 280 人。

进一步分析，若第二步行动成功（方案一或方案二成功），敌方将损失 700 人；若失败，敌方损失 100 人，而反冲击部队将额外损失 150 人。假设以敌我损失人数之差为评价标准，问：是否应当组织反冲击？

分析：这是一个两级决策问题，用决策树法分析步骤如下。

首先，绘制决策树，各节点标注相应符号，具体参见图 11.6。A、C 为决策节点，B、F、G、D、E 是方案节点，H、I、J、K 是终端节点。在方案分枝旁注明方案名；在状态分枝旁注明状态名及发生概率。

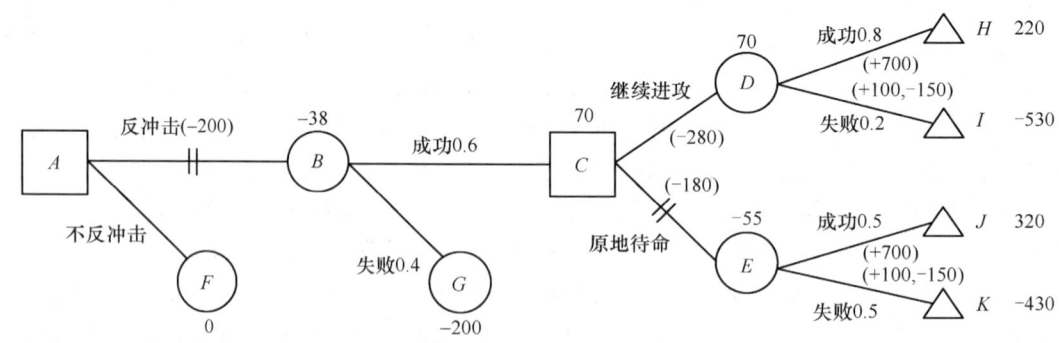

图 11.6 反冲击行动的决策树

其次，应用反向归纳法。从右到左计算各方案节点的期望效益值，并写在方案节点上方，选择最大值，写在决策节点上方，被舍弃的方案以"||"符号表示。

通过计算，可以得到节点 H、I、J、K 处的期望效益值分别为

H 处：$-200+(-280)+700 = 220$（人）

I 处：$-200+(-280)+100+(-150) = -530$（人）

J 处：$-200+(-180)+700 = 320$（人）

K 处：$-200+(-180)+100+(-150) = -430$（人）

接着，计算 D、E 两处的期望损益值：

D 处：$220 \times 0.8 - 530 \times 0.2 = 70$（人）

E 处：$320 \times 0.5 - 430 \times 0.5 = -55$（人）

比较 D、E 两处的期望益损值，可知决策节点 C 应采取继续进攻方案，因此 C 点期望效益值为 70。

计算 B 点的期望效益值：

$$70 \times 0.6 - 200 \times 0.4 = -38 \text{（人）}$$

这表明，A 点实行反冲击，敌我损失人数差的期望值为-38 人；不反冲击则无损失。因此，从敌我损失对比角度，指挥员不应单独组织反冲击。由以上分析可见，选择方案的关键在于评价标准。

本 章 小 结

决策树，又称决策图，是一种运用概率和图论中的树结构来比较决策中不同方案，以获得最优方案的风险型决策方法。决策树分析法是一种树枝形结构，用于表示连续的决策，从一个起始点开始，每个节点的分枝代表一个独立决策及其概率事件。

决策树法包含以下步骤：确定决策问题并明确决策目标；建立决策树模型；修剪决策树并选择最佳树形；确定各个终端节点并计算综合指标（从树梢至树根的方向进行逆推）；评估和检查树。

决策树的分类结果是明确的，不能处理分类过程中潜在的不确定性。当属性取值有微小变化时，可能导致分类结果显著变化。为克服这些缺陷，Quinlan 建议采用概率方法来构造决策树以处理不确定性。

思 考 题

1. 决策树包括几个部分，每个部分代表什么？
2. 决策树法的计算步骤有哪些？
3. 假定某师指挥员在参与指挥一场联合战役，战场态势顺利情况的概率为 0.6，出现意外情况的概率为 0.4。现有两个作战方案 A 和 B，方案 A 在顺利情况下可推进 8 千米，而意外情况下将后退 2 千米；方案 B 在顺利情况下可推进 4 千米，而意外情况下将原地不动。请问：指挥员应选哪个方案？

参 考 文 献

[1] 王熙照, 翟俊海. 基于不确定性的决策树归纳[M]. 北京: 科学出版社, 2012.
[2] 张健, 王晖, 陈元凤. 管理决策模型与应用[M]. 北京: 机械工业出版社, 2010.
[3] 杨保安, 张科静. 多目标决策分析: 理论、方法与应用研究[M]. 上海: 东华大学出版社, 2008.

第 12 章 风险决策技术与方法

风险决策的目标是保证决策过程的科学性和决策效果的有效性，从而实现风险管理的目标。因此，风险决策的正确性直接影响着风险管理的效果。本章首先对风险决策相关内容进行简要介绍，然后系统介绍风险决策技术与方法中的两类方法：不确定型决策方法和风险型决策方法，最后介绍灵敏度分析。

12.1 风险决策概述

12.1.1 风险决策的概念与发展历程

风险是指在可获得一定收益的同时，伴随损害或者危险发生可能性的一种决策情景。人们在日常生活和工作中经常不可避免地需要在有风险的情景下做出选择和决策。例如，人们常常要选择是把自己的工作收入存银行还是买股票进行投资，是做手术切除肿瘤还是通过药物治疗肿瘤。这些情景都需要决策者权衡每种选择相应的风险和收益。风险决策是根据风险管理的目标，从两个及两个以上备选方案中进行筛选，选择最合理的风险管理方案的过程。风险和收益的不确定性既可能给决策者带来一些负面后果，也可能是新机遇的开端。探索和理解人在各种风险情景下如何进行有效决策及其背后的认知神经机制，是近年来心理学、经济学、金融学、管理学等多学科决策研究的热点。

以定量分析为主、探讨不确定环境下决策理论的起源通常被认为是 20 世纪 20 年代至 30 年代由 J. Neyman（J. 内曼）和 E. S. Pearson（E. S. 皮尔逊）等人研究的假设检验理论，又称为统计决策论。建立在 Neyman-Pearson 定理基础上的统计决策论内容丰富，但仍然有一些局限：它探讨的仅仅是对原假设"接受"或"拒绝"的决策，以及"不做选择"的弃权决策，而且决策的标准仅仅是如何减少产生假设检验弃真、存伪两类错误的可能性，而不能提供产生错误后的危害程度，难以满足实际需要。

到了 20 世纪 50 年代，A. Wald（A. 瓦尔德）研究决策函数时加入了决策后果因素，克服了 Neyman-Pearson 统计决策论的缺陷，并且应用于多方案的决策问题中，取得了一定的效果。人们通常将 Wald 之后的统计决策论称为现代决策论，将以前的统计决策论称为古典决策论。

面对不断变化着的生存环境，人们只有通过不断的决策来调整其行为，以解决环境的变化所带来的问题，从而获得生存与发展。由于人脑存储信息的不完全性与其处理信息能力的有限性，通过决策所选择的行为所实现的结果未必都一定能达到预期。任何备选行为，在实施过程中都有一定概率遭遇失败。失败不仅意味着所选行为未能解决其所面临的问题，而且更意味着生存境遇的进一步恶化。这就是决策行为的风险本质。所以，风险决策作为在人们的生存活动中最常见的决策方式，对其求取生存之道中的重要性不言而喻。自从期望效用模型被提出以来，风险决策就一直是行为研究的核心命题之一。

效用理论起源于15世纪中叶，伯努利首先提出了用货币效用期望值最大取代货币收入期望值最大的理由，以及资本的边际价值递减规律。但在不确定的风险型决策中应用效用概念的研究却始终没有显著的进展。大约在经历了两个世纪之后，才由Ramsey（拉姆齐）在1931年提出了主观期望效用公理系统的轮廓和要点，并在一定程度上预见到冯·诺伊曼和莫根施特恩关于决策效用公理化研究的成果。但他的工作一直没有引起重视，直到1954年Leonard（伦纳德）第一次对主观期望效用建立起严格的公理化基础时，才提到拉姆齐的工作要点。

20世纪60年代以来，决策研究得到了迅速的发展。到目前为止，前后共提出超过20种数理模型，而且数量还在增加。目前，其范围至少已经涉及如下一些方面：制定决策过程中人的行为问题；效用函数和主观概率分布的估计（包括带权效用理论）；序贯决策（包括决策树、马尔可夫决策）；多目标决策；群决策；模糊集理论在决策分析中的应用；决策计算的有效算法及软件系统；信息不全型决策理论等。此外，决策科学除了研究决策的数量方法外，还包括决策系统的分析评价、决策心理学等。决策论已经成为一门综合性的学科。

值得一提的是，风险感知也对风险决策具有显著影响，在风险决策中个体风险认知影响个体风险倾向。高风险感知人群比低风险感知人群更倾向于规避风险，即个体感知到风险水平越低越倾向于追求风险。感知并躲避环境的危险是生物体赖以生存的本能反应之一，绝大多数个体倾向于依赖其主观感受来评估某一特定情景中可能存在的风险。在高风险感知状态下，个体更希望规避风险。Sitkin和Weingart的研究显示个体风险感知负向预测风险倾向[1]；Cho和Lee对股票市场投资进行研究，结果发现，个体风险倾向水平与感知到的风险存在负向相关关系[2]。研究者认为，认知偏差会影响个体风险感知，如过度自信、控制幻觉（个体相信他们可以在很大程度上控制不可控的事件）和幸存者偏差会降低个体的风险感知，从而使个体采取冒险行为[3]。高风险感知个体很容易联想到决策行为的负面后果，所以他们会以一种消极态度看待决策，不会做出冒险选择，而是采取保守行为[1]。

12.1.2 风险决策问题要素

首先看一个例子。

【例12.1】 某工厂准备生产一种新型的家用电器。根据一段时间的市场试销情况统计，该公司对产品的市场年需求量大致估计了五种可能发生的情况：高（300万台及以上）、较高（200万~<300万台）、一般（100万~<200万台）、较低（50万~<100万台）、很低（50万台以下），但是对每种情况在今后可能出现概率的相关信息无法获得。为了生产该产品，工厂有三种生产方案可供选择：一是引进国外全自动生产线（方案A_1）；二是对原有的一条生产线进行改造扩建（方案A_2）；三是在现有生产车间的有关设备上进行生产（方案A_3）。现在通过估算，该工厂每年在各生产方案、各需求量情况下的年利润值如表12.1所示。工厂应该采用何种方案？

表 12.1　各生产方案、各需求量对应的利润值　　　　　　　　　单位：万元

生产方案	需求量				
	高	较高	一般	较低	很低
A_1（引进）	600	400	220	75	−100
A_2（扩建）	550	300	250	−25	−75
A_3（现有）	300	200	150	50	−25

从上述的生产决策问题我们可以看到一个决策必备的基本要素包括以下几个方面。

（1）决策目标：决策者的预期目的。例 12.1 中的决策目标是年利润最大化。

（2）决策人：其任务就是进行决策。决策人可以是个人（如经理）或集体（如董事会）。

（3）行动方案：指为决策人提供的各种可供选择的行动策略，通常用 A_i（$i=1,2,\cdots,m$）表示。例 12.1 中的行动方案有引进国外全自动生产线、对原有的一条生产线进行改造扩建，以及在现有生产车间的有关设备上进行生产三种行动方案。决策的结果受到决策者不可控随机因素的影响。这些随机因素决定了决策执行中的各种情况。

（4）自然状态：指决策人在进行决策时面临的状态，通常用 S_j（$j=1,2,\cdots,n$）表示。这些状态是决策人无法控制的，并且直接影响决策结果。在例 12.1 中，自然状态有市场年需求量高、较高、一般、较低、很低五种，这五种可能出现的需求量情况都是决策人无法控制的。

（5）收益：采取不同的行动方案在不同的自然状态下会产生不同的结果，收益就是衡量结果对决策人价值的量化指标，它可能是收入，也可能是损失。在例 12.1 中，每种生产方案在五种需求量状态下的年利润就是收益。为了方便讨论，往往把决策问题的有关信息用如式（12.1）所示的矩阵表示：

$$\begin{array}{c} & S_1 & S_2 & \cdots & S_j & \cdots & S_n \\ A_1 \\ A_2 \\ \vdots \\ A_i \\ \vdots \\ A_m \end{array} \begin{bmatrix} b_{11} & b_{12} & \cdots & b_{1j} & \cdots & b_{1n} \\ b_{21} & b_{22} & \cdots & b_{2j} & \cdots & b_{2n} \\ \vdots & \vdots & & \vdots & & \vdots \\ b_{i1} & b_{i2} & \cdots & b_{ij} & \cdots & b_{in} \\ \vdots & \vdots & & \vdots & & \vdots \\ b_{m1} & b_{m2} & \cdots & b_{mj} & \cdots & b_{mn} \end{bmatrix} = \left(b_{ij}\right)_{m\times n} \quad (12.1)$$

矩阵 $\left(b_{ij}\right)_{m\times n}$ 称为收益矩阵。

决策准则是衡量行动方案优劣、用以指导方案选择的标准。在决策时有单一准则和多准则。决策准则反映了决策人的价值观和风险好恶程度。在 12.2 节中，我们将讨论几种常用的决策准则。

12.1.3　风险决策的过程

风险决策过程是一个动态的系统反馈过程，基本步骤如图 12.1 所示。

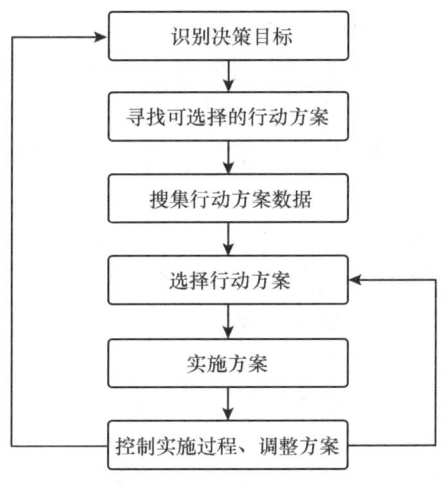

图 12.1　风险决策过程

识别决策目标是整个决策过程的前提，为科学决策确定了方向。只有明确需要解决的问题和行动的目标，才能做出合理的、正确的决策。目标要尽量具体、明确，以利于方案的选择和实施过程的控制监督。在大量的实际问题中，一般是突出一个主要目标，即使在多目标决策问题中，各目标的权重也是有所区别的。合理地建立决策目标有时在很大程度上依赖于决策人的决策艺术或技巧。

寻找可选择的行动方案是根据确定的决策目标和组织的内外部环境来进行的。在寻找行动方案时要敢于打破常规，大胆创新，但也要注重可行性。同时，值得注意的一点是，有时候什么也不做也是一种行动方案，即"弃权"方案，但它常常被人们所忽略。在提出的其他备选方案都不利、无法达到决策目标的时候，我们就应该考虑弃权，而不是被迫选择一个不利方案。

搜集行动方案数据是决策过程中很重要的一个步骤。搜集的信息应该具有相关性和可靠性。有效的资料对于决策人是很好的决策支持。同时，还要考虑搜集数据的成本效益比，如果一味地追求信息的全面、真实而导致信息成本过高，或者信息报送延迟，这样的信息数据对于决策人来说是没有效益的。

选择行动方案是决策人根据与方案相关的数据对各备选方案的利弊进行分析和权衡，按照某个确定的决策准则（如悲观主义准则、乐观主义准则、折中主义准则、最大期望收益准则等）做出的合理选择。

实施方案是决策的执行阶段。决策的最终目的在于方案的实施并取得决策人预期的效果。因此，选择了行动方案并不意味着决策的结束，方案实施也是决策过程的一个有机组成部分。

控制实施过程、调整方案是对方案实施的信息反馈。通过检查、控制决策方案实施后的实际效果，并与预期效果相比较，检查差异形成的原因从而做出必要的调整。如果差异是实施过程不恰当造成的，就要修正已选择方案的实施过程；如果差异是行动方案本身决策不恰当造成的，就要对原定的决策方案进行重大调整，甚至重新确定备选方案，然后重新决策。

在实际决策中，不能要求达到"绝对合理"。原因有以下三点：

（1）"绝对合理"的决策要求决策人对所有可能的备选方案及其结果都无所不知。

（2）"绝对合理"的决策要求决策人要具有无限的估算能力。

（3）"绝对合理"的决策要求决策人对于所有可能的结果有一个"完备的、前后一致的先后顺序"。

但是在实际问题中，决策人由于受到个人经验、认知能力、时间、成本、情报来源等方面的限制，这些要求几乎是不可能达到的。因此，在决策时，人们常常用满意原则来替代最优原则，并且抓住主要问题的主要方面。

12.1.4 风险决策特点

风险决策就是根据风险管理目标，选择经济、合理的风险处理技术和手段，进而制订风险管理的总体方案和行动措施，即从两个或两个以上备选方案中进行筛选，选出最经济、最合理的风险管理方案的过程。风险决策具有决策的一般特点，但是同其他决策相比，还具有以下几个方面的特点：

（1）风险决策是以风险识别、风险衡量和风险评价为基础的。风险识别、风险衡量和风险评价的目的是为风险决策提供充实的信息资料和可靠的决策依据；相反，如果缺乏以风险识别、风险衡量和风险评价为依据，则这样的风险决策是盲目的、没有根据的，是不具有科学性的。例如，风险管理人员使用错误、不确切的信息，往往会造成风险管理决策的失误。

（2）风险决策是风险管理目标实现的手段。风险决策是风险管理的核心，是实现风险管理目标的手段，即以最低的成本获得最大的安全保障。没有科学的风险管理方案、风险管理决策，也就无法实现风险管理的目标。

（3）风险决策具有主观性。风险决策的对象是可能发生的风险事故、隐患和风险因素，风险决策属于不确定情况下的决策，这种决策依赖于风险管理者的认识和判断，是风险管理者的主观决策。虽然风险分布的客观性是风险决策的依据，但是，由于风险是随机、多变的，往往会使风险管理决策出现偏差。风险决策的主观性，决定了风险管理者必须能够预见到风险的发展变化，并适时地做出正确的决策，消除风险管理决策的随意性。

（4）风险管理决策同决策的贯彻和执行密切相关。风险管理方案确定后，方案的贯彻和执行需要各风险管理部门的密切配合。风险管理方案在贯彻和执行中的任何失误，都有可能影响风险管理决策的效果。区别风险管理决策与决策贯彻执行的不同是十分必要的。

12.1.5 风险决策分类

从不同的角度出发，可以对决策问题进行不同的分类。

按照对决策对象规律性的认识程度，可以分为程序性决策和非程序性决策。前者是指有章可循的决策，一般是可重复的，涉及的损益金额也较少。非程序性决策是指一次性的战略决策，这种决策通常不可重复，决策过程更多是依靠决策人的经验和主观判断，涉及的损益金额往往比较大，对决策结果也具有重大影响。

按照决策对象性质的重要性，可以分为战略决策、策略决策和执行决策。这种分类与管理的三个级别相对应。战略决策涉及组织生存和发展，是有关全局性的长期决策，如企业经营战略方向、新市场开发等，这种决策更多的是采取非程序性的决策方法，决策人为组织最高层的领导；策略决策是为实现战略决策的目的而进行的较低一层次的决策，如一个企业的产品规格选择等，这种决策更多的是与部门经理相关；执行决策是根据策略决策的要求对操作方案进行选择，如日常生产调度决策等，这类决策更多的是采取程序性的决策方法，决策人多为基层管理人员。

按照决策过程是否连续，可以分为单项决策和序贯决策。单项决策是指整个决策过程只由一次决策构成；序贯决策是指整个决策过程由一系列连续决策构成，后面的决策活动往往要受到前面决策的影响。一般而言，管理活动是一系列的连续决策活动，每个决策之间都是相互联系的，但每一个决策单独抽取出来又可以视为单项决策。

按照决策人对环境和所获信息的认识程度，可以分为确定型决策、不确定型决策及风险型决策。确定型决策指决策环境和行动结果都是确定的，不包含随机因素，在决策时，决策人有充分的情报或信息来把握环境状态，从而做出最优化选择；不确定型决策是指决策人对有关环境的信息一点也不了解，对将发生结果的概率也一无所知，决策人只能凭主观意向进行决策；风险型决策是指决策人对环境不能完全确定，但可以知道或预测各种状态发生的概率，又称为随机型决策。它是在多种不确定因素的作用下，对两个或两个以上的行动方案进行选择。由于有不确定因素存在，故行动方案的实施结果的损益值是不能预先确定的。"多种不确定因素"在学术上常称为"自然状态"。

此外，按照决策问题的数量化条件，可以分为定量决策和定性决策；按照决策问题的目标，可以分为单目标决策和多目标决策；等等。

12.2 不确定型决策方法

在不确定的情况下，决策者知道将面对一些什么样的自然状态，并知道采用不同行动方案在各个不同自然状态下所得的相应的收益值。但决策者不能预先估计或计算出各种自然状态出现的概率。这种情况下的决策往往根据主观态度与定性经验来进行决策，常可结合一些决策准则。

12.2.1 悲观主义准则

悲观主义准则又称保守主义准则或最大最小（max-min）准则。当决策者无法确定各种事件的发生概率时，出于谨慎，决策者从各种策略在每一种自然状态下可能发生的最坏的结果来考虑，相当于采用每种策略会有一种最坏的可能性，那么就从中选择损失最小的一种策略作为最优行动方案。其计算过程可以用公式表示为

$$b_{ij}^* = \max_i \min_j \{b_{ij}\} \tag{12.2}$$

结合一个例子来说明这种准则。

【**例 12.2**】 某公司现需对某新产品的生产规模做出决策，现有如下三种备选方案。S_1：大规模生产；S_2：中等规模生产；S_3：小规模生产。未来的市场对该产品的需求存在不确定性，决策者清楚有两种可能发生的自然状态——N_1：高需求；N_2：低需求。根据经验估计，在某一自然状态下，采用某一行动方案对应的公司的收益见表 12.2。请用悲观主义准则做出决策。

表 12.2 悲观主义决策表（收益） 单位：万元

方案	N_1（高需求）	N_2（低需求）	$\min[\alpha(S_i, N_j)]$
S_1（大规模生产）	30	−6	−6
S_2（中等规模生产）	20	−2	−2
S_3（小规模生产）	10	5	5

解：不妨用 $\alpha(S_i, N_j)$ 表示采用方案 S_i 而发生的自然状态为 N_j 时该公司的收益值，如表 12.2 所示，三种方案在各自然状态下的最小收益值分别为−6 万元、−2 万元和 5 万元，再从这些最小收益中选取一个最大值——5 万元，即在悲观主义准则下，最佳方案为 S_3，即小规模生产为最优。

由例 12.2 可以看出，该决策准则立足于保守主义，即从低需求这种最坏的自然状态考虑，然后选取在低需求下收益最大的方案，从决策者的心理角度出发，采用 S_3 方案至少可获得 5 万元的收益值。观察其他方案，有可能出现−2 万元和−6 万元的收益。若出现高需求的自然状态，S_3 方案收益显然比其他方案收益低，但它是最安全的。

12.2.2 乐观主义准则

乐观主义准则又称为最大最大（max-max）准则，持乐观主义准则的决策者对待风险的态度与悲观主义者不同，当面临情况不明的策略问题时，他绝不放弃任何一个可获得最好收益的机会，以好上加好的乐观态度来选择他的决策策略。根据此准则，决策者从最有利的结果去考虑问题，先找出每个方案在不同自然状态下的最大收益值，再从这些最大收益中选取一个最大值，相应方案为最优方案。乐观主义准则的计算过程可以用公式表示为

$$b_{ij}^* = \max_i \max_j \{b_{ij}\} \tag{12.3}$$

对例 12.2 运用此准则来进行计算，结果如表 12.3 最后一列所示。

表 12.3 乐观主义决策表（收益） 单位：万元

方案	N_1（高需求）	N_2（低需求）	$\max[\alpha(S_i, N_j)]$
S_1（大规模生产）	30	−6	30
S_2（中等规模生产）	20	−2	20
S_3（小规模生产）	10	5	10

可见，方案 S_1 为最优方案。

采用此准则要求决策者风险承受能力强，能够在不利的情况下弥补损失。我们可以看到，如果乐观的自然状态发生的话，它明显比悲观主义准则下的决策方案收益要大得多，同时风险也要大得多。

12.2.3 等可能性准则

等可能性准则是 19 世纪数学家 Laplace（拉普拉斯）提出的。他认为，当一人面临着某事件集合，在没有确切理由来说明这一事件比那一事件有更多的发生机会时，只能认为各事件发生的机会是均等的，即每一事件发生的概率都是"1/事件数"。这样决策者可以计算各行动方案的收益期望值，然后在所有的这些期望值中选择最大者，以它所对应的行动方案作为最优方案。其决策过程可以用公式表示为

$$b_{ij}^* = \max\left\{\frac{1}{n}\sum_{j=1}^{n}b_{ij}\right\} \quad (12.4)$$

仍用例 12.2 来说明，因为有两个自然状态，即有两个事件，所以各自然状态发生的概率均为 1/2，等可能性准则下的收益期望值见表 12.4。

表 12.4 等可能性决策表（收益） 单位：万元

方案	N_1（高需求）	N_2（低需求）	收益期望值
S_1（大规模生产）	30	−6	12
S_2（中等规模生产）	20	−2	9
S_3（小规模生产）	10	5	7.5

方案 S_1 的收益期望值的计算如下：

$$0.5\times30 + 0.5\times(-6) = 12（万元）$$

类似地，可以计算出其他两个方案的收益期望值。可以看出，最大收益期望值为方案 S_1 的 12 万元，因此根据等可能性准则，方案 S_1 为最优方案。

该准则的不足之处表现在以下几个方面：

（1）其认为各种自然状态是等可能性的，也就是为每一种自然状态加上如下的先验概率：先验概率=1/自然状态数（或事件数）。将这个值作为先验概率与将其他值作为先验概率同样十分武断。

（2）在一些情况下，有很好的依据能够证明某些自然状态比其他自然状态具有更大可能性发生，使用这个信息应该能够改进决策。

（3）实际上有一些途径可以对可能的自然状态进行细化，如果这样，直接用等可能性准则进行决策显得有些武断。

12.2.4 最小机会损失准则

最小机会损失准则也称最小遗憾值准则，或后悔值准则，它是由经济学家 Savage（萨

维奇）提出的，故又称 Savage 准则。它的基本思想是：最优方案应为最有利结果的方案，但如果决策人没有选择它而选择了其他方案，就可能产生后悔情绪，最大效益值与选择方案效益值之差称为后悔值。该准则以决策人感到遗憾最小为最优。因此，从各方案的最大后悔值中找出最小者，所对应的方案就是应选择的行动方案。与前面的决策准则不同的是，后悔值的结果与决策人的主观态度无关。

最小机会损失准则的决策步骤如下：

（1）找出对应于各个自然状态 S_j 的最大效益值 $\max\limits_{i}\{b_{ij}\}$。

（2）计算各状态最大效益值与相应状态下各方案效益值之差，求出各方案在各种状态下的后悔值：

$$r_{ij} = \max\limits_{i}\{b_{ij}\} - b_{ij}, \quad i=1,2,\cdots,m, \quad j=1,2,\cdots,n \tag{12.5}$$

以 r_{ij} 为元素的矩阵 (r_{ij}) 称为后悔矩阵。

（3）求出各方案的最大后悔值，并进行比较，从中选择最小者，与其对应的方案就是决策方案：

$$r_{ij}^* = \min\limits_{i}\max\limits_{j}\{r_{ij}\} \tag{12.6}$$

对例 12.2 采用该准则决策时，首先要计算出最大机会损失值，如表 12.5 所示。

表 12.5 最小机会损失决策表　　　　　　　　　　　　　　　　单位：万元

方案	N_1（高需求）	N_2（低需求）	最大机会损失值
S_1（大规模生产）	0	11	11
S_2（中等规模生产）	10	7	10
S_3（小规模生产）	20	0	20

以方案 S_1 为例阐述最大机会损失值的计算过程。原收益矩阵中，在高需求的情况下，所有方案中最大收益为 S_1 的 30 万元。低需求情况下，为 5 万元。因此，高需求情况下，方案 S_1 的损失值相应就为 30-30=0；低需求情况下，方案 S_1 的损失值相应为 5-(-6)=11，显然这两个损失值相比 11 较大，则最后一列的最大机会损失值就为 11。其他两个方案的最大机会损失值计算与之类似。最终，在最大机会损失值里选取最小的 10 万元，相对应的方案即为最优方案。

在实际中当分析产品废品率时，应用本准则比较方便。

12.2.5 折中主义准则

乐观主义准则和悲观主义准则都以决策人对客观情况所持的态度为出发点，但是这两种态度都是一种极端的态度。在决策实践中遇到的大多数情况都是决策人对客观情况所持的态度处于这两个极端之间，采用一种介于悲观主义和乐观主义之间的决策准则，即折中准则，也称为 Hurwitz（赫尔维茨）准则。该准则将前面两种极端进行综合，在决策时根据决策人对历史数据的分析和个人经验的判断确定一个乐观系数 α（$0 \leq \alpha \leq 1$），则乐观程度可以用 α 表示，悲观程度用 $1-\alpha$ 表示。分别用这两个值作为系数对每一个行

动方案的最有利结果和最不利结果进行修正，求出折中收益值，再从中选取最大者作为决策策略。其计算过程可以用公式表示为

$$b_{ij}^* = \max_i \left\{ \alpha \max_j \left(b_{ij} \right) + (1-\alpha) \min_j \left(b_{ij} \right) \right\} \tag{12.7}$$

仍用例 12.2 来说明，假定取 $\alpha = 0.7$，折中收益值的计算结果见表 12.6。

表 12.6　折中主义决策表　　　　　　　　　　　　单位：万元

方案	N_1（高需求）	N_2（低需求）	折中收益值
S_1（大规模生产）	30	−6	19.2
S_2（中等规模生产）	20	−2	13.4
S_3（小规模生产）	10	5	8.5

方案 S_1 的折中收益值=0.7×30+0.3×(−6)=19.2 万元，其他类似。可见，最大值为 19.2 万元，故方案 S_1 为最优方案。

12.3　风险型决策方法

如果决策者不仅知道所面临的一些自然状态，以及可采用的一些行动方案在各个不同的自然状态下相应的收益值，而且知道这些自然状态的概率分布，这就是风险型情况下的决策问题。

12.3.1　最大可能准则

由概率知识可知，一个事件，其概率越大，则发生的可能性就越大，在风险型决策中选择一个概率最大的自然状态进行决策，置其他自然状态于不顾，这就叫作最大可能准则。最大可能准则也称为最大效益准则，其基本思想是把风险型决策问题转化为确定型决策问题，决策的依据仅仅为各种自然状态中发生可能性最大的状态。记每种自然状态可能发生的概率为 $p(S_1), p(S_2), \cdots, p(S_n)$，称 $P = (p(S_1), p(S_2), \cdots, p(S_n))$ 为概率矩阵。最大可能准则的决策过程如下。

首先，寻找最有可能出现，即概率最大的自然状态：

$$p(S_t) = \max \{ p(S_j) \} \tag{12.8}$$

满足式（12.8）的 S_t 就是决策的唯一状态。

其次，在该状态中选取效益值最大的行动方案，作为决策结果：

$$b_{ij}^* = \max_i \{ b_{ij} \} \tag{12.9}$$

在例 12.2 中，假设根据经验或统计分析得出高需求概率为 0.7，低需求概率为 0.3，可以看出高需求发生的可能性远大于低需求。这时就按高需求的自然状态决策，显然，此时方案 S_1 的收益 30 万元最大，故选此方案。

此决策方法应用较广，但当各自然状态发生的概率差别不明显时，该准则显然不太

适宜。一般来说，这个准则有以下一些不足：

（1）该准则在只考虑除了最可能发生的自然状态的情况下，选择了一个方案，没有考虑其他自然状态下有可能会发生一些很致命的情况。

（2）对于没有被选中的方案，这个准则也忽视了除了最可能发生的自然状态以外的情况下的收益，而其他方案的收益可能远比所选择的方案的收益大。

（3）如果最可能发生的自然状态下的收益远小于另一个具有一定发生可能性的自然状态下的收益，那么决策者会更加关注具有一定发生可能性的自然状态。

（4）如果有很多种自然状态并且发生的可能性几乎相同，最可能的自然状态变为现实的概率就会相当低，这种情况下在一种发生概率相当低的自然状态的基础上进行的决策显然在合理性上有些欠缺。

12.3.2 最大期望收益准则

最大期望收益准则就是计算每种策略在全部自然状态下的期望收益值（expected monetary value，EMV），然后经比较选取最大的期望收益值所对应的方案，作为最优方案。

决策以各方案的期望效益值为依据。具体决策过程如下。

首先，计算各方案的期望收益 $\mathrm{EMV}(A_i)$：

$$\mathrm{EMV}(A_i) = \sum_{j=1}^{n} p(S_j) b_{ij}, \quad i=1,2,\cdots,m \tag{12.10}$$

其次，对各个方案的期望收益进行比较，从中选择最大者，与其对应的方案就是决策结果：

$$\mathrm{EMV}(A_i^*) = \max_i P(A_i) \tag{12.11}$$

不妨以例 12.3 来说明。

【例 12.3】 设某工厂是按批生产某产品并按批销售，每件产品的成本为 30 元，批发价格为每件 35 元，若每月生产的产品当月销售不完，则每件损失 1 元，工厂每投产一批是 10 件，最大月生产能力是 40 件，决策者可选择的五种生产方案为：0 件、10 件、20 件、30 件、40 件。另已知，市场需求量为 0 件、10 件、20 件、30 件、40 件的概率 p 分别是 0.1、0.2、0.4、0.2、0.1。请用最大期望收益准则进行决策。

解此题，经计算后得到的最大期望收益决策表如表 12.7 所示。

表 12.7 最大期望收益决策表（收益） 单位：元

方案	市场需求量					EMV
	0 件 (p=0.1)	10 件 (p=0.2)	20 件 (p=0.4)	30 件 (p=0.2)	40 件 (p=0.1)	
S_1=0 件	0	0	0	0	0	0
S_2=10 件	−10	50	50	50	50	44
S_3=20 件	−20	40	100	100	100	76
S_4=30 件	−30	30	90	150	150	84
S_5=40 件	−40	20	80	140	200	80

以生产 10 件为例，其对应的期望收益为-10×0.1+50×0.2+50×0.4+50×0.2+50×0.1=44 元，其他计算与之类似，结果见表 12.7 中最后一列。从中可以看出 84 元最大，因此其对应的生产方案 S_4=30 件为最佳方案。

最大期望收益准则适用于可重复的、经常发生的决策问题，所以它是平均意义上的最大收益。

12.3.3 最小机会损失准则

最小机会损失准则提供了一种稳健的决策方法，即使在信息不完全或不准确的情况下也能做出合理的决策。它不依赖于对未来的精确预测，而是关注于在最坏情况下的损失最小化，所以最小机会损失准则同样适用于风险型决策问题。其决策过程与 12.2.4 节中步骤类似。

首先，找出对应于各个自然状态 S_j 的最大效益值 $\max_i\{b_{ij}\}$。

其次，计算以 r_{ij} 为元素的后悔矩阵 (r_{ij})，其中，

$$r_{ij} = \max_i\{b_{ij}\} - b_{ij}, \quad i=1,2,\cdots,m, \quad j=1,2,\cdots,n \tag{12.12}$$

再次，计算各方案的期望后悔值，即期望机会损失（expected opportunity loss，EOL）：

$$\text{EOL}(A_i) = \sum_{j=1}^{n} p(S_j) r_{ij}, \quad i=1,2,\cdots,m \tag{12.13}$$

最后，对 $\text{EOL}(A_i)$ 进行比较，从中选择最小者，与其对应的方案就是决策结果：

$$\text{EOL}(A_i^*) = \min_i \text{EOL}(A_i) \tag{12.14}$$

【例 12.4】 某电信运营商计划投资建立一个新的通信系统。该系统的建立有三种标准可供选择，各种标准提供的服务有所差异，而且互不相容。根据市场调查预测，顾客对新系统的反应有三种：高需求、中需求和低需求，每种标准在三种需求状态下的利润矩阵如表 12.8 所示。

表 12.8 每种标准在三种需求状态下的利润矩阵   单位：万元

方案	高需求（S_1）	中需求（S_2）	低需求（S_3）
标准一（A_1）	130	65	-70
标准二（A_2）	40	5	-45
标准三（A_3）	95	50	-60

利用表 12.9 中给出的各需求状态下各方案的损失值以及对应的概率，计算各标准在不同需求下的 EOL，结果见表 12.9 的最后一列。

表 12.9 期望机会损失表   单位：万元

方案	S_1（p=0.3）	S_2（p=0.5）	S_3（p=0.2）	EOL(A_i)
A_1	0	0	25	5
A_2	90	60	0	57
A_3	35	15	15	21

在不考虑弃权方案的情况下，选择 EOL(A_i) 最小的 5 对应的 A_1 作为决策方案。

实际上，最大期望收益准则和最小机会损失准则的本质是一样的，我们不加证明地给出它们之间的关系

$$\text{EOL}(A_i) = k - \text{EMV}(A_i), \quad k \text{为常数} \tag{12.15}$$

因此，当期望收益最大时，期望机会损失为最小，即用这两个决策准则得出的结果是一致的。

实际上，对于期望值决策准则来讲：

（1）选择最大期望收益或最小期望机会损失对应的方案对于只做一次决策的决策问题而言，不一定对决策人是有利的。因为决策后实际发生的状态是随机的，不能保证决策达到期望的结果。

（2）从期望值的定义来看，它不代表决策人实际得到的收益，仅仅是多次重复执行同一个决策后得到的平均收益。

因此，期望值决策准则一般适用于可重复的、经常发生的决策问题，如生产经营中的执行决策问题。

12.3.4 贝叶斯决策准则

通过观察上述风险型决策的方法，我们可以发现决策人对自然状态的概率估计可能在很大程度上影响决策的质量和结果。许多决策问题的概率，如未来消费市场的需求为高或低的可能性无法通过随机试验来确定，只能由决策人根据其主观经验和判断来确定，这样得到的概率只反映了决策人对事件出现的信念程度，而不能充分反映研究对象的物理特征，因此称其为主观概率或先验概率，用 $P(S_j)$ 表示。

在实际问题中，对决策者来说，能够经常获得完全情报是不可能的，或为获得完全情报而付出的代价太大。在这种情况下，为了进行更科学合理的决策，人们需要考虑通过调查等途径去掌握更充分的信息，并采用贝叶斯公式来修正原来的概率估计，以提高决策的准确性。

依据修正后的概率进行的决策就是贝叶斯决策。

贝叶斯决策的步骤如下。

第一，由有经验的专家估计各种自然状态发生的事前概率（先验概率）。

第二，根据调查、专家估计或试验等方法获得条件概率，利用贝叶斯公式

$$P(N_i|A) = \frac{P(N_i)P(A|N_i)}{\sum P(N_j)P(A|N_j)} \tag{12.16}$$

计算出各个事件的事后（后验）概率。其中，$P(N_i)$ 为自然状态 N_i 出现的概率，即先验概率；$P(A|N_i)$ 为自然状态 N_i 出现的情况下，事件发生的概率；$P(N_j)$ 为自然状态 N_j 出现的概率；$P(A|N_j)$ 为自然状态 N_j 出现的情况下，事件发生的概率；$P(N_i|A)$ 为事件发

生的情况下,自然状态 N_i 出现的概率,即后验概率。

第三,根据后验概率调整决策。"事件的发生"是补充情报,即贝叶斯公式就是补充情报。在风险型决策中,利用贝叶斯公式进行概率修正的决策方法称为贝叶斯决策。

【例 12.5】 某投资者打算以 10 000 元投资 A、B、C 三种证券中的一种,当前他获得的投资收益信息如表 12.10 所示,现无法获得有关经济形势的完全情报,但可以通过某些经济指标预测未来的经济形势。根据历史经验,在经济形势好(N_1)的情况下,预测结果为好的概率是 0.75;在经济形势一般(N_2)的情况下,预测结果为好的概率是 0.2;经济形势差(N_3)的情况下,预测结果为好的概率是 0.05。现已知补充情报:经济形势预测结果为好。结果如表 12.10 所示。问:该决策者如何进行投资决策?

表 12.10 证券投资获得的投资收益　　　　　　　　　　单位:元

方案	N_1（P=0.3）	N_2（P=0.5）	N_3（P=0.2）
S_1（投资证券 A）	800	550	300
S_2（投资证券 B）	650	600	500
S_3（投资证券 C）	250	400	1000

首先,各种自然状态发生的先验概率为

$$P(N_1) = 0.3,P(N_2) = 0.5,P(N_3) = 0.2$$

其次,补充情报,即"事件的发生"是经济形势预测结果为好。可列出事件在各自然状态下的条件概率:

$$P(A|N_1) = 0.75,P(A|N_2) = 0.2,P(A|N_3) = 0.05$$

根据贝叶斯公式计算各种自然状态的后验概率。在经济形势预测结果好的情况下,经济形势的确为好的概率为

$$P(N_1 | A) = \frac{P(N_1)P(A | N_1)}{\sum P(N_i)P(A | N_i)} = 0.67$$

同理,经济形势一般的概率为

$$P(N_2|A) = 0.30$$

经济形势差的概率为

$$P(N_3|A) = 0.03$$

最后,根据后验概率调整决策。按照最大期望收益准则,有

$$E(S_1) = 800 \times 0.67 + 550 \times 0.30 + 300 \times 0.03 = 710（元）$$
$$E(S_2) = 650 \times 0.67 + 600 \times 0.30 + 500 \times 0.03 = 630.5（元）$$
$$E(S_3) = 250 \times 0.67 + 400 \times 0.30 + 1000 \times 0.03 = 317.5（元）$$

从中选择三个收益值中的最大者——710 元,即通过贝叶斯决策方法调整后的最优方案为 S_1,即投资证券 A。实际上,若不考虑补充情报,单以最大期望收益准则进行决策,相应的方案应为 S_2,因其期望值最大,为 595 元。由此可见,获得补充情报后,所得的决策结果可能会发生改变,而且期望收益值可能会变化。

【例 12.6】 在一个流水线上加工制造一批零件,共 10 000 个,如果加工完后逐个进行检验修正,则可以全部合格入库,修正费为 300 元。如果不进行修正,则根据以往

资料统计，加工次品率及对应出现的概率如表 12.11 所示。

表 12.11　加工次品率及对应出现的概率

次品率 E	0.02	0.04	0.06	0.08	0.10
概率 $P(E)$	0.20	0.40	0.25	0.10	0.05

一旦装配中发现次品，需返工修理，修理费为每个零件 0.5 元。为了获得这批零件中加工次品率的正确资料，在刚加工完成的一批 10 000 件零件中随机抽取 130 个样品，发现其中有 9 件次品，试修正先验概率，按最大期望收益准则决定这批零件要不要修正。

解：修正后的先验概率见表 12.12。

表 12.12　修正后的先验概率

E	$P(E)$	$P^*(T|E)$	$P(T|E)$	$P(E|T)$
0.02	0.20	0.001	0.0002	0.0032
0.04	0.40	0.042	0.0168	0.2690
0.06	0.25	0.121	0.3025	0.4844
0.08	0.10	0.119	0.0119	0.1906
0.10	0.05	0.066	0.0033	0.0528
总计			0.3347	1.0000

$P^*(T|E) = C_n^m P^m (1-P)^{n-m} = C_{130}^9 P^9 (1-P)^{121}$，分别将 $E=0.02, 0.04, \cdots, 0.10$ 代入其中，即可得到第三列 $P^*(T|E)$。因此，最大期望收益准则的决策计算如表 12.13 所示，后两行是修正后的先验概率对应的修正与不修正决策下的收益值。

表 12.13　最大期望收益准则决策计算表　　　　　　　单位：元

项目	E					EMV
	0.02	0.04	0.06	0.08	0.10	
$P(E|T)$	0.0032	0.2690	0.4844	0.1906	0.0528	—
修正	−300	−300	−300	−300	−300	−300
不修正	−100	−200	−300	−400	−500	−302.08

根据表 12.13 中的计算结果，应该采用修正零件的方案。

应用贝叶斯决策方法应注意如下几点：

（1）在确定先验概率时仍然存在相当大的不确定性，因此将这些数据作为先验概率并不能体现可能出现结果的真实概率。

（2）先验概率在相当大的程度上是主观的，然而安全的决策应当是基于客观数据和程序的。

（3）对于平均结果，期望收益忽视了可能的结果对决策者的影响。

下面考虑一个将贝叶斯决策和决策树结合运用的分析案例。

【例 12.7】　接例 12.4，假设由于技术原因只能采用一种标准，这里以标准一为例，则每种需求状态的主观概率 p 及该种标准在三种需求状态下的利润如表 12.14 所示。

表 12.14 不同需求状态下的主观概率及利润

指标	高需求（S_1）	中需求（S_2）	低需求（S_3）
主观概率 p	0.3	0.5	0.2
标准一下的利润/万元	130	65	-70

为了更准确地进行预测，该运营商聘请咨询公司对市场需求进行全面的调查和预测，咨询费为3万元。从咨询公司的历史记录得知，对于类似案例，在实际结果为 S_j 的条件下，咨询结果为 B_i 的条件概率 $P(B_i|S_j)$ 如表 12.15 所示。问：该运营商是否应该聘用咨询公司？最终应该如何决策最有利？

表 12.15 咨询结果的条件概率表

咨询结果	S_1	S_2	S_3
B_1	0.6	0.3	0.1
B_2	0.2	0.5	0.3
B_3	0.2	0.2	0.6

解：根据贝叶斯公式可以得到后验概率为

$$P(S_1|B_1) = \frac{P(S_1)P(B_1|S_1)}{\sum_{j=1}^{3}P(S_j)P(B_1|S_j)} = \frac{0.3 \times 0.6}{0.3 \times 0.6 + 0.5 \times 0.3 + 0.2 \times 0.1} \approx 0.5143$$

同理，可以得到修正后的条件概率 $P(S_j|B_i)$，如表 12.16 所示。

表 12.16 修正后的咨询结果条件概率表

咨询结果	S_1	S_2	S_3
B_1	0.5143	0.4286	0.0571
B_2	0.1622	0.6757	0.1622
B_3	0.2143	0.3571	0.4286

使用修正后的概率构造的决策树模型如图 12.2 所示。

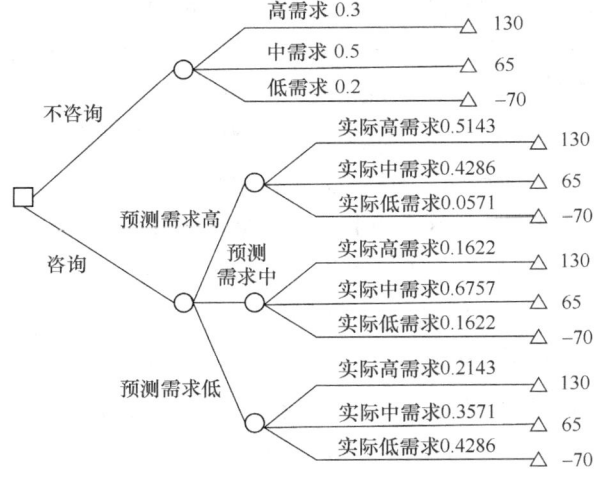

图 12.2 使用修正后的概率构造的决策树模型

不咨询的期望收益为 57.5 万元，咨询后预测分别为高需求、中需求、低需求的期望收益依次为 90.72 万元、53.65 万元、21.07 万元，因此咨询的期望收益为 57.40−3=54.40 万元。运营商无论是否咨询，投资后的期望收益都大于零，因此该项目值得投资，如果咨询的期望收益小于不咨询，则运营商不应该咨询。

12.3.5 信息分析准则

在各种管理活动中，及时、准确、充分的信息可以使决策更加科学、合理、可靠。信息对于决策的重要性是非常明显的。为了得到相关性强、可靠的信息，常常需要进行调查、试验、咨询，这会耗费一定的成本。若花费成本得到的信息可以为决策项目带来更大的经济效益，则对该信息的花费是值得的，反之则是不值得的。

为了获得更多的收益，有必要计算完全信息价值（expected value of perfect information，EVPI），即完全情报所带来的额外收益。计算出 EVPI 将有利于做出决策。如果获得完全信息的成本小于 EVPI，决策者就应该投入资金和精力去获取完全信息。反之，就不应该投资去获取完全信息。

继续考虑例 12.3，当不掌握完全信息，且用最大期望收益准则来决策时，可知方案 S_4（生产 30 件）为最优方案，此时其数学期望值的最大值为

$$0.1\times(-30)+0.2\times30+0.4\times90+0.2\times150+0.1\times150 = 84 （元）$$

该值即为没有完全信息的期望收益，记为 EMV^*。

如果决策者获得了完全信息，从而知道了自然状态的确切信息，那么决策者的期望收益如何计算呢？我们知道，如果知道确切的自然状态，那么决策者肯定会选择此种情况下收益最大的方案。比如，例 12.3，当完全信息告诉决策者需求量为 0 时，决策者会选择生产 0 件产品，此时收益为 0 元；当完全信息告诉决策者需求量为 10 件时，那么会选择生产 10 件产品，此时收益为 50 元；等等。总之，决策者会根据最终的确切情报选择能获得最大收益的方案。在决定是否获取完全信息之前，决策者需要计算会带来收益的平均值。这时，决策者知道得到完全信息后需求量是 0 件的概率是 0.1，10 件的概率是 0.2，20 件的概率是 0.4，30 件的概率是 0.2，40 件的概率是 0.1，故平均值为

$$0.1\times0 + 0.2\times50 + 0.4\times100 + 0.2\times150 + 0.1\times200 = 100 （元）$$

此即为完全信息的期望收益，记为 $EVPI_w$。

完全信息的期望收益超过没有完全信息的期望收益部分即为 EVPI，即

$$EVPI = EVPI_w - EVPI_{WO} = 100 - 84 = 16 （元）$$

把完全信息下的期望收益记为 $EVPI_w$，即 $EVPI_w$ 为确定情况下的期望收益；把决策问题在不完全信息下用最大期望收益准则得到的最优结果记为 EMV^*，则

$$EVPI_w - EMV^* = EVPI \qquad (12.17)$$

对于不能获得完全信息的情况，样本信息的价值 EVSI 为后验最大期望收益值 EMV^{**} 与不完全信息下用最大期望收益准则得到的最优结果 EMV^* 之差，即

$$EVSI = EMV^{**} - EMV^* \qquad (12.18)$$

从式（12.17）和式（12.18）可以看出，获取额外信息的成本不能超过 EVPI 或 EVSI，

否则收益减少，是不经济、不值得的。我们前面论述的获取额外信息要进行成本—效益分析就是这个道理。完全信息是一种理想的状况，要得到完全信息往往非常困难，要耗费很大的财力、物力，花费很长的时间，甚至是不可能的。在实际工作中，我们得到的信息通常是不完全的，只要它是相关的、可靠的，决策人也可以根据不完全信息做出合理的决策。若得到的信息有限，收集额外的信息就要在成本与信息的收益之间进行权衡。

【例 12.8】 在电信运营商投资建设新的通信系统的例 12.7 中，运营商想要获得更准确的信息就要向咨询公司支付 3 万元，这就是额外信息的成本。但是，额外信息产生的效益只有 57.40 万元，也就是说额外信息的价值为-0.1 万元（我们这里举的是比较极端的例子，实际工作中绝大多数信息的价值都应该大于零）。既然额外信息的价值不足以弥补获取额外信息的成本，获取额外的信息就不经济，因此该运营商应该选择不向咨询公司寻求专家协助。

我们可以将计算信息价值的步骤总结如下：
（1）用先验概率计算各方案的期望收益值，最大者记为 EMV^*。
（2）计算自然状态的后验概率，它是依赖于额外信息的条件概率。
（3）利用修正后的后验概率计算决策方案的后验期望收益值，最大者记为 EMV^{**}。
（4）$EMV^{**}-EMV^*$ 就是额外信息的价值。

12.4 灵敏度分析

由于环境是一个经常变动的因素，在变动的环境下决策就具有风险。而我们用期望值准则进行决策依赖于各自然状态的发生概率及各方案在各自然状态下的收益值，这些值都是估算或预测所得，不可能十分精确。所以我们用期望值准则求出最优策略后，有必要进行灵敏度分析。灵敏度分析就是分析决策使用的数据在什么范围内变化时，原最优方案仍然有效。实际上我们常对自然状态的发生概率进行灵敏度分析，也就是考虑自然状态发生概率的变化是如何影响最优方案的决策的。我们不妨看一个具体例子。

【例 12.9】 某公司为满足市场需要，有两种生产方案可供选择，而面临的市场状态有畅销和滞销两种。经调查，畅销的可能性为 70%，滞销的可能性为 30%，两种方案的收益如表 12.17 所示。

表 12.17 两种市场状态下对应的收益 单位：万元

方案	畅销（$p=0.7$）	滞销（$p=0.3$）
S_1	100	−20
S_2	40	10

解：利用最大期望收益准则进行决策，有
$$E(S_1)=100\times0.7+(-20)\times0.3=64$$
$$E(S_2)=40\times0.7+10\times0.3=31$$

可以看出，$E(S_1) > E(S_2)$，所以，生产方案 S_1 优于 S_2。由于市场经常变换，自然状态的概率可能发生变化，检验该决策的稳定性，即计算当畅销的概率变动范围为多大时，该决策不会变化。比如，当出现畅销的概率变为 $p=0.4$ 时，此时

$$E(S_1) = 100 \times 0.4 + (-20) \times 0.6 = 28$$
$$E(S_2) = 40 \times 0.4 + 10 \times 0.6 = 22$$

可以看出，最优生产方案仍是 S_1。同样，我们不妨验证 $p=0.5, 0.6, 0.8, 0.9$，等等，会发现最优方案仍然不变。若再假设畅销的概率为 0.3，则有

$$E(S_1) = 100 \times 0.3 + (-20) \times 0.7 = 16 < E(S_2) = 40 \times 0.3 + 10 \times 0.7 = 19$$

即最优方案变为 S_2。这些至少说明了 p 在 0.4～1 时，最优方案仍是 S_1。也就是说，该最优生产方案保持不变的范围还是比较大的，这个决策结果是比较稳定的，可靠性较高。但如何确定最优方案不变的范围呢？我们不妨作以下讨论。

若把各方案的期望值看作 p 的线性方程，则有

$$E(S_1) = 100p - 20(1-p) = 120p - 20$$
$$E(S_2) = 30p + 10$$

两直线方程有一交点，由 $120p - 20 = 30p + 10$ 解得 $p = 1/3$。这时的 p 值称为转折概率，当 $p > 1/3$ 时，直线 $E(S_1)$ 在 $E(S_2)$ 的上方，即 $E(S_1) > E(S_2)$，生产方案 S_1 是最优方案；当 $p < 1/3$ 时，则相反，最优生产方案变为 S_2。

本 章 小 结

风险决策是根据风险管理的目标，从两个或两个以上备选方案中进行筛选，选择最合理的风险管理方案的过程。风险决策问题包括如下基本要素：决策目标、决策人、行动方案、自然状态和收益。

从不同的角度出发可以对决策问题进行不同的分类：按照对决策对象规律性的认识程度，可以分为程序性决策和非程序性决策；按照决策对象性质的重要性，可以分为战略决策、策略决策和执行决策；按照决策过程是否连续，可以分为单项决策和序贯决策；按照决策人对环境和所获信息的认识程度，可以分为确定型决策、不确定型决策及风险型决策；按照决策问题的数量化条件，可以分为定量决策和定性决策；按照决策问题的目标，可以分为单目标决策和多目标决策。

不确定型决策方法的决策准则主要有：悲观主义准则、乐观主义准则、等可能性准则、最小机会损失准则、折中主义准则。

风险型决策方法的决策准则主要有：最大可能准则、最大期望收益准则、最小机会损失准则、贝叶斯决策准则、信息分析准则。

思 考 题

1. 某厂考虑生产甲、乙两种产品（对应甲、乙两个方案），根据过去的数据资料，旺季和淡季的市场需求如表 12.18 所示（括号中的 p 表示概率）。

表 12.18　市场需求表　　　　　　　　　　　　　　　　　　　单位：万元

方案	旺季（p=0.7）	淡季（p=0.3）
甲	4	3
乙	7	2

请用最大可能准则进行决策。

2. 某公司为了扩大销售市场，要举办一个展销会，会址有甲、乙、丙三地可供选择。获利情况除了与会址有关外，还与天气有关。天气可分为晴天、阴天、雨天三种，通过天气预报，三种天气情况可能发生的概率分别为 0.25、0.5、0.25，其收益情况如表 12.19 所示（括号中的 p 表示概率），请用最大期望收益准则进行决策。

表 12.19　在不同会址举办展销会的收益情况　　　　　　　　　　　单位：万元

选址方案	晴天（p=0.25）	阴天（p=0.5）	雨天（p=0.25）
甲地	400	600	100
乙地	500	400	150
丙地	600	200	120

3. 已知某公司面对四种自然状态（N）的三种备选方案的收益如表 12.20 所示，假定不知道各种自然状态出现的概率，请分别用以下五种方法求最优行动方案：悲观主义准则、乐观主义准则、等可能性准则、折中主义准则（乐观系数 $\alpha=0.6$）、最小机会损失准则。

表 12.20　三种备选方案的收益　　　　　　　　　　　　　　　　　单位：万元

方案	N_1	N_2	N_3	N_4
S_1	15	8	0	−6
S_2	4	14	8	3
S_3	1	4	10	12

4. 根据以往资料，一家面包店所需要的面包数（即当天的需求量）可能为以下各个数量中的一个：120, 150, 240, 300, 360（单位：个），但不知其分布概率。如果一个面包当天没有销售掉，则在当天结束时，每个以 0.10 元处理给饲养场，新鲜面包的售价为每个 1.20 元，每个面包的成本为 0.50 元，假设进货量限定为需求量中的某一个。

（1）写出面包进货问题的收益矩阵。

（2）分别用悲观主义准则、乐观主义准则、最小机会损失准则及折中主义准则（乐观系数 $\alpha=0.7$）进行决策。

5. 接题 4，根据以往的经验，每天不同需求量对应的概率分布如表 12.21 所示。

表 12.21　不同需求量对应的概率分布

需求量/个	120	150	240	300	360
概率	0.1	0.3	0.3	0.2	0.1

试用最大期望收益准则求出该面包店的最优进货方案。

6. 某制造厂加工了 150 个机器零件，经验表明由于加工设备的原因，这一批零件不合格率 P 不是 0.05 就是 0.25，且所加工的这批零件中 P 等于 0.05 的概率是 0.8，这些零件将被用来组装部件。制造厂可以在组装前按每个零件 10 元的费用来检验每个零件，发现不合格品立即更换，也可以不加检验就直接组装，但发现一个不合格品则须进行返工，而返工费用是 100 元，请回答以下问题：①用最小机会损失准则给出该厂的最优检验方案；②对此问题进行灵敏度分析；③用决策树法解答此题。

参 考 文 献

[1] Sitkin S B, Weingart L R. Determinants of risky decision-making behavior: a test of the mediating role of risk perceptions and propensity[J]. The Academy of Management Journal, 1995, 38(6): 1573-1592.

[2] Cho J, Lee J. An integrated model of risk and risk-reducing strategies[J]. Journal of Business Research, 2006, 59(1): 112–120.

[3] Simon M, Houghton S M, Aquino K. Cognitive biases, risk perception, and venture formation: how individuals decide to start companies[J]. Journal of Business Venturing, 2000, 15(2): 113-134.

第三篇：风险分析技术创新与发展

近年来，科学技术不断蓬勃发展，特别是人工智能、大数据等领域的科技创新及应用受到广泛关注。伴随着互联网技术、信息化设备以及传感器技术的飞速发展，数据生产和收集的规模正以指数级增长。然而，这些大量数据本身并不具备直接价值，而是通过大数据分析为更全面、更明智的风险管理决策过程提供了可能，大数据分析使决策者或组织能够从大量复杂数据中提取背后蕴含的有价值信息和洞察力，有机会识别以前无法检测到的趋势和模式，从而改进预测、有针对性地进行生产运营、更好地分配资源，使企业获得竞争优势，说明人类社会已进入数据驱动时代，各行各业都在努力收集、分析和应用数据，来优化业务流程、改善用户体验、提高效率，并实现了比传统方法更准确的预测和决策。

正是在这样的背景下，人工智能能够执行通常需要人类智能才能完成的任务，通过模拟人类智能的思维和行为来实现自主学习、推理和决策，成为利用数据的强大工具。它不仅是快速处理和分析海量数据的工具，还是一种能够识别出隐藏在数据中的有用信息和模式，从数据中学习、预测和做出智慧决策的技术，更能够自动学习和优化模型，实现实时监测和预测，从而提高风险管理决策的精度和效率。数据驱动、智能驱动的决策因其准确性、迅速性和多维度分析能力而引领着当今不同领域风险分析与管理决策的发展方向。

同时，放眼全球，世界百年变局加速演进，国际环境发生深刻变化，大国博弈和地区冲突加剧，经济下行压力增大，全球乃至区域经济社会发展面临诸多挑战。习近平指出："当前和今后一个时期是我国各类矛盾和风险易发期，各种可以预见和难以预见的风险因素明显增多"[①]。比如，大国博弈下，我国如何更好地塑造安全态势、遏制危机冲突？环境与生态管理涉及跨区域、跨国、跨政府、跨组织间的谈判博弈，"双碳"目标下我国绿色发展战略实施如何平衡好内部与外部、局部和整体的利益关系？政府制定、实施政策时如何破解"上有政策、下有对策"的困局，确保政策切合实际、行之有效、行之长远？等等。可见，复杂多方竞争决策与冲突博弈现象广泛存在于人类社会的不同层级和不同领域，且大多又以分层分组的嵌套形式相互关联，利益纠葛错综复杂，充满了偶然性和不确定性，使得决策者难以兼顾全局和局部、长远和眼前，从而做出持续有效的周全决策。

危与机相伴相随，形与势因人而异，斗与合辩证统一，运用先进科学的理论方法和实践手段支撑构建复杂的认知体系，综合运用人类智慧和人工智能的学习能力，提升洞察未来、全局运筹和深远战略决策的能力显得尤为迫切。我们必须顺应趋势、采取行动，坚持统筹发展与安全，增强机遇意识和风险意识，树立底线思维，更加充分地估计困难，更加深入地思考风险，注重弥补漏洞和强化薄弱环节，抢占先机，主动应对，从而有效防范和化解各种风险挑战。

---

① 习近平：关于《中共中央关于制定国民经济和社会发展第十四个五年规划和二〇三五年远景目标的建议》的说明，http://politics.people.com.cn/n1/2020/1103/c1024-31917563.html[2023-10-11]。

第 13 章　数据驱动的风险预测与评估方法

传统的风险分析方法种类繁多，包括定性分析法、半定量分析法和定量分析法，一些方法技术已在本书第二篇进行了介绍，在风险分析实践中具体选择何种方法，不仅取决于资源和能力（如人员及能力、信息与数据、时间、设施与成本），还取决于不确定性的性质和程度、风险事件和方法的复杂性、结果是否定量等。近年来，数据科学的飞速发展也对风险分析领域方法技术的发展产生了影响。随着信息技术和物联网技术等先进技术的进步及大量应用，风险分析领域的数据采集技术已经十分成熟，尤其是医疗与金融风险分析领域已积累了大量数据。与专家知识相比，真实的定量数据更加客观；但是和专家知识与风险分析直接相关的特点不同，这些定量化的数据需要加以深度分析和挖掘才能为风险分析工作提供有力支撑。因此，如何利用好现有数据信息，为更加客观准确地预测潜在风险，支撑风险评估与管理成为新时代风险分析与管理工作中面临的新挑战。幸运的是，各类数据挖掘技术的发展为数据驱动的风险预测与评估提供了有力的技术支撑。本章主要介绍几种数据驱动的风险预测与评估方法。

13.1　Logistic 回归模型

13.1.1　基于 Logistic 回归的风险预测

Logistic 回归模型通常用于分析自变量与离散型因变量之间的关系，其核心是一种线性回归方法。因变量一般是 "0-1" 式的分类变量。

下面以信用卡风险评估为例，说明 Logistic 回归模型应用于风险评估中的一般流程。因变量 y 是二元变量，取值分别为 0 和 1，$y=1$ 表示有信用卡欺诈行为的客户，$y=0$ 代表没有信用卡欺诈行为的客户。

假设在 Logistic 模型中有 k 维自变量，用 $x_1, x_2, \cdots, x_k$ 表示。因变量为用户是否有欺诈行为，用 0 和 1 表示。经过机器学习，Logistic 模型的分类器会生成一组自变量的权重系数（$\beta_1, \beta_2, \cdots, \beta_k$），这些权重系数与样本数据按线性加权得到的结果为

$$X = \beta_1 x_1 + \beta_2 x_2 + \cdots + \beta_k x_k$$

Logistic 本质上是一个基于条件概率的判别模型，其思想源于广义线性回归模型。为了实现判别，选择 sigmoid 函数作为判别函数。sigmoid 函数的形式为

$$f(x) = \frac{1}{1+\mathrm{e}^{-x}}$$

sigmoid 函数对应的图像如图 13.1 所示。可以看出，通过 sigmoid 函数计算出的结果以 $f(x)=0.5$ 为分界点，当 $f(x)>0.5$ 时，X 属于类别值为 1 的正类；当 $f(x)<0.5$ 时，

X 属于类别值为 0 的负类。

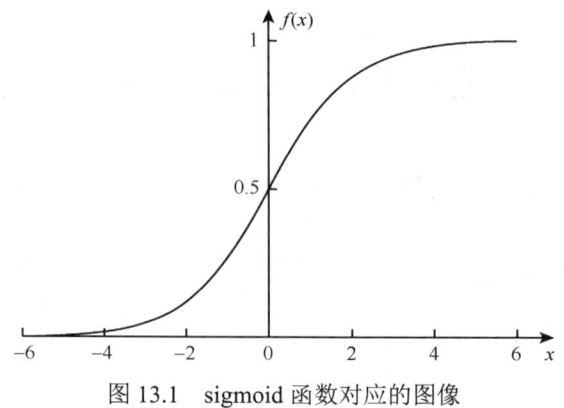

图 13.1 sigmoid 函数对应的图像

将输入数据代入 sigmoid 函数，得到一个介于 0 到 1 之间的数值。在实际分类中，通过设定一个阈值进行分类，因此，Logistic 回归模型不仅是一种分类工具，也是一种概率估计方法，可用于估计用户欺诈风险的概率。

13.1.2 Logistic 回归的应用场景及优缺点

Logistic 回归主要针对的是二分类问题，因此在所有涉及二分类的情景中都能发挥作用。此外，Logistic 回归模型还可以用于预测某一件事情发生的概率，该模型在风险分析中的应用非常广泛，包括：

（1）在汽车金融等领域，通过分析申请人提供的资料来预测其违约风险，根据判断风险高低来协助进行是否向其贷款的决策。

（2）在微博、豆瓣、小红书等舆论平台，通过 Logistic 回归模型得到情感风险分类器。例如，根据某些用户在某些特定主题上的历史评论数据，预测其未来对某些类型的主题发表负面评论的风险高低。

（3）在医疗领域，根据病人的各项检测指标，预测包括肿瘤等疾病为恶性的风险概率；根据历史旅行数据、检测试剂结果等指标预测某位疑似病人感染各类病毒的风险。

（4）在市场销售领域，通过预测产品的亏损风险来进行风险管理。

下面，根据 Logistic 回归模型的数学原理，给出基于 Logistic 回归开展风险预测与评估的优缺点评价。

（1）优点：①原理简洁，易于实现，适用于数据量较大的场景；②允许通过在线学习的方式更新参数，无须重新训练模型；③模型输出结果以概率的形式表示，使得风险评估结果具有概率意义；④模型参数可以表示每个特征对输出结果的影响，从而使得模型具有较强的可解释性；⑤可通过多种方法解决模型过拟合问题，如 L1 正则化、L2 正则化等。

（2）缺点：①对数据依赖性强，需要做特征工程来判断指标与输出是否存在关联；②对自变量的多重共线性较为敏感，如当模型中包含两个高度相关的自变量时，可能会出现异常的回归结果；③Logit 变换是一个非线性变换过程，两端的变化率几乎为零，而中间部分有着较大的变化率，这种特性致使变量处于特定区间时，对风险概率所产生的影响难以精准区分，与此同时，阈值的设定也颇具难度；④当特征空间较大时，模型可能表现不佳；⑤容易出现欠拟合，导致预测精度较低。

13.2 GM(1,1)模型

13.2.1 灰色系统理论基础

灰色系统理论是由我国著名学者邓聚龙教授创立的，是确定性理论和系统科学领域的重要学科。首先，需要区分与灰色系统相关的白色系统和黑色系统的概念：白色系统是指系统的内部特征是完全已知的，给系统一个"输入"，就能得到一个准确的"输出"，而且整个过程是已知的；黑色系统指的是内部信息对于外界完全未知的系统，研究只能通过系统与外界的互动联系来进行。显然，灰色系统是介于白色系统与黑色系统之间的。灰色系统的特点在于部分信息是已知的，而另一部分信息则是不明确的。通过对有限信息进行累加、累减等计算处理，我们可以提取有价值的信息，从而预测灰色系统的变化趋势，或者对当前系统的状况进行监控。目前，灰色系统理论经过近40年的发展和完善，成果丰富。灰色系统如今已构建起较为成熟的理论体系与模型框架，其参数优化及计算方法也处于持续完善之中，进而形成了一套囊括分析、预测、优化等多方面的技术体系，在众多学科领域得到广泛运用。

GM(1,1)模型是灰色系统理论的重要组成部分，尤其适用于小样本数据的预测。在样本量不足、信息不完全的情况下，GM(1,1)模型能充分利用现有数据，提炼决策信息，从而提供较高精度的预测结果。其基本原理是对初始数据进行一次累加，生成新的数据序列，然后通过特定的曲线拟合逼近该生成的序列，并以此拟合曲线作为基础模型，再通过几次滚动累加还原预测值，以预测未来的发展趋势。

13.2.2 基于 GM(1,1)模型的风险预测

在 GM(1,1)模型中，G 表示 grey（灰色），M 表示 model（模型），括号中第一个"1"代表一阶微分方程，第二个"1"代表微分方程有一个变量。同理，灰色预测理论中 GM(1,2)表示有两个变量的一阶微分方程灰色模型。

首先，对原始数据进行初步处理，生成一阶累加序列；其次，选择指数函数对生成的序列进行拟合预测；最后，为得到最终的预测值，需要通过归约处理，将结果还原到原始数据的尺度。

首先，将原始数据序列设置为

$$x^{(0)} = \left\{ x^{(0)}(1), x^{(0)}(2), \cdots, x^{(0)}(n) \right\}$$

通过原始序列的一阶累加，可得如下结果：

$$x^{(1)} = \left\{ x^{(1)}(1), x^{(1)}(2), \cdots, x^{(1)}(n) \right\}$$

在方程

$$x^{(1)}(k) = \sum_{t=1}^{n} x^{(0)}(t)$$

中，构建 $z^{(1)}$ 的序列，其中，令

$$x^{(1)}(k) = \frac{1}{2} \left[x^{(1)}(k) + x^{(1)}(k-1) \right]$$

可得

$$z^{(1)} = \left\{ z^{(1)}(2), z^{(1)}(3), \cdots, z^{(1)}(n) \right\}$$

其次，进行白化变换，构建白化方程：

$$\frac{\mathrm{d} x^{(1)}}{\mathrm{d} t} = \alpha x^{(1)} + b$$

得到参数 α 和 b 的值，如果 $\hat{\alpha} = [\alpha, b]^{\mathrm{T}}$ 是一个参数序列，且存在

$$B = \begin{bmatrix} -\frac{1}{2} z^{(1)}(2) & 1 \\ -\frac{1}{2} z^{(1)}(3) & 1 \\ \vdots & \vdots \\ -\frac{1}{2} z^{(1)}(n) & 1 \end{bmatrix}, \quad Y_n = \begin{bmatrix} x^{(0)}(2) \\ x^{(0)}(3) \\ \vdots \\ x^{(0)}(n) \end{bmatrix}$$

利用最小二乘法可以求解得

$$\alpha = [\alpha, b]^{\mathrm{T}} = (B^{\mathrm{T}} B)^{-1} B^{\mathrm{T}} Y_n$$

进一步处理白化方程，保证其离散化，可得 $\mathrm{GM}(1,1)$ 微分方程：

$$b = x^{(0)}(k) + \alpha z^{(1)}(k)$$

其中，利用了方程

$$x^{(1)}(t) = \left(x^{(1)}(1) - \frac{b}{\alpha} \right) \mathrm{e}^{-\alpha t} + \frac{b}{\alpha}$$

求解白化方程。

微分方程 $b = x^{(0)}(k) + \alpha z^{(1)}(k)$ 对应的时间序列方程为

$$\hat{x}^{(1)}(k+1) = \left(x^{(0)}(1) - \frac{b}{\alpha} \right) \mathrm{e}^{-\alpha k} + \frac{b}{\alpha}$$

$$\hat{x}^{(0)}(k+1) = x^{(1)}(k) - x^{(1)}(k-1)$$

其中，$-\alpha$ 为发展系数，$-\alpha \in [-2, 2]$，反映 $\hat{x}^{(1)}$ 和 $\hat{x}^{(0)}$ 的情况；b 为灰度变量。

再次，进行参数检验。参数序列 $x^{(0)} = \left(x^{(0)}(1), x^{(0)}(2), \cdots, x^{(0)}(n)\right)$ 的阶数比为

$$\lambda(k) = \frac{x^{(0)}(k-1)}{x^{(0)}(k)}, \quad k = 2, 3, \cdots, n$$

若阶数比 $\lambda(k)$ 形成的集合是覆盖 $\left(e^{-\frac{2}{n+1}}, e^{-\frac{2}{n+2}}\right)$ 的真子集，则 $x^{(0)}$ 可用于下一个灰度预测；否则，需对参数 $x^{(0)}$ 进行数学变换。进行数学变化的方式如下。

令 $y^{(0)}(k) = x^{(0)}(k) + c$，$k = 1, 2, \cdots, n$，$c$ 是一个合适的常数。由此得到新序列：

$$y^{(0)} = \left(y^{(0)}(1), y^{(0)}(2), \cdots, y^{(0)}(n)\right)$$

新序列 $y^{(0)}$ 的阶数比为

$$\lambda_y(k) = \frac{y^{(0)}(k-1)}{y^{(0)}(k)} \in X, \quad k = 2, 3, \cdots, n$$

其中，X 为满足可用于下一个灰度预测条件的阶数比取值范围。

最后，测试结果的准确性。后验误差的测试步骤如下。

（1）计算原始数组 $\bar{x}^{(0)}$ 的平均值 $x^{(0)}$ 和方差 s_1^2：

$$\bar{x}^{(0)} = \frac{1}{n}\sum_{i=1}^{n} x^{(0)}(i) \; ; \; s_1^2 = \frac{1}{n-1}\sum_{i=1}^{n}\left(x^{(0)}(i) - \hat{x}^{(0)}(i)\right)^2$$

（2）计算残差数组 E 的均值 $\bar{e}$ 和方差 s_2^2：

$$\bar{e} = \frac{1}{n}\sum_{i=1}^{n} e(i) \; ; \; s_2^2 = \frac{1}{n-1}\sum_{i=1}^{n}\left(e(i) - \bar{e}\right)^2$$

（3）后验误差率为

$$c = s_2/s_1$$

13.3 随 机 森 林

13.3.1 Bootstrap 方法

集成算法的优点在于，通过结合多个弱分类器，按照特定策略可以获得比单一分类器更好的效果，正所谓"三个臭皮匠，赛过诸葛亮"。Bootstrap（自助）法是三大集成算法之一，其他两种为 Bagging（装袋）法和 Stacking（堆叠）法，Bootstrap 方法是通过对原始数据集进行抽样生成新的样本数据集的方法。假设原始数据集合 S 中含有 n 个不同的样本 $\{X_1, X_2, \cdots, X_n\}$，每次从中有放回地抽取一个样本，重复操作 n 次，这 n 个样本构成新的集合 S^*，则在该集合中不含某一样本 X_i（$i = 1, 2, \cdots, n$）的概率为

$$p = \left(1 - \frac{1}{n}\right)^2$$

$$\lim_{n \to \infty} p = \lim_{n \to \infty} \left(1 - \frac{1}{n}\right)^2 = e^{-1} = 0.368$$

这部分占比约 36.8% 的样本通常被称为袋外（out-of-bag，OBB）样本。由于这些样本来自原始数据集且未参与模型的构建，因此非常适合作为测试集或交叉验证集使用，这是 Bootstrap 方法独特的优势。

13.3.2 Bagging 方法

Bagging 方法的执行过程如下：首先，利用 Bootstrap 方法生成多个新训练集；接着，为每个训练集构建一个弱学习器。对未知样本进行分类时，所有弱学习器共同投票，最终得票最多的结果即为 Bagging 方法的分类结果。Bagging 方法通常用于解决分类或回归问题，其基本思想如图 13.2 所示。

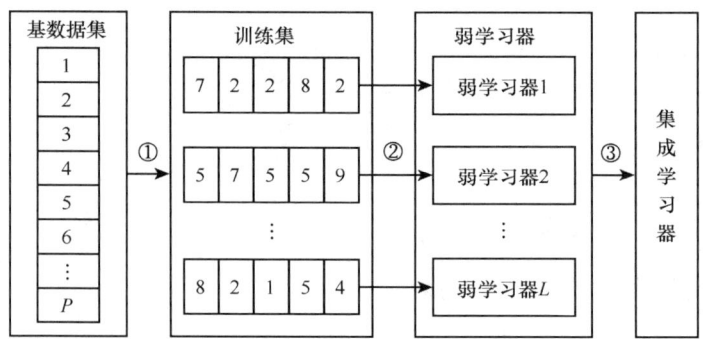

图 13.2 Bagging 方法基本思想

Bagging 方法可分为三个阶段。

1. 随机抽样阶段

训练集当中的样本来源于对基数据集的有放回随机抽样，每个训练集用于训练与其对应的弱学习器。弱学习器是指不需要具备高分类和/或预测精度的学习器。以分类问题为例，弱学习器仅要求分类准确率大于 50% 即可。对每个训练集而言，基数据集中未被采集到的样本称为该训练集的袋外样本，袋外样本不用于训练弱学习器，因此可用于测试对应弱学习器的泛化能力，可以对弱学习器的误差进行无偏估计，且不需要在基数据集中额外分配特定的测试集。即使基数据集的样本量较小，这种有放回的随机抽样方式也可以确保产生足够多的互不相同的训练集，进而保证得到足够多的互异的弱学习器。基数据集的随机抽样不仅可以确保训练集的唯一性，还可以确保 Bagging 方法在小型基数据集上的适用性。

2. 训练阶段

根据问题需求引入不同的分类器或回归模型训练相应的弱学习器，如决策树模型或神经网络模型等,每个弱学习器都是彼此独立的。在 Bagging 方法中,不要求弱学习器具有高分类/预测准确性,对多个弱学习器进行集成可获得比单一学习器性能更优的集成学习器。

3. 集成阶段

集成阶段通过选择结合方法(combination methods),对多个弱学习器进行集成,得到集成学习器。常见的结合方法如下。

(1)投票法:对于分类问题,通常通过投票法对弱学习器进行集成。投票法将每一个弱学习器的分类结果视为一张"选票",得票最多的类别作为最终的分类结果。

(2)加权平均法:在回归问题中,通常采用加权平均法进行集成。加权平均法的核心是为每个弱学习器分配一定的权重,进而将全部弱学习器预测结果的加权和作为集成预测结果。记第 l 个弱学习器的归一化权重为 $\overline{w_l}$,则集成结果可以由下式计算:

$$H = \sum_{l=1}^{L} \overline{w_l} h(l), \quad \overline{w_l} = \frac{w_l}{\sum_{l=1}^{L} w_l}$$

其中,$h(l)$ 为弱学习器 l 的预测结果;H 为组合后的最终结果。

(3)学习法:与上述两种方法不同,学习法并非简单地将弱学习器的预测结果进行逻辑组合。相反,它将这些弱学习器的输出作为新的输入,重新训练一个新的学习器以预测最终结果。学习法适用于预测和分类问题,集成效果较好,得到的集成模型预测精度较高,但同时增加了建模的复杂性。

13.3.3 随机森林算法

随机森林不仅能在 Bagging 的基础上生成多个训练集,还能对样本的特征进行随机抽样。在构建每棵决策树(即分类器)时,每个训练集仅包含样本的部分属性,并且不同训练集使用的属性集也各不相同。这样做的目的是通过减少决策树之间的相似性,降低随机森林模型的泛化误差。随机森林算法的原理见图 13.3。

随机森林算法具有以下优点。

(1)训练速度快,并且支持并行运算,可以显著提高运算效率。

(2)对数据分布的要求较低,对缺失值不敏感,即使不进行数据预处理,结果也不会受到太大影响。

(3)能够根据训练数据评估各个特征的重要性。

13.3.4 随机森林的关键参数

相比神经网络等其他分类器,随机森林的表现对参数的依赖性较小。在某些情况下,即使使用默认参数,随机森林也能取得良好效果。然而,这并不意味着无须调整参数。通过网格搜索法寻找最优参数,依然可以在一定程度上提升模型性能。图 13.4 列举了随机森林的主要参数。

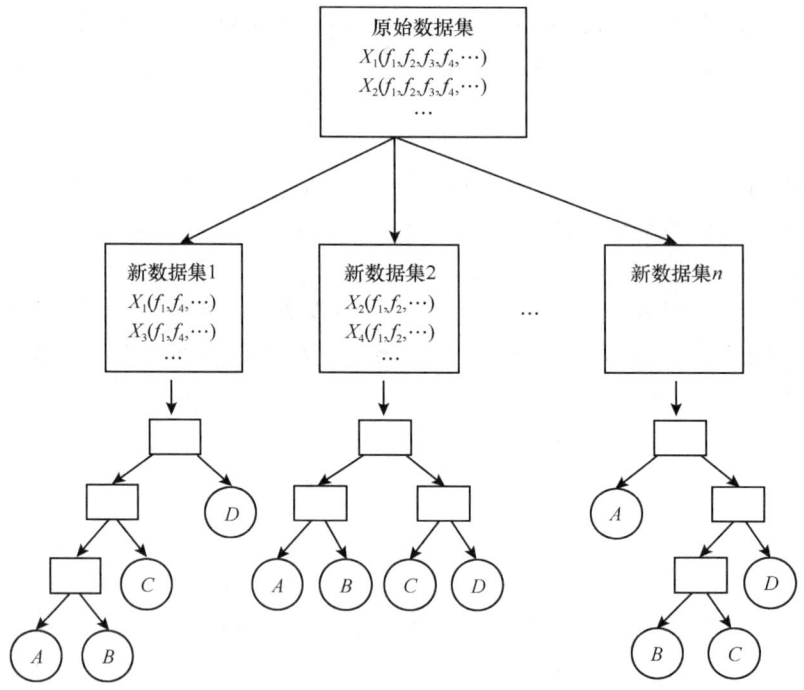

图 13.3 随机森林算法的原理图示

小方框表示父节点，圆圈表示叶节点；$X_1, X_2, X_3, \cdots$ 表示的是训练集中的样本，$f_1, f_2, f_3, \cdots$ 表示的是样本中的各个属性，A、B、C、D 表示各个决策树的分类结果。值得注意的是，随机森林中单棵决策树生成后是不用考虑剪枝的

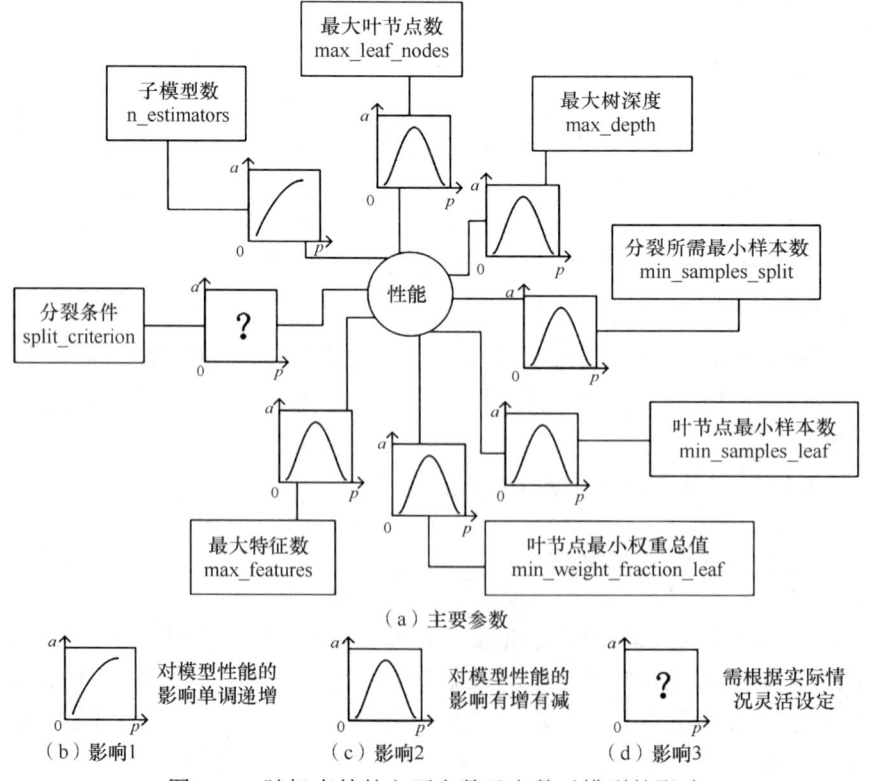

图 13.4 随机森林的主要参数及参数对模型的影响

13.4 XGBoost 模型

13.4.1 XGBoost 模型理论基础

XGBoost（eXtreme gradient boosting，极限梯度提升）模型最初是由陈天奇为分布式（深度）机器学习社区组的一个研究项目研发的，它是一个可拓展的提升树（boosting tree）算法，在数据科学领域广泛应用。XGBoost 曾经在 Kaggle 竞赛中大放异彩：2015 年，29 支 Kaggle 冠军队伍中有 17 支使用了 XGBoost。XGBoost 是一种基于梯度提升决策树（gradient boosting decision tree，GBDT）的机器学习算法，虽然基本思想与 GBDT 相同，但 XGBoost 通过分布式梯度优化，实现了高效、灵活且可移植的训练。XGBoost 中的 X 代表的就是 eXtreme（极致），其能够以更快速度和更高效率训练模型。

GBDT 是一种实用的 Boosting 算法，其核心思想是将损失函数的负梯度作为残差的近似值，通过不断迭代残差和拟合回归树来优化模型。简单来说，GBDT 就是不断构造决策树，从第二棵决策树开始，每棵决策树拟合前一棵决策树产生的残差，逐步减少残差，从而提高模型性能。

13.4.2 基于 XGBoost 的风险预测

1. 目标函数的二阶泰勒展开

与 GBDT 类似，XGBoost 也是一种加法模型，在每次迭代时仅优化当前阶段的子模型。在第 m 步中：

$$F_m(x_i) = F_{m-1}(x_i) + f_m(x_i)$$

其中，$f_m(x_i)$ 为当前步的子模型；$F_{m-1}(x_i)$ 为训练完已经固定了的前 $m-1$ 个子模型。

目标函数为经验风险+结构风险（正则项）：

$$\begin{aligned} \text{Obj} &= \sum_{i=1}^{N} L[F_m(x_i), y_i] + \sum_{j=1}^{m} \Omega(f_j) \\ &= \sum_{i=1}^{N} L[F_{m-1}(x_i) + f_m(x_i), y_i] + \sum_{j=1}^{m} \Omega(f_j) \end{aligned} \quad (13.1)$$

其中，正则项 $\Omega(f_j)$ 为子模型 f_j 的复杂度，与二阶泰勒展开无关。XGBoost 通过二阶展开来近似表达损失函数：

$$f(x_0 + \Delta x) \approx f(x_0) + f'(x_0)\Delta x + \frac{f''(x_0)}{2}(\Delta x)^2$$

将式（13.1）中的 $F_{m-1}(x_i)$ 视作 x_0，将 $f_m(x_i)$ 视作 Δx，将 $L(\hat{y}_i, y_i)$ 视作关于 $\hat{y}_i$ 的函数，可得

$$\text{Obj} = \sum_{i=1}^{N} \left[L[F_{m-1}(x_i), y_i] + \frac{\partial L}{\partial F_{m-1}(x_i)} f_m(x_i) + \frac{1}{2} \frac{\partial^2 L}{\partial^2 F_{m-1}(x_i)} f_m^2(x_i) \right] + \sum_{j=1}^{m} \Omega(f_j)$$

前 $m-1$ 个子模型已经确定，因此上式中除关于 $f_m(x)$ 的部分外都是常数，不影响对 $f_m(x)$ 的优化求解。目标函数可转化为

$$\text{Obj} = \sum_{i=1}^{N}\left[g_i f_m(x_i) + \frac{1}{2}h_i f_m^2(x_i)\right] + \Omega(f_m) \tag{13.2}$$

其中，

$$g_i = \frac{\partial L}{\partial F_{m-1}(x_i)}, \quad h_i = \frac{\partial^2 L}{\partial^2 F_{m-1}(x_i)}$$

这里的 L 为损失函数，度量一次预测的好坏。在 $F_{m-1}(x)$ 确定了的情况下，对每个样本点 i 都可以轻易计算出一个 g_i 和 h_i。

2. 基于树的正则化

XGBoost 支持的基分类器包括决策树和线性模型，本节专注于更常见的树模型。为了防止过拟合，XGBoost 引入了基于树的复杂度作为正则项：

$$\Omega(f) = \gamma T + \frac{1}{2}\lambda \|w\|^2 \tag{13.3}$$

其中，T 为树 f 的叶节点个数；w 为所有叶节点输出的回归值所构成的向量；$\|w\|^2$ 为该向量 L2 范数（模长）的平方；γ 和 λ 为超参数。则式（13.2）所示的目标函数可转换为

$$\text{Obj} = \sum_{i=1}^{N}\left[g_i f_m(x_i) + \frac{1}{2}h_i f_m^2(x_i)\right] + \gamma T + \frac{1}{2}\lambda \sum_{j=1}^{T} w_j^2$$

接下来将正则项和经验风险项合并到一起，经验风险项是在样本层面上求和，将其转换为叶节点层面上的求和。

定义节点 j 上的样本集为 $I(j) = \{x_i | q(x_i) = j\}$，其中 $q(x_i)$ 为将样本映射到叶节点上的索引函数，叶节点 j 上的回归值为 $w_j = f_m(x_i),\ i \in I(j)$。

$$\text{Obj} = \sum_{j=1}^{T}\left[\left(\sum_{i \in I(j)} g_i\right) w_j + \frac{1}{2}\left(\sum_{i \in I(j)} h_i + \lambda\right) w_j^2\right] + \gamma T$$

进一步简化表达，令 $\sum_{i \in I(j)} g_i = G_j$，$\sum_{i \in I(j)} h_i = H_j$，注意这里 G 和 H 都是关于 j 的函数，则

$$\text{Obj} = \sum_{j=1}^{T}\left[G_j w_j + \frac{1}{2}(H_j + \lambda) w_j^2\right] + \gamma T$$

此时，若一棵树的结构已确定，则各个节点内的样本 (x_i, y_i, g_i, h_i) 也是确定的，即 G_j, H_j, T 确定，每个叶节点输出的回归值应该使目标函数值最小，由二次函数极值点：

$$w_j^* = -\frac{G_j}{H_j + \lambda}$$

输出回归值后，目标函数值，也就是树的评分如式（13.4）所示，取值越小代表树的结构越好。观察式（13.4），树的评分也可以理解成所有叶节点的评分之和：

$$\text{Obj}^* = \sum_{j=1}^{T}\left(-\frac{1}{2}\frac{G_j^2}{H_j+\lambda}+\lambda\right) \tag{13.4}$$

3. 节点分裂准则

XGBoost 的子模型树和决策树模型类似，都依赖于节点递归分裂的贪心准则来构建树。此外，XGBoost 还支持近似算法，以应对数据量过大而超出内存限制，或需要并行计算的情况。

（1）贪心准则。贪心准则的基本思路与分类回归树（classification and regression tree，CART）类似，XGBoost 通过对特征值排序并遍历划分点，选择具有最佳分裂收益的特征作为当前节点的分裂特征。然后，根据最优划分点进行二叉划分，从而生成左右子树。分裂收益的表达式为

$$\text{Gain}=\frac{1}{2}\left[\frac{G_L^2}{H_L+\lambda}+\frac{G_R^2}{H_R+\lambda}-\frac{(H_L+H_R)^2}{H_L+H_R+\lambda}\right]-\lambda$$

（2）近似算法。XGBoost 提供了上述贪心准则的近似版本，简言之，即将特征的分位数作为划分候选点。这将划分候选点集合从全样本遍历缩减到仅在几个分位数之间进行遍历。

具体而言，特征分位数的选择有两种策略：global（全局）和 local（局部）。全局策略是在所有样本的特征值中选择分位数，只需在根节点分裂前进行一次；而局部策略则是在待分裂节点包含的样本特征值中选择，每个节点分裂前都要进行分位数选择。通常，由于全局策略只能进行一次划分，其划分粒度需要更细。

（3）加权分位数。查看式（13.2）的目标函数，令其偏导数为 0，易得 $f_m^*(x_i)=-\frac{g_i}{h_i}$，此目标函数可理解为以 h_i 为权重、$-\frac{g_i}{h_i}$ 为标签的二次损失函数（C 是公式展开和整理过程中产生的常数项）：

$$\begin{aligned}\text{Obj}&=\sum_{i=1}^{N}\left[g_if_m(x_i)+\frac{1}{2}h_if_m^2(x_i)\right]+\Omega(f_m)\\&=\sum_{i=1}^{N}\frac{1}{2}h_i\left[f_m(x_i)-\left(-\frac{g_i}{h_i}\right)\right]^2+\Omega(f_m)+C\end{aligned}$$

4. 列采样和学习率

XGBoost 还引入了两项特性：列采样和学习率。

列采样类似于随机森林中的做法，每次节点分裂时的候选特征集合是剩余特征的一个子集，而非全部剩余特征。这不仅能有效对抗过拟合，还能降低计算开销，尽管其理论依据在 GBDT 中尚不明确，但用户反馈显示其确实能减少过拟合。

学习率［在梯度提升算法中，学习率通常被称为"收缩率"（shrinkage），它指的是每棵树对最终预测结果的贡献是经过缩放的］则是在每个子模型前乘以一个系数，从而削弱每棵树的影响，使得迭代过程更加稳定，可以类比为梯度下降中的学习率。XGBoost的默认学习率设定为 0.3。

5. 稀疏感知

缺失值和特征稀疏问题是算法需要解决的关键问题。例如，一些特征可能包含大量的 0 值或采用独热编码（one-hot encoding）。XGBoost 通过稀疏感知策略来处理这些问题：简言之，将缺失值和稀疏的 0 值视为缺失值，并将这些缺失值"绑定"在一起。在分裂节点的遍历过程中，整体跳过这些缺失值，从而显著提高运算效率。

本 章 小 结

本章首先介绍了基于 Logistic 回归的风险预测及其应用场景和优缺点；其次，介绍了灰色系统的理论基础，以及基于 GM(1,1) 模型的风险预测；再次，介绍了随机森林的 Bootstrap、Bagging 两类数据抽样方法，以及随机森林算法及其关键参数；最后，详细介绍了 XGBoost 模型的理论基础，以及基于 XGBoost 的风险预测，包括目标函数的二阶泰勒展开、基于树的正则化、节点分裂准则、列采样和学习率，以及稀疏感知。这些数据挖掘技术为数据驱动的风险预测与评估提供了有力支撑，可以充分利用已有数据信息，更加客观准确地预测潜在风险。

参 考 文 献

[1] 尹建杰. Logistic 回归模型分析综述及应用研究[D]. 哈尔滨：黑龙江大学, 2011.
[2] 方匡南, 吴见彬, 朱建平, 等. 随机森林方法研究综述[J]. 统计与信息论坛, 2011, 26(3): 32-38.
[3] 迟国泰, 王珊珊. 基于 XGBoost 的中国上市公司违约风险预测模型[J]. 系统管理学报, 2024, 33(3): 735-754.
[4] 邓云. 基于小波去噪和随机森林算法的沪深 300 指数择时策略[D]. 武汉：华中科技大学, 2019.
[5] Maalouf M. Logistic regression in data analysis: an overview[J]. International Journal of Data Analysis Techniques and Strategies, 2011, 3(3): 281-299.
[6] Sperandei S. Understanding logistic regression analysis[J]. Biochemia Medica, 2014, 24(1): 12-18.
[7] Liu S F, Zeng B, Liu J F, et al. Four basic models of GM(1,1) and their suitable sequences[J]. Grey Systems: Theory and Application, 2015, 5(2): 141-156.
[8] Yang X B, Zou J J, Kong D G, et al. The analysis of GM (1,1) grey model to predict the incidence trend of typhoid and paratyphoid fevers in Wuhan City, China[J]. Medicine, 2018, 97(34): e11787.
[9] Lee T H, Ullah A, Wang R. Bootstrap aggregating and random forest[M]//Fuleky P. Macroeconomic Forecasting in the Era of Big Data: Theory and Practice. Berlin: Springer, 2020: 389-429.
[10] Hastie T, Tibshirani R, Friedman J. The Elements of Statistical Learning: Data Mining, Inference, and Prediction[M]. 2nd ed. Berlin: Springer, 2008.
[11] Chen T Q, Guestrin C. XGBoost: a scalable tree boosting system[C]//Krishnapuram B, Shah M. Proceedings of the 22nd ACM SIGKDD International Conference on Knowledge Discovery and Data Mining. New York: Association for Computing Machinery, 2016: 785-794.

第 14 章　智能驱动的风险预测与评估方法

近年来，深度学习等智能化方法在机器学习的许多领域取得了巨大进展，与数据驱动的风险预测与评估方法类似，智能驱动的风险预测与评估方法同样依托风险分析与管理中积累的大量数据和信息，其基于深度学习等智能化方法构建的风险预测与评估模型，能够为风险分析与管理工作提供定量化依据。相较于第 13 章所述的数据驱动的风险预测与评估方法，智能驱动的方法所需的数据量更大，建模过程更加复杂，预测与评估结果的可解释性也较低。然而，智能驱动的方法往往能更好地拟合风险，风险预测与评估结果也更为准确。本章介绍几种智能驱动的风险预测与评估方法。

14.1　强 化 学 习

14.1.1　理论基础

强化学习（reinforcement learning，RL），也称为再励学习、评价学习或增强学习，是机器学习的一个重要范式和方法论。它用于描述和解决智能体（agent）在与环境交互过程中，通过学习策略以实现最大化回报或达到特定目标的问题。通俗来说，强化学习是一种通过学习状态到行为的映射，以获取最大奖励的机制。智能体通过与环境的不断交互，利用环境给予的反馈（奖励）不断优化其"状态-行为"的对应关系。因此，迭代交互和延迟奖励是强化学习的两个关键特征。

强化学习是继有监督学习和无监督学习之后，机器学习的第三种范式。有监督学习的任务是让模型根据训练集中样本的标签推断出相应的反馈机制，从而在未知标签的样本上计算出尽可能正确的结果，常见应用包括分类和回归问题。在强化学习中，交互问题没有普适的"标签"，智能体只能从自身的经验中学习。

尽管强化学习与无监督学习都没有标签，但它们之间存在显著差异。无监督学习旨在从无标签数据集中发现隐藏的结构，典型例子是聚类问题。强化学习的目标则是通过交互最大化累计奖励，而不是寻找数据集中的隐藏结构。尽管无监督学习可以通过发现数据的内在结构对强化学习任务有所帮助，但它并不能从根本上解决强化学习中的最大化奖励问题。

强化学习系统通常包括四个要素：策略（policy）、奖励（reward）、价值（value）、环境（environment）或模型（model）。以下是对这四个要素的详细介绍。

1. 策略

策略定义了智能体在特定状态下选择的行动，即从状态到行为的映射。状态包括环境状态和智能体状态，这里主要指智能体感知到的状态。策略是强化学习的核心，决定了每个状态下的行为。它可以是具体的映射,也可以是随机分布。

2. 奖励

奖励信号定义了强化学习的目标。在每个时间步骤内,环境向智能体发出的标量值即为奖励,类似于人类的快乐或痛苦感受。奖励信号是影响策略的主要因素,它表征智能体在每一个策略下的表现。智能体的任务是最大化一段时间内积累的总奖励值。

3. 价值

价值函数是强化学习中的一个关键概念,用于衡量长期收益。不同于奖励的即时性,价值函数评估当前行为的长期收益。强化学习的许多研究集中在对价值的估计方面。价值函数预测未来的奖励,通过状态之间的转移来评估状态的好坏。

4. 环境

环境,即模型,模型是对外界环境的模拟。它允许在给定状态和行为下预测接下来的状态和对应的奖励。然而,并非所有强化学习系统都需要模型,因此出现了基于模型(model-based)和无模型(model-free)的两种方法。无模型算法直接通过与环境的交互获取经验数据,并根据这些数据进行学习和优化。基于模型的方法事先知道状态转移矩阵和奖励函数,可以直接预测环境下一步的表现,来指导智能体的行为。

14.1.2 基于 DQN 的风险预测与评估

基于深度 Q 网络(Deep Q-network,DQN)的风险预测与评估框架如图 14.1 所示。具体步骤如下。

步骤①:初始化预测网络 θ,将观测到的当前状态 s_t 输入预测网络。

步骤②:根据观测到的当前状态,利用预测神经网络预测当前状态 s_t 下每个动作的价值 Q。

步骤③:依据 ε-greedy 策略(一种常用的贪心策略),选择动作 action(以 α 的概率选择最大价值对应的动作,以 $1-\alpha$ 的概率随机选择动作)。

步骤④:将动作 action 作用于环境。

步骤⑤:计算奖励 reward,并预测新的状态 s_{t+1}。

步骤⑥:更新当前状态为 s_{t+1},并转到步骤①,重新将当前状态输入预测网络。

步骤⑦:将 s_t, action$_t$, s_{t+1}, reward$_t$ 存储到记忆库中,如果此时为最后一个阶段,则计算回合奖励 f_reward,根据奖励分配机制,对该回合所有的奖励进行再分配,得到每个阶段的奖励集合 R'。

以上步骤是强化学习智能体与环境交互的过程。根据存储在记忆库中的轨迹数据,可以对神经网络进行训练,过程如下。

步骤⑧:从记忆库中抽取一定的记录作为神经网络的训练集。

步骤⑨:将采样后的数据输入神经网络。

步骤⑩:利用预测网络 θ_1 预测当前状态下采样动作的价值 Q,称为预测值,记为 y_t。

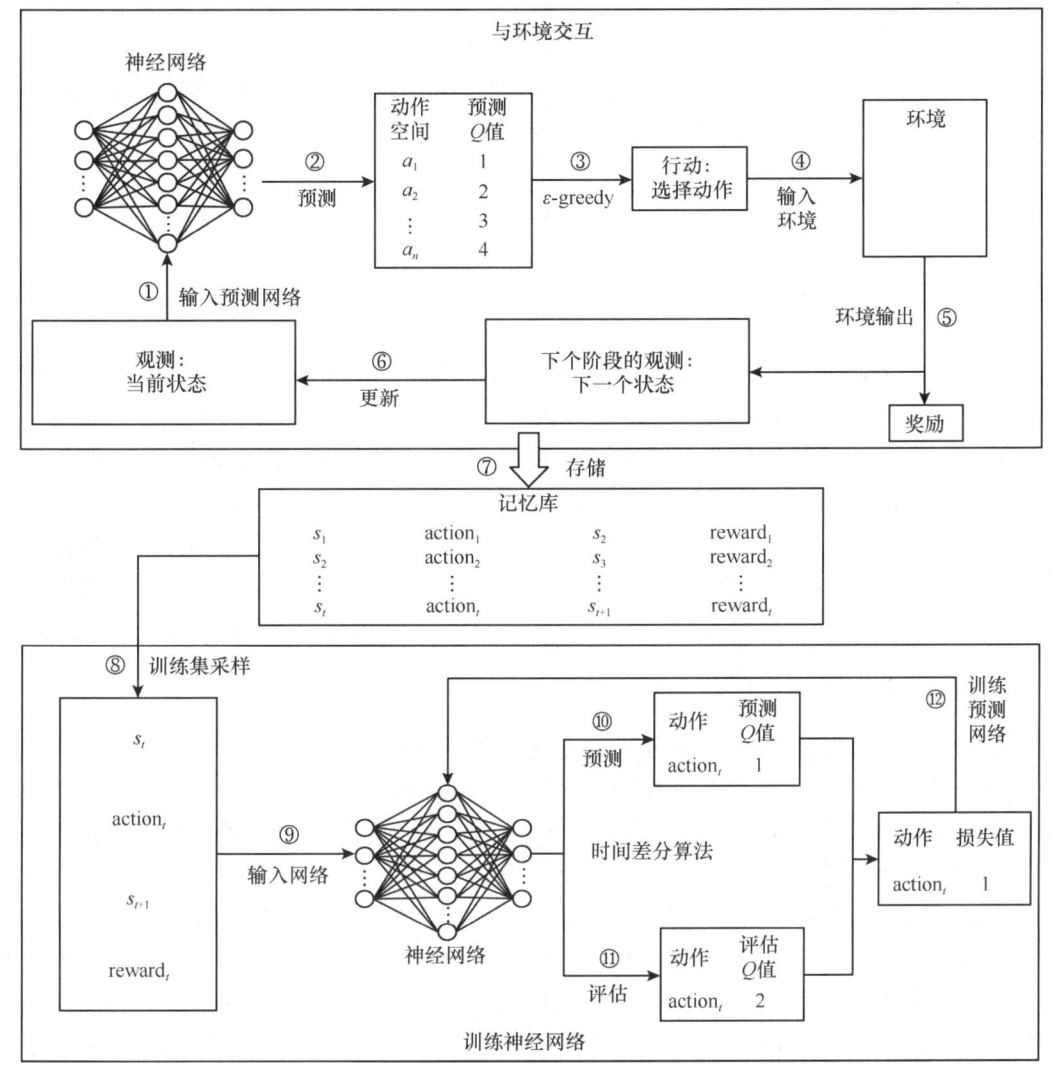

图 14.1 基于 DQN 的风险预测与评估框架

步骤⑪：利用目标网络 θ_2 对下一状态的最大 Q 值与实际奖励之和进行预测，作为对动作预测精度的评估，称为目标值。在深度强化学习中，动作价值是由深度神经网络预测的，结合贝尔曼最优方程和蒙特卡洛方法，动作价值可表示为

$$Q^*(s_t, a_t; \theta) \approx r_t + \gamma \max Q^*(s_{t+1}, a'; \theta)$$

步骤⑫：利用预测和目标网络在相同动作上的误差对预测网络进行训练，损失函数如下：

$$L_\theta = \frac{1}{2}\left[Q^*(s_t, a_t; \theta)\right]^2$$

损失函数关于参数 θ 的梯度为

$$\nabla_\theta L = \left[Q^*(s_t, a_t; \theta) - y_t\right] \nabla_\theta Q^*(s_t, a_t; \theta)$$

根据该梯度，对参数执行一步梯度下降：

$$\theta = \theta - \alpha \nabla_\theta L_\theta$$

对于目标网络的参数，当预测网络训练 x 个时间步后，将预测网络权重复制到目标网络，可以使得目标网络的预测更加准确。

14.2 卷积神经网络

14.2.1 理论基础

卷积神经网络（convolutional neural networks，CNN）是一种前馈神经网络（feedforward neural networks），其特征是包含卷积计算并具有深度结构。作为深度学习的代表性算法之一，CNN 的设计借鉴了生物视觉感知（visual perception）的机制，适用于有监督学习和无监督学习任务。与多层感知机相比，CNN 通过局部连接和权值共享的方式来优化性能。一方面，这种方法减少了网络中的权值数量，从而简化了优化过程；另一方面，它降低了模型的复杂度，减少了过拟合的风险。随着深度学习的不断发展，CNN 逐渐演变成一种深度神经网络，其卷积结构能够有效减少深层网络的内存占用。

1. CNN 的结构

与传统神经网络类似，CNN 分为输入层、隐藏层和输出层。

CNN 的输入层可以处理多维数据。一维 CNN 的输入层通常接收一维或二维数组，其中一维数组通常用于时间序列或频谱采样；二维数组可能包含多个通道。二维 CNN 接收二维或三维数组，而三维 CNN 的输入层则处理四维数组。

隐藏层包含卷积层、池化层和全连接层三种基本结构。在一些现代算法中，还可能包含初始块（inception block）和残差块（residual block）。卷积层和池化层是 CNN 特有的。卷积层通过卷积核进行特征提取，每个卷积核包含权重系数和偏置量（bias vector），类似于前馈神经网络中的神经元。卷积层中的每个神经元与前一层中的局部区域相连，称为感受野（receptive field），类似于视觉皮层细胞的感受野。卷积核会系统地扫过输入特征图，在感受野内执行矩阵乘法并加上偏置项。卷积层的参数包括卷积核大小、步长和填充，三者共同决定卷积层输出特征图的尺寸，是 CNN 的重要超参数。卷积层还包含激活函数，以增强模型对复杂特征的表达能力。常用的激活函数包括线性整流函数（rectified linear unit，ReLU）及其变体，如泄漏 RuLU（leaky ReLU）、参数化 ReLU（parametric ReLU）、随机 ReLU（randomized ReLU）和指数线性单元（exponential linear unit，ELU）。在 ReLU 出现之前，sigmoid 函数和双曲正切函数（tanh）也被广泛使用。

池化层通过预设的池化函数，将特征图中的单个点替换为其相邻区域的统计量。池化层的池化区域选择与卷积核扫描特征图的方式类似，由池化大小、步长和填充控制。常见的池化方法包括 p-范数池化（Lp pooling，也可译为 Lp 池化）、混合池化（mixed pooling）、随机池化（stochastic pooling）和谱池化（spectral pooling）。池化层通常不包含权重系数，因此被认为是非独立的层。

全连接层位于 CNN 隐藏层的末端，将特征图展开为向量并通过激活函数处理。全连接层相当于传统前馈神经网络中的隐藏层。

CNN 的输出层通常位于全连接层之后，其结构和工作原理与传统前馈神经网络中的输出层相似。对于图像分类任务，输出层通常使用 sigmoid 函数或 softmax 函数输出分类标签。

CNN 通过上述结构和层次，实现了对输入数据的高效特征提取和分类，是深度学习领域的重要算法。

2. CNN 的学习范式

1）有监督学习

CNN 在有监督学习中采用反向传播（back propagation，BP）框架进行训练，这个计算流程早在杨立昆等于 1989 年发表的论文《反向传播在手写邮政编码识别中的应用》（Backpropagation applied to handwritten zip code recognition）中就已确定，CNN 是最早使用 BP 框架进行学习的深度学习算法之一。CNN 中的 BP 过程分为三个部分：全连接层的 BP、卷积层的 BP 以及池化层的 BP。

全连接层的 BP 计算与传统前馈神经网络相同。卷积层的 BP 则类似于前向传播的交叉相关计算。池化层在 BP 中没有参数需要更新，因此只需根据池化方法将误差分配到特征图的合适位置。例如，对于最大池化，误差分配给最大值所在的位置；对于平均池化，误差则平均分配到整个池化区域。

CNN 通常使用 BP 框架中的随机梯度下降（stochastic gradient descent，SGD）及其变体进行优化，如自适应矩估计（adaptive moment estimation，Adam）算法。随机梯度下降法在每次迭代中随机选择样本计算梯度，有助于信息筛选，在样本充足时能快速收敛，且计算复杂度较低。

2）无监督学习

虽然 CNN 最初是为解决有监督学习问题而设计的，但其应用范围已经扩展到无监督学习领域。这种扩展包括卷积自编码器（convolutional autoencoders，CAE）、卷积受限玻尔兹曼机（convolutional restricted Boltzmann machine，CRBM）、卷积深度置信网络（convolutional deep belief networks，CDBN）和深度卷积生成对抗网络（deep convolutional generative adversarial networks，DCGAN）。这些算法本质上是通过将 CNN 架构引入传统的无监督学习算法，从而形成的一系列混合方法。

3. CNN 的优化

1）正则化

在神经网络算法中使用的各种正则化方法同样适用于 CNN，以防止模型过拟合。常见的正则化技术包括 Lp-范数正则化（Lp-norm regularization）、空间随机失活（spatial dropout）以及随机连接失活（dropconnect）。

2）批量归一化

在神经网络的输入处理中，数据标准化是一项常见的预处理步骤。然而，在深度神经网络中,随着数据在隐藏层中的逐级传递,其均值和标准差会发生变化,导致协变量漂移(covariate shift)。协变量漂移被认为是导致深度网络中梯度消失的原因之一。批量归一化(batch normalization,BN)通过引入额外的学习参数,部分解决了这个问题。其方法是首先在隐藏层中对特征进行标准化,然后使用两个线性参数对标准化的特征进行缩放,作为新的输入。在训练过程中,神经网络会更新这些 BN 参数。在 CNN 中,BN 参数与卷积核参数的性质相同,即同一通道的像素共享一组 BN 参数。此外,在使用 BN 时,卷积层不需要偏置项,其功能由 BN 参数替代。

3)跳跃连接

跳跃连接(skip connection)或短路连接(shortcut connection)源自循环神经网络(recurrent neural network,RNN)中的跳跃连接及各种门控机制。这种技术被用于解决深层结构中的梯度消失问题。

14.2.2 基于 CNN 的风险预测与评估

卷积层的基本单元是神经元,神经元是神经网络的基本处理单元,通常表示为多输入、单一输出的形式,其结构如图 14.2 所示。

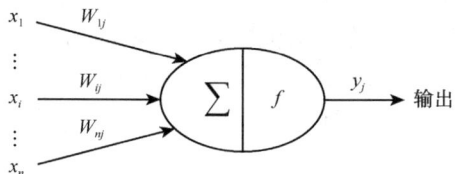

图 14.2 神经元结构示意图

在图 14.2 中,x_i 为输入,n 个信号同时输入神经元 j;W_{ij} 为连接神经元的权重值(weight);f 为激活函数;y_j 为输出,一个神经元的整个输入输出过程可以表示为

$$y_j = f\left(b_j + \sum_{i=1}^{n}\left(x_i \times W_{ij}\right)\right) \tag{14.1}$$

其中,b_j 为偏置项(bias term)。激活函数 f 在不同场景下可以有多种选择,主要有 ReLU、sigmoid 函数、tanh 函数等。在神经网络训练的过程中,主要是对权重 W 和偏置 b 进行训练与更新,通过训练过程中的不断迭代,训练出最优的参数。式(14.2)、式(14.3)、式(14.4)分别展示了以上三种激活函数。

$$f_{\text{ReLU}}(x) = \max(0, x) \tag{14.2}$$

$$f_{\text{sigmoid}}(x) = \frac{1}{1+e^{-x}} \tag{14.3}$$

$$f_{\tanh}(x) = \frac{2}{1+e^{-2x}} - 1 \tag{14.4}$$

卷积层的参数是一组内核,在前向传递的过程中,每个内核都在卷积层的输入向量上卷积，从而形成特征向量。CNN 的卷积如式（14.5）所示：

$$y^l = \sum_{i=1}^{c^{l-1}} w_{i,c}^l \times x_i^{l-1} + b_i^l \tag{14.5}$$

其中，x_i^{l-1} 为 $l-1$ 层第 i 个通道的输出；c 为 CNN 的通道；c^{l-1} 为第 $l-1$ 层第 c 个通道；$w_{i,c}^l$ 为权值矩阵；b_i^l 为偏置矩阵。和基本神经网络类似，$w_{i,c}^l$ 和 b_i^l 两个参数会随着反向传播不断迭代训练和优化更新。

池化层是在卷积层之后由多个特征面构成的，可理解为对卷积层的进一步特征提取。它的神经元对局部感受野行池化操作，在减少计算量的同时也可以防止过拟合。下面给出最大池化（max pooling）和均值池化（mean pooling）两种池化方法，分别对应式（14.6）和式（14.7）：

$$y^{l(u,v)} = \max_{(v-1)S+1<k<vS} \left\{ x^{l(u,v)} \right\} \tag{14.6}$$

$$y^{l(u,v)} = \frac{1}{S} \sum_{S}^{vS} x^{l(u,k)} \tag{14.7}$$

其中，S 为池化卷积核的尺寸；$l(u,k)$ 为第 l 层第 u 通道的第 k 个神经元；$l(u,v)$ 为第 l 层第 u 通道的第 v 个神经元。最大池化方法是求局部感受野的最大值，并映射到最大池化层；均值池化方法是对局部感受野求平均值，可以映射到平均池化层。有学者通过实验进行对比研究，发现在分类层使用线性分类器时，最大池化能取得更好的效果。

CNN 结构中最后一层是全连接层，该层也可以理解为传统的人工神经网络（artificial neural network，ANN），通常在多个卷积层和采样层后，会连接一个或多个全连接层。全连接层中神经元和前一层的所有神经元进行全连接。最后一层的输出通常被传递给 softmax 激活函数进行分类。

14.3 阶 梯 网 络

14.3.1 理论基础

机器学习主要分为有监督学习、无监督学习和半监督学习三种方法。半监督学习结合了有监督学习和无监督学习的优势，旨在利用少量标记数据与大量未标记数据共同训练模型，从而提升学习效果。由于在许多风险评估问题中，风险等级等标记数据难以获取且成本高昂，因此很难收集到足够的标记数据来支持风险预测与评估模型的构建。因此，研究半监督学习方法成为解决这一问题的重要途径。

半监督学习的研究始于 20 世纪 80 年代中期，由 Shahshahani（沙赫沙哈尼）和 Landgreb（兰格雷布）开创。此后，学者对半监督学习进行了广泛研究，包括半监督回归、特征提取、数据流形分析，以及改进有监督和无监督算法以利用未标记数据等。随着研究的深入，半监督学习方法不断发展。例如，从早期基于混合模型的半监督学习和生成模型，到基于数据特征的协同过滤方法，再到引入新的数学方法，如图的最小割、高斯随机场、图谱理论和基于图的半监督学习等。

随着深度学习的发展，学者研究了各种深度神经网络结构。这些结构通常包含编码器和解码器，通过编码和解码输入信息来优化网络参数并训练学习器。Valpola（瓦尔波拉）提出了一种名为"阶梯网络"的结构，这种结构在每层中添加了横向连接，使网络形状像梯子，因此得名"阶梯网络"。在阶梯网络中，每层基于降噪表示来生成成本函数，并将其作为学习优化目标。这使得高层网络只需呈现与任务相关的信息，而底层网络则分担了高层的压力，可以呈现其他细节信息。因此，阶梯网络结构非常适合半监督学习。下面将对阶梯网络的相关细节进行简要介绍。

14.3.2 阶梯网络的提出

1. 潜变量模型

许多无监督学习模型基于潜变量模型的框架。在这些模型中，假定未知潜变量 $s(t)$ 是由观测变量 $x(t)$ 产生的，对于连续变量，潜变量通常可以通过观测变量的均值来预测，即

$$x(t) = g(s(t);\xi) + n(t) \tag{14.8}$$

其中，$n(t)$ 为模型的噪声或者误差；ξ 为映射 g 的参数。也可以通过概率模型来表示：

$$p_x(x(t)|x(t),\xi) = p_n(x(t) - g(x(t);\xi)) \tag{14.9}$$

其中，p_n 为噪声 $n(t)$ 的概率密度函数。我们可以通过最小化 $x(t)$ 和重构值 $g(x(t);\xi)$ 之间的差距来对潜变量 $s(t)$ 和参数 ξ 进行推断。

在上述潜变量模型中，仅存在一层潜变量，并且试图表达原始输入数据中的所有信息。这种单层潜变量模型无法有效过滤信息或提取特征，因此需要引入层次化的潜变量概念：

$$p\left(s^{(l)}(t) \middle| s^{(l+1)}(t),\xi^{(l)}\right) \tag{14.10}$$

其中，(l) 表示变量在 l 层上；$s^{(0)} = x$。通过这种方式，高层的潜变量不需要表示所有的信息，底层变量可以捕捉细节信息，而高层变量则专注于特征选择或提取。

在这样的分层模型中，高层次的潜变量仍然可以表示底层变量的均值：

$$s^{(l)}(t) = g^{(l)}\left(s^{(l+1)}(t);\xi^{(l)}\right) + n^{(l)}(t) \tag{14.11}$$

此外，高层潜变量还可以表示分布的其他特性，如方差。对于二项变量，通常使用 sigmoid 单元来表示依赖关系。

尽管多层潜变量模型易于理解和学习，但它们的训练往往需要复杂的概率模型。这就意味着，在模型训练进程中，要么需要采取近似处理的手段，要么会受到数学上便于运算的模型结构的束缚。在许多训练方法中，需结合自下而上的信息和自上而下的先验概率逐层更新潜变量，这会显著降低网络中的信息传播速度。

2. 自编码网络到阶梯网络

自编码网络与单层潜变量模型有许多相似之处。它们的核心思想是将观测变量 $x(t)$ 映射到相应的潜变量上。这里用 $h(t)$ 表示隐藏层单元，通过映射 f 和映射 g，可得到

$$h(t) = f\left(x(t);\xi_f\right) \tag{14.12}$$

$$\hat{x}(t) = g\left(h(t);\xi_g\right) \tag{14.13}$$

其中，f 被称作编码器映射，g 被称作解码器映射，分别类似于潜变量模型中的识别和重构映射。

通过最小化观测向量 $x(t)$ 和其重构值 $\hat{x}(t)$ 之间的差值来学习自编码器，即在相应的参数 ξ_f 和 ξ_g 下，最小化 $\|x(t)-\hat{x}(t)\|^2$。所有的编码器映射 f 和解码器映射 g 都有参数 ξ_f 和 ξ_g，但为了表达简洁，在下文中都将其省略。

像潜变量模型一样，自编码器也可以栈式叠加：

$$h^{(l)}(t) = f^{(l)}\left(h^{(l-1)}(t)\right) \tag{14.14}$$

$$\hat{h}^{(l-1)}(t) = g^{(l)}\left((\hat{h}^{(l)}(t)\right) \tag{14.15}$$

其中，$l=0,1,\cdots,L$。同样，$h^{(0)}=x$，且对于最顶层 L，令 $\hat{h}^{(L)}=h^{(L)}$，来连接编码器和解码器。

在学习过程中，新层会不断添加到已经训练过的网络中，直到完成网络的所有层。通过这种方式，可以定义一个多层前馈网络，并通过最小化输出与实际标签之间的平方差来进行有监督学习训练。

我们希望将多层自编码器与潜变量模型进行类比，如同式（14.11）所示。然而在自编码网络中隐藏层的变量 $\hat{h}^{(l)}$ 完全由 $g^{(l)}$ 决定，并非由潜变量模型中的随机变量决定。为了弥补这一差距，我们在自下而上的编码器路径和自上而下的解码器路径之间增加一个连接：

$$\hat{h}^{(l-1)}(t) = g^{(l)}\left(\hat{h}^{(l)}(t), h^{(l-1)}(t)\right) \tag{14.16}$$

这样便构成了阶梯自编码网络。其中，$\hat{h}^{(l)}$ 可以恢复 $\hat{h}^{(>l)}$ 中丢失的信息，也就是说，高层网络不必表示所有信息，而映射 $g^{(l)}$ 可结合高层信息提取特征，相关细节信息则可由底层表示。

图 14.3 是分层潜变量模型、标准自编码网络和阶梯网络的结构对比图。在阶梯网络中，$\hat{h}^{(l)}(t)$ 结合了自下而上和自上而下路径的信息，而 $h^{(l)}(t)$ 则未进行这种结合。在阶梯网络的架构下，从输入层延伸至最高层的路径承载着高层的训练信号，该信号能够如同有监督学习一般直接在网络中传播。此过程中，梯度信息已经整合了自下而上的激活信号和自上而下的梯度信号，因此不再需要结合额外的信息。

14.3.3 阶梯网络学习方法

只有一个误差函数在输入层（自编码网络）或者输出层（有监督的前馈模型）的深度模型有一个普遍的问题：网络中的很多部分距离训练信号的输入位置太远。如果像图 14.3

中的标准自编码网络一样，通过最小化 $\|x(t)-\hat{x}(t)\|^2$ 进行训练，这个问题只会更严重。由于每个连接都会影响最终的重构值，网络的高层对误差的影响相对较小。在标准自编码网络中，训练信号需要经过分层网络的所有层次，甚至对于非线性函数，每层可能需要进行多次处理，这使得训练过程变得困难且缓慢。

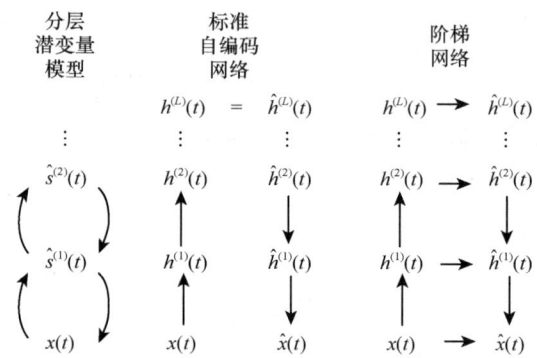

图 14.3　分层潜变量模型、标准自编码网络和阶梯网络的结构对比图
$l=1,2,\cdots,L$，大写 L 表示最顶层

相比之下，在分层潜变量模型中，每个随机变量都有其对应的成本函数。考虑到阶梯网络与分层潜变量模型的相似性，将训练信号引入阶梯网络的每一层是可行的。本节将介绍两种方法来实现这一目标：第一种方法是结合降噪源分离（denoising source separation，DSS）框架，通过去除注入的噪声来训练降噪函数；第二种方法是将这些方法应用于阶梯网络的各个层次，从而改进训练过程。

1. 无监督学习方法

为了全面理解学习过程，并不仅仅依赖单一误差项进行梯度传播，本节将介绍几种无监督学习方法。

首先讨论的是主成分分析（principal component analysis，PCA）。PCA 的学习规则依赖于输入数据的二阶统计量，以确定主成分投影。当学习规则包含轻微的非线性修改或对输入数据进行白化时，则需要使用独立成分分析（independent component analysis，ICA）方法。

在最初的 FastICA 算法中，非线性函数被视为度量源分布非高斯性的函数。然而，现有一种新视角：将非线性函数视作去噪函数，并解释为一种期望最大化（expectation maximization，EM）算法。从总体上来看，将输入白化和投影正交化结合的非线性 PCA 学习规则，可以被视为对 ICA 调整的线性潜变量模型应用 EM 算法的有效估计。这一理念推动了 DSS 框架的发展。

EM 算法是一种用于优化潜变量模型参数的方法。该算法通过 E 步骤（计算潜变量的期望）和 M 步骤（最大化参数的似然值）来进行优化。在 E 步骤中，假定映射保持不变，更新所有后验分布；在 M 步骤中，假定后验分布固定，更新映射参数。EM 算法的提出基于一个线性重构模型的假设：

$$\hat{x}(t) = g^{(0)}(s(t)) = As(t) \quad (14.17)$$

其中，A 为一个可学习的参数矩阵。进而，E 步骤归结于：

$$\hat{s}(t) = g^{(1)}(A^{-1}x(t)) = g^{(1)}(s_0(t)) \quad (14.18)$$

其中，$s_0(t) = A^{-1}x(t)$。映射 $g^{(1)}$ 由 $s(t)$ 的先验分布和噪声的分布 p_n 决定。当噪声的方差 σ_n^2 较小时，可做如式（14.19）所示的近似：

$$\hat{s}(t) = g^{(1)}(s_0(t)) \approx s_0(t) + \sigma_n^2 \left. \frac{\partial \log p_s(s(t))}{\partial s(t)} \right|_{s(t)=s_0(t)} \quad (14.19)$$

M 步骤是为了解决用 $\hat{s}(t)$ 取代 $s(t)$ 的回归问题，即最小化成本：

$$C = \frac{1}{T}\sum_{t=1}^{T}\left\|x(t) - g^{(0)}(\hat{s}(t))\right\|^2 \quad (14.20)$$

用 EM 算法进行模型估计的问题是其收敛能力与 σ_n^2 成比例，如果没有噪声，算法将会完全陷入停滞，而对逆映射进行参数化有利于改善这一问题，即

$$s_0(t) = f^{(1)}(x(t)) = Wx(t)$$

则对于 M 步骤，需要最小化成本：

$$C = \frac{1}{T}\sum_{t=1}^{T}\left\|s_0(t) - \hat{s}(t)\right\|^2 = \frac{1}{T}\sum_{t=1}^{T}\left\|f^{(1)}(x(t)) - \hat{s}(t)\right\|^2 \quad (14.21)$$

相比于式（14.19），式（14.21）受 $s_0(t)$ 的协方差的约束，因为平凡解 $W=0$，$\hat{s}(t)=0$ 会导致 $C=0$。

EM 算法所基于的假设与非线性 PCA 的学习规则基本一致。在输入数据经过白化处理后，M 步骤变成了简单的矩阵乘法，这与赫布型学习（Hebbian learning）方法类似。非线性的核心在于它对给定噪声观测值下的潜变量进行估计，从而实现降噪功能。

对于深度学习模型，重点关注的成本函数不仅是处理输入数据，而是涉及潜变量及其噪声后的结果。在一个分层模型中，这意味着训练信号源接近每一层的参数时，每一层对成本函数的贡献都会发生变化。

类似于非线性 PCA 的学习规则，潜变量之间也需要额外的约束，否则它们可能会收敛到相同的值。对于线性模型，最简单的约束方法是要求潜变量之间具有正交性；而对于非线性模型，则可以通过确保潜变量的协方差矩阵为单位矩阵来实现这一目标。

2. 降噪自编码网络和生成式随机网络

式（14.18）中定义的降噪函数源自潜变量的先验分布。目前有多种方法可以学习这种分布，其中一种方法是在自编码网络中直接学习降噪函数。其基本思路是在自编码网络的输入中加入噪声，然后通过网络重构原始的无噪声输入。这种方法强制自编码网络学习如何从被污染的数据中恢复原始信息。

实际上，可以通过迭代污染数据并进行降噪，直接从这些降噪自编码网络中进行采样。这样生成的降噪样本的分布会收敛到原始数据的分布，因为在训练过程中，降

噪函数会学会减少输入数据噪声的扩散。扩散的强度与噪声水平σ成正比，它会将样本从高密度区域转移到低密度区域，而降噪函数则需要学会逆转这种扩散过程，其作用力大小相同但方向相反。当噪声不仅存在于输入层，而是贯穿于所有编码路径时，采样效率会更高，此时所用的网络被称为生成式随机网络（generative stochastic networks，GSN）。

对于降噪自编码网络而言，一个重要的特性是它能够进行过完备的表达，如式（14.14）中的横向连接。由于输入数据受到噪声的污染，简单地将输入复制到输出并不足以有效去噪。网络必须找到一种有效的表示方式，以便尽可能地去除噪声。

14.3.4 阶梯网络学习过程推导

1. 学习规则的递归推导

在介绍了相关模型方法后，接下来将基于成本函数对阶梯网络的学习规则进行推导。我们采用的基本思想是利用递归的降噪自编码器。首先，标准的降噪自编码器的目标是最小化如式（14.24）所示的成本函数：

$$\tilde{x}(t) = \text{corrupt}(x(t)) \tag{14.22}$$

$$\hat{x}(t) = g(\tilde{x}(t)) \tag{14.23}$$

$$C = \frac{1}{T}\sum_{t=1}^{T}\|x(t) - \hat{x}(t)\|^2 \tag{14.24}$$

在学习过程中，降噪函数g的目标是去掉在数据污染$x(t)$过程中引入的噪声。为了应用多层映射，我们设定降噪方程，并引入一些内部变量$h^{(1)}(t)$。具体如下：

$$\tilde{h}^{(1)}(t) = f^{(1)}(\tilde{x}(t)) \tag{14.25}$$

$$\hat{x}(t) = g(\tilde{h}^{(1)}(t)) \tag{14.26}$$

为了避免过度依赖单一阶段g的降噪过程，可以采取分阶段的降噪过程。首先学习如何对$h^{(1)}$进行降噪，其次使用其结果对x进行降噪，以此来优化最终的降噪效果。具体地，这一过程可以表示为

$$h^{(1)}(t) = f^{(1)}(x(t)) \tag{14.27}$$

$$\tilde{h}^{(1)}(t) = f^{(1)}(\tilde{x}(t)) \tag{14.28}$$

$$\hat{h}^{(1)}(t) = g^{(1)}(\tilde{h}^{(1)}(t)) \tag{14.29}$$

$$\hat{x}(t) = g^{(0)}(\hat{h}^{(1)}(t)) \tag{14.30}$$

$$C^{(0)} = \frac{1}{T}\sum_{t=1}^{T}\|x(t) - \hat{x}(t)\|^2 \tag{14.31}$$

$$C^{(1)} = \frac{1}{T}\sum_{t=1}^{T}\|h^{(1)}(t) - \hat{h}^{(1)}(t)\|^2 \tag{14.32}$$

训练可以交替进行，通过最小化 $C^{(1)}$ 训练映射 $g^{(1)}$，通过最小化 $C^{(0)}$ 训练所有映射。我们可以继续增加网络层数，让网络更深，同时也添加阶梯网络中的横向连接：

$$h^{(l)}(t) = f^{(l)}\left(h^{(l-1)}(t)\right) \tag{14.33}$$

$$\tilde{h}^{(l)}(t) = f^{(l)}\left(\tilde{h}^{(l-1)}(t)\right) \tag{14.34}$$

$$\hat{h}^{(l)}(t) = f^{(l)}\left(\tilde{h}^{(l)}(t), \hat{h}^{(l+1)}(t)\right) \tag{14.35}$$

$$C^{(l)} = \frac{1}{T}\sum_{t=1}^{T}\left\|h^{(l)}(t) - \hat{h}^{(l)}(t)\right\|^2 \tag{14.36}$$

在这里，我们继续假设 $h^{(0)}$ 为观测变量 x。

式（14.22）至式（14.36）的推导过程表明，成本函数 $C^{(l)}$ 的主要作用是学习 l 上层的编码映射 $f^{(>l)}$ 而不是 $f^{(\leq l)}$。对于下层而言，由于 $C^{(l)}$ 是在 $h^{(l)}(t)$ 固定的情况下进行推导的，这意味着在整个学习的过程中，损失函数并不是一成不变的，而是需要在不同层之间不断交替更新。

在介绍过的 DSS 框架中，前向的映射 $f^{(l)}$ 是通过式（14.21）更新的，这与式（14.36）基本等价。这表明，在实际应用中，我们可以通过最小化一个适当的成本函数[式（14.37）]来优化模型性能：

$$C = C^{(0)} + \sum_{l=1}^{L}\alpha_l C^{(l)} \tag{14.37}$$

其中，系数 α_l 决定了不同层的成本所占的权重。

类似于分层潜变量模型，高层的先验概率对底层的前向映射具有指导作用。由于梯度可以沿编码路径进行反向传播，这种模型同样适用于有监督学习。具体而言，我们可以在模型的最顶层 L 添加一个标准的有监督成本函数来计算 $h^{(L)}(t)$ 和目标输出间的差距，这一方法确保了模型在有监督学习中的有效性。

2. 成本函数的去相关项

在 DSS 算法中，引入去相关项是必要的。如果 $h^{(l)}(t) = \hat{h}^{(l)}(t) = $ 常数，那么式（14.35）中的成本函数将被最小化。而通过最小化关于 $\hat{h}^{(l)}(t)$ 的式（14.35）能促进去相关，因为这一过程类似于回归过程，且任何附加的信息均有助于减少重构误差。

假设映射 $f^{(l)}$ 和 $g^{(l)}$ 能够尽可能地保留通用性，并且为了不丧失这一通用性，假设 l 层的隐藏层激活单元的协方差矩阵 $\Sigma^{(l)}$ 是单位矩阵，需 $\Sigma^{(l)} = I$，其中：

$$\Sigma^{(l)} = \frac{1}{T}\sum_{t=1}^{T}h^{(l)}(t)\left[h^{(l)}(t)\right]^{\mathrm{T}} \tag{14.38}$$

假设隐藏层的平均激活值为零，并且如果约束在第一阶段的 $f^{(l)}$ 和 $g^{(l)}$ 是放射变化，那么可以尽可能减少通用性的损失。损失函数 $\sum_{i,j}\left[\Sigma_{ij}^{(l)}-\delta_{ij}\right]^2$ 可以促使 $\Sigma^{(l)} \approx I$，其中 δ_{ij} 是克罗内克函数（若两个自变量相等则输出 1，否则输出 0）。也就是说，该损失函数可以度量 $\Sigma^{(l)}$ 和单位矩阵的距离平方和，但不能有效区分特征值的大小，从 DSS 学习方法的视角来看，只有特征值过小才会引发学习效果较差和泛化能力不足等问题。为了解释这一点，考虑式（14.39）：

$$\sum_{i,j}\left[\Sigma_{ij}^{(l)}-\delta(i,j)\right]^2 = \mathrm{tr}\left[\left(\Sigma^{(l)}-I\right)^2\right] = \sum_i\left(\lambda_i^{(l)}-1\right)^2 \tag{14.39}$$

其中，$\lambda_i^{(l)}$ 为 $\Sigma^{(l)}$ 的特征值。第一个等式遵从矩阵迹的定义，而根据特征值之和等于矩阵的迹可得到第二个等式。

由于式（14.39）是关于 $\lambda=1$ 对称的，那么 $\lambda=0$ 和 $\lambda=2$ 会有同样的惩罚，虽然从避免 h 塌陷的角度来看前者会更坏。

协方差矩阵的行列式是衡量变量重要性的一个关键指标。一个矩阵的行列式等于其特征值的乘积，而行列式的对数等于特征值对数的和：

$$\log\left[\Sigma^{(l)}\right] = \sum_i \log \lambda_i^{(l)} = \mathrm{tr}\left(\log \Sigma^{(l)}\right) \tag{14.40}$$

这里需要注意的是，$\log \Sigma^{(l)}$ 是矩阵对数，而不是矩阵中每个元素的对数。式（14.40）在信息量减少时会变小，在 $\lambda=1$ 时信息量会达到最小值，即

$$C_{\Sigma}^{(l)} = \sum_i \left(\lambda_i^{(l)} - \log \lambda_i^{(l)} - 1\right) = \mathrm{tr}\left(\Sigma^{(l)} - \log \Sigma^{(l)} - I\right) \tag{14.41}$$

而当 $\lambda=0$ 时成本为正无穷，当 $\lambda_i > 1$ 时成本相对有所减少。

对于任何解析函数 ϕ 来说，区分关于 $\Sigma^{(l)}$ 的成本函数是比较直接的，并且存在：

$$\frac{\partial \mathrm{tr}(\phi(\Sigma))}{\partial \Sigma} = \phi'(\Sigma) \tag{14.42}$$

由于 $\phi(x) = x - \log x - 1$，并且 $\phi'(x) = 1 - \frac{1}{x}$，故可通过计算进而得到

$$\frac{\partial C_{\Sigma}^{(l)}}{\partial \Sigma^{(l)}} = I - \left[\Sigma^{(l)}\right]^{-1} \tag{14.43}$$

在式（14.43）中，梯度计算相对简单，因为式（14.38）包含了直接的二次形式。值得注意的是，即使在 $\lambda_i = 1$ 时，上述两种可微成本函数式（14.41）和式（14.43）都能达到最小值，只要 λ_i 足够接近于 1，形式相对简单的式（14.43）也可以适用。然而，为了避免潜在的问题，我们在实际应用中选择式（14.41）中的成本函数。

最后，为了确保隐藏层单元的激活平均值为零，还需在成本函数中添加一个额外的简单项，如式（14.44）所示：

$$\mu^{(l)} = \frac{1}{T}\sum_{t=1}^{T} h^{(l)}(t) \tag{14.44}$$

$$C_\mu^{(l)} = \left\| \mu^{(l)} \right\|^2 \tag{14.45}$$

尽管 DSS 算法在处理输出表示时需要进行去相关处理，但对输入数据的去相关（例如白化）通常更为关键。在传统的降噪自编码器中，输入数据通常是固定的。然而，在现代模型中，更高层次的成本函数会影响输入映射，从而使 PCA 在处理方案时表现出某些偏好。当数据 x 的方差较大时，其投影成分对噪声的敏感度较低。如果网络主要关注方差较大的投影成分，那么噪声的影响会相对减小，这种情况通常会得到 PCA 型解。因此，PCA 方法在实际应用中较少被使用。

3. 阶梯网络的学习规则

现在我们已经做好研究阶梯网络学习规则的相关准备。给定观测变量（尤其是经过白化的）$h^{(0)}(t) = x(t)$，成本函数的计算过程如式（14.46）至式（14.56）所示：

$$h^{(l)}(t) = f^{(l)}\left(h^{(l-1)}(t)\right) \quad \text{for } 1 \leq l \leq L \tag{14.46}$$

$$\tilde{h}^{(0)}(t) = \text{corrupt}\left(h^0(t)\right) \tag{14.47}$$

$$\tilde{h}^{(l)}(t) = f^{(l)}\left(\tilde{h}^{(l-1)}(t)\right) \quad \text{for } 1 \leq l \leq L \tag{14.48}$$

$$\hat{h}^{(L)}(t) = f^{(L)}\left(\tilde{h}^{(L)}(t)\right) \tag{14.49}$$

$$\hat{h}^{(l)}(t) = f^{(l)}\left(\tilde{h}^{(l)}(t), \hat{h}^{(l+1)}(t)\right) \quad \text{for } 0 \leq l \leq L-1 \tag{14.50}$$

$$C^{(l)} = \frac{1}{T}\sum_{t=1}^{T}\left\|h^{(l)}(t) - \hat{h}^{(l)}(t)\right\|^2 \tag{14.51}$$

$$\Sigma^{(l)} = \frac{1}{T}\sum_{t=1}^{T}h^{(l)}(t)\left[h^{(l)}(t)\right]^{\text{T}} \tag{14.52}$$

$$C_\Sigma^{(l)} = \text{tr}\left(\Sigma^{(l)} - \log \Sigma^{(l)} - I\right) \tag{14.53}$$

$$\mu^{(l)} = \frac{1}{T}\sum_{t=1}^{T}h^{(l)}(t) \tag{14.54}$$

$$C_\mu^{(l)} = \left\|\mu^{(l)}\right\|^2 \tag{14.55}$$

$$C = C^{(0)} + \sum_{l=1}^{L}\alpha_l C^{(l)} + \beta_l C_\Sigma^{(l)} + \gamma_l C_\mu^{(l)} \tag{14.56}$$

为了学习映射 $f^{(l)}$ 和 $g^{(l)}$，我们需要通过最小化成本函数 C 来实现。这一过程可以通过多种优化方法完成。最常见的优化技术包括梯度下降法、随机梯度下降法以及批量梯度下降法。除了这些基本的方法，其他优化算法也可以应用于模型中，如非线性共轭梯度法或拟牛顿法。这些方法在优化过程中能够提供不同的优势，以适应具体的学习任务和数据特征。图 14.4 展示了阶梯网络的成本函数的计算流程。

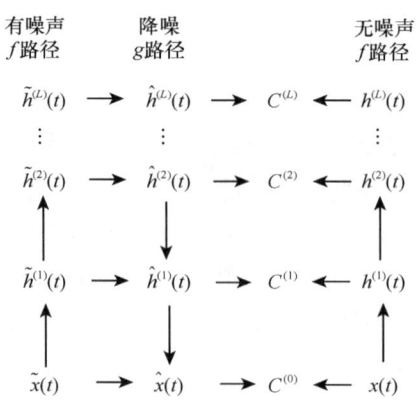

图 14.4　阶梯网络的成本函数的计算流程

在图 14.4 中，两个向上的 f 路径均使用相同的 $f^{(l)}$ 映射函数，唯一的不同在于其中一个路径的输入包含噪声。在网络的每一层，都计算一个成本函数，用来度量带噪声的激活重构无噪声的 $h^{(l)}(t)$ 的情况。在前向计算过程中，信息沿着箭头从观测值流向成本函数；而在反向传播学习过程中，梯度的流动方向则是从成本函数返回的。当训练信号到达解码的 g 路径和有噪声的 f 路径时，DSS 学习中训练信号会沿着无污染的路径 f 到达相应的降噪解码器。为了确保有效地学习，$C_{\Sigma}^{(l)}$ 和 $C_{\mu}^{(l)}$ 能尽量避免无噪声的激活 $h^{(l)}(t)$ 的协方差为单位矩阵和 $h^{(l)}(t)$ 均值为零的情况出现，否则 DSS 型学习方式会从无噪声的 f 路径中获取错误的学习信号。

从深度网络学习的视角来看，映射函数 $f^{(l)}$ 或者 $g^{(l)}$ 都和损失函数项 $C^{(l)}$ 紧密相关的性质是很重要的。这是因为，即使在映射过程中的梯度传播效率不高，良好的损失函数设计和映射函数的特性仍能保证学习过程的高效性。简言之，尽管梯度传播可能面临低效问题，合理的映射和损失函数可以确保学习系统的整体效果依然优良。

14.4　对抗机器学习

14.4.1　理论基础

自 2012 年 AlexNet 在计算机视觉挑战赛 ILSVRC（ImageNet Large Scale Visual Recognition Challenge，ImageNet 大规模视觉识别挑战）中夺冠，宣告人工智能的春天到来后，人工智能技术迅速融入人类生活的各个方面。人工智能凭借其远超传统机器学习算法的泛化能力和鲁棒性，快速取代了许多传统算法和应用领域。然而，随着对人工智能算法鲁棒性的深入研究，学者发现其并非如预期那般完美。在了解模型的内部参数或基本框架的情况下，很容易人为构建出对抗样本，使人工智能难以辨识。

这项研究由 Szegedy（塞盖迪）等在 2014 年首次提出，他们发现通过对输入模型的样本进行微小调整，能使模型的输出结果发生巨大变化，这种调整被称为躲避攻击，意味着样本成功躲过了模型的检测。他们认为这种方法可以评估人工智能模型的鲁棒性。

此后，该领域不断发展，学者先后提出了基于直接梯度下降的 FGSM（fast gradient sign method，快速梯度符号方法）和 PGD（projected gradient descent，投影梯度下降）算法，以及搜索全局梯度的特征图算法及其改进版本——概率特征图算法。

随着对抗样本研究的不断深入，人们认识到对错误样本高度敏感的任务，如 CT 检测病情、违禁物品识别等，需要高鲁棒性和准确性的风险分析任务，可以利用对抗样本技术来提高模型性能。

目前，自动驾驶是人工智能发展最快的领域之一。以特斯拉为代表的公司通过人工智能技术构建的自动驾驶系统在全球市场取得了巨大成功。然而，频频出现的"白色卡车撞车"事件暴露了其视觉系统的潜在漏洞。为解决这一问题，可以采用对抗样本技术来增强视觉系统的鲁棒性，从而降低系统风险。

14.4.2 经典方法介绍

本节主要介绍五种对抗机器学习方法。首先对通用符号进行定义：X 为样本；$\hat{X}$ 为对抗样本；$f(\cdot)$ 为分类器，即人工智能模型；$\nabla f(\cdot)$ 为分类器求导。

1. DeepFool 方法

DeepFool 是一种与优化算法紧密相关的方法。在处理二值分类问题时，可以将 DeepFool 视为一种牛顿迭代算法，用于在欠定情况下求解非线性方程组的根，这种方法通常被称为正规流法（normal flow method）。DeepFool 方法的思想示意图如图 14.5 所示，图中实线 $\mathcal{F}_1$，$\mathcal{F}_2$ 和 $\mathcal{F}_3$ 代表不同类别的决策边界。决策边界将整个空间划分成多个区域，每个区域对应一个特定类别的预测结果。虚线表示在当前样本位置对决策边界进行的线性近似，从初始样本点 x_0 开始，虚线围成的三角形线条表示 DeepFool 算法逐步添加的扰动方向。在每一步迭代中，算法会计算一个最小的扰动，使样本更接近决策边界，从而在尽可能小的步长内完成对抗样本的生成。最终的目标是找到一个最小的扰动，使样本进入错误分类的区域。

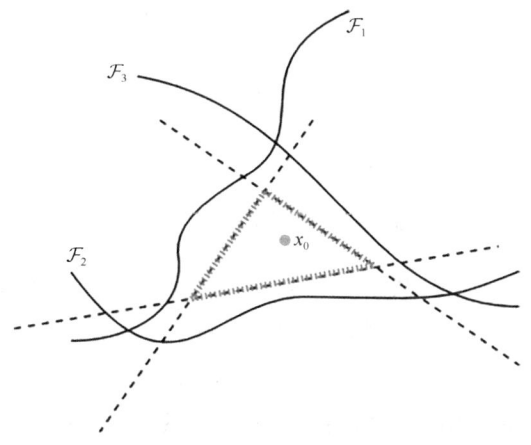

图 14.5 DeepFool 方法的思想示意图

DeepFool 也可以被看作一种梯度下降算法，其特点是在每次迭代时自动选择自适应步长。在多分类问题中，DeepFool 的线性化过程类似于序列凸优化，其中每一步的约束条件都被线性化。为了便于理解，以下内容将简化为对二分类器的数学描述。

$$\hat{X}_i = X_i + R$$

$$R = \mathrm{argmin}_{r_i} \|r_i\|$$

$$\text{s.t.} \quad f(\hat{X}_i) + \nabla f(X_i) r_i = 0$$

其中，i 为迭代次数；r_i 为第 i 次迭代的扰动向量；R 为最小扰动量。DeepFool 通常被认为是一种专门针对图像的高效对抗攻击方法，不过它在量化处理方面存在一定程度的欠缺。其优势在于生成对抗样本的速度非常快且样本质量较高，因此在自动驾驶任务中是一个不错的选择。

2. C&W 攻击方法

C&W 攻击方法是一种基于优化的对抗攻击方法，旨在同时实现高攻击成功率和低对抗扰动，从而生成难以被检测的对抗样本。这些对抗样本不仅能够欺骗机器学习模型，而且在人类观察者面前也极难被察觉。相比于 FGSM 和 PGD 生成的明显模糊图像，C&W 攻击生成的对抗样本更难被人眼识别。C&W 攻击方法包括以下两个目标：首先，在优化过程中，需要确保对抗样本与原始样本之间的差距尽可能小；其次，对抗样本必须使得模型分类错误，且错误类别的预测概率尽可能高。通过这两个优化目标，C&W 攻击能够生成既隐蔽又有效的对抗样本。

C&W 攻击提供了多种目标优化函数，共有 7 类：

$$f_1(x) = -f(x) + 1$$

$$f_2(x) = \left(\max_{i \neq t} (f(x)_i) - f(x)_t \right)^+$$

$$f_3(x) = \mathrm{softplus}\left(\left(\max_{i \neq t} (f(x)_i) - f(x)_t \right) \right) - \log(2)$$

$$f_4(x) = \left(0.5 - f(x)_t \right)^+$$

$$f_5(x) = -\log(2 f(x)_t - 2)$$

$$f_6(x) = \left(\max_{i \neq t} \log(f(x)_i) \right) - \log(f(x)_t)$$

$$f_7(x) = \mathrm{softplus}\left(\left(\max_{i \neq t} \log(f(x)_i) \right) - \log(f(x)_t) \right) - \log(2)$$

使用者可以根据问题自行调整算法，算法的具体思想表达如下：

$$\min D(x, x+\delta) + f_i(x)$$

$$\text{s.t.} \quad x + \delta \in [0,1]$$

其中，$D(\cdot)$ 函数为任何一种定义的距离函数。该算法还做出了一个改进，提出了一种特殊的优化方法，即将 δ 写成如下形式：

$$\delta = \frac{1}{2}\tanh\omega$$

将优化 δ 修改为优化 ω，取值范围就可以从原来的小范围变得无限大，然而又能够保持变量的一致性，可以认为是一种转换搜索空间的做法。这一做法使得其搜索得到的解能够无限接近最优，但也导致搜索时间会相对增加。

3. FGSM

FGSM 是一种通过梯度生成对抗样本的算法，属于对抗攻击中的无目标攻击。无目标攻击不要求对抗样本被模型预测为指定的类别，只需使其预测结果与原样本不同即可。FGSM 的基本思想是通过在原始输入数据上添加小的扰动，使得模型的预测结果发生显著变化。

在理解简单的数据并行（data parallel，DP）网络结构时，为了求得损失函数的最小值，我们会沿着梯度的反方向移动，即使用减号，这就是梯度下降算法；而 FGSM 则可以被理解为梯度上升算法，即使用加号，使得损失函数最大化。其基本数学计算为

$$\hat{X} = X + \epsilon \times \text{sign}(\nabla f(X))$$

FGSM 一直被认为是运行速度最快的对抗样本生成算法之一（不考虑样本质量的情况下），当然，随着对抗样本领域的发展，许多学者在它的基础上提出了更加稳定且快速的算法。

4. MIM

MIM（momentum iterative method，动量迭代法）是基于 FGSM 提出的，相比于 FGSM，MIM 更加稳定，同时生成的样本质量也更好。该方法主要借鉴于神经网络中参数更新的动量（momentum）的思想。

MIM 的核心在于每一轮的扰动不仅依赖于当前的梯度方向，还参考了之前计算出的梯度方向，从而提高了对抗样本的生成效果。

$$g_{t+1} = \mu \times g_t + \frac{\nabla f(\hat{x}_t)}{\|\nabla f(\hat{x}_t)\|_1}$$

$$\hat{x}_{t+1} = \hat{x}_t + \epsilon \times g_{t+1}$$

其中，g_{t+1} 为第 $t+1$ 轮的梯度累积值；μ 为动量因子，用于控制历史梯度对当前梯度累积的影响；$\nabla f(\hat{x}_t)$ 为在样本 $\hat{x}_t$ 位置处的损失函数 f 对输入 $\hat{x}_t$ 的梯度；$\|\nabla f(\hat{x}_t)\|_1$ 为对损失函数梯度的 L1 范数，用于对梯度进行归一化处理；ϵ 为扰动步长，控制每次迭代中施加的扰动大小。MIM 受到了神经网络梯度更新算法的启发，如果前几次迭代过程求出的梯度都是负的，当前梯度却是正的，那么这个梯度就会受到之前求出的梯度方向影响，最终对抗样本的更新就不一定是加上正数，也可能是负数。我们可以将其理解为一个人正在以 1 米/秒的速度向前走，如果想要向后走，这时需要一个减速过程。也就是我们常说的惯性，而 MIM 正是应用了这个原理。

惯性的作用是使得整个生成样本过程更稳定。神经网络中使用动量（亦可理解为惯性）的目的也是为了训练过程中损失函数值能够不发生严重波动，以较平稳的曲线进行，从而有效避免局部最优。而 MIM 采用动量的思想，可以提升对抗样本的可迁移性，从

而使攻击效果更佳。

5. PGD 方法

Madry（马德里）等提出的 PGD 是一种 FGSM 的扩展形式，也被称为 BIM（basic iterative method，基本迭代法）的广义形式。PGD 通过将每次迭代生成的对抗样本投影到干净样本的 ϵ 邻域中，从而约束对抗扰动的大小，使得对抗扰动小于 ϵ，其表达式如下：

$$\hat{x}_{t+1} = \text{proj}(\hat{x}_t + \eta \nabla f(\hat{x}_t))$$

其中，proj 为一种投影操作，它会将每次更新迭代后的对抗样本投影到邻域和规定的范围内。

PGD 方法还会引入一些随机扰动来增加样本的各种可能性，因此 PGD 有时效果会远远强于其他形式的 FGSM。PGD 算法是目前使用最广泛的对抗样本生成算法。

本 章 小 结

本章首先介绍了强化学习的理论基础，并详细描述了基于 DQN 的风险预测与评估步骤；其次，介绍了 CNN 的结构、CNN 的学习范式、CNN 的优化，以及基于 CNN 的风险预测与评估；再次，描述了阶梯网络的相关理论内容；最后，介绍了对抗机器学习的理论基础，并详细介绍了 DeepFool、C&W、FGSM、MIM、PGD 等五种经典的对抗机器学习方法。

智能驱动的方法往往能更好地拟合风险，使得风险预测与评估结果更为准确。基于深度学习等智能化方法构建的风险预测与评估模型，能够为风险分析与管理工作提供定量化依据。

参 考 文 献

[1] 魏庆来, 王飞跃. 强化学习[M]. 北京: 清华大学出版社, 2022.
[2] 符春晓. 基于阶梯网络的半监督深度学习方法及其应用研究[D]. 长沙: 国防科学技术大学, 2014.
[3] LeCun Y, Bengio Y, Hinton G. Deep learning[J]. Nature, 2015, 521: 436-444.
[4] Rasmus A, Valpola H, Honkala M, et al. Semi-supervised learning with ladder networks[EB/OL]. [2024-03-01]. https://arxiv.org/pdf/1507.02672.
[5] Dong H, Ding Z H, Zhang S H. Deep Reinforcement Learning: Fundamentals, Research and Applications[M]. Singapore: Springer Singapore, 2020.
[6] Roderick M, MacGlashan J, Tellex S. Implementing the deep Q-network[EB/OL]. [2024-03-03]. https://arxiv.org/pdf/1711.07478.
[7] Moosavi-Dezfooli S-M, Fawzi A, Frossard P. DeepFool: a simple and accurate method to fool deep neural networks[C]. Las Vegas: The 2016 IEEE Conference on Computer Vision and Pattern Recognition, 2016.
[8] Carlini N, Wagner D. Towards evaluating the robustness of neural networks[C]. San Jose: The 2017 IEEE Symposium on Security and Privac, 2017.
[9] Goodfellow I J, Shlens J, Szegedy C. Explaining and harnessing adversarial examples[EB/OL]. [2024-03-01]. https://arxiv.org/pdf/1412.6572.
[10] Dong Y P, Liao F Z, Pang T Y, et al. Boosting adversarial attacks with momentum[C]. Salt Lake City: The 2018 IEEE/CVF Conference on Computer Vision and Pattern Recognition, 2018.
[11] Madry A, Makelov A, Schmidt L, et al. Towards deep learning models resistant to adversarial attacks[EB/OL]. [2024-03-03]. https://arxiv.org/pdf/1706.06083.

第 15 章 风险相关性的识别与量化分析方法

研究表明,复杂系统通常具有多样化特征,如疾病监测系统、物流系统和装备状态监测系统。在这些系统中,每一个变量的变化往往受到其他相关变量的影响。因此,风险分析与管理需要进行关联性分析(association analysis),以揭示变量间的关系,构建内部关联性模型,从而提升分析效果。本章将介绍多元数据风险关联性分析的方法类别,并简要介绍几种识别和量化风险相关性的方法。

15.1 多元数据风险关联性分析方法类别划分

如今,多元数据风险关联性分析方法已得到广泛研究,并涵盖了丰富的方法类型。这些方法可分为线性关联(linear association)分析方法和非线性关联(non-linear association)分析方法。线性关联分析方法较为成熟,但在实际应用中,系统间关系通常并非完全线性,可能表现为非线性、非平衡态和共线性特征。因此,线性分析方法有时可能无法满足需求,甚至导致错误的结论。在处理非线性关联分析时,传统的方法通常利用散点图选择适当的非线性函数进行模型拟合,适用于变量数量较少的情况。然而,随着变量数量和系统复杂性的增加,这些方法逐渐显示出其局限性。近年来,基于分形理论、递归图理论、互信息理论及因果关系分析的关联分析方法逐渐流行,并在多个领域取得了一定的成果。目前主要的风险关联分析方法的分类示意图如图 15.1 所示,每种

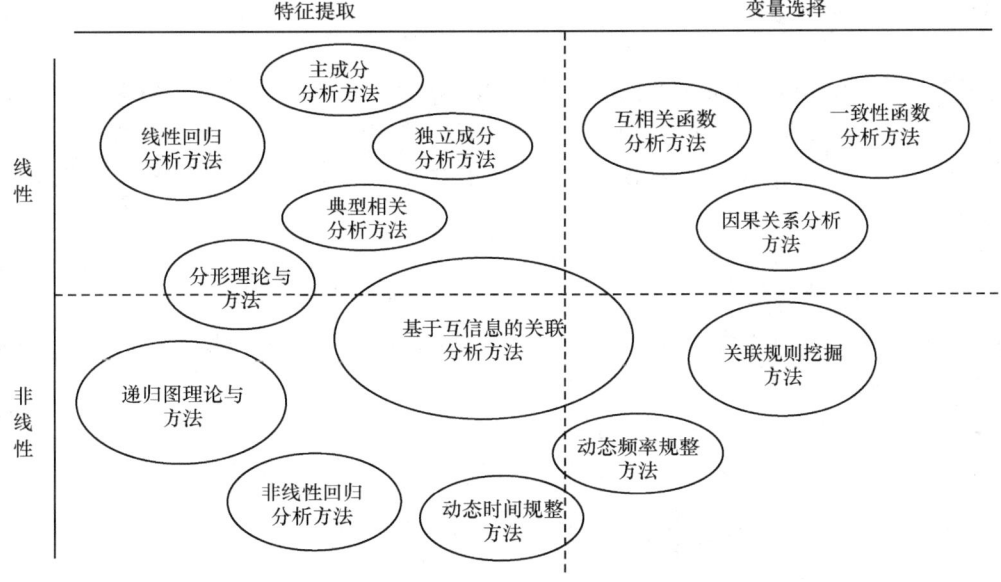

图 15.1 风险关联分析方法分类示意图

方法在多元数据风险关联性分析中具有不同的侧重点和应用场景。

从分析方法的原理来看，多元数据关联性分析方法大致可以分为两类：特征提取（feature extraction）方法和变量选择（variable selection）方法。特征提取方法通过将原始变量空间映射或转换到低维特征空间，从而提取主要信息；而变量选择方法是特征提取方法的一种特殊形式，旨在去除冗余和无关的变量，以确保模型预测性能的良好并降低模型输入变量的维数。这类方法直接处理输入变量，因此具有较快的处理速度和广泛的适用范围。

15.2 关联规则挖掘方法

15.2.1 理论基础

关联规则挖掘（association rule mining，ARM）是数据挖掘领域中一种常见且重要的研究方法。该方法通过自动化计算从大量实际数据中发现和提取关联规则。Dans（丹斯）首次提出了一种基于离散序列的关联规则挖掘算法。该算法创新性地使用了滑动窗口技术，将多元序列离散化为子序列。接着，利用预定义的相似性函数对这些子序列进行聚类和编号，从而将原始序列转化为类别编号序列，并从编号序列中挖掘出时序关联规则。

此外，还有一类算法直接从序列中采样，并将连续值映射到特定区间，以减少数据的多样性，从而进行数据挖掘。例如，Apriori 算法和 ES-Apriori（扩展的分步 Apriori）算法。这些算法用于挖掘多元序列中的跨事务关联规则，并分析不同采样点间的相互影响。

15.2.2 Apriori 算法

1993 年，Agrawal（阿格拉沃尔）首次提出 Apriori 算法，用于从交易数据库中挖掘商品间的潜在关联规则。这一算法的提出标志着关联规则挖掘进入了一个新的阶段，并且随着时间的推移，Apriori 算法不断得到完善和优化，已成为数据挖掘领域中重要的关联性分析工具之一。

关联规则通常表示为形如 $X \Rightarrow Y$ 的隐式表达式，其中 $X, Y \subseteq I$，$X \cap Y = \varnothing$。I 为项集，可表示风险预测与评估中的特征与风险。关联规则的含义是：如果 X 出现在项集中，则在一定概率下 Y 也会出现在项集中。评估关联规则的主要标准包括支持度（support）和置信度（confidence）。

定义 15.1（支持度） X 和 Y 同时发生的事务数（$\text{count}(X \cap Y)$）占事务总数（$|D|$）的比例是事务 T 关联规则 $X \Rightarrow Y$ 的支持度，即

$$\text{support}(X \Rightarrow Y) = \frac{\text{count}(X \cap Y)}{|D|} \tag{15.1}$$

其中，事务 T 类似于样本集。支持度大于最小支持度的项集记为频繁项集。

定义 15.2（置信度） 同时发生的事务 X 和 Y 与包含事务 X 的项集数的比值就是关联规则 $X \Rightarrow Y$ 对事务 T 的置信度，即

$$\text{confidence}(X \Rightarrow Y) = \frac{\text{count}(X \cap Y)}{|X|} \tag{15.2}$$

Apriori 算法是关联规则挖掘领域中的经典算法。该算法的核心思想是利用已发现的频繁 k 项集生成候选 $(k+1)$ 项集，并筛选出满足最小支持度的频繁 $(k+1)$ 项集。具体过程包括逐层迭代挖掘频繁项集，并基于这些频繁项集生成关联规则。

15.3 分形理论与方法

分形理论（fractal theory, FT）是一门新兴且活跃的学科。该理论由美籍数学家 Benoit Mandelbrot（伯努瓦·曼德尔布罗）首次引入，他将分形定义为一种在局部与整体上展现某种相似性的集合。分形理论的数学基础源于几何分形学，并扩展至分形信息、分形设计和分形艺术等多个应用领域。其核心特征在于使用分数维度来描述事物的复杂性。例如，毛线团从远处看像一个点，但近看却呈现出球形，其实它是由空间曲线缠绕而成的。这种描述突破了传统一维线、二维面、三维立体、四维时空的限制，更贴近复杂系统的真实属性和状态，适应了事物的多样性和复杂性。分形理论与概率统计、随机过程紧密相关，并在数学、物理学、化学、计算机科学、生物医学、地质学、天文学、经济学以及社会学等领域得到了广泛应用。

基于分形理论的多元数据相关性研究方法逐渐受到研究者的关注。例如，英国水文学家 Hurst（赫斯特）在研究尼罗河水库的水流量与储存能力关系时，提出了重标极差分析（rescaled range analysis）方法（以下简称 R/S 分析方法）。这是一种基于随机游走理论的序列长相关性研究方法，表明分形布朗运动在描述水库的长期储水能力方面具有优良的表现。

对于给定的时间序列数据 $\{x_n, n=1,2,\cdots,N\}$，设样本均值为 $\bar{x}$，样本方差为 $S^2(n)$，则 R/S 统计值为 $\dfrac{R(n)}{S(n)} = \dfrac{\max(0, l_1, l_2, \cdots, l_n) - \min(0, l_1, l_2, \cdots, l_n)}{S(n)}$。其中，$R(n)$ 为重标极差；$S(n)$ 为样本标准差；$l_k = \sum_{i=1}^{k} x_i - k\bar{x}$，$k=1,2,\cdots,n$。赫斯特指出很多自然现象产生的时间序列满足 $E\left(\dfrac{R(n)}{S(n)}\right) \sim cn^H$（当 $n \to \infty$ 时），其中 H 是 Hurst 指数。Hurst 指数有三种形式：当 $H=0.5$ 时，说明序列具有标度不变性，即为一个不相关过程或独立的随机过程；当 $0.5<H<1$，说明序列表现为正相关，即序列之间不是独立的；当 $H<0.5$ 时，说明原序列是反相关的。

然而当尺度较大时，R/S 分析方法结果不稳定，Bunde（邦德）提出了波动分析（fluctuation analysis, FA）方法，克服了这一缺点。随后，彭成科（Cheng-Kang Peng）等提出了基于标准 FA 方法的除趋势波动分析（detrended fluctuation analysis, DFA）方

法。研究表明，DFA 方法在处理非平稳信号时有许多优点，并在一系列领域取得了一定的研究成果，近年来逐渐被推广为研究高维分形及多重分形的方法。

15.4 动态时间规整算法

15.4.1 理论基础

动态时间规整（dynamic time warping，DTW）算法是一种用于非线性时间对齐的模式匹配算法，最初用于解决语音识别中的匹配问题。DTW 通过处理语音信号的时间随机性，使两个在时间上存在差异的信号序列对齐，从而实现最佳匹配。同一人在不同时间发出的声音可能存在时间上的拉伸或压缩，通过动态规整信号的时间轴，DTW 能够将这些差异最小化，使得信号能够与预设模板精确匹配。这种非线性对齐方式不仅适用于语音识别，还广泛应用于其他需要处理时间变异的模式匹配任务中。通常，选择规整后的最小累积距离和作为目标函数，并利用动态规划算法进行求解，从而测量数据样本之间的相似性。

动态频率规整（dynamic frequency warping，DFW）算法是对 DTW 的扩展，用于在频域上对数据样本进行相似性度量。Hélène Valbret（埃莱娜·瓦尔布雷）提出了一种 DFW 算法，该算法首先使用 DTW 将源语音信号和目标语音信号的频谱特征参数对齐，然后应用无监督分类技术将声学空间划分为非重叠子空间。其次，计算源语音信号和目标语音信号的对数幅度值。最后，得到频率规整函数及归一化后的最短频率距离。近年来，动态规整算法已从一维信号扩展到多维信号，并在模式识别等领域得到了广泛应用。由于 DTW 和 DFW 都涉及计算信号的最小累积距离和，这使它们成为评估变量间关联关系的经典算法。

15.4.2 DTW 算法及其变体

给定时间序列 $X = \{x_i \in R,\ i = 1, 2, \cdots, m\}$ 和 $Y = \{y_j \in R,\ j = 1, 2, \cdots, n\}$，令矩阵 $A_{m \times n} = (a_{ij})_{m \times n}$ 为时间序列 X 和 Y 的距离矩阵，其中 a_{ij} 是 x_i 与 y_j 之间的距离，通常使用欧氏距离计算。

在距离矩阵中，令 $W = w_1, w_2, \cdots, w_K$ 为时间序列 $X = \{x_i \in R,\ i = 1, 2, \cdots, m\}$ 和 $Y = \{y_j \in R,\ j = 1, 2, \cdots, n\}$ 的动态时间规整路径。其中，$w_k = (a_{ij})_k$ 是路径的第 k 个元素。同时路径 W 需要满足以下条件。

（1）$\max\{m, n\} \leqslant K \leqslant m + n - 1$。

（2）$w_1 = a_{11}$，$w_K = a_{mn}$。

（3）若 $w_k = a_{ij}$，$w_{k+1} = a_{i'j'}$，应有 $0 \leqslant i' - i \leqslant 1$ 且 $0 \leqslant j' - j \leqslant 1$。

动态时间规整路径不是唯一的。在动态时间规整路径中，使 $\sqrt{\sum_{i=1}^{K} w_i}$ 的值最小的路径称为最佳动态时间规整路径，对应的距离即为动态时间规整距离。令 $\mathrm{DTW}(X,Y)$ 为 X 和 Y 之间的 DTW 距离，则有

$$\mathrm{DTW}(X,Y) = \min\left(\sqrt{\sum_{i=1}^{K} w_i}\right) \tag{15.3}$$

令 X 和 Y 在 i 和 j 处的累积距离为 $L(i,j)$，由上述条件（3）可知

$$L(i,j) = \min\left[L(i-1,j-1), L(i-1,j), L(i,j-1)\right] + a_{ij}$$

其中，$L(1,1)=a_{11}$，所以 $\mathrm{DTW}(X,Y)=L(m,n)$。

DTW 距离通过允许序列在时间轴上进行灵活的对齐，有效地克服了 Minkowski（闵可夫斯基）距离在处理等长序列、噪声影响及振幅伸缩问题上的局限性。DTW 不仅能够度量任意长度时间序列之间的距离，还对时间轴的扭曲具有较强的鲁棒性。这使得 DTW 在实际应用中表现出更高的适用性和可靠性。在初步实验中，DTW 方法已显示出较为优越的效果，证明了其在处理时间序列数据时的有效性和稳定性。然而，DTW 距离的计算复杂度较高，其复杂度为 $O(mn)$，在子序列匹配中复杂度甚至可能达到 $O(mn^2)$，因此时间开销巨大。对于大型时间序列数据的处理，DTW 计算通常会耗费大量时间。此外，DTW 距离不满足三角不等式，因此在基于 DTW 距离进行相似性查询时，可能会出现一定的漏报现象。

为了解决 DTW 距离计算复杂度高和畸形匹配等问题，研究者提出了多种改进方案。针对计算复杂度问题，主要的改进策略是提出下界函数，通过使用紧密的下界来修剪计算，从而提高 DTW 的计算速度和相似性查询的效率。其中，Eamonn Keogh（埃蒙·基奥）等提出的 LB_Keogh[①]函数是最经典的一种方法，LB_Keogh 函数通过减少 DTW 中的过度规整来提高匹配的准确性。此外，为了解决 DTW 的畸形匹配问题，研究者提出了包括差分动态时间规整（derived dynamic time warping，DDTW）、加权动态时间规整（weighted dynamic time warping，WDTW）以及添加规整窗口限制的 DTW 等改进方法。接下来，将对这些 DTW 变形方法进行详细介绍。

1. DDTW 及其非线性变换形式

DTW 方法允许时间轴上的数据点进行灵活移动，以便更好地匹配不同序列上的数据点，这种方法的优势在于能够有效捕捉时间序列间的相似性。然而，这种灵活性也带来了畸形匹配的问题，即一个序列中的某些数据点可能会与另一个序列中的多个数据点不匹配，从而导致匹配质量降低。

为了解决这些问题，DDTW 方法应运而生。DDTW 方法通过考虑更多的形状信息，能够更精确地处理时间序列间的匹配问题。相较于传统 DTW，DDTW 不仅关注时间序

---

① LB 全拼是 lower bound，意思是下界。

列的绝对匹配，还进一步利用形状信息来改进匹配过程，从而减少畸形匹配的发生。对于时间序列 X 中的点 x_i，通过式（15.4）进行差分变换：

$$D_A(d_i^a) = \frac{(a_i - a_{i-1}) + (a_{i+1} - a_i)/2}{2}, \quad 1 < i < m \tag{15.4}$$

其中，D 为差分距离，用来描述形状信息；d 为差分后的时间序列数据，用于表示原始数据的差分或形状信息；a 为原始时间序列 A 的某个数据点的值；i 为索引，表示时间序列中的第 i 个时间节点；m 为序列 A 的长度。由于第一个和最后一个序列点没有被定义，因此定义 $d_1^a = d_2^a$，$d_m^a = d_{m-1}^a$。

DDTW 距离是 DTW 距离经过差分变换后的序列，设变换后的序列分别为 X' 和 Y'，则有 $\text{DDTW}(X,Y) = \text{DTW}(X',Y')$。

除了差分变换，还有余弦变换、正弦变换和希尔伯特变换（Hilbert transform），经实验证实，基于这些变换的 DTW 方法有更好的效果。具体变换如下。

对于给定的时间序列 $X = \{x_i \in R, i = 1, 2, \cdots, m\}$，转换后的序列为 $X = \{\hat{x}_k \in R, k = 1, 2, \cdots, m\}$，则余弦变换为

$$\hat{x}_k = \sum_{i=1}^{n} x_i \cos\left[\frac{\pi}{n}\left(i - \frac{1}{2}\right)(k-1)\right] \tag{15.5}$$

正弦变换为

$$\hat{x}_k = \sum_{i=1}^{n} x_i \sin\left[\frac{\pi}{n}\left(i - \frac{1}{2}\right)k\right] \tag{15.6}$$

希尔伯特变换为

$$\hat{x}_k = \sum_{\substack{i=1 \\ i \neq k}}^{n} \frac{x_i}{k - i} \tag{15.7}$$

参数化方法不仅考虑原 DTW 的评价距离，也考虑经过变换后的距离指标。引入参数 α，$\text{DD}_{\text{DTW}} = \alpha \times \text{DTW} + (1-\alpha) \times \text{DDTW}$，通过交叉验证学习可以得到距离指标最优或相对较优的参数 α，其中 DD_{DTW} 一般指的是一种结合了原始 DTW 和 DDTW 的混合距离度量。

2. WDTW 及基于一定变换的加权方法

在确定累积距离最小的规整路径时，需要计算时间序列中不同点之间的距离。标准的 DTW 方法未考虑时间序列中不同时间阶段内匹配点的差异，这可能导致序列扭曲，从而影响相似性匹配的精度。

为了解决这一问题，梁锦荣（Kam W. Leong）等提出了 WDTW 方法。WDTW 在距离计算中引入了惩罚因子，这个因子根据两个点的时间间隔来调整距离的权重。当时间间隔较大时，惩罚因子也较大，从而增加对应的距离；而当时间间隔较小时，惩罚因子较小，对距离的影响则较小。这种方法通过在标准欧氏距离基础上增加基于时间点差距

的权重，改进了匹配的精度和鲁棒性。

X 和 Y 之间的 WDTW 距离计算如式（15.8）所示：

$$\begin{cases} a_{ij} = w_{i-j}(x_i - y_j)^2 \\ L_w(i,j) = \min\left[L_w(i-1,j-1), L_w(i-1,j), L_w(i,j-1)\right] + a_{ij} \\ \text{WDTW}(X,Y) = \min\sqrt{L_w(i,j)} \end{cases} \quad (15.8)$$

其中，$L_w(i,j)$ 为加权累积距离。

权重因子定义为

$$w_c = \frac{w_{\max}}{1 + \exp(-g(c - m_c))} \quad (15.9)$$

其中，$c = 1, 2, \cdots, m$ 为时间序列点之间的间隔；m_c 为一个时间序列的中间点；$w_{\max}$ 为权重的上限；g 为一个常量，用于控制权重函数 w_c 的曲率，它可以有效控制大间隔的时间点之间惩罚因子的水平。

在 WDTW 方法的基础上，DDTW 方法进一步扩展，形成了 WDDTW（weighted derived dynamic time warping，加权差分动态时间规整）方法。WDDTW 结合了 WDTW 的加权机制和 DDTW 的差分处理机制，主要目标是改进时间序列的匹配精度，同时保持符合三角不等式的性质。具体而言，WDDTW 方法在计算距离时不仅考虑时间序列中点的绝对距离，还引入了对点间变化率的惩罚，这样可以更好地捕捉时间序列的形状特征。

3. 添加规整窗口限制的 DTW

引入规整窗口限制可以显著提高 DTW 算法的计算效率和准确性，同时减轻时间序列过度扭曲的问题。这种限制通过在计算累积距离时，对时间序列的匹配路径施加约束，从而确保匹配路径保持在预定的规整窗口内。简而言之，规整窗口限制实质上是对累积距离矩阵计算公式的调整，具体形式为

$$L(i,j) = \min\left[L(i-a, j-b), L(i-c, d), L(i-1, j-1)\right] + a_{ij} \quad (15.10)$$

其中，a, b, c, d 为给定的参数，一般取 0、1 或 2。

15.5 基于互信息的关联分析方法

15.5.1 理论基础

互信息（mutual information，MI）用于衡量两个随机变量之间的信息共享程度，即一个变量的观测值对另一个变量不确定性的减少量。最早提出互信息概念的是信息论创始人克劳德·香农（Claude Shannon）。与许多传统方法不同，互信息不依赖于特定的数据分布，且对数据噪声和初始数据变换的敏感度较低，适用于分析线性和非线性关系。当两个变量彼此独立时，互信息的值为零；若变量之间存在某种关联，则互信息的值为正。

互信息理论为评估变量间的非线性关系提供了一种有效的工具。2011 年，Reshef（雷谢夫）等引入了最大信息系数（maximal information coefficient，MIC），代表了互信息分析的新进展。然而，互信息的应用面临三个主要挑战：首先是计算复杂度，因为需要估算变量之间的联合密度函数；其次是缺乏标准化的取值范围，使得数值的具体意义难以解释；最后是互信息不满足均衡性准则。为解决这些问题，研究者提出了多种改进方法。其中，MIC 方法有效应对了这些挑战，为互信息方法的发展注入了活力。表 15.1 列出了基于互信息的关联分析方法的相关研究。

表 15.1 基于互信息的关联分析方法的相关研究

方法名称及表达式	方法描述
最大独立性方法： $\max I(S_m; y)$ $I = I(\{X_i, i=1,2,\cdots,m; y\})$	该方法由意大利计算机科学家 Roberto Battiti（罗伯托·巴蒂蒂）于 1994 年提出，使用互信息作为独立度量。它通过选择与输出变量具有最大互信息的输入变量子集，逐步增加变量，直到新增的输入变量不再显著提升总体互信息的值。然而，当输入变量的维数较高时，计算联合概率密度分布变得复杂，从而增加了计算难度
平均互信息方法 （最大相关性方法）： $\max D(S_m; y)$ $D = \dfrac{1}{m} \sum_{X_i \in S_m} I(X_i, y)$	2002 年由彭汉川等提出，该方法假设输入变量之间相互独立，利用多个输入变量与输出变量间互信息的平均值拟合联合互信息。该假设难以实现，并且没有考虑输入变量间的冗余
最小冗余方法： $\max R(S_m)$ $R = \dfrac{1}{m^2} \sum_{X_i, X_j \in S_m} I(X_i, X_j)$	2003 年由丁臻（Chris Ding）等提出，该方法通过最小化输入变量间的互信息来选择输入变量，但这种方法只考虑了输入变量间的互信息，无法确保选出的输入变量与输出变量的相关性
MIFS（mutual information feature selection，互信息特征选择）方法： $\max I(X_i, Y) - \beta \sum_{X_j \in S_m} I(X_i, X_j)$	1994 年由罗伯托·巴蒂蒂提出，该方法在选择输入变量时，必须考虑参数的取值。对于维度较高的输入变量，目标函数会偏重冗余性
MIFS-U 方法： $\max I(X_i, Y) - \beta \sum_{X_j \in S_m} \dfrac{I(X_i, Y)}{H(X_i)} I(X_i, Y_j)$	2002 年由 Kwok（郭毅可）提出，该方法假设输入变量均匀分布，但实际中很难满足此假设。需考虑参数取值，并且输入变量维数较高时，目标函数同样偏重冗余性
MRMR（minimum redundancy maximum relevance，最大相关性最小冗余）方法： $\max I(X_i, Y) - \dfrac{1}{\|S_m\|} \sum_{X_j \in S_m} I(X_i, X_j)$	2005 年由彭汉川提出，对于该方法而言，当输入变量的维度较高时，联合互信息的估计容易出现偏差
NMIFS（normalized mutual information feature selection，归一化互信息特征选择）方法： $\max I(X_i, Y) - \dfrac{1}{\|S_m\|} \sum_{X_j \in S_m} \dfrac{I(X_i, X_j)}{\min\{H(X_j), H(X_i)\}}$	2009 年由 Estevez（埃斯特韦斯）提出，该方法通过处理变量间的互信息，减少了在高维输入情况下联合互信息估计的偏差
α-MRMR 和 β-MRMR 方法： $\max I(X_i, Y) - \dfrac{\alpha}{m-1} \sum_{X_j \in S_{m-1}, j<i} I(X_i, X_j)$ $\max I(X_i, Y) - \beta \sum_{X_j \in S_{m-1}, j<i} I(X_i, X_j)$	2009 年由 Hejazi（哈基拉特）提出，该方法通过使用维恩图（Venn diagram）来细化联合互信息的表示
MINE（maximal information-based nonparametric exploration，基于最大信息的非参数探索）方法： $\max \mathrm{MIC}(X, Y)$ $\mathrm{MIC} = \max M(m_x, m_y)$	2011 年由 Reshef 提出，该方法基于最大信息的非参数探索，不需要预先了解变量间关系类型，可以检测复杂的模式

在参数方法中，随着变量维度和样本量的增加，互信息参数算法的通用性和计算效率面临严峻挑战。为解决这些问题，非参数方法应运而生，提供了改进方案。其中 MINE 方法的优势在于无须事先了解变量之间的关系类型即可识别复杂模式。MINE 方法利用 MIC 通过构建网格来计算 MIC 及其相关统计数据。这种方法能够有效地发现数据集中潜在的关系，克服了传统参数方法的局限性，为处理高维数据和复杂模式提供了一种新的解决方案。

15.5.2 MINE 方法及相关定理证明

以下介绍 MINE 方法及其相关定理和证明。

首先，我们从数学上描述两个随机变量间的联合信息指标：给定实数域上的随机变量 X, Y 的有限数据集合 $D=\{X, Y\}$，根据取值大小，将样本 x 划分至有序的 m 个格子里，将样本 y 按取值大小划分至有序的 n 个格子里，并且允许格子为空，这样，数据集 D 就被划分为 $m \times n$ 个网格，称这样的划分为 $m \times n$ 的网格划分，记为 $G=(m, n)$。

令 $D|G$ 表示数据集 D 中的点在划分 G 下的分布情况，用自然概率估计准则，对于任意小的网格，将网格内样本点的数量占全体样本数量的比值视为该网格的概率密度，这样便可以方便地估计数据集 D 在划分 G 下的随机变量的概率密度函数。对于相同的数据集合 D，在不同的划分 G 下会得到不同的分布情况。随机变量 X, Y 的互信息为

$$I(X,Y) \approx I_{D|G}(X,Y) = \sum_{j=1}^{n}\sum_{i=1}^{m} \rho_{(x,y)}(i,j) \log \frac{\rho_{(x,y)}(i,j)}{\rho_x(i)\rho_y(j)} \quad (15.11)$$

其中，$\rho_x(i) \approx \frac{n_x(i)}{N}$，$\rho_y(j) \approx \frac{n_y(j)}{N}$，$\rho_{(x,y)}(i,j) \approx \frac{n_{(x,y)}(i,j)}{N}$；$n_x(i)$ 为落入随机变量 X 第 i 个划分的格子中的样本数量；$n_y(j)$ 为落入随机变量 Y 第 j 个划分的格子中的样本数量；$n_{(x,y)}(i,j)$ 为同时落入随机变量 X 第 i 个划分的格子和随机变量 Y 第 j 个划分的格子中的样本数量；i, j 为整数，且 $0 < i \leq m$，$0 < j \leq n$。$I_{D|G}(X,Y)$ 记为随机变量 X, Y 在划分 $G=(m,n)$ 下的互信息。

令 $I^*_{D|G}(X,Y) = \max_{G=(m,n)} I_{D|G}(X,Y)$，定义特征矩为 M，随机变量 X, Y 的样本数据集 D 的特征矩记为 $M_{D|G}(X,Y)$，$M_{D|G}(X,Y) = \frac{I^*_{D|G}(X,Y)}{\log \min\{m,n\}}$。由于 G 是两个随机变量任意划分得到的，理论上有无穷多种划分可能，所以 $M_{D|G}(X,Y)$ 的值域为无穷集。若给定划分 G 的格子总数量的限制，$m \times n < B$，由于 m, n 取值为整数，则当 $m \times n < B$ 时，$M_{D|G}(X,Y)$ 的值域为有限集，故 $M_{D|G}(X,Y)$ 的最值存在。

定义 15.3 给定实数域上随机变量 X, Y 的有限数据集合 $D=\{X,Y\}$，则随机变量

X,Y 之间的 MIC 为 $M_{D|G}(X,Y)$ 的最大值,即 $\mathrm{MIC}_D(X,Y)=\max\limits_{m\times n<B}\left\{M_{D|G}(X,Y)\right\}$,其中 $1<B\leqslant N^{1-\varepsilon}$,$0<\varepsilon<1$。

MIC 是在划分 G 下的互信息估计值的归一化结果,度量两个变量的关联,计算简便且含义明确,同时满足均衡性准则,有效克服了互信息分析中的挑战。现将 MIC 有关性质通过以下定理阐述。

定理 15.1 给定实数域上随机变量 X,Y 的有限数据集合 D,$D=\{X,Y\}$,对于任意的网格划分 G,皆有不等式 $0\leqslant\mathrm{MIC}_D(X,Y)\leqslant 1$ 成立。

证明 根据互信息公式[式(15.11)]和网格划分规则,对于任意的划分 G,总有
$$0\leqslant I_{D|G}(X,Y)\leqslant\min\left(H_{D|G}(X),H_{D|G}(Y)\right)$$
成立,利用 Jensen(詹森)不等式,由 $\log x$ 为凸函数可得
$$H_{D|G}(X)=\sum_{i=1}^{n}\rho_x(i)\log\frac{1}{\rho_x(i)}\leqslant\log\left(E\left(\frac{1}{\rho_x(i)}\right)\right)=\log\left(\sum_{i=1}^{m}\rho_x(i)\frac{1}{\rho_x(i)}\right)=\log m$$
所以 $H_{D|G}(X)\leqslant\log m$。类似地,可得 $H_{D|G}(Y)\leqslant\log n$,所以有
$$0\leqslant I_{D|G}(X,Y)\leqslant\log\min\{x,y\}$$
从而特征矩 M 总是满足 $0\leqslant M_{D|G}(X,Y)\leqslant 1$,因此对于任意的网格划分 G,皆有不等式 $0\leqslant\mathrm{MIC}\leqslant 1$ 成立,证毕。

定理 15.2 MIC 满足对称性原理,即 $\mathrm{MIC}_D(X,Y)=\mathrm{MIC}_D(Y,X)$。

证明 由式(15.11)可知,虽然在相同的划分 G 下,交换随机变量 X,Y,有 $I_{D|G}(X,Y)\neq I_{D|G}(Y,X)$,$M_{D|G}(X,Y)\neq M_{D|G}(Y,X)$,然而在交换随机变量 X,Y 时,若将划分 G 中 $m\times n$ 的划分方式也进行交换,并将交换前后的 $I_{D|G}(X,Y)$ 与 $I_{D|G}(Y,X)$ 建立对应关系,则可知 $M_{D|G}(X,Y)$ 与 $M_{D|G}(Y,X)$ 的值域空间相同。因此有 $\max M_{D|G}(X,Y)=\max M_{D|G}(Y,X)$,从而 $\mathrm{MIC}_D(X,Y)=\mathrm{MIC}_D(Y,X)$ 成立,证毕。

定理 15.3 MIC 具有尺度不变性,即数据集 D 中的随机变量 X,Y 经平移、放大、缩小变换后,$\mathrm{MIC}_D(X,Y)$ 的值不变。

证明 由互信息计算公式[式(15.11)]及网格划分 G 的划分规则,数据集合 D 中随机变量 X,Y 经平移、放大、缩小变换后,只要样本值的相对大小顺序没变,通过调整网格划分,将划分 G 做与随机变量 X,Y 相同的变化,则数据集 D 中的样本点在划分 G 下的分布情况 $D|G$ 不变,则 $I_{D|G}(X,Y)$ 不变,所以 $I_{D|G}^{*}(X,Y)$ 不变,特征矩 $M_{D|G}(X,Y)$ 不变,$\mathrm{MIC}_D(X,Y)$ 的值不变,证毕。

需要说明的是,MIC 不具备旋转尺度不变的特性。

Reshef 等比较了 MIC 指标与一系列相关系数,如皮尔逊(Pearson)相关系数、Spearman(斯皮尔曼)相关系数、CorGC(correlation of Granger causality,格兰杰因果关系)相关系数及最大相关系数等指标,证明了 MIC 在分析线性、非线性关联关系时具

有显著优势，并且 MIC 受噪声干扰影响较小。因此，MIC 是一个有效的联合信息指标。

此外，在 MIC 定义中，参数 B 控制着需要求解的特征矩 $M_{D|G}(X,Y)$ 数量，B 取值过大会导致特征矩 $M_{D|G}(X,Y)$ 的解空间增大，即使对于完全不相关的随机变量，也会计算出非零的 MIC 值；B 取值过小，则只能搜索简单关联关系。Reshef 通过数值算例证实，在一般情况下，$\varepsilon = 0.4$ 和 $B = n^{0.6}$ 这样的参数取值可以获得较好的结果，并给出了经验性证明。

本 章 小 结

本章从数据关联性类型（线性关联和非线性关联）及关联分析方法原理（特征提取和变量选择）两个维度，对多元数据风险关联性分析方法进行了分类。在此基础上，简要介绍了关联规则挖掘方法、分形理论与方法、DTW 算法、基于互信息的关联分析方法等风险相关性的识别与量化分析方法。

参 考 文 献

[1] Mannila H, Toivonen H, Inkeri Verkamo A. Discovery of frequent episodes in event sequences[J]. Data Mining and Knowledge Discovery, 1997, 1(3): 259-289.
[2] Kantelhardt J W, Zschiegner S A, Koscielny-Bunde E, et al. Multifractal detrended fluctuation analysis of nonstationary time series[J]. Physica A: Statistical Mechanics and its Applications, 2002, 316: 87-114.
[3] Marwan N, Romano M C, Thiel M, et al. Recurrence plots for the analysis of complex systems[J]. Physics Reports, 2007, 438(5/6): 237-329.
[4] Speed T. A correlation for the 21st century[J]. Science, 2011, 334(6062): 1502-1503.
[5] Paninski L. Estimation of entropy and mutual information[J]. Neural Computation, 2003, 15(6): 1191-1253.
[6] Kraskov A, Stögbauer H, Grassberger P. Estimating mutual information[J]. Physical Review E, 2004, 69(6): 066138.
[7] Reshef D N, Reshef Y A, Finucane H K, et al. Detecting novel associations in large data sets[J]. Science, 2011, 334: 1518-1524.
[8] 梁志平. 多变量时间序列相关分析及建模预测研究[D]. 大连: 大连理工大学, 2010.
[9] 董泽坤, 李辉, 史忠植. 多元时间序列中跨事务关联规则分析的高效处理算法[J]. 计算机科学, 2004, 31(3): 108-111.
[10] 张鹏乐. 基于最大联合信息系数的多元数据关联性分析方法及应用研究[D]. 长沙: 国防科学技术大学, 2015.
[11] 刘晓欣. 互信息多元时间序列相关分析与变量选择[D]. 大连: 大连理工大学, 2013.

第 16 章　基于非结构化数据的风险识别方法

随着互联网和大数据技术的进步，风险分析与管理领域引入了更多有效的风险识别工具。与第 13 章至第 15 章中的定性与定量数据风险预测、评估及量化分析方法不同，来自互联网及其他文本信息的非结构化数据具有以下特点：大规模、分散、价值密度低且可靠性较差。这些数据需要采用特定的方法进行采集、筛选和识别，以便在工程研制、医疗保健和金融管理等领域识别潜在的风险因素。非结构化数据的风险识别过程包括三个主要步骤。首先是获取非结构化数据，这涉及围绕关注领域中的风险特征或功能主题进行数据采集和预处理，并基于这些数据进行文本挖掘。其次是进行风险因素的抽取与识别，即从非结构化数据中识别出有价值且易于理解的潜在高风险因素。最后是风险分析，即建立风险因素的知识图谱，用于对大量非结构化数据进行深度挖掘和可视化展示。

16.1　非结构化数据的文本挖掘

本节将采用聚焦式爬虫技术，从互联网中获取大量与特定领域相关的用户评论数据。首先，通过聚焦式爬虫对相关网页进行抓取，确保获取的数据高度相关且具有代表性。随后，进行文本预处理，包括去除重复数据，以及使用正则表达式模板来提取与风险相关的主体内容，以便进行深入分析。最后，对提取的评论内容进行中文分词处理，并去除停用词，从而提高数据的分析质量和准确性。

16.1.1　非结构化数据的获取与存储

1. 聚焦式爬虫技术

聚焦式爬虫，又称为主题爬虫，是一种具有明确目标的数据采集工具。它的主要特点是具有很强的针对性，可以在数据获取的初步阶段就过滤掉无关的网页，从而提高数据采集的效率。该概念最早由 Menczer（门采尔）和 Chakrabarti（查克拉巴蒂）等提出。Chakrabarti 对聚焦式爬虫的定义为：它能够搜索、获取、索引并维护代表网络上某一特定主题领域的网页集合。在国内，类似的系统包括天网聚焦式爬虫和南京大学开发的 IDGS（Information Discovering and Gathering System，信息发现与收集系统）等。聚焦式爬虫不仅在主题搜索引擎中得到了应用，也广泛用于数据挖掘领域，以爬取与特定主题相关的文档。与传统爬虫不同，聚焦式爬虫不追求广泛的网页覆盖，而是专注于抓取与某一特定主题相关的网页，通过选择性地访问相关网页及其链接来获取所需信息。

传统的爬虫程序通常从若干种子页面开始，抓取这些页面的内容后，通过链接提取工具分析并提取链接,将这些链接添加到待爬取的队列中。这个过程会不断重复,直到满足一定条件,如达到设定的网页数量或待爬取队列为空,爬取才会停止。传统爬虫的遍历是随机的,常使用图论中的广度优先算法或深度优先算法进行页面爬取。在爬取资源时,传统爬虫通常会对网页的重要性进行评估,以决定是否优先抓取,对重要性的评估,主要依据网页质量、受欢迎程度、链接结构以及访问情况等因素,而与网页主题的关联性较小。

聚焦式爬虫则依赖于特定的网页分析算法来筛选与主题无关的链接,只保留相关链接并将其加入待爬取的 URL(uniform resource location,统一资源定位符)队列。随后,它会根据预设的搜索策略从队列中选择下一步要抓取的网页 URL,并重复这一过程,直至达到设定的停止条件。技术流程如图 16.1 所示。

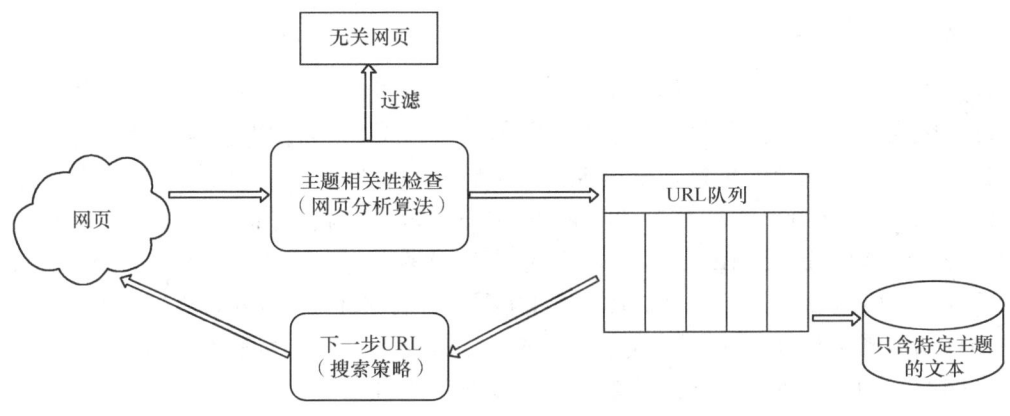

图 16.1 聚焦式爬虫技术流程图

Python 编程语言支持对静态网页和动态网页的抓取。对于静态网页,Python 提供的 urllib 包可以直接用于获取页面内容。然而,许多现代网页是动态生成的,其内容可能会通过 JavaScript 在页面加载后进行更新。为了解决这一问题,抓取动态网页内容时需要模拟实际浏览器的行为。此时,可以使用 Python 中的 Selenium 模块,这是一种可以自动化浏览器操作的工具,用于处理动态网页的内容抓取。

2. 数据存储方法

通过聚焦式爬虫技术获取的数据通常是非结构化或半结构化的,这使得计算机无法直接对其进行分析和处理。为了能够有效地提取有用信息,并将其整合为直观和实用的结果,需要将数据转换为符合规范的数据库格式,以便于计算机的存储和读取。数据存储过程包括将数据格式按特定方式转化为计算机能够处理的形式,主要分为以下三个步骤。

步骤一:建立实体。在这一步骤中,需要识别和定义数据中的关键实体,这些实体是数据库中的基本单位,代表了数据的核心对象。实体的确定通常基于数据的属性和它们之间的关系,需要确保每个实体都有独特的标识符,以便于后续的数据处理和查询。实体的建立为数据库的结构化打下基础,是后续步骤的重要前提。

步骤二：定义维度。对于已确定的实体，使用不同的描述方法记录其在不同分类下的每个属性值。这涉及对对象从各个维度进行预处理，包括统计、分类和排序等，以提高数据库的操作性能并建立清晰的数据模型。然而，这一过程可能需要大量的预处理工作，并且在需求发生变化时，可能需要重新定义维度。

步骤三：形成范式数据库。在构建数据库时，必须遵循一定的规范，称为范式。范式定义了一组规则，使得数据按照特定的数据结构和模型进行分解和转换，遵循约束条件，确保数据项的含义明确且无歧义。同时，各数据项应独立存在，避免不必要的依赖关系。

16.1.2 非结构化数据的预处理

1. 数据去重

在文本挖掘的过程中，数据去重可以被视为数据准备阶段的任务（如数据整合、数据清理、数据变换），也可以作为数据分析阶段的一部分（如发现重复记录）。其主要目的是去除数据库中冗余的数据，以减轻数据分析和存储的负担。目前，文本预处理阶段常用的 ETL（extract-transform-load，抽取—转换—加载）工具包括 Informatica、Datastage、OWB（Oracle Warehouse Builder，Oracle 仓库生成器）、微软 DTS（Data Transformation Services，数据转换服务）等。值得注意的开源项目有 Kettle 和 CloverETL。

通过聚焦式爬虫技术从互联网上抓取的非结构化数据中，可能会出现由于网络不稳定等原因产生的重复内容。这些重复数据需要被识别并去除。传统的数据去重方法通常采用空间向量模型，其中词语被用作向量的维度，通过计算待比较文本之间的空间向量夹角来判断文本的重复性。然而，这种方法计算复杂度较高。另一种有效的去重方法是通过计算文本特征句之间的公共子序列来实现。以下是一些相关定义的介绍。

定义 16.1（子序列） 给定序列 $X=(X_1,X_2,\cdots,X_m)$，$Y=(Y_1,Y_2,\cdots,Y_n)$ 是 X 的子序列是指存在一个严格的递增序列 $\{i_1,i_2,\cdots,i_n\}$，使得对于所有的 $j=1,2,\cdots,n$ 有 $X_{i_j}=Y_j$，其中 $m>n$。

定义 16.2（公共子序列） P 是序列 X 与 Y 的公共子序列，如果 P 是 X 的子序列，则也是 Y 的子序列。

定义 16.3（最长公共子序列） $P(P_1,P_2,\cdots,P_n)$ 是序列 X 与 Y 的所有公共子序列集合，则序列 X 与 Y 的最长公共子序列就是 $\text{MaxLength}(P)$ 所代表的子序列 P_i。

根据上述定义，可以将两篇文本之间是否重复的问题转换成两篇文本之间最长公共子序列的问题。例如，特征词 P 在某篇文章中出现 N 次，与段首的距离分别是 $D_1,D_2,\cdots,D_n$，本篇文章共抽取 K 个特征词，这 K 个特征词中最高词频为 M，那么特征词 P 的权重 W_j 由式（16.1）给出。式（16.1）同时考虑了词频和位置信息，因此可以保证对重复文本抽取的特征句相同。

$$W_j = \frac{N}{M} + \left(1 - \frac{D_j}{\sum_{i=1}^{N} D_i}\right) \tag{16.1}$$

首先，需将文本转换为向量形式，以便统计词频和词的位置。这一步的目标是将文本内容数字化，为后续计算和分析做好准备。其次，通过特定公式［如式（16.1）］，找出文本中权重最大的词语。再次，根据这些识别出的特征词，在文本中找到它们首次出现的句子，将这些句子作为特征句，用以代表文本的主要内容。最后，使用最长公共子序列算法，将文本的特征句与数据库中的特征句进行比对。当匹配度达到预设阈值（例如 0.9）时，判定该文本与数据库中的文本重复，并将其从处理队列中移除。如果在数据库中未发现重复文本，则将其标记为可用文本，进行进一步处理后，将其加入数据库。

完成上述步骤后，继续处理下一个文本。

在去重过程中，可以借鉴数学中集合无重复元素的概念。Python 支持集合数据结构，可以有效实现用户评论数据的去重。首先将评论内容存放在列表中，然后使用 set(·) 函数将列表转换为集合，从而去除重复内容。此外，还有一个高效方法是利用 Python 中的 Pandas 库。通过 Pandas 的 unique(·) 函数，可返回仅包含唯一值的 np.ndarray 数据结构，用于存放评论数据，从而实现去重。此外，还需处理数据不对齐现象，如评论前可能出现多个标点符号，这些多余标点符号也应被清理，以确保数据的一致性和准确性。

2. 正则表达式

在文本数据预处理中，经常需要查找符合某些复杂规则的字符串。正则表达式是一种用于描述这些规则的工具。它是一种文本模板，也就是记录文本规则的代码，可以在多种编程语言中使用。正则表达式通过一个字符串来描述和匹配一系列符合某个句法规则的字符串。在许多文本编辑器中，正则表达式通常用于检索和替换符合某个模式的文本。通过使用正则表达式，模式匹配和数据提取变得更加简单。

简而言之，正则表达式主要有以下两个作用：

（1）匹配：判断给定的字符串是否符合正则表达式的规则。

（2）提取：从字符串中获取符合正则表达式的特定部分。

正则表达式能够高效地从一大段文本中查找符合指定模板的内容，并替换或删除这些匹配的文本。在用户评论的预处理中，正则表达式可以根据评论内容的相关特征，去除与目标主题无关的文本，提取出有用的信息进行分析研究。通过正则表达式，可以快速且方便地处理和分析文本数据，实现有效的数据预处理和信息提取。

3. 中文分词

中文分词技术属于自然语言处理的范畴，指的是将汉字序列切分成一个个独立的词。分词的过程就是将连续的字序列按照一定的规则重新组合成词序列。对于人类来说，通过理解可以轻松区分字、词和短语，而计算机要实现这一点则需要分词算法来处理。常用的中文分词方法有基于字符串匹配的分词方法、基于理解的分词方法以及基于统计的分词方法。表 16.1 对这三种中文分词方法进行了详细介绍。

表 16.1 三种中文分词方法介绍

分词方法	含义	常见算法
基于字符串匹配的分词方法	又称机械分词方法，按照一定的策略将字符串与一个"充分大的"机器词典中的词条进行匹配。若在词典中找到某个字符串，则匹配成功，即识别出一个词	正向最大匹配法（从左到右）；逆向最大匹配法（从右到左）；最少切分法（使每一句中切出的词数最小）；双向最大匹配法（进行从左到右、从右到左两次扫描）
基于理解的分词方法	通过让计算机模拟人对句子的理解来识别词。基本思想是在分词的同时进行句法和语义分析，利用句法和语义信息来处理歧义现象。通常包括分词子系统、句法语义子系统和总控三个部分	该类系统目前还处于试验阶段
基于统计的分词方法	给出大量已分词的文本，利用统计机器学习模型学习词语切分的规律（称为训练），从而实现对未知文本的切分。随着统计机器学习的发展，基于统计的中文分词方法逐渐成为主流	n 元语法（n-gram）模型；隐马尔可夫模型（hidden Markov model，HMM）；最大熵（maximum entropy，ME）模型；条件随机场（conditional random field，CRF）模型等

在中文分词工具方面，中国科学院的 ICTCLAS（Institute of Computing Technology, Chinese Lexical Analysis System，计算技术研究所汉语词法分析系统）、哈尔滨工业大学的 LTP（Language Technology Platform，语言技术平台）和东北大学的 Niu Parser（小牛解析器）是学术界公认的优秀分词器。此外，Python 也提供了一些开源的分词库，如盘古分词、yaha（哑哈）分词和 jieba（结巴）分词。Python 作为一种易于上手的脚本语言，非常适合自然语言处理领域的开发，并且在该领域有很好的支持。jieba 分词是 Python 中的中文分词组件，具有高效、准确、易用的特点，成为当前常用的中文分词解决方案。尽管分词效果不如 ICTCLAS 和 LTP，但由于使用 Python 编写，代码简洁且具备良好的扩展性，因此在评论数据预处理中，jieba 分词更加简单高效。jieba 分词的主要处理步骤如下：

（1）加载词典文件 dict.txt。

（2）根据内存中的词典构建句子的有向无环图。

（3）对于词典中未收录的词，使用 HMM 的 Viterbi（维特比）算法进行分词处理。

（4）对已收录词和未收录词全部完成分词后，使用动态规划方法找到有向无环图的最大概率路径。

（5）输出分词结果。

dict.txt 是一个词库，包含了大约 20 000 个词语的词频和词性信息。根据 dict.txt 生成的 Trie 树（又称字典树）可以生成有向无环图。举例来说，{0:[1,2,3]} 表示从位置 0 开始，到位置 1、2、3 的字符组合在 dict.txt 中都是词语。对于有向无环图中未能在词典中找到的字符组合，将其作为新的片段短语，使用 HMM 进行新词识别。然后，通过动态规划查找最大概率路径的方法，从右向左反向计算最大概率，最终得到最佳切分结果。

在中文句子中，每个字符作为可观测序列，对应的隐藏状态集合为(B,M,E,S)。B 表示字符是词语的起始字符，M 表示字符是词语的中间字符，E 表示字符是词语的结束字符，S 表示字符单独成词。在 HMM 中，输入为句子（观察值序列），输出为句子中每个字符的状态值。

4. 去除停用词

文本中通常包含一些频繁出现却没有实际意义，且对文本内容表示没有贡献的词语，这些词被称为停用词。例如，"啊""哎""呢""哈"等语气词。此外，还有一些具有实际意义但对风险判断无意义的词语，这些词也可能频繁出现在文本中。如果不对这些词加以限制，它们可能会出现在提取的主题中，干扰真正的潜在风险识别。因此，设置一张停用词表对评论数据进行处理是必要的。

通常情况下，停用词处理依赖于停用词表。然而，考虑到不同领域的风险识别具有其领域的特殊性，存在一些特定的停用词，因此需要在通用停用词表的基础上，添加这些特定词语以形成完整的停用词表。通过这种方式，可以更准确地过滤掉无意义的词语，确保提取出的主题更加符合实际需求，并提高潜在风险识别的准确性。

16.2 基于观点抽取的风险因素识别

基于非结构化数据的风险识别是在对原始开源需求数据进行获取与处理的基础上，通过观点抽取方法实现细粒度特征提取，并结合情感分析和风险推荐来识别潜在的风险因素。观点抽取是风险因素发现与跟踪的核心过程，同时也是最具挑战性的研究内容。本节将从以下三个方面对基于观点抽取的风险因素识别进行详细介绍，包括双向长短期记忆（long short-term memory，LSTM）网络、基于双向 LSTM 网络的用户观点抽取、用户情感分析及风险推荐。

16.2.1 双向 LSTM 网络

RNN 是一类专门用于处理序列数据的神经网络模型。在传统的神经网络模型中，输入层和输出层之间的计算是彼此独立的，而 RNN 的输出不仅依赖于当前的输入，还与上一时刻的输出相关联。因此，RNN 具备记忆功能，能够保留并利用先前的计算信息。这使得 RNN 在处理时间序列数据、自然语言处理等任务中具有显著优势。一种典型的 RNN——Elman RNN[①]的结构如图 16.2 所示。

在图 16.2 中，x_t 表示在 t 时刻的输入，而 h_t 表示在 t 时刻的隐藏层状态，这是网络的记忆单元，通过循环机制传递到下一时刻。$t-1$ 时刻的隐藏层与 t 时刻的隐藏层之间存在着连接，这赋予隐藏层记录历史输入的能力。每一层由一系列神经元组成，层与层之间通过突触进行全连接。假设输入的 x_t 是维度为 N（即词表规模为 N）的向量；输出的 y_t 是维度为 M（即标注个数为 M）的向量，表示当前输入的标注结果；隐藏层状态 h_t 记录了句子的历史（规定 $h_0=0$），其维度 L 由人工设定。输入层到隐藏层的突触权重为 U（$L \times N$ 的矩阵），前一时刻隐藏层到此时刻隐藏层的突触权重为 W（$L \times L$ 的矩阵），隐藏层到输出层之间的突触权重为 V（$M \times L$ 的矩阵），则 RNN 的更新方程为

---

① Elman 指的是该神经网络的开发者杰弗里·埃尔曼（Jeffrey Elman）。

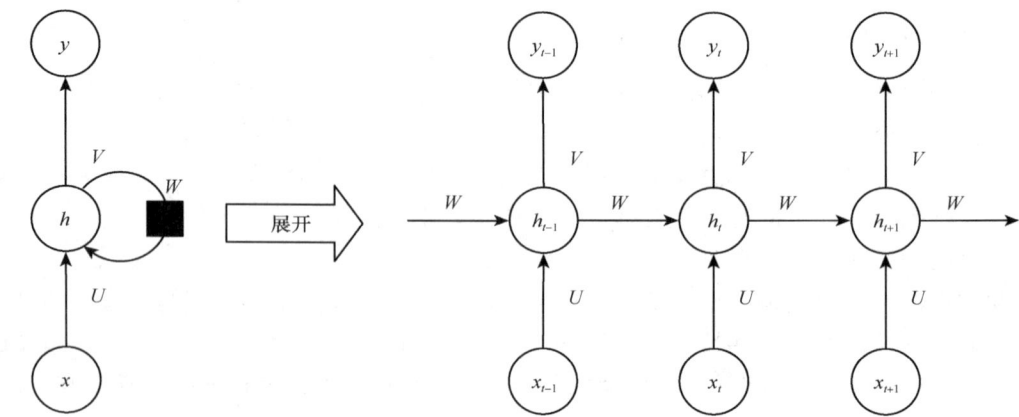

图 16.2　Elman RNN 的结构示意图

$$a_t = b + Wh_{t-1} + Ux_t$$
$$h_t = \tanh(a_t) \qquad (16.2)$$
$$y_t = \text{softmax}(c + Vh_t)$$

其中，a_t 为隐藏层的激活值；b 为隐藏层的偏置项；c 为输出层的偏置项；W 为隐藏层到隐藏层的权重矩阵；U 为输入层到隐藏层的权重矩阵；V 为隐藏层到输出层的权重矩阵。

简单的 RNN 存在一个明显的问题：在反向传播更新参数时，越早的时刻更新幅度越小，这在实际应用中表现为"忘记"了前面遇到的信息，导致模型性能表现不佳。LSTM 网络可以较好地解决这一问题。本质上，LSTM 网络仍然是一个 RNN，但其隐藏层不再是一个简单的激活函数，而是由多个门共同构成，以实现时间序列上的长期记忆功能。LSTM 的门控机制使得记忆单元在工作中能够保持一段时间的信息记忆，并在训练时保证内部梯度不受不利因素的干扰。一个典型的 LSTM 隐藏层结构如图 16.3 所示，它由四个元件组成：①具有自连接的存储单元 C_t（即神经元）；②用于控制输入信号流入存储单元的输入门 i_t；③用于控制激活存储单元对其他存储单元影响的输出门 o_t；④允许存储单元通过自连接自适应重置其当前状态的遗忘门 f_t。

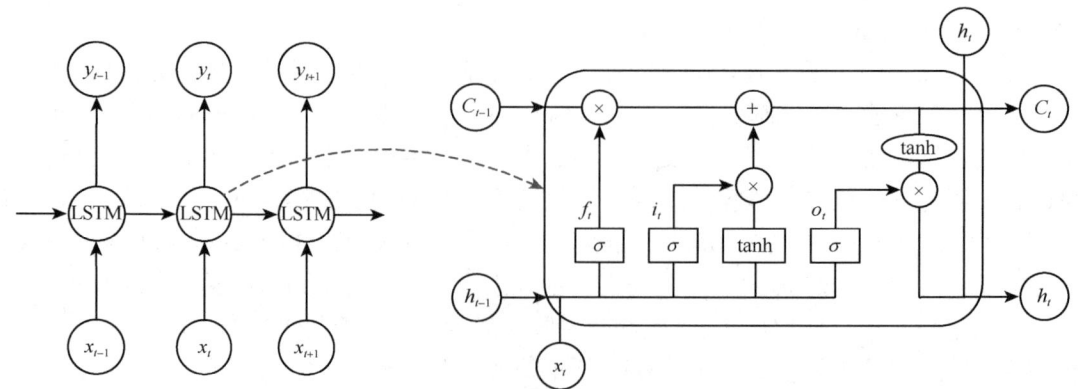

图 16.3　典型的 LSTM 隐藏层结构图

LSTM 网络隐藏层包含输入门 i_t、输出门 o_t 和遗忘门 f_t 三个控制门，其输出分别连接到一个乘法单元上,用来控制网络的输入、输出以及记忆单元的读写状态。式（16.3）描述了如何在每个时间步 t 更新存储单元。

$$f_t = \sigma(b_f + W_f h_{t-1} + U_f x_t)$$
$$i_t = \sigma(b_i + W_i h_{t-1} + U_i x_t)$$
(16.3)

其中，σ 为 sigmoid 激活函数，其输出范围为(0,1)，用于控制门控单元的开闭程度，决定信息的遗忘和更新比例。

遗忘门 f_t 和输入门 i_t 分别决定了隐藏层中哪些信息将要被忘记和哪些新信息将要被储存。LSTM 存储单元内部状态以如式（16.4）所示的方式进行更新。

$$\tilde{C}_t = \tanh(b_c + W_c h_{t-1} + U_c x_t)$$
$$C_t = i_t \times \tilde{C}_t + f_t \times C_{t-1}$$
(16.4)

随后，根据输出门 o_t 和存储单元 C_t 更新隐藏层 h_t，并将存储单元 C_t 和隐藏层 h_t 传递给下一时间，即

$$o_t = \sigma(b_q + W_q h_{t-1} + U_q x_t)$$
$$h_t = o_t \times \tanh(C_t)$$
(16.5)

其中，下标 q 为与输出门 o_t 相关的参数（如偏置项 b_q 和权重矩阵 W_q, U_q），用于区分不同控制门（输入门、遗忘门、输出门）对应的参数集合。

需要指出的是，以上讨论的 LSTM 只能处理上文信息，而在实际应用中，来自下文的信息同样可能至关重要。由于传统 LSTM 只能记录历史信息，这意味着在标注词语时，它只能基于上文的输入进行处理，而无法区别下文对其语义的影响。为了同时捕获上文和下文的远程依赖关系，使用双向 LSTM 网络是一种有效的解决方案。双向 LSTM 网络通过在隐藏层同时使用正向 LSTM 和反向 LSTM，能够综合考虑上下文信息。具体而言，正向 LSTM 负责捕捉上文的特征信息，而反向 LSTM 则用于捕捉下文的特征信息。通过将这两部分的特征信息进行融合，双向 LSTM 能够提供全局的上下文信息，从而更全面地理解和处理输入数据。双向 LSTM 的结构包括以下三个方面：

（1）正向 LSTM：从序列的开始向结束方向处理数据，捕获前文信息。

（2）反向 LSTM：从序列的结束向开始方向处理数据，捕获后文信息。

（3）信息融合：将正向和反向 LSTM 提取的特征信息进行融合，生成包含完整上下文的表示。具体如图 16.4 所示。

图 16.4 中 h_t 代表通过时间向后移动的隐藏层的状态，g_t 代表通过时间向前移动的隐藏层的状态，这使得输出 y_t 能够计算同时依赖于过去、现在和未来的输入值。双向 LSTM 的更新公式为

$$h_t = \tanh(\vec{b} + \vec{W} h_{t-1} + \vec{U} x_t)$$
$$g_t = \tanh(\overleftarrow{b} + \overleftarrow{W} h_{t+1} + \overleftarrow{U} x_t)$$
$$y_t = \text{softmax}(c + \vec{V} h_t + \overleftarrow{V} g_t)$$
(16.6)

其中，$\vec{W}$、$\vec{U}$ 和 $\vec{b}$ 为上文所述的各层之间突触的正向权重；$\overleftarrow{W}$、$\overleftarrow{U}$ 和 $\overleftarrow{b}$ 为各层之间突触的反向权重；V 为权重矩阵，$\vec{V}$ 和 $\overleftarrow{V}$ 分别为前向和后向隐藏层到输出层的权重矩阵，用于

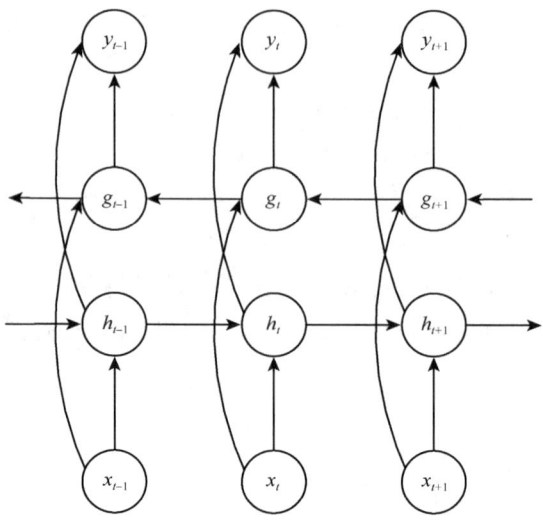

图 16.4 双向 LSTM 结构图

整合双向 LSTM 的隐藏状态，以生成最终输出。双向 LSTM 模型中的前向和后向计算是独立进行的，直至它们在输出层合并。

16.2.2 基于双向 LSTM 网络的用户观点抽取

基于双向 LSTM 网络对句子进行评价对象与评价词抽取，就是通过序列标注对句子进行分析，以识别评价对象和评价词。具体步骤如下：首先，对待分析的评价句进行分词处理。在确定某一词语是否属于评价对象或评价词时，需要考虑其前后一定范围内的词语，这个范围通常被称为窗口。在这个窗口内，所有词语的词向量将作为双向 LSTM 的输入。具体而言，将句子中的所有词语的词向量作为输入传递给 LSTM 模型。LSTM 处理后，最后一个词语的输出将与一个使用 softmax 激活函数的神经元相连接，以完成分类任务。举例来说，如图 16.5 所示，当判断评论句中的"外观"一词是不是评价对象

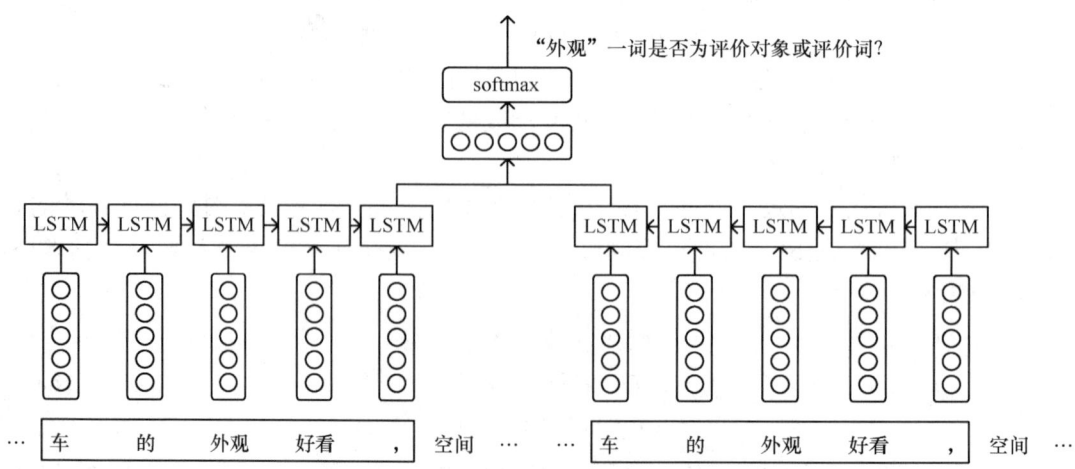

图 16.5 基于双向 LSTM 的序列标注

LSTM 下方的小圆圈代表输入词向量，即将单词"车""的""外观"等转换为数值表示的嵌入向量。LSTM 之后（softmax 之前）的小圆圈代表隐藏层状态，即 LSTM 处理后的特征表示

或评价词时，需要选择其前后一定范围内的词语，并将这些词语组成的词向量输入 LSTM 模型。在得到每个词语的最佳标注结果之后，将这些标注结果按时间序列拼接，从而形成整个句子的标注序列。最终，根据这些标注结果提取出评价对象或评价词。

在观点抽取任务中，神经网络模型通常使用双向 LSTM 层来增强文本理解能力。整个模型的工作流程如下。

（1）词嵌入层：首先，将文本输入词嵌入层，以进行词向量的训练。词嵌入层的主要作用是将文本中的每个词转换为高维的词向量表示，这些词向量捕捉了词语的语义信息，并为后续的神经网络处理提供基础。

（2）双向 LSTM 层：其次，将从词嵌入层得到的词向量输入双向 LSTM 层。双向 LSTM 层通过两个 LSTM 单元（一个处理前向序列，一个处理反向序列）来处理文本序列，从而捕捉上下文中的长期依赖关系。双向 LSTM 层的输出包含了每个词语在其上下文中的丰富信息。

（3）输出层：最后，将双向 LSTM 层的输出传递到输出层，进行序列标注。输出层通过对 LSTM 层输出的序列进行分类，以获得每个词的标签或标注结果，完成观点抽取任务。

下面对网络各层和网络的训练分别进行说明。

1. 词嵌入层

在神经网络中，第一层通常为词嵌入层。此层的主要功能是将输入的文本转换为固定维度的密集实数向量。将自然语言文本转化为词嵌入是深度学习在自然语言处理中的第一步，这一过程涉及对词语进行编号并将其映射为密集的高维向量。这些词向量的每一个维度可以描述词语的语法或语义特性，对于理解词语的意义及其相互关系至关重要。词向量的表示方式主要包括以下两种。

（1）独热编码：评论文本由一系列词语构成，这些词语形成一个词语表。该词语表可以用一个长向量来表示，其中向量的维度等于词语表中的词语总数。在这种表示方法中，每个词语被表示为一个向量，其中词语在词语表中的位置被设为 1，其余位置则为 0。虽然这种方法计算简单，易于实现，但存在两个主要问题：首先，词向量的维度与词语表的大小成正比，导致在处理大规模语料库时易产生稀疏矩阵和维度灾难；其次，词语编码是随机的，无法反映词语间的关系（如近义词的关系）。

（2）分布式表示（distributed representation）：分布式词向量能够有效克服上述问题。分布式词向量最早由 Hinton（辛顿）提出，基本思想是通过训练将每个词映射到一个固定长度的向量中，从而构建一个词向量空间，每个向量代表该空间中的一个点。由于向量的长度是可选的，与词语表的规模无关，因此不会遇到维度灾难。此外，这种方法能够准确地表示词语之间的语义关系，相较于独热编码更具优势。

分布式词向量的训练方法有多种，如 SENENA Embeddings（semantic extraction using a neural network architecture embeddings，使用神经网络架构的语义提取嵌入）、谷歌嵌入（Google embeddings）、亚马逊嵌入（Amazon embeddings）等。本节主要采用谷歌嵌入的方法。谷歌的 Tomas Mikolov（托马斯·米科洛夫）及其团队提出了两种对数线性模型，用于计算大规模语料库中的词嵌入：一是词袋（bag-of-words）模型，通过上下文词语预测当前词语；二是 skip-gram 模型，通过给定的当前词语预测其上下文词语。谷歌发布了基于 skip-gram 模型训练的 300 维词嵌入模型，使用了约 1000 亿个词语的新闻数据集，涵盖了 300 万个词语。

skip-gram 模型是一个三层神经网络，其基本思想是：首先，根据给定的词语预测该词语的上下文词语的概率，如图 16.6 所示。其次，通过计算词间的余弦相似度来评估它们的语义相似性。具体的计算方法参见式（16.7）。余弦相似度的值越高，表示两个词语在语义上的相似度越大。

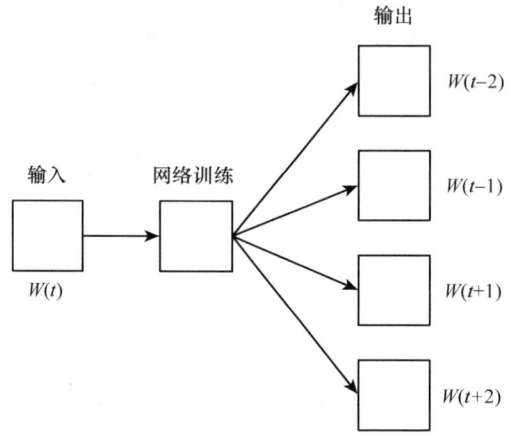

图 16.6　skip-gram 模型示意图

$$\cos(W_i, W_j) = \frac{\sum_{k=1}^{N}\left(W_i^k \times W_j^k\right)}{\sqrt{\sum_{k=1}^{N}\left(W_i^k\right)^2} \times \sqrt{\sum_{k=1}^{N}\left(W_j^k\right)^2}} \tag{16.7}$$

其中，W_i^k 为词语 W_i 的词向量的第 k 维；N 为向量的维度。

自从 Mikolov 提出 word2vec 模型以来，它已成为深度学习在自然语言处理中的核心组件。word2vec 的核心思想是通过构建一个多层神经网络，利用训练数据中的输入和输出对神经网络参数进行不断的调整和优化。在训练过程中，语义相近的词语会在向量空间中逐渐聚集，而近义词的向量距离则会相应缩短。最终，通过这一过程，能够得到具有实际语义意义的词向量。以图 16.7 为例，假设某词的稀疏向量表示为[0,1,0,0,0]，它可以通过神经网络学习得到的权重矩阵转化为低维稠密向量，即完成了该词的词嵌入。

$$[0\ 1\ 0\ 0\ 0]\begin{bmatrix}24 & 2\\ 3 & 12\\ 18 & 0\\ 11 & 4\\ 5 & 23\end{bmatrix}=[3\ \ 12]$$

图 16.7　词向量训练示例图

词嵌入层的主要目标是将离散的词语表中的每个单词映射到一个较低维度的连续向

量空间中。通过这种方式，该层能够从输入文本中自动提取出语义特征，而无须人工定义特征。这些由词嵌入层生成的向量随后将作为输入，传递给神经网络的其他层进行进一步处理。

2. 双向 LSTM 层

网络的第二层是 LSTM 层，该层由多个 LSTM 单元构成。每个 LSTM 单元包含四个主要组件：存储单元、输入门、遗忘门和输出门（详见 16.2.1 节）。多个 LSTM 单元组合在一起形成的 LSTM 层可以被视为在时间步长上进行深度学习的网络，其中每个时间步长代表一个网络层级。

为了防止神经网络出现过拟合问题，通常会使用一种名为 dropout（随机失活）的正则化技术。dropout 通过在训练过程中随机地丢弃部分神经单元来实现这一目标。具体而言，dropout 会将 LSTM 单元的输出传递给下一个网络层，并将一些单元的输出值设置为零，从而使这些单元在当前训练迭代中被丢弃。

3. 输出层

网络的最后一层是输出层，其主要功能是确定预测标注与实际标注之间的误差，并对其进行惩罚。在序列标注任务中，由于这是一个多分类问题，输出层采用了 softmax 激活函数。

softmax 函数主要用于神经网络的输出层，将网络输出转化为多类别的概率分布。它将一个 K 维的实数向量转换成另一个 K 维的实数向量，其中每个元素的值范围在 0 到 1 之间，并且这些元素的和为 1。softmax 函数通过这种方式将模型的输出映射到一个表示不同类别的概率分布上，定义如下：

$$S_i = \frac{\exp(z_i)}{\sum_{k=1}^{K}\exp(z_k)} \quad (16.8)$$

其中，z_i 为正确类别对应的概率分布；K 为类别的数目。

双向 LSTM 层的输出经过 softmax 函数处理后，可以生成词语在所有目标分类上的概率分布。具体来说，softmax 函数将双向 LSTM 层的输出转化为每个类别的概率值，这些概率值表示该词语属于每一个类别的可能性。根据这些概率值，可以判定当前输入文本所属的类别。如果模型的预测概率表明词语属于某一目标类别，则该类别将作为词语的标注输出。

4. 网络训练

神经网络训练的目标是通过最小化预测分布与实际分布之间的交叉熵（cross-entropy）来优化模型性能。交叉熵函数用于量化实际输出概率分布与期望输出概率分布之间的差距。研究表明，交叉熵函数在训练过程中能加速反向传播算法的计算，减少训练中的停滞期，从而提升网络的整体表现。交叉熵值总是大于零，它衡量了两个概率分布之间的距离，交叉熵值越低，说明两个分布越接近。在观点抽取的序列标注任务中，由于问题的多级分类性质和输出单元使用 softmax 函数，损失函数通常选择多分类交叉熵。假设需要优化的神经网络参数集为 θ，则多分类交叉熵损失函数的定义如下：

$$C(\theta) = -\frac{1}{t}\sum_{i=1}^{t} p(x_i)\log q(x_i) \qquad (16.9)$$

其中，x_i 为输入的文本；t 为训练样本的数量；$p(x_i)$ 为输入 x_i 正确的分类；$q(x_i)$ 为输入 x_i 实际的输出，即 softmax 函数的输出。

在神经网络训练过程中，参数优化是通过反向传播算法实现的。为了更新参数集 θ，需要使用合适的优化算法。自适应学习率的优化算法在各种学习任务中表现出较高的鲁棒性，因此被广泛采用。在这些算法中，AdaDelta 是一种具有代表性的自适应学习率算法，它在处理超参数时表现出良好的稳定性，无须手动调整学习速率，因此在实际应用中效果显著。AdaDelta 算法的主要优点是自动调整学习率，使得每个参数在更新时的步长根据其历史梯度动态调整，从而提高了优化过程的效率和稳定性。在 AdaDelta 中，对于第 t 次迭代，参数集 θ 的更新变化由式（16.10）给出：

$$\Delta\theta_t = -\frac{\sqrt{\sum_{r=1}^{t-1}\Delta\theta_r}}{\sqrt{E|g_t^2|+\varepsilon}} \qquad (16.10)$$

其中，g_t 为第 t 次迭代时参数的梯度，即 $\partial f(x_t)/\partial x_t$；$E|g_t^2|$ 为第 t 次迭代时 g^2 的平均值；ε 为常数。

16.2.3 用户情感分析及风险推荐

在提取用户观点之后，接下来的步骤是对评价对象进行人工合并。通过对合并后的特征进行统计，可以确定数量最多的前 n 个评价对象，这些对象代表了用户最关心的风险属性。随后，需要对这些主要风险属性进行用户情感分析，以评估用户的满意度。对于那些用户表现出不满的特征属性，需要进一步进行风险推荐。这一过程包括根据与这些不满意特征相似的其他风险因素，提供相关的风险推荐，帮助用户更好地理解和应对这些潜在的风险问题。本节将从用户情感分析和风险推荐两个方面进行详细研究。

1. 用户情感分析

在从非结构化数据中提取出用户观点后，接下来需要进行情感倾向分析，以了解用户对特定风险的态度。每条评论的情感倾向可以分为正向或负向，情感分值则用来量化评论的情感极性。具体来说，正向情感句的分值为正，而负向情感句的分值为负。为进行情感倾向分析，可以采用基于支持向量机（support vector machine，SVM）的方法。

SVM 是一种由 Vapnik（万普尼克）提出的有监督学习算法，广泛应用于二分类问题。其基本思想是在特征空间中寻找一个最优超平面，以将不同类别的训练样本进行有效分割，确保分类误差最小。对于线性可分的情况，SVM 会识别一个或多个能够完全分隔两类样本的超平面，并选择其中距离两类样本点最远的超平面作为最优平面。然而，对于线性不可分的情况，SVM通过使用核函数将样本从低维空间映射到高维特征空间，从而使其在新空间中线性可分。

在具体实施过程中，SVM将评论句中的词向量作为特征输入，通过训练得到的分类器对测试评论数据进行情感极性的判断。这种方法能够有效地评估每条评论的情感倾向，从而为进一步的用户情感分析提供支持。

如图16.8所示，SVM试图寻找一个由向量$\vec{w}$表示的超平面，将正面和负面的训练评论向量分开，然后可以将该超平面的寻找问题转换为约束优化问题。设输入的评论句集合$\{x_1,x_2,\cdots,x_i\}$由两类点组成，如果x_i在正向情感极性的类中，则$y_i=1$；如果x_i在负向情感极性的类中，则$y_i=-1$。用训练集样本$\{x_i,y_i\}$（$i=1,2,\cdots,n$）求最优分类面$\vec{w}\cdot\vec{x}+b=0$，满足$y_i(\vec{w}\cdot\vec{x}+b)\geq 1$，并使得$\|\vec{w}\|^2/2$最小。

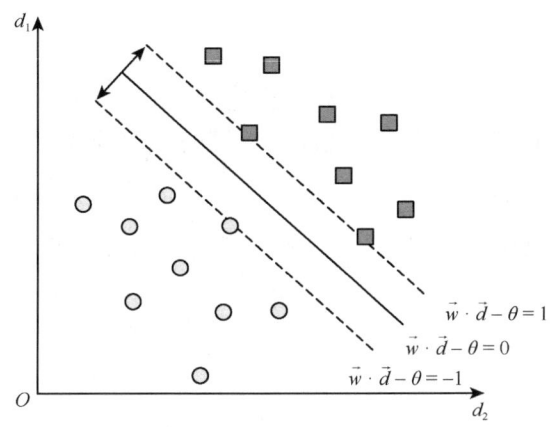

图 16.8　SVM 分类示意图

图中的小方形表示正例，圆圈表示负例

在处理文本特征时，我们主要依赖于词向量。首先，对词向量进行训练，以捕捉词语的语义信息。接着，通过对评论句中的词向量取平均值，生成该句子的向量表示。利用训练好的模型对这些向量进行情感极性判断，从而确定用户对风险因素的情感倾向。

经过情感分析后，我们可以获得包含＜评价对象，观点词，情感＞的三元组。对这些三元组的情感极性进行分析，可以对风险因素的各项属性进行评分。具体而言，正向评论的数量越多，表明用户的满意度越高，该属性的评分也就越高；反之，正向评论的数量较少则表示满意度较低，该属性的评分相应较低。单个属性的评分如式（16.11）所示，取值为(0,1)的小数。其中，NP_i表示第i个属性的正向评论数，NN_i表示负向评论数。

$$\text{score}(a_i)=\frac{NP_i}{NP_i+NN_i} \tag{16.11}$$

在获取用户对风险因素的情感评分后，可以识别出用户满意度较低的风险因素。这些评分帮助风险分析与管理者迅速定位到用户对特定风险因素的不满之处，从而在较短时间内获取更多有价值的用户情感信息。这种信息的及时获取能够支持管理者进行更加精准的风险评估，并实施有效的改进策略。

2. 风险推荐

1）数值型数据

对于数值型数据，数据的相似度可以基于几何性质对其进行度量。假设有两种装备 $X_i = \{x_{i1}, x_{i2}, \cdots, x_{iq}\}$ 和 $X_j = \{x_{j1}, x_{j2}, \cdots, x_{jq}\}$，其中 x_{ik} 和 x_{jk} 分别为装备 x_i 和 x_j 的第 k 种属性值，这些属性值均为数值型连续数据，则它们的距离可以定义为

$$d(X_i, X_j) = \frac{\sum_{k=1}^{q}\left(\frac{x_{ik} - x_{jk}}{x_{k\text{-max}} - x_{k\text{-min}}}\right)^2}{q} \tag{16.12}$$

其中，q 为数据集 X 的维数；$x_{k\text{-max}}$ 为数据集 X 在 k 维上的最大值；$x_{k\text{-min}}$ 为数据集 X 在 k 维上的最小值。

2）分类型数据

分类型数据的相似度难以用数值型数据的几何距离作为度量标准。分类属性相同的个数越少时，数据间的相似性越小；分类属性相同的个数越多时，数据间的相似性越大。假设两种装备的分类型属性分别为 $X_i = \{x_{i1}, x_{i2}, \cdots, x_{iq}\}$ 和 $X_j = \{x_{j1}, x_{j2}, \cdots, x_{jq}\}$，其中 x_{ik} 和 x_{jk} 分别为装备 x_i 和 x_j 的第 k 种属性值，则它们的距离可以定义为

$$d(X_i, X_j) = \frac{\sum_{k=1}^{q} \delta(x_{ik}, x_{jk})}{q}$$

$$\delta(x_{1k}, x_{2k}) = \begin{cases} 0, & x_{1i} = x_{2i} \\ 1, & x_{1i} \neq x_{2i} \end{cases} \tag{16.13}$$

其中，q 为数据集 X 的维数；δ 为指示函数，用于衡量两个分类属性是否相同。

需要说明的是，数值型和分类型数据的距离计算公式满足如下性质。

一是值域：$d(x, y)$ 属于 $[0,1]$。

二是最大值：$d(x, y) = 0$ 当且仅当 $x_i = y_i$，$1 \leq i \leq n$。

三是对称性：$d(x, y) = d(y, x)$。

3）混合型数据

混合型数据之间的距离是数值型和分类型数据距离的结合。假设两种装备的分类型属性分别为 $X_i = \{X_{i1}, X_{i2}\}$ 和 $X_j = \{X_{j1}, X_{j2}\}$，其中，X_{i1} 和 X_{j1} 分别为装备 X_i 和 X_j 的数值型属性集合，X_{i2} 和 X_{j2} 分别为装备 X_i 和 X_j 的分类型属性集合。它们的相似度可以定义为

$$S(X_i, X_j) = \frac{1}{d(X_{i1}, X_{j1}) + w \cdot d(X_{i2}, X_{j2})} \tag{16.14}$$

其中，w 为分类型属性相对于数值型属性的权重，是根据属性重要程度人工选取的参数，用以调整整体相似度与各属性的相似度之间的关系。

16.3 基于知识图谱的风险因素分析

本节的目标是构建一个基于领域知识和开源数据的风险因素分析知识图谱。具体而言，我们将对研究领域中的非结构化知识与数据进行系统化梳理和组织，并以知识图谱的形式对这些数据进行汇集、总结和展示。该知识图谱将涵盖研究对象的基本属性、相关风险及其内容等信息，为风险分析与管理提供有效的参考和可靠的数据支持。为实现这一目标，本节将依次介绍知识图谱的构建过程、知识抽取方法以及文本分类技术。

16.3.1 知识图谱构建

知识图谱是一种结构化的语义知识库，用于在信息领域中以符号形式描绘和再现物理世界或抽象概念中的对象及其相互关系。根据万维网联盟（World Wide Web Consortium，W3C）发布的资源描述框架（resource description framework，RDF）技术标准，知识图谱的基本单位是三元组，通常以"实体-关系-实体"或"实体-属性-属性值"的形式存在。在知识图谱中，实体通常以节点的形式呈现，而关系则以边的形式连接这些节点，从而形成一个互联的知识网络。

基于知识图谱，可以实现从单一网络链接到深度概念链接的转变。知识图谱并非完全取代基于文本的网页检索方法，而是提供了一种新的知识组织方式，使现有知识得到了更全面的网络覆盖。通过在知识实体之间建立明确的链接关系，知识图谱在较低成本下将固有知识与新知识有效组织起来，从而显著提高了知识的利用率和检索准确率，并为知识挖掘、关系推理及新知识的预测提供了可能性。

在知识图谱的构建过程中，知识抽取是一个至关重要的环节。该过程涉及从各种数据源中提取同源或多源信息，并将其转化为符合标准的格式和结构的知识，即准确识别实体及实体间的关系。原始数据可以分为结构化数据、半结构化数据和非结构化数据。对于结构化数据，由于其已符合知识图谱构建的格式要求，通常可以直接用于知识聚合，不需要额外的信息抽取。而对于半结构化和非结构化数据，则需要对文本或数据中的实体和关系进行抽取，生成三元组。

目前，基于结构化数据和半结构化数据的信息抽取技术较为成熟，准确率较高。然而，由于非结构化数据的表述方式较为复杂，并受限于不同语言和语法，其信息抽取难度较大。

针对非结构化和半结构化文本的知识抽取，首先需要从原始数据出发，从自然语言文本中提取实体及其关系，将自然语言转化为符合 W3C 标准的 RDF 数据，即"实体-关系-实体"三元组。法国语言学家 Lucien Tesnière（吕西安·泰尼埃）提出的语法结构具有明显的层次性，其中的从属关系（或依存关系）由句中的动词主导。动词的存在常常形成支配与被支配的关系，而这种关系由动词描述。在这种从属关系中，主语通常为支配者，宾语为被支配者。依据这种基本从属形式，可以用从属对(Gov, Dep)来表示两个词语之间的从属关系,其中 Gov 为支配词,Dep 为被支配词。将多个从属对以树状形式堆叠,可以在一定程度上表示复杂句子中的词语关系。这种结构被称为从属树。进一步地,多个从属树通过各种关系互联,形成从属森林,用以表征复杂句子中的多个子句。

常用的知识图谱分析与绘制工具如下。

1. 知识图谱软件 Citespace

Citespace 是由美国德雷塞尔大学信息科学与技术学院的陈超美博士于 2004 年开发的一款具有独特功能和广泛影响力的科学计量学软件。该软件系统专注于从科学文献中识别和展示科学发展的新趋势与热点。利用 Citespace,研究者可以探索和分析领域内的热点话题、学科结构、不同研究热点之间的内在联系以及这些热点随时间变化的趋势。通过对学科领域文献信息的可视化展示,Citespace 使研究者能够直观地识别领域热点的演化路径和经典文献。该软件具有以下基本功能:①揭示学科领域的研究热点,展示整体知识结构;②揭示学科发展的关键路径,梳理学科领域的发展脉络及研究者的研究过程;③辅助研究人员和研究机构实现相关评估;④实现文献计量与地理地图的整合;⑤挖掘发展过程中的关键节点,快速确定研究领域;⑥分析学科发展的潜在机制,对学科前沿和热点进行预测分析。

2. 社会网络分析软件 UCINET

UCINET,全称为 University of California at Irvine NETwork(加州大学欧文分校网络),最初由加州大学欧文分校的 Lyndon Freeman(林登·弗里曼)开发,是一款功能强大的社交网络分析软件。目前,软件的扩展和更新由波士顿大学的 Stephen Borgatti(斯蒂芬·博尔加蒂)和威斯敏斯特大学的 Martin Everett(马丁·埃弗里特)研究团队负责。软件可以轻松读取文本文件和 Citespace、KrackPlot、Pajek、Negopy、VNA(visual network analysis,可视化网络分析)等格式。该软件支持集中分析、特征分析、分组分析和基于排列的统计分析,以及常用的多维统计分析工具,如多维标度分析、因子分析、聚类分析等。此外,该软件包还具有强大的矩阵分析功能。

3. 多元统计分析工具 SPSS

SPSS 全称为 Statistical Product and Service Solutions(统计产品和服务解决方案),是由美国 SPSS 公司开发的统计分析软件包。SPSS 提供了全面的数据管理和分析功能,包括数据录入、编辑、统计分析、图形生成和报告制作等。SPSS 嵌入式模块具有因子分析(主成分分析)、聚类分析、相关分析和多尺度分析等功能,这些功能使得 SPSS 成为科学知识测绘和绘制知识图谱的重要工具,为数据分析和结果可视化提供了强有力的支持。

4. 数据分析计算工具 MATLAB

MATLAB 是由美国 MathWorks 公司开发的一款商业数学软件,它为算法开发、数据可视化、数据分析和数值计算提供了一整套先进的技术计算语言和互动环境。作为一种主要面向科学计算、可视化以及高科技计算环境的交互式编程工具,MATLAB 将数值分析、矩阵计算、科学数据可视化以及非线性动态系统的建模与仿真等众多强大功能集成于一个易于操作的 Windows 环境中。这使其能够在科学研究、工程实践和其他科学应用领域中提供全面且有效的数值计算解决方案，显著区别于传统的非交互式编程语言（如 C 语言和 Fortran 语言）的编辑模式，并代表了当代国际科学计算软件的前沿水平。MATLAB 与 Mathematica 和 Maple 一道，被誉为三大顶尖数学软件之一，在数学科学及技术应用领域中占据了领先地位。MATLAB 支持矩阵计算、函数与数据绘制、算法实现、用户界面创建等多种编程功能，广泛应用于工程计算、控制设计、信号处理与通信、图像处理、信号检测、财务建模以及设计与分析等多个领域。

16.3.2 知识抽取

知识抽取是构建风险因素知识图谱的基础和关键步骤。知识抽取涉及从文本中提取"实体-关系-实体"三元组。通过对风险因素相关文本进行知识抽取，可以生成一系列三元组，这些三元组构成了风险因素知识图谱的基本单元。

1. 数据来源分析

构建风险因素知识图谱不仅需要涵盖高质量的常识性知识，还应能够及时纳入关于特定领域的最新前沿技术信息。在这一过程中，知识图谱首先通过收集各种结构化数据来涵盖大多数常识性潜在风险。这类数据通常具有较高的质量，但更新频率较低。更为关键的是，风险因素知识图谱还需通过从多种半结构化数据中抽取"实体-关系-实体"三元组来丰富实体的描述。这些通过数据挖掘得到的知识数据虽然体量较大，并且能揭示更深层次的隐藏风险，但其质量参差不齐，可能存在一定的错误。

百科类，如百度百科、维基百科和互动百科等网站提供的数据，可以通过提取文章页面中的各种实体，以及信息框中的"属性-属性值"对和"关系-实体"对来获取所需的内容。这类数据结构较为明确，仅需将其整合为"实体-关系-实体"三元组，无须过多处理。

为了及时发现隐藏的风险，还需从互联网上收集与风险因素相关的非结构化数据。此类数据主要来源于新闻网站、论坛等。选择合适的网站后，可以使用网络爬虫技术进行数据抓取，然后对抓取的数据进行噪声过滤和内容去重等预处理，最终整理成半结构化数据，再从中提取知识以构建知识图谱。

2. 实体关系三元组抽取

在从数据源获取与风险因素相关的半结构化数据后，抽取数据中的知识是知识图谱构建过程中的关键环节之一。为了有效提取技术文本中的实体及其关系，可以采用基于语法规则分析的方法。

在定义文本知识抽取规则之前，必须首先对文本进行依存句法分析。依存句法分析通过解析句子中各成分之间的依赖关系来揭示句法结构。具体而言，依存句法分析旨在识别词语之间的主谓关系、动宾关系、动补关系等。例如，对文本"车的外观好看，空间非常大"进行依存句法分析，可以得到如图 16.9 所示的结构结果。

依存句法分析的结果通常以有向图的形式呈现。在图 16.9 中，节点代表句子中的词语；节点之间的有向弧则表示词语间的依存关系；弧的方向指示了依赖词与核心词之间的关系。图 16.9 的中层展示了经过分词处理的文本，下层显示了词性标注的结果，而上层则呈现了依存句法分析的结果，反映了词语之间的依赖关系。

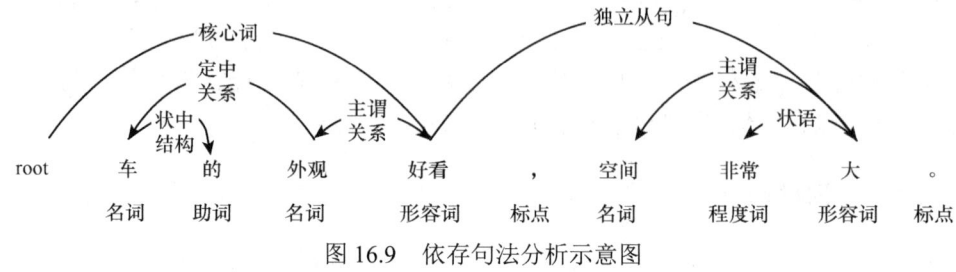

图 16.9　依存句法分析示意图

在文本中，实体和关系之间通常存在特定的联系。通过分析实体和关系的词性序列或句法依存关系，可以实现"实体-关系-实体"三元组的抽取。通过对相关技术文本进行统计与研究，本节总结了实体和关系的出现模式。其中，文本中可能涉及的实体关系的依存关系主要包括以下几种类型。

（1）主谓关系：主谓关系描述了主语与谓语之间的修饰关系，其中包含了大量潜在的实体关系信息。例如，在句子"新能源汽车包括控制系统"中，"新能源汽车"是主语，"包括"则是谓语。

（2）动宾关系：动宾关系指谓语动词与宾语之间的配对关系，补充了主谓关系中的信息。在句子"新能源汽车包括控制系统"中，"包括"为动词，"控制系统"为宾语。

（3）动补关系：动补关系是指动词与其补充词之间的关系，这些关系由动词或形容词与其补语构成。例如，在句子"装置清理干净异味"和"盖体固定于上方"中，"清理"和"固定"是谓语动词，"干净"和"于"则是补足语。

（4）介宾关系：介宾关系表示介词与其宾语之间的配对关系。例如，在句子"盖体固定于上方"中，"于"是介词，而"上方"是宾语。

（5）定中关系：定中关系指的是修饰语与中心词之间的配对关系。中心词通常为名词、动词或形容词，而修饰语在其前面对其进行修饰。例如，在短语"漂亮的外观"中，"漂亮"是修饰语，"外观"则是中心词。

在通过词性分析确定了文本中词语的词性后，可以按照以下步骤进行观点的抽取。实体关系三元组的核心是谓语动词，所以首先抽取以谓语动词为中心的实体关系三元组。如果经过词性分析得知某个词语为动词，则根据它可能与其他词语组成的关系分别按如下规则进行抽取。

（1）"主语-谓语-宾语"关系。在分析过程中，首先需要判断谓语动词与其他词语是否构成主谓和动宾关系。如果这两种关系均存在，则可以确定这些词语共同构成了一个"主语-谓语-宾语"的结构。此结构应以"主语-谓语-宾语"的形式记录在三元组中。例如，在句子"新能源汽车包括控制系统"中，"新能源汽车"是主语，"包括"是谓语，"控制系统"是宾语，由此可以提取出三元组"新能源汽车-包括-控制系统"。

（2）在分析过程中，需要检查谓语动词与其他词语是否形成主谓、动宾和动补关系。

如果这些关系都存在，则可以确定这些词语共同构成了一个包含动补的"主语-谓语+动补-宾语"结构。将这种结构以"主语-谓语+动补-宾语"的形式记录到三元组中。例如，在句子"装置清理干净了异味"中，"装置"是主语，"清理干净"是谓语+动补结构，而"异味"是宾语，从中提取出的三元组为"装置-清理干净-异味"。

（3）在分析过程中，首先需要判断谓语动词是否与其他词语形成主谓和动补关系。如果这些关系存在，接着需要检查动补词语是否与其他词语形成介宾关系。如果成立，则可以确定这些词语构成了包含介宾关系的主谓动补结构，并将其记录为"主语-谓语+介词-宾语"的三元组。例如，在句子"盖体固定于上方"中，"盖体"是主语，"固定"是谓语动词，"于上方"是介词和宾语的组合，从中提取出的三元组为"盖体-固定-于上方"。

在进行知识抽取时，需要特别关注命名实体，即具有明确名称的实体，如人名、设备名称、地点名称和事件名称等。当文本中出现这些命名实体时，应将其视为第一个实体。如果该命名实体与其他词语形成定中关系，且其修饰的中心词是一个通用名词（而非其他命名实体），则将此通用名词视为关系词。如果该通用名词还与其他通用名词构成了定中关系，则将另一通用名词视为第二个实体。

按照这些语法规则，可以提取出相应的实体关系三元组。获得三元组后，还需结合领域知识对其进行进一步完善。通过观点抽取，我们可以识别用户描述的潜在风险因素。将这些风险因素汇总起来，可以识别出用户最关注的风险要素。之后，需通过人工筛选和补充，将这些风险因素添加到实体关系三元组集合中。最终，利用这些完善的三元组，可以绘制出一个基础的风险因素知识图谱。

16.3.3 文本分类

在构建了由实体关系三元组构成的知识图谱后，进一步扩充是必要的，因为现有的三元组图谱仅能提供与风险因素相关的实体关键词，并不能展现完整的详细信息。因此，需要将详细的风险因素描述文本作为节点添加到知识图谱中。

在添加这些描述文本时，首先需要对其进行分类，将相关的风险因素属性进行标注。这一过程依赖于文本分类技术。文本分类是自然语言处理中的一个典型任务，其目标是为给定的文本分配一个或多个标签，将其归入预定义的类别集合中。例如，将新闻文章归类到如"政治""民生""财经"等主题标签中。当前，文本分类技术已广泛应用于多个领域，包括主题分类和垃圾邮件检测等。

文本分类任务与一般的有监督的学习任务类似，需要一个文本集合 $D=(d_1,d_2,\cdots,d_n)$ 和其对应的类别标注 $C=(c_1,c_2,\cdots,c_n)$ 用以训练，然后利用这些数据训练分类模型，从而可以实现对新文本类别的预测。近年来，深度学习技术在文本处理领域取得了显著进展。研究人员已将 CNN 广泛应用于各种自然语言处理和文本处理任务中，并取得了显著的成果。同时，RNN 也在文本分类中表现出色，特别是 RNN 的改进版本——LSTM 网络在处理序列数据时展现了良好的性能。此外，词嵌入方法，如 word2vec，通过将词语和短语映射到低维空间，有效支持了文本分类中的语义特征提取。

由于文本中的句子具有固有的顺序性，且 LSTM 网络在文本分类任务中表现优异，本节采用词嵌入技术进行语义特征提取，并利用包含 LSTM 单元的神经网络进行文本分类器的训练。图 16.10 展示了基于 LSTM 网络的文本分类器结构，包括三个主要部分：①词嵌入层：将输入句子的每个词语映射到低维词向量；②LSTM 层：作为神经网络的核心单元，用于捕捉文本中的序列信息；③输出层：将 LSTM 层的输出转换为对应的文本类别预测。具体步骤可参照 16.2.2 节，本节不再赘述。

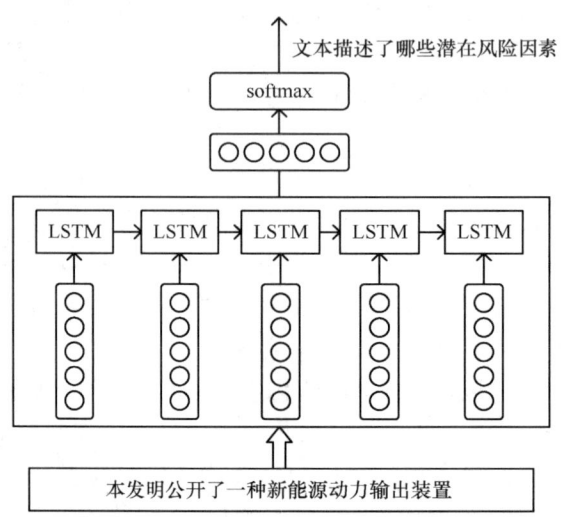

图 16.10　基于 LSTM 网络的文本分类器结构

LSTM 下方的小圆圈代表输入词向量，即将单词"车""的""外观"等转换为数值表示的嵌入向量。LSTM 之后（softmax 之前）的小圆圈代表隐藏层状态，即 LSTM 处理后的特征表示

在对技术文本进行分类后，可以将这些文本与知识图谱中的相应属性节点关联。这种关联允许通过知识图谱查询与特定风险类别相关的风险因素文本。在用户需求分析阶段，可以识别出用户满意度较低的风险因素集合。对于这些低满意度的风险因素，可以通过相似性推荐方法找到用户满意度较高的参数区间。这些推荐结果可以作为潜在风险供风险分析和管理人员参考，从而评估推荐的风险因素是否符合领域内的关注重点。

本 章 小 结

本章围绕关注领域的风险的某些特征或功能主题展开，首先介绍利用聚焦式爬虫技术对非结构化数据进行获取与存储的方法，并在此基础上介绍了非结构化数据的预处理方法。其次，介绍了基于双向 LSTM 网络的用户观点抽取，以及在此基础上的风险因素识别，即借助观点抽取方法进行细粒度特征提取，再通过情感分析和风险推荐，识别有价值、便于理解的潜在高风险因素。最后，从知识图谱构建、知识抽取、文本分类等方面对基于知识图谱的风险因素分析进行了详细介绍。建立风险因素知识图谱，实现对大量非结构化数据的深度挖掘和可视化，可以为风险分析与管理的查询和获取提供有效的参考及可信的数据信息支撑。

参 考 文 献

[1] 程程. 基于互联网开源数据的产品功能需求分析[D]. 长沙: 国防科技大学, 2017.
[2] 王裕仁. 互联网与大数据环境下高端装备需求分析方法研究[D]. 长沙: 国防科技大学, 2018.
[3] Chakrabarti S. Mining the Web: Discovering Knowledge from Hypertext Data[M]. Burlington: Morgan Kaufmann, 2002.
[4] Menczer F, Belew R K. Adaptive information agents in distributed textual environments[C]//Sycara K P, Wooldridge M. Proceedings of the Second International Conference on Autonomous Agents. New York: Association for Computing Machinery, 1998: 157-164.
[5] Elman J L. Finding structure in time[J]. Cognitive Science, 1990, 14(2): 179-211.
[6] Mikolov T, Chen K, Corrado G, et al. Efficient estimation of word representations in vector space[EB/OL]. [2024-03-16]. https://arxiv.org/pdf/1301.3781.
[7] Zeiler M D. ADADELTA: an adaptive learning rate method[EB/OL]. [2024-03-16]. https://arxiv.org/pdf/1212.5701.
[8] Pennington J, Socher R, Manning C. Glove: global vectors for word representation[C]//Moschitti A, Pang B, Daelemans W. Proceedings of the 2014 Conference on Empirical Methods in Natural Language Processing. New York: Association for Computational Linguistics, 2014: 1532-1543.
[9] Feit E M, Beltramo M A, Feinberg F M. Reality check: combining choice experiments with market data to estimate the importance of product attributes[J]. Management Science, 2010, 56(5): 785-800.
[10] Srivastava N, Hinton G, Krizhevsky A, et al. Dropout: a simple way to prevent neural networks from overfitting[J]. The Journal of Machine Learning Research, 2014, 15(1): 1929-1958.
[11] Chen Y H. Convolutional Neural Network for Sentence Classification[D]. Waterloo: University of Waterloo, 2015.
[12] Collobert R, Weston J, Bottou L, et al. Natural language processing (almost) from scratch[J]. Journal of Machine Learning Research, 2011, 12: 2493-2537.
[13] McAuley J, Leskovec J. Hidden factors and hidden topics: understanding rating dimensions with review text[C]//Yang Q, King I, Li Q. Proceedings of the 7th ACM Conference on Recommender Systems. New York: Association for Computing Machinery, 2013: 165-172.
[14] Socher R, Perelygin A, Wu J Y, et al. Recursive deep models for semantic compositionality over a sentiment treebank[C]//Yarowsky D, Baldwin T, Korhonen A, et al. Proceedings of the 2013 Conference on Empirical Methods in Natural Language Processing. New York: Association for Computational Linguistics, 2013: 1631-1642.

第 17 章　竞争型风险决策博弈与冲突分析方法

竞争型风险决策博弈问题涉及战略层面多方策略博弈和对抗交互，具有深度不确定性和高度复杂性，难以甚至不可能进行完全定量评价，亟须运用先进科学的理论方法和预实践手段支撑构建复杂认知体系，综合发挥人类智慧谋略和人工智能学习能力，集智提升洞见未来、全局运筹、深远决策的能力水平，从而更有依据地预判潜在风险和突发事态威胁，更好地防范风险和准备应对措施。本章结合复杂多方竞争决策与冲突博弈问题的特点和挑战，阐述应用冲突分析方法解决多方竞争决策问题的思想原理、相关步骤、系统工具及应用示例。

17.1　多方博弈的风险决策问题

在风险决策过程中，除了面临多方案选择所带来的不确定性风险，还有一个不可忽视的关键因素，即人的决策行为。根据 2012 年发表在《科学》（Science）上的一项研究，社会性互动促使决策者按照不同的规则行事，并显著影响最终决策结果。尤其当多个代表不同利益集团的决策主体参与风险决策时，这些主体不仅拥有迥异的价值体系、认知水平和决策行为模式，他们之间的关系也可能既包括合作，又存在竞争。在这种情况下，如若过早地通过一个简单聚合模型（如加权平均）表示群体偏好和行为，可能会忽视能够实现共赢（win-win）的方案。此外，简单聚合个体最优方案的特征也并不一定能够得到群体最优的决策方案，甚至可能产生次优的混合方案。

相应地，风险决策过程遵循了"医患"顾问模式，即各个利益相关方没有直接参与决策结果的形成，因此难以真实地捕获他们各自权衡分析与选择决策的个人偏好和行为规则，也难以检查群体之间可能存在的策略交互。例如，美国空军在 2005 年试图构建一套天基雷达系统，但由于利益相关方无法就其作战理念达成共识，该项目最终未能实现。事实上，美国政府和军队历来推崇"无推演，不决策"，几乎会就所有重大决策问题进行跨部门研讨推演，以得到最佳行动方案。近年来，美军 80%的兵棋推演都集中在中俄两国，所有重要的作战概念构想全都经过反复验证。小兵棋映射出大博弈，谁能推得深、研得透，谁就能抢占先机、规避风险。例如，兰德公司在 2016 年 7 月发布的报告《与中国开战——想不敢想之事》中，设想并全面推演了 2015 年至 2025 年中美军事冲突从小到大的各种可能发展态势、结果得失及对策。

上述问题本质上是竞争型风险决策与博弈问题，涉及两个或多个独立的决策者（博弈方）反复交互决策的过程，彼此见招拆招，各自做出策略（方案）选择，并共同影响博弈冲突状态（局势）的演变。为了实现各自的利益和目标，各方必须考虑对手的各种可能行动方案，并明确对自己最有利或最合理的策略选择方案。但因果关系的非线性和表征联系不明（即对态势发展认知模糊和不全面导致了深度不确定性）、人（组织）的非理性、信息缺失或故意误导下的认知偏差，以及战略短视、后知后觉等因素又导致了博弈交互过程中结构、行为、演化的高度复杂性，使得我们在博弈决策过程中难以甚至不可能提供完全定量化的评价信息，因而很难精准预测冲突博弈态势的演化走向或对未来事态给出确定性的结论。

复杂多方竞争决策与冲突博弈现象广泛存在于人类社会生产生活的不同层次和不同领域，如生态与环境管理、公共安全与应急管理、国际经贸问题谈判、国际军控履约谈判等，不同主体之间普遍存在分歧、摩擦、争端、冲突甚至对抗，也可能会再次回归妥协和合作。特别是在激烈的战略竞争环境中，无论是对国家、组织、企业还是个人，一次审慎的战略选择决策都关乎其未来发展方向和前途命运。因此，对于复杂多方博弈的风险决策问题，需要立足于最困难、最坏的情况，做好最充分的准备，从而为相关决策者提供长远的全局辅助决策支持，这迫切需要在模拟的未来环境中审视对手、研判态势、检验决策的有效实践手段。这种把未来拿来"试用一下"的预实践手段，使我们能够在与时间的竞赛中、与对手的博弈中获得关乎成败与命运的洞察优势。

17.2　冲突分析方法原理

博弈论（对策论）是研究策略性互动机制的跨学科理论方法，考虑博弈中个体的预测行为和实际行为并研究他们的优化策略，通过复杂战略决策模型模拟分析相互依存的多人决策场景，已广泛应用于经济学、社会学、心理学、国际关系学等领域。从多方博弈特征可以看出，博弈论方法和多方策略冲突博弈问题之间有着天然的相通之处，这给战略管理决策带来了深刻的影响。它提供了研究管理战略的新方法论，使管理战略研究的完全信息和完全竞争约束条件放宽，同时竞争对手之间的战略互动明显加快，动态竞争取代了静态竞争。

博弈论可追溯到两千多年前中国军事家孙子所著的《孙子兵法》。1944 年，冯·诺伊曼和摩根斯坦合作出版的《博弈论与经济行为》正式确立了博弈论的数学基础和理论体系，逐步延伸出了正则形式、可扩展形式和合作对策论等，并根据局中人混合策略的内在概率，用期望效用表示局中人偏好。随后，约翰·纳什的开创性论文《N 人博弈中的均衡点》和《非合作博弈》，利用不动点定理证明了均衡点的存在，为博弈论的一般化奠定了坚实基础。自 1994 年纳什等三位博弈论巨匠获得诺贝尔经济学奖以来，截至 2024 年至少已有 8 届诺贝尔经济学奖与博弈论紧密相关，标志着博弈论在经济学和其他社会科学领域中的重要地位和广泛应用。然而，纳什均衡策略可能面临"囚徒困境"问题，不能获得真正的最优策略；同时，经典博弈论中过于强调固有的游戏规则并且在分享知识上有着很强的假设和限制，这被 Raiffa（雷法）戏称为"理论的杂技"，他指出："我发现经典博弈论中的那些假设太严格了，所以它不能被广泛使用……这种严格的限制使得这精致的理论很难被应用到实际。"例如，在懦夫博弈、威慑理论等研究中，大多是采用 2×2 策略的传统博弈论正则形式，并基于纳什均衡求解均衡结局。由于这些模型在损益评价的定量化和打分尺度一致性上存在较高要求，其只能求解规模较小的问题，且分析结果相对有限。

于是，加拿大滑铁卢大学的 Nigel Howard（奈杰尔·霍华德）教授在 1971 年提出元博弈分析（metagame analysis）理论（也称为偏对策分析理论），突破了经典博弈论研究框架，并提出了一种灵活表征策略冲突关键元素的符号方法。但其假定每个博弈方对所有博弈方的结局偏好程度都了解，这在现实中是极难做到的，或者需要付出高昂的代价。1984 年，滑铁卢大学教授 Niall Fraser（尼尔·弗雷泽）和 Keith Hipel（基思·海珀）在偏对策分析基础上提出了冲突分析理论，建立了表征决策者行为模式并用于冲突分析计算的方法。作为对冲突分析的重要改进和发展，以及对偏对策分析的全新扩展，Marc Kilgour（马克·基尔戈）、基思·海珀和 Liping Fang（方黎平）在 1987 年提出了冲突分析图模型（graph model for conflict resolution，GMCR），并进行了模型表示；1993 年，方黎平和基思·海珀等继续利用对策论、集合论和逻辑术语，首次正式给出了 GMCR 的完整框架。此外，1990 年，奈杰尔·霍华德提出了软对策（soft game），并于 1993 年进一步提出了戏剧理论（drama theory），继而在 1998 年发展为对抗分析（confrontation analysis）理论，进一步推动了对策理论体系的发展。图 17.1 展示了博弈论和冲突分析的演进历程。

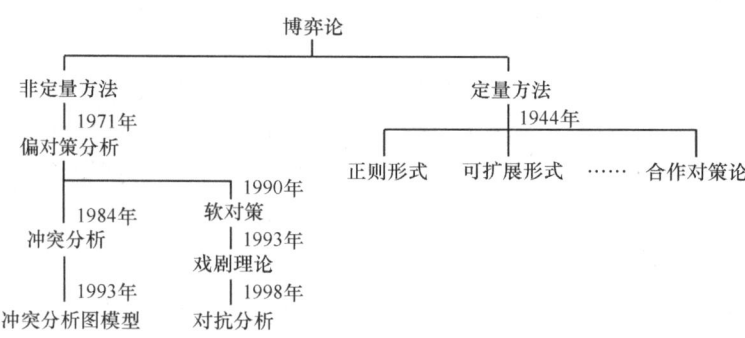

图 17.1　博弈论和冲突分析的演进历程

冲突分析理论以其简洁性和灵活性，为冲突建模、分析与决策提供了一种高效的手段。在此过程中，其仅需有关决策者、每个决策者的策略选项或行动机会（即选项组合）、可行状态及相对偏好等基础信息。经过多年的发展和完善，冲突分析理论已成为冲突分析领域的核心理论框架，不断提升图模型在处理多样化偏好结构和心理因素方面的能力。在博弈论的严格公理基础上，冲突分析理论进一步适应了多方博弈谈判等开放和灵活的过程，不仅确保了分析结果的精确性和逻辑的一致性，也避免了经典博弈论因过多假设而难以满足实际应用需求的局限。

冲突分析理论，作为对经典博弈论和偏对策分析的全新扩展，涵盖了冲突描述、冲突建模、冲突求解、冲突分析及辅助决策多个方面。目前，冲突分析理论的最新研究主要集中在三个方向，如图 17.2 所示。一是冲突正向分析，在已知输入（决策者和策略、可行状态和转移、相对偏好信息）的情况下，通过稳定性分析研判个体稳定性和均衡态。对于"已经发生"的，可以反向复盘，分析问题是怎么发生的，做到知其然，更重要的是知其所以然；对于"正在发生"的或"将要发生"的，可以正向预测分析"怎么发展，可能结果是什么"，做好假设分析，未雨绸缪，尽可能促成最有利的可能结果和策略路径。

二是冲突反向分析，对于个体稳定性和期望均衡态，反向求解，确定各博弈要素，通过改变博弈要素（决策者、规则、策略、偏好等）中的一个或多个，打破原有的均衡态势（如不利僵局），反向引导实现新的均衡，从而获得期望优势。三是冲突行为分析，在已知输入和输出的情况下，分析博弈方的决策行为模式（预见水平、对策略性风险和恶化的态度以及偏好知识的变化等），形成决策画像，为未来预测研判类似情景的策略选择决策提供有力支撑。

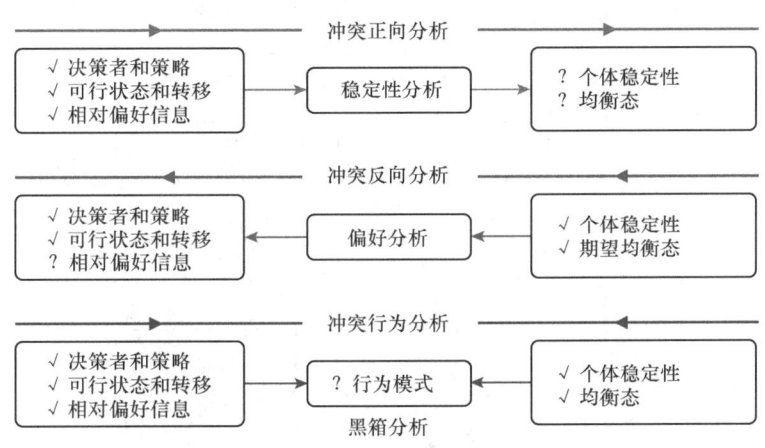

图 17.2　冲突分析理论的最新研究方向

综上，冲突分析理论非常适用于对多方博弈的竞争型风险决策与冲突博弈问题建模与分析，它能够真实地反映现实中发生的事物，并基于最少的建模信息需求和严格公理基础开展冲突建模与分析，可以面向"预测预判、复盘评估、塑势控局"三类典型应用场景，对"已经发生""正在发生""将要发生""期望发生"的复杂多方冲突博弈问题进行描述建模、求解分析以及研判塑势，辅助决策者俯瞰战略全局、洞察战略态势演化走向，更有依据地预判潜在风险和突发事态威胁，更好地防范风险和准备应对措施，为重大战略问题研究和战略决策制定提供科学可信的决策依据与方法支撑。

17.3　冲突分析相关步骤

冲突分析理论主要是通过明确博弈选项与规则、冲突局势建模与求解、冲突局势演化与分析等步骤对冲突博弈场景进行形式化建模，并基于不同决策行为类型进行均衡局势分析、演化路径分析等，形成最有利、最可能、最不利的策略选择链路，决策分支和均衡局势，预判威胁可能发生的冲突时机节点及风险诱因。正向冲突分析的具体步骤如图 17.3 所示。

第 1 步：确定各方策略。围绕某个多方冲突博弈问题，需要界定该问题的时间、地域等范围，分析战略冲突博弈问题所涉及的独立决策者（对局方），并确定各方战略意图倾向。同时，分析确定各方博弈的策略选项，即明确每个决策者可选的行动策略。

第 2 步：生成可行状态。每个决策者对他们各自的策略选项都有两种可能性，即要么选择，要么不选择，而所有决策者的策略选择则共同决定了整个冲突博弈的演化状态

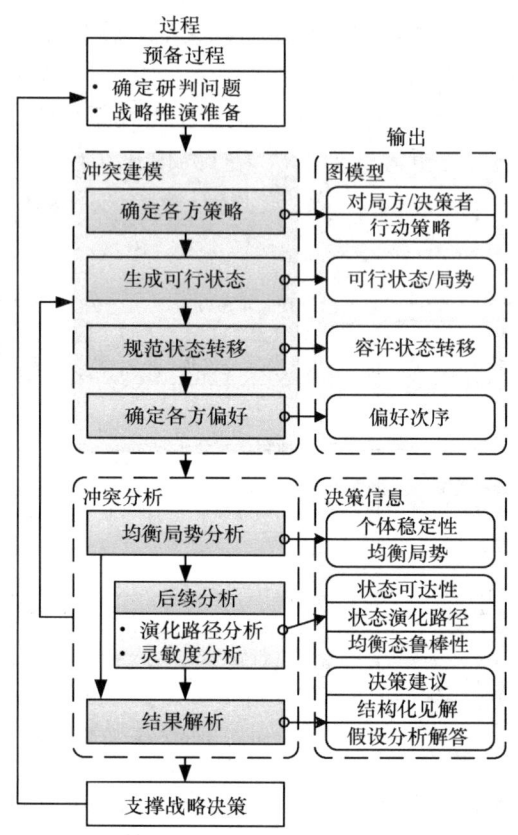

图 17.3 正向冲突分析的具体步骤
阴影部分表示利用 GMCR 研究现实冲突的核心步骤,可以分为冲突建模和冲突分析

(局势)。对于某个决策者来说,所有自身策略选择决策的可能组合构成了他的策略集。因此,假设冲突模型共有 N 个策略,则在理论上可能形成的状态数有 2^N 个。显然,状态的数量随着策略数量的增长是呈指数级递增的。此时,可用"互斥""至少选一""策略依赖关系""直接排除"等状态约减规则对状态集合进行逻辑不可行的移除,得到冲突模型的可行状态。

第 3 步:规范状态转移。一个或多个决策者的策略选择变化都将导致冲突博弈从一个状态转变到另一个状态,而这个转变过程可以通过图模型中的状态转移进行表示。如果一个决策者能够仅仅依靠自身单方面的策略选择变化就可以引发一个状态转移,完全不受其他决策者左右,那么这个转移就叫作该决策者的单方面移动。所有可行状态构成图模型的全部节点,容许的状态转移决定了图模型的有向弧结构。状态转移默认是可逆的,但也存在不可逆或有条件转移的情形,可通过设置各决策者可控的状态转移规则来规范图模型的单方面状态转移。

第 4 步:确定各方偏好。在确定决策者、可行状态以及状态转移后,一个必要的步骤是获取与表示每个决策者对所有可行状态的偏好次序。考虑到理性决策者会尽可能朝着对自己有利的方向改变自身策略选择,因此,冲突分析方法只需要确定每个决策者对所有可行状态从最高到最低的定性排序(可能存在偏好相同的一组状态),而不

必定量评估偏好的数量或强度。其中，对于可行状态较少的冲突模型，可采用直接排序法进行手动排序；对于可行状态较多的复杂模型，则可使用策略优先排序法。策略优先排序法的核心理念在于每个决策者根据自身偏好提供一系列有关所有策略选择方案的偏好描述，相对优先的偏好描述先行决定状态的排序结果。偏好描述是一条有关策略的逻辑（非条件、条件或双条件）语句，表示为策略与逻辑连接词的组合，如逻辑非（"not"或"–"）、逻辑与（"and"或"&"）、逻辑或（"or"或"|"）、条件（"IF"）或双条件（"IFF"），以及左右括弧（"("和")"）。结合每个决策者的单方面移动及状态偏好次序，就可以得到该决策者的"单方面提升"，即从偏好低状态向偏好高状态的单方面移动。

第5步：均衡局势分析。在多个决策者偏好不同甚至相悖的情况下，当前状态不一定满足所有决策者的个体最优，同时决策者又可改变各自的策略选择，使冲突局势尽可能有利于自己的偏好，这导致了冲突状态的演化。均衡局势分析可以系统地检查可行策略组合变化中所有决策者的容许移动和反制移动（彼此见招拆招），确定在不同决策行为模式下每个状态对于每个决策者的稳定性，并最终辨识出对所有决策者都倾向稳定的均衡状态（即均衡局势）。换言之，每个状态都要在对应的稳定性类型下检查是否对每个决策者都是个体稳定的，以及是不是一个对所有决策者都稳定的均衡状态。在众多稳定性定义中，Nash（纳什）稳定性、GMR（general meta rationality，一般元理性）稳定性、SMR（symmetric meta rationality，对称元理性）稳定性以及SEQ（sequential，序贯）稳定性是四种基本的稳定性类型，基本稳定性类型的决策行为特征比较见表17.1。

表17.1 基本稳定性类型的决策行为特征比较

稳定性类型	稳定性描述	预见水平	偏好知识	策略恶化	策略风险
Nash	当前决策者无法单方面移动到一个更好的状态	低，考虑一步	自己	无	忽视风险
GMR	当前决策者的所有单方面提升紧跟着其他人的单方面移动反制	中，考虑两步	自己	对手可能会损人不利己	回避风险，保守
SMR	当前决策者的所有单方面提升受到反制，即使本人再次响应	中，考虑三步	自己	对手可能会损人不利己	回避风险，保守
SEQ	当前决策者的所有单方面提升紧跟着其他人的单方面提升反制	中，考虑两步	所有人	必须是确信的提升	承受一定风险，满意

第6步：后续分析。后续分析是在均衡局势分析基础上提供进一步的有用见解和决策指导。由于图模型中存在不可逆转移以及有条件转移，因而从某个状态到另一个状态是无法保证一定存在可达的转移路径。于是，演化路径分析通常用于确定一个预测的均衡态是否从当前状态或某个初始状态是可达的。如果可达，则需要分析如何通过最有利、最不利或最可能的策略选择路径从初始状态到达该均衡态，以及每个决策者在这个冲突状态演化中所扮演的角色。灵敏度分析则是通过提出假设分析问题或系统地变化模型参数（即决策者、策略集、状态转移、偏好和决策行为模式）来评估均衡局势分析结果的鲁棒性。如果偏好的变化没有明显地改变均衡态结果，那么就可以放心利用这些结果指导真实战略决策。反之，在获取这些偏好信息时务必要确保足够

精确和可靠。

第 7 步：结果解析。在均衡局势分析和后续分析的基础上，通过不同视角对所有稳定性结果进行解析说明，为决策者提供决策建议、结构化见解以及解答不同的假设分析等，进而引导决策者优化个体策略选择以达到其最偏好的均衡态，并促使冲突局势朝着对决策者更有利的方向发展。

17.4 冲突分析系统工具

（1）GMCR I。该工具是基于冲突分析方法构建的强调稳定性的分析引擎，但不支持人机友好交互，也无法对分析结果进行深入解析。

（2）GMCR II。该工具是一套更加灵活的决策支持系统，集建模、分析与解析等功能于一体，可集成基于策略的输入系统和输出说明，辅助冲突模型的快速分析与求解。

（3）GMCR+。该工具在界面设计和人机交互上进行了较大改进，优化了系统计算效率，能适应较大规模的冲突博弈问题，但在建模分析能力上仍具有较大局限性，无法支撑清晰、动态的可视化博弈推演过程。

（4）冲突博弈分析系统 v1.0（NUDTGMCR v1.0）。2020 年，国防科技大学系统工程学院复杂系统与体系工程研究团队基于科学的博弈论方法体系，融合复杂网络、模式匹配、矩阵运算、智能优化等先进技术，按照冲突描述、冲突建模、冲突求解、冲突分析、辅助决策的模块化架构设计，完全自主研发了一套用于复杂多方全域混合战略博弈分析推演评估的决策支持系统（包括单机版和网络多用户版）。该系统的部分功能展示见图 17.4。

该系统创新性地突破了图表化描述策略行动选项、规范化建模博弈交互规则、多样化获取相对态势偏好、模型化求解态势均衡强弱、科学化推研态势演化、智能化计算偏好优化调整、个性化对比策略路径选择、可视化展现冲突博弈网络等关键核心技术。该系统得到了加拿大冲突分析理论创始人基思·海珀教授（加拿大滑铁卢大学首席教授，加拿大皇家科学院前任院长，美国国家工程院和中国科学院外籍院士）和方黎平教授（加拿大工程院院士）以及国内外领域权威同行的高度认可，并被评价为"达到国内领先、国际一流水平"。

该系统具有广阔的应用前景和价值，可以为战略战争博弈、危机冲突遏控、政策推演评估、生态环境管理、资源优化配置、商事竞合纠纷等涉及多方策略冲突博弈的重大战略问题研究、战略决策制定，以及兵棋教育教学、运筹博弈科学研究等提供人机集智、定性定量结合的集成研讨平台和博弈推演预实践环境，通过科学规范的冲突描述建模、求解分析，融合碎片化的专家经验知识、博弈交互规则等自动生成多方冲突博弈"全景地图"，动态分析研判战略博弈的可能态势、演化走向及均衡结局，辅助论证并提出期望态势演进网络、枢纽关节及策略路径，为战略指挥决策人员提供"把方向、观大势、抓重点、谋全局"的科学方法及手段支撑。

第 17 章　竞争型风险决策博弈与冲突分析方法　·293·

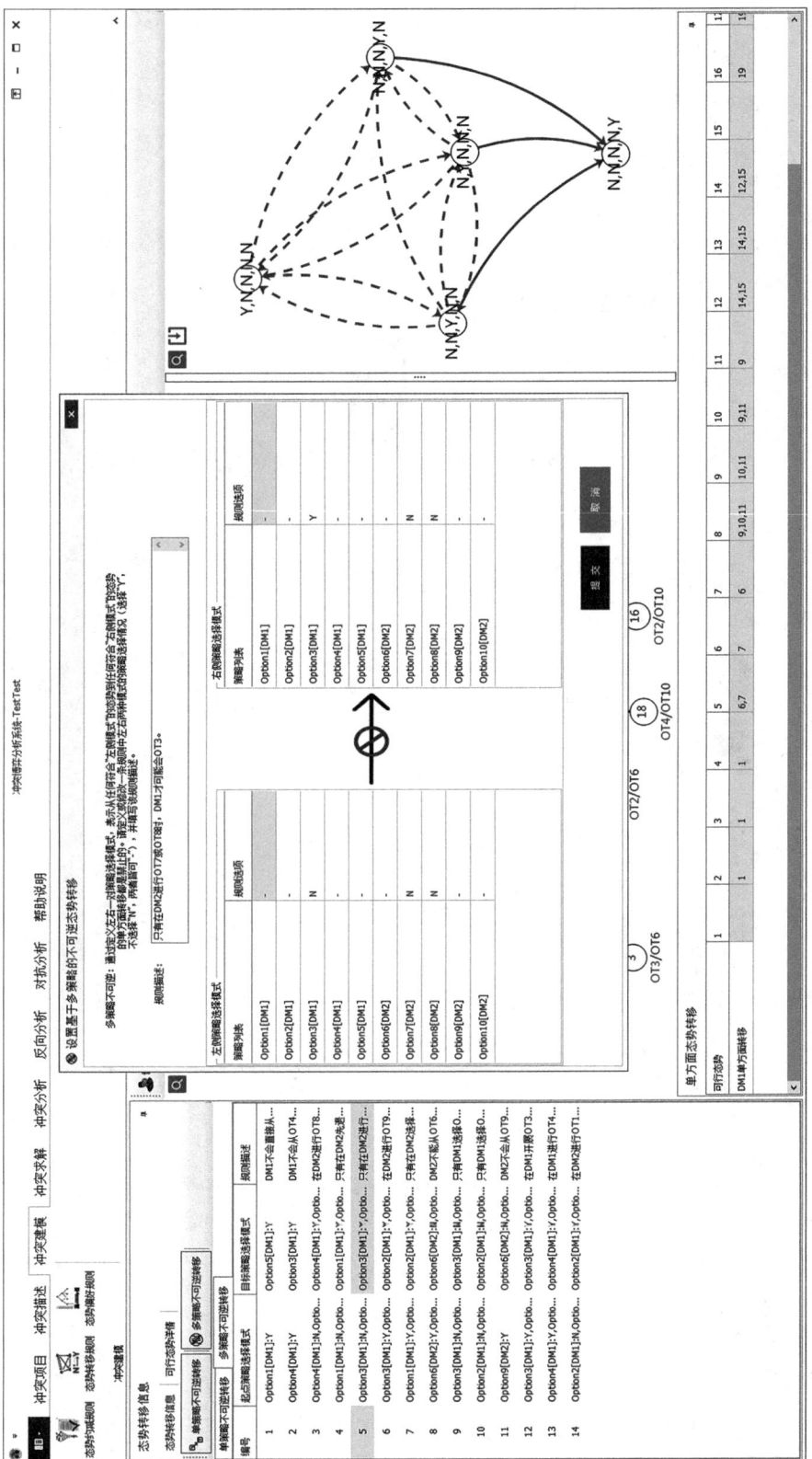

(a) 冲突规范化建模

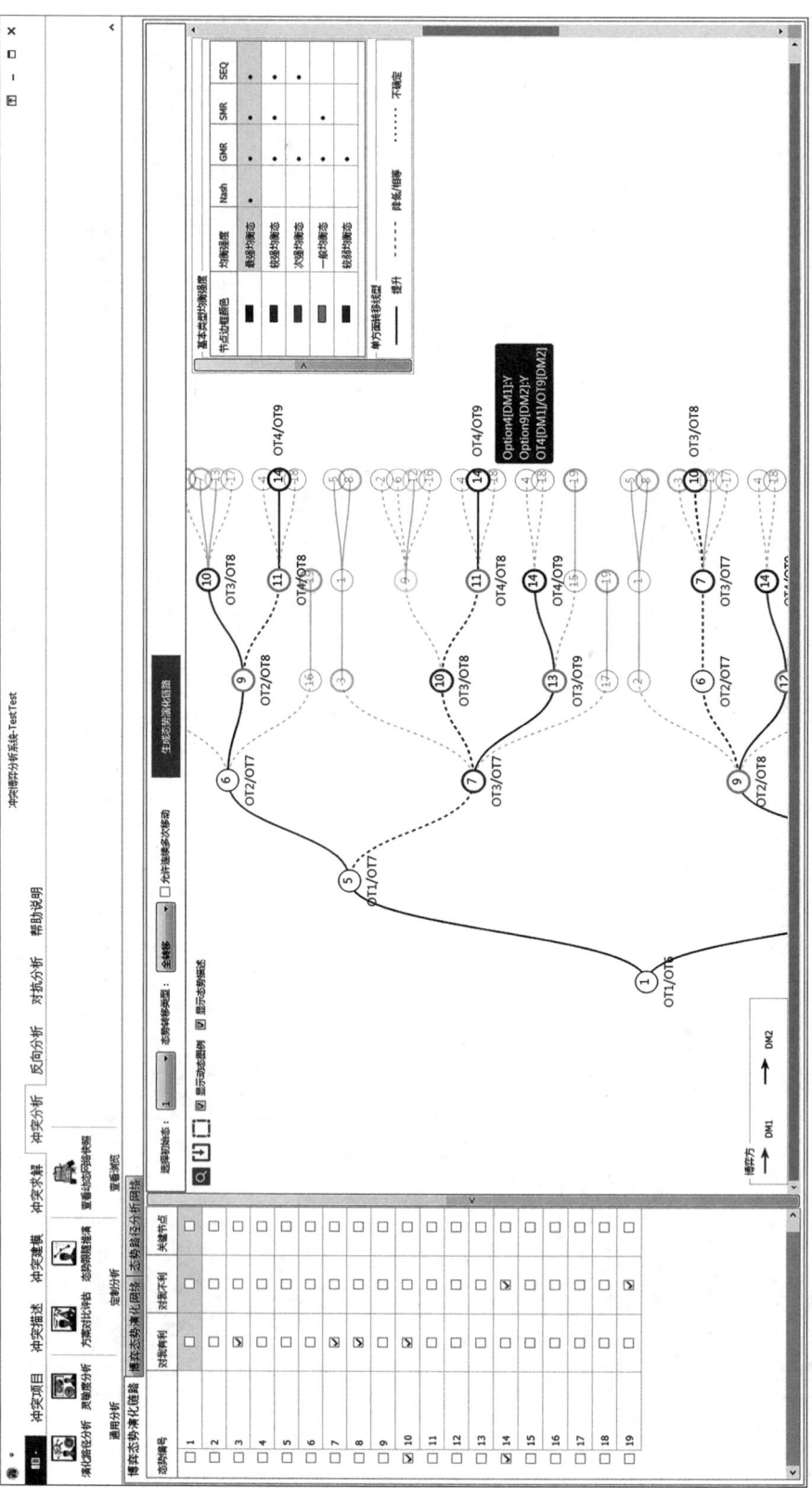

（b）冲突演化路径

图 17.4　冲突博弈分析系统部分功能展示

17.5 应 用 示 例

冲突分析方法及冲突博弈分析系统适用于解决难以完全定量化描述的复杂多方博弈决策问题，现已在环境资源、经济规划、公共交通、医疗管理、政府治理等领域中取得了良好的应用效果。下面以一个简化的二级供应链定价冲突问题为例进行冲突建模与分析研究。

随着我国经济增长从高速发展转变为高质量发展，人们对于消费的要求也从单一追求性价比转变为同时注重产品的绿色度。因此，很多供应商开始提高企业自身及产品的绿色水平，但由于较高的研发及营销成本，产品的价格也较高。与此同时，还有许多供应商，对于进行绿色生产有着经济或技术上的限制，又承受着来自供应链下游的定价压力，因此选择控制成本，以价格低廉为卖点占据市场份额。

假定在一个二级供应链定价冲突中包含两个供应商（绿色型和经济型）及一个零售商，两个供应商生产同类产品并各自决定批发价格，由零售商在其销售渠道进行零售。在该供应链中，零售商占据主导地位，而供应商属于从属地位。

（1）确定决策者。本例中的决策者包括绿色型供应商、经济型供应商、零售商，其各自的策略选项见表 17.2。

表 17.2　决策者、策略选项及可行状态

决策者	策略	S_1	S_2	S_3	S_4	S_5	S_6	S_7	S_8
绿色型供应商	保持：按原定策略进行竞争	Y	N	Y	N	Y	N	Y	N
	降价：采取降价的方式争夺订单	N	Y	N	Y	N	Y	N	Y
经济型供应商	降价：采取降价的方式争夺订单	Y	Y	N	N	Y	Y	N	N
	保持：按原定策略进行竞争	N	N	Y	Y	N	N	Y	Y
零售商	绿色：选择绿色供应商的产品销售	Y	Y	Y	Y	N	N	N	N
	经济：选择经济型供应商的产品销售	N	N	N	N	Y	Y	Y	Y

（2）生成可行状态。在该二级供应链定价冲突中，每个决策者各有 2 个备选策略，理论上总共有 $2^6=64$ 个状态，其中包括不可达状态，需要依据条件剔除，最终保留 8 个可行状态，如表 17.2 所示。每个可行状态由 N 或者 Y 构成，其中 Y 表示选择该策略，N 表示不选择该策略。

（3）获取偏好信息。通过偏好描述语句获取偏好信息，每一个偏好描述由策略和"&"（与）、"|"（或）、"–"（非）以及"IF"（条件）等逻辑符号共同组成。各决策者的偏好描述如表 17.3 所示。

表 17.3　各决策者的偏好描述

决策者	策略声明	解释说明
绿色型供应商	5	希望零售商选择自己的产品
	1	希望能维持现状，不希望降价竞争
	–2 IF 3	当经济型供应商降价时，绿色型供应商不会降价回应

续表

决策者	策略声明	解释说明
经济型供应商	6	希望零售商选择自己的产品
	3	会以价格低廉为优势，采取降价竞争
	−2 IF 3	当自身降价时，不希望绿色型供应商降价
零售商	2 | 3	希望供应商进行降价竞争
	6 IF 2 & 3	当两个供应商皆降价时，选择经济型供应商
	5 IF 2 & −3	当绿色型供应商降价，经济型供应商不降价时，选择绿色型供应商
	6 IF −2 & 3	当经济型供应商降价，绿色型供应商不降价时，选择经济型供应商
	5 IF −2 & −3	如果供应商皆不降价，选择绿色型供应商

根据上述策略声明，可以得到各决策者的偏好信息，如表 17.4 所示。

表 17.4　各决策者的偏好信息

决策者	偏好信息
绿色型供应商	$S_3 > S_1 > S_4 > S_2 > S_7 > S_5 > S_8 > S_6$
经济型供应商	$S_5 > S_6 > S_7 > S_8 > S_1 > S_2 > S_3 > S_4$
零售商	$S_4 > S_5 > S_2 > S_1 > S_8 > S_6 > S_3 > S_7$

（4）识别状态转移。在其他决策者选定方案的前提下，决策者可在不同状态之间进行转移，在该示例中，由三个决策者共同构成的全局状态转移如图 17.5 所示，其中双向箭头代表状态间可相互移动。

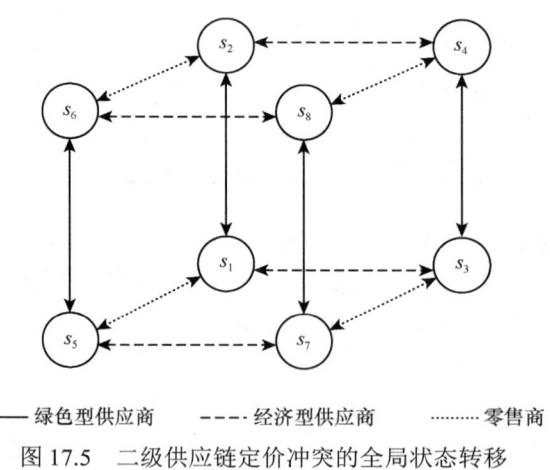

———绿色型供应商　　----经济型供应商　　........零售商

图 17.5　二级供应链定价冲突的全局状态转移

（5）均衡局势分析。通过决策者的偏好及状态转移得到均衡结果，当某一状态在特定稳定性定义下（Nash、GMR、SMR、SEQ）对所有决策者都是稳定的，则称该状态为在该稳定性定义下的一个均衡结果。将上述信息输入 NUDTGMCR v1.0，输出的稳定性结果如表 17.5 所示，其中"√"表示指定状态在对应稳定性定义下是均衡状态。

表 17.5　输出的稳定性结果

稳定性类型	状态							
	S_1	S_2	S_3	S_4	S_5	S_6	S_7	S_8
Nash					√			
GMR	√	√			√			
SMR	√	√			√			
SEQ		√			√			

本 章 小 结

本章首先介绍了复杂多方博弈下的竞争型风险决策问题及其面临的困难和挑战；其次阐述了博弈论的发展谱系及冲突分析理论的思想原理；再次详细介绍了使用冲突分析理论解决多方博弈问题的具体步骤；最后介绍了现有的冲突分析系统工具，并以一个简化的二级供应链定价冲突问题为例进行了冲突建模与分析研究。

冲突分析理论能够融合复杂网络、模式匹配、智能优化等先进技术，创新性实现策略交互和博弈网络的可视化需求，并以理技融合、人机集智、定性定量结合的博弈推演方式，支撑不同领域涉及复杂多方策略冲突博弈的重大战略问题研究和战略决策制定，可以用于动态分析研判战略博弈可能态势、演化走向及均衡结局，为战略决策者提供"把方向、观大势、抓重点、谋全局"的科学方法与手段支撑。

思 考 题

1. 冲突分析技术适用于什么类型的风险决策问题？
2. 冲突分析技术需要哪些输入要素？
3. 冲突分析技术的步骤有哪些？
4. 与一般竞争型风险决策博弈方法相比，冲突分析技术的优势是什么？

参 考 文 献

[1] Carter R M, Bowling D L, Reeck C, et al. A distinct role of the temporal-parietal junction in predicting socially guided decisions[J]. Science, 2012, 337(6090): 109-111.
[2] Hipel K W, Fang L P, Kilgour D M. The graph model for conflict resolution: reflections on three decades of development[J]. Group Decision and Negotiation, 2020, 29(1): 11-60.
[3] Xu H Y, Hipel K W, Kilgour D M, et al. Conflict Resolution Using the Graph Model: Strategic Interactions in Competition and Cooperation[M]. Cham: Springer, 2018.
[4] Hipel K W, Fang L P. The graph model for conflict resolution and decision support[J]. IEEE Transactions on Systems, Man, and Cybernetics: Systems, 2021, 51(1): 131-141.
[5] Heng Y K. War as Risk Management: Strategy and Conflict in an Age of Globalised Risks[M]. London: Routledge, 2006.
[6] Bristow M, Fang L P, Hipel K W. System of systems engineering and risk management of extreme events: concepts and case study[J]. Risk Analysis, 2012, 32(11): 1935-1955.
[7] Rêgo L C, Vieira G I A. Probabilistic option prioritizing in the graph model for conflict resolution[J].

Group Decision and Negotiation, 2019, 28(6): 1149-1165.
[8] Han Y, Xu H Y, Fang L P, et al. An integer programming approach to solving the inverse graph model for conflict resolution with two decision makers[J]. Group Decision and Negotiation, 2022, 31(1): 23-48.
[9] Huang Y M, Ge B F, Hipel K W, et al. Solving the inverse graph model for conflict resolution using a hybrid metaheuristic algorithm[J]. European Journal of Operational Research, 2023, 305(2): 806-819.
[10] Wang D Y, Huang J, Xu Y J. Matrix representation of stability definitions in the graph model for conflict resolution with grey-based preferences[J]. Discrete Applied Mathematics, 2022, 320: 106-125.
[11] Wang D Y, Huang J, Xu Y J. Matrix representations of the inverse problem in the graph model for conflict resolution with fuzzy preference[J]. Applied Soft Computing, 2023, 147: 110786.
[12] 蒋君铭, 杨保华. 基于冲突分析图模型对供应商结盟的研究[J]. 物流科技, 2021, 44(12): 132-136.